千古文章一世情
——吴俊忠自选集

读书札记　文艺研究
随笔杂谈　文化研究

吴俊忠 著

中山大学出版社
·广州·

版权所有　翻印必究

图书在版编目（CIP）数据

千古文章一世情：吴俊忠自选集/吴俊忠著．—广州：中山大学出版社，2023.1

ISBN 978－7－306－07659－5

Ⅰ.①千… Ⅱ.①吴… Ⅲ.①文史—文集 Ⅳ.①C52

中国国家版本馆 CIP 数据核字（2023）第 002527 号

出 版 人：	王天琪
策划编辑：	嵇春霞
责任编辑：	陈　芳
封面设计：	曾　斌
责任校对：	麦晓慧
责任技编：	靳晓虹
出版发行：	中山大学出版社
电　　话：	编辑部 020－84110283，84113349，84111997，84110779，84110776
	发行部 020－84111998，84111981，84111160
地　　址：	广州市新港西路 135 号
邮　　编：	510275　传　真：020－84036565
网　　址：	http://www.zsup.com.cn　E-mail：zdcbs@mail.sysu.edu.cn
印 刷 者：	广东虎彩云印刷有限公司
规　　格：	787mm×1092mm　1/16　22 印张　410 千字
版次印次：	2023 年 1 月第 1 版　2023 年 1 月第 1 次印刷
定　　价：	78.00 元

如发现本书因印装质量影响阅读，请与出版社发行部联系调换

献　　给

深圳大学建校 40 周年

（1983—2023）

作者小传

吴俊忠（笔名胡鹏），新中国的同龄人。原籍江苏南通，童年在黄海之滨的乡村度过。"文革"时当过红卫兵，曾在北京天安门广场和东长安街先后两次受到毛主席的接见。中学毕业后成为回乡知青，先后担任公社（乡政府）业余教育辅导员、初中代课教师等。1973年被选拔为工农兵学员，到南京大学外文系俄罗斯语言文学专业学习。1977年毕业后留校任教，在南京大学外国文学研究所从事教学科研工作。1983年到北京大学进修，1984年考取北京师范大学苏联文学研究所比较文学与世界文学专业硕士研究生，师从著名学者蓝英年先生。1987年硕士研究生毕业后到深圳大学任教，开始真正走上学术道路，成为一名文学与文化研究专家。历任深圳大学党委宣传部副部长、文学院党委书记、社会科学处处长、比较文学与比较文化研究所副所长、城市文化研究所所长等职。长期从事俄苏文学、文学鉴赏和深圳文化三个方向的研究，出版《俄苏文学通观》《文学鉴赏论》《读懂深圳》等各类著作15本，发表学术论文数十篇。曾兼任国际美学学会会员、中国外国文学教学研究会理事、广东省比较文学学会理事、深圳市作家协会理事、深圳市特区文化研究中心特约研究员，获得广东省"南粤教书育人优秀教师"荣誉称号。退休后热心于社会科学普及工作，做各类社会科学普及专题讲座300多场，受到听众的欢迎和好评。2022年，选定在泰康之家鹏园安享晚年。

1987年，作者硕士研究生毕业后到深圳大学任教（阿蓉 摄）

2022年，作者选定在泰康之家深圳鹏园安享晚年（雅丽 摄）

序 言

与时俱进的新型学者

1987年，在我担任深圳大学中文系主任期间，俊忠在研究生毕业前夕到深大来求职。我了解到他有俄语专长，可弥补深大比较文学研究所外语语种之短缺，同时也欣赏他思维敏捷、思想活跃，便答应接收他到深大中文系任教。从此，我与俊忠结下了这份知遇之缘，并一直关注着他在学术道路上的前行和拓展。

传统意义上的学者，大多是术有专攻的专家，一辈子在某个专业或某个领域深耕钻研，孜孜不倦。俊忠的学科背景是俄罗斯语言文学，可他并没有局限于俄罗斯文学研究，而是拓宽研究领域，形成了俄苏文学、文学鉴赏、深圳文化三个研究方向，用他自己的话说，是"实现了跨界和超越"，呈现出一个充满活力的现代新型学者形象。他认为，"在当下文化语境中，文学研究工作者应该既是一个有较好专业修养的文化学者，同时又是一个对社会文化现象有深度认识和发言权的社会活动家，能够担当起学者应尽的社会责任和历史使命"。正是基于这样的理念，他完成了一个学者的现代转型，成为与时俱进的新型学者，既能在俄苏文学和文学鉴赏领域不断探究，又能深入评析深圳文化的新观念、新形态、新趋势，为推进深圳文化创新和文化发展发挥积极的思想引领作用。

俊忠之所以能迅速转型，当然得力于他学术志趣的广博，更重要的是他能敏捷地和时代相呼应，适应时代发展之急需，并能与深圳大学的改革创新相契合。1984年年初，深圳大学创校校长张维院士在清华园寓所约见我和汤一介，邀我和时在美国的乐黛云来深大创建中文系，倡导发展新学科。后来，中文系很快办起来了，汤一介主持的国学研究所也成立了。1987年，汤一介、乐黛云都回了北京大学，张维院士劝我留在深大，为深大发展人文学科再做贡献。当时，深圳市主管文教的副市长林祖基就坦率和我说：深大要发展新学科，可不能照搬北大的一套，专业不能分得太窄太细，从深圳要发展成为外向型城市的实际出发，着力培养兼通中西的应用型人才。我觉得此说有理，就在1988年把深大的中文系扩建为国际文化系，同时成立了特区文化研究所，开始密切关注深圳本土文化的发展。这是时代的急需。但当时缺乏这样的教师。俊忠正好1987年来深大，本是来教苏俄文学、研究比较文学的，但他很快适应了这个新的需要。他的研究扩及了深圳文化，而且上手很快，1988年就在《深圳特区报》发表了关于深圳文化的文章。他协助我办起了特区文化研修班，为深大拓展了新的学术方向，功不可没。深圳改革开放40多年，北京时有文化学者、记者来访。有人对我说，深圳只有大众文化和经济文化，没有高雅文化，更没有学术文化。我就劝他们说：你们要看看吴俊忠谈深圳文化的书，他的研究很深入。在他的视野中，深圳除了大众文化、经济文化，高雅文化和学术文化也是客观存在的，不应置疑。

俊忠是一个好读书、爱浪漫的性情中人，他在学术研究之余，写了不少读书札记和随笔杂谈。这些文章反映社会变革和文化变迁，抒发人生体验和生活感悟，有思想，有美感，深受读者欢迎，也在一定程度上成为文化研究成果的另一种表现。他提出的"读书明理，理应惠及社会大众；治学求道，道在塑造智慧人生""人生并非如梦，但人生又不能没有梦"等观点，类似格言金句，意蕴丰厚，耐人寻味。这表明，做学问并不是刻板乏味的寻章摘句，而是灵动有趣的思想表达。唯有如此，才称得上是真正意义上的现代新型学者。

古人云："舍事功更无学问，求性道不外文章。"俊忠的学术经历和学术风格，对应了一位学者的评述："智慧而厚积的学者应当是在特定的研究主题上不断深化，但有跨学科的知识编织的外衣，从而让心灵保持开放和充满智慧，真正推动知识的创新和进步，并保持对社会的审慎思考。"对此，我深为赞赏。

是为序。

胡经之[*]

2022年4月25日

---

[*] 胡经之，著名学者，中国文艺美学学科的创始人，广东省优秀社会科学家。

前　言

文章千古事，笔墨诉真情

唐代诗人杜甫曾写下"文章千古事，得失寸心知"的名句，意在表明文学作品的与世长存和创作的不易与艰辛。其实，除此之外，还应看到另外一面。古往今来，文人墨客舞文弄墨，初衷并不是为了扬名和流传后世，大多是真情流露，率性而为。或悲愤，或喜悦，或激昂，或忧思，皆可诉诸笔端，形成佳作。他们的创作与其说是述志，倒不如说是抒情。至于说文章的思想和见解被他人或后人所看重，成为影响一时或经世流传的经典，实质已经超出作者本人的预期，可谓是"无意插柳柳成荫"了。

我从南京大学毕业留校任教以来，先后到过四所著名高校学习或工作，逐渐养成了多看多思的习惯，每当有所感悟，就会把它写下来，留作回味和反思。无论是读一本好书、看一部好电影，还是到名胜古迹旅游，都会把即兴的感悟写成文字，以达到审美怡情之目的。年复一年，不觉已积累了不少此类文章，这也成为这本自选集的来源之一。

作为一名高校文科教师和文化学者，文学和文化研究本是我的本职工作，但随着时间的推移和研究的深入，工作要求逐渐演变成我的一种兴趣爱好，并且使我坚持不懈，乐在其中。数十年来，受专业背景和地域环境的影响，我逐步形成了俄苏文学、文学鉴赏、深圳文化三个研究方向，每个方向都有论文发表和专著出版。为了全面地反映自己的学术生涯，我从以往的研究成果中精选了一部分收入自选集，给这本文化读本增添一些研究色彩。

人之一生，既要生存，又要发展，承载着太多的需求、责任和使命，若无书香诗意相伴，必然疲惫乏味，少有快乐，亦很难精彩。舞文弄墨是文人的一种习性，也是人生诗意的自然体现。它使人在建功立业之余，多了一些真情和雅趣，真正成为有追求、有成就、有趣味的人。

言应求简，文贵在精。上述微言权当是这本自选集的小引，求教于广大读者和行内专家。

吴俊忠
2022 年 4 月 18 日
写于深圳"偷闲居"

目 录

第一辑 读书札记

改革创新，后来居上
——从《特区大学 窗口大学 实验大学——深圳大学办学实践探索》
说开去 ………………………………………………………………… 3
人口老龄化的理性认知与积极应对
——读《长寿时代》 ……………………………………………… 13
理想爱情的艺术阐释
——读《廊桥遗梦》 ……………………………………………… 21
文学视野中的历史
——读《无尽藏》 ………………………………………………… 28
深圳城市变迁的形象写照
——读《深圳我城》 ……………………………………………… 37
轻轻松松说《红楼》
——读《〈红楼〉讲稿》 ………………………………………… 45
读与思的审美呈现
——读《明理：阅读的体验》 …………………………………… 47
人生处处有诗情
——读《诗云一片》 ……………………………………………… 50
大家风范，相得益彰
——读《胡经之文集》与《胡经之评传》 ……………………… 53
"文化流动理论"的理论贡献与实践意义
——读《文化是流动的》 ………………………………………… 57
幸福是快乐与意义的结合
——读《幸福的方法》 …………………………………………… 66

仰之弥高的大学问家和大思想家
　　——读《季羡林评传》 75
讲好中国故事的经典之作
　　——读《两界书》 88

第二辑　文艺研究

俄国文学通观 97
俄国自然派小说的形象体系 108
关于文学鉴赏理论建构的思考 123
文学鉴赏类型分析 129
文学鉴赏的主体介入 136
试论文学鉴赏的创造性 143
让批评走近作者
　　——关于文学批评多解性的思考 156
埃科小说研究的创新呈现
　　——从《埃科小说研究》说开去 163
外国文学经典形象的文化阐释
　　——从嘉尔曼形象说开去 166
经济特区社会变革的艺术观照
　　——深圳经济特区早期文学发展进程的回顾与思考 174
"文艺深军"：深圳文化创新的艺术亮点
　　——深圳文艺发展40年概述 182

第三辑　文化研究

现代化进程中的深圳文化变迁 189
深圳文化发展理念的历史沿革 197
深圳经济特区凸显文化创新功能 204
"深圳学派"建设与城市文化软实力的提升 209
深圳文化创新面面观
　　——40年40个视点 217
超越参照
　　——关于深圳文化创新的若干思考 227

深圳：打造立体四维的文化软实力 ……………………………… 231
改革开放图景中的"特区精神" …………………………………… 240
深圳文化的十大论题 ………………………………………………… 243

第四辑　随笔杂谈

从文学研究到文化研究 ……………………………………………… 277
让社科知识转化为生活智慧 ………………………………………… 279
人生并非如梦 ………………………………………………………… 282
探寻学者人生价值的实现方式 ……………………………………… 287
让人生充满诗意 ……………………………………………………… 294
我的读书观 …………………………………………………………… 297
文学阅读与人的自身和谐
　　——关于文艺创新的若干思考 ………………………………… 304
治学的境界 …………………………………………………………… 309
徐新：中国犹太文化研究的开拓者 ………………………………… 312

附录　媒体专访

有了文学生活大不一样
　　——访深圳大学文学与文化研究专家吴俊忠教授
　　…………………………………《深圳晚报》记者　姚峥华 317
给读者呈现一个立体的深圳
　　………………………………《深圳商报》首席记者　魏沛娜 321
公共领域的守望者
　　——访深圳大学文学院吴俊忠教授 ………《深大校友》记者 324
吴俊忠：以服务社会为使命的"平民学者"
　　…………………………………《文化深圳》记者　林坤成 327
闲不下来的深圳文化躬耕者
　　——访深圳大学城市文化研究所首任所长吴俊忠教授
　　………………………………《深圳大学报》记者　张睿　周昊 332

后　　记 ……………………………………………………………… 336

第一辑

读书札记

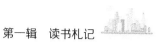

改革创新，后来居上
——从《特区大学 窗口大学 实验大学——深圳大学办学实践探索》说开去

深圳大学荔树成林，有"荔园"之称谓。我在荔园领略了六任校长的风采，经历了深圳大学的成长与壮大，感到荣幸与自豪。

在深圳大学建校40周年即将来临之际，我作为一个老教师，重读杨移贻等人在十多年前出版的《特区大学 窗口大学 实验大学——深圳大学办学实践探索》（广东高等教育出版社2011年版），联系近十年来深圳大学的创新与发展，回顾、反思深圳大学发展的历史进程，感到有许多话要说。这既是抒发一个老教师热爱深大、感恩深大的赤诚情怀，也是用余热发出一点声音，尽一份责任，希望能与全校师生员工一起，努力把深大人长期构筑的"荔园梦"，汇入我国现代化建设的中国梦，创造深圳大学新的辉煌。

一、锐意创新：努力建设特区大学、窗口大学、实验大学

早在深圳大学创办之初，中共深圳市委、市政府就明确了深圳大学的办学指导思想和目标定位："要解放思想，有所创新，让特区大学具有特区应有的特点，不照抄照搬内地大学的办学模式，把深大办成一所'中国式的新型的社会主义大学'。"这里最为可贵的是，从一开始就明确了要立足创新，绝"不照抄照搬内地大学的办学模式"，这就为后来的改革创新明确了方向，奠定了思想基础。它表明，未来的深圳大学必将是一所改革创新、超常发展的大学，必将是拒绝平庸、追求卓越的现代化新型大学。

1993年3月10日，时任中共深圳市委副书记的林祖基在深圳大学教职工代表大会上发表重要讲话，代表市委、市政府进一步明确了深大的办学特色："深大应办成一所高水平、现代化、有特色的社会主义大学，具体说，应当办成一所'特区大学''窗口大学''实验大学'。"对于这一新的定位，深大第六任校长章必功先后多次做了明确、具体的解读："'特区大学'标志着鲜明的时代性和地域性，根在特区，魂系改革；'窗口大学'标志着鲜明的开放性与国际性，面向世界，观照内外；'实验大学'标志着鲜明的探

索性与创新性,心想未来,敢为人先。""特区大学"要"为经济特区培养骨干人才和高端人才,提供高端智力服务、高端科技成果","窗口大学"要"能够走上国际,与世界各国高等院校平等交流、互相观照","实验大学"要"努力创新办学体制,建立与时俱进的现代大学制度"。"特区大学、窗口大学、实验大学三位一体,体现深圳大学服务特区、高度开放、锐意改革的办学精神与办学特色。"

特区大学、窗口大学、实验大学的特色定位,既明确了深圳大学的改革创新特色,同时也向世人和后人宣告:改革创新是深大的根、深大的魂。深大靠改革起家,也必须靠改革发展。不改革,不创新,就背离了深大的办学宗旨和发展定位,就会回到"照抄照搬内地大学办学模式"的老路;不改革,不创新,就不能凝聚力量,加速发展,就没有特色,没有前途。

二、勇当先锋:探索高教改革新路

改革开放前,我国的高等教育无论在教育管理体制,还是在教学方法和人才培养模式等方面都积弊甚多,要彻底改变这种状况,必须进行全面深入的改革。诞生于改革开放大潮中的深圳大学,在中共深圳市委、市政府的积极倡导和大力支持下,创办伊始就充分依托我国改革开放的大环境和深圳经济特区锐意改革的小环境,以敢为天下先的大无畏精神,勇当高教改革的急先锋,率先走出了一条高等教育改革创新之路,其成效之突出、影响之广泛,至今仍为人们所称道,在中国高等教育改革发展史上留下了光辉的一页。

1983年9月初,创校校长张维等深大领导列席深圳市委常委会,对深大如何改革的问题进行专题讨论。1984年9月25日,《深圳大学改革创新方案》出台,提出"学校改革以领导体制、教学科研、行政管理为重点"。同年12月27日,中共深圳市委转发了《深圳大学改革创新方案》,勉励深圳大学"学校内各项管理体制,要立足于创新","要注意吸取国内外好的办学方法和管理经验,努力创造出一套先进的教学方法和管理体制"。1986年7月10日,《深圳大学第二期改革创新方案》出台,新方案进一步完善了改革举措,把重心放在教学改革上。两期改革创新方案明确了指导思想和改革方略,有效地推进了深圳大学的改革创新。在短短的几年时间内,深圳大学推行了一系列全国领先的改革举措。

(1) 率先实行学生交费上学制度。推行向学生发放奖学金和提供贷款,取消助学金。

（2）率先推行毕业生不包分配制度。学校成立就业指导中心，推荐学生就业。

（3）率先实施勤工俭学制度。提倡和鼓励学生开展有报酬的勤工俭学，建立"第二课堂"。

（4）率先实行学分制度。实施主副修和修学年限弹性制、试读制，改革课程设置，注重实践教学。

（5）率先实行教职工聘任制度。推行教师能力资格制，试行技术职称的校内"地方粮票"。

上述这一系列改革，突破了高教领域的思想禁区和旧框框、旧模式，创立了全新的教育管理体制和教学方法，在全国产生了强烈的反响。从1984年起，中央和国家部委、中共广东省委省政府有关领导先后到深圳大学视察、调研，当时的国务院总理、副总理，中央政治局委员，大多都到过深圳大学。李鹏总理还亲自批示，肯定深大"有些办法可以在内地高校逐步推广"。《人民日报》等高层媒体纷纷报道深圳大学的改革创新。一时间，深圳大学成为全国关注的焦点。如今回顾这一段历史，不禁要感慨地发问：当今中国，除了深圳大学，又有哪一所高校曾有过如此殊荣？又有哪一所高校曾得到这样的重视和关注？毫无疑问，深圳大学当年创造的辉煌，将以不争的事实，永载中国高等教育改革发展的史册。创校校长张维等深大早期领导为此做出了不可磨灭的贡献。

尤其需要着重指出的是，1993年2月发布的《中国教育改革和发展纲要》，有的内容明显得益于深圳大学早期的改革创新。例如，纲要中的"改革学生上大学由国家包下来的做法，逐步实行收费制度""改革高等学校毕业生'统包统分'和'包当干部'的就业制度，实行少数毕业生由国家安排就业，多数由学生'自主择业'的就业制度""改革高等学校职称评定和职务聘任制度……高等学校教师实行聘任制"等规定，深圳大学早在20世纪80年代就开始实施，并取得显著成效。

还需要强调的是，深圳大学的改革步伐一直没有停止。后来的改革虽然因时代背景的不同，未能产生20世纪80年代那么大的轰动效应，但这些改革举措对深大发展的积极推进作用仍不可忽视和低估。例如，1992年7月学校推出的《深圳大学综合改革总体方案》，明确提出了深化改革的十项措施，得到中共深圳市委、市政府的高度肯定和大力支持。其中，积极推进与港澳台和国外联合办学、完善学分制、促进后勤社会化等改革举措，都产生了较好的效益和影响。再如，20世纪90年代后期至21世纪初学校推行领导体制、教学科研和校内管理体制这三大改革，提出了十二条教学改革措施，创立了旨在提高学生综合素质的五个测试中心，创建了大学生体育教学俱乐部，其积极影响延续至今。还有21世纪头十年中后期所推行的管理体制、人事分配制度和后勤社会化这三项改革，再一次在国内产生影响。尤其是在新一轮改革中形成的《深圳大学综合改革方案》，在人事制度改革、高端人才特聘、教学改革深化、科研工作创新、后勤改革和管理体制改革等方面都有一系列改革创新举措，受到国家有关部门的重视和关注。

综上所述，深圳大学的改革创新为探索中国高教改革新路做出了开创性的特殊贡献，这是深大的特色所在，也是深大的亮点和高度。

三、筑梦追梦：高校之林，后来居上

2005年5月10日，深圳大学第六任校长章必功在深大党委第七次扩大会议上的讲话中豪迈地宣告："我们追求的目标是高校之林，后来居上。"从此，"高校之林，后来居上"这八个字，成为深大人长期构筑的"荔园梦"的形象表述。为了构筑和实现这一梦想，深大人付出了几十年的不懈努力，如今已基本实现这一梦想。

回顾深圳大学40年的发展历程，"荔园梦"客观上包含着两个层面：一是改革创新梦，二是超常发展梦。前者旨在扫除中国高教领域的积弊，探索一条改革创新之路；后者是为了使年轻的深大能够超常发展，后来居上。两者各有侧重，互为促进。如果说深大在20世纪80年代影响全国高校的改革，已经使"改革创新梦"取得阶段性的成效，展现出后来居上的改革形象，那么，"超常发展梦"，或者说深大在发展层面的后来居上，也已经露出端倪，出现了梦想成真的胜利曙光。我们可以从学校发展规划和几任校长的施政理念中，清晰地感受到深大人筑梦、追梦的历史轨迹。

20世纪90年代前期和中期，深圳大学围绕"特区大学、窗口大学、实验大学"的办学目标，不断深化改革，努力奋斗爬坡。这一阶段，既要全校上下齐心协力迎接教育部的第一批本科院校教学评价，又要努力申报硕士学位授权点，争取实现"零的突破"。可以说，当时学校的改革发展主要是围绕中心工作来开展。因此，深大第四任校长蔡德麟在1994年发表的《深圳大学的改革与发展》的文章中，只是对如何办成"三个大学"提出了三点看法：①面向现代化，培养经济特区建设急需人才，把深大办成真正的"特区大学"；②面向世界，探索中国教育与国际教育接轨新路，把深大办成真正的"窗口大学"；③面向未来，超前试验，把深大办成真正的"实验大学"。我们注意到，蔡校长在这篇文章中对深圳大学未来发展的目标并无具

体的概念性的表述，只是在结尾时提了一下："努力创造条件，为跻身于国家'211工程'的行列打下良好基础，朝着'办一流大学，成一流人才'的方向阔步前进。"这表明，当时的工作重点是着力解决发展进程中的关键问题，缩小与其他高校在硬指标上的差距（这是必须的，也是追梦圆梦的重要前提，功不可没），尚顾不上制订长期发展规划。

20世纪90年代后期，深圳市确立了建设经济中心城市的发展目标，进入了"增创新优势，更上一层楼"的发展阶段。国家颁布的《中国教育改革与发展纲要》也对高等教育的发展提出了新的要求。深圳大学审时度势，决心科学规划未来，加快发展速度，以适应我国高等教育改革发展和深圳市经济社会建设高速发展的需要。

1998年，学校制订了《深圳大学学科建设与发展总体规划》，2001年制订了《深圳大学"十五"发展规划》。两个规划中关于深圳大学的发展目标，有一段几乎相同的文字表述："把深圳大学建成一所在国内地方综合性大学中处于领先位置、某些学科和领域形成局部优势和鲜明特色，并达到国内外一流水平的教学科研并重型的综合性大学，为实现把深圳大学办成一所高水平、有特色、国际知名的研究型大学的长远目标打下坚实基础。"这段文字表明，那时深大虽然还没有发出"高校之林，后来居上"的豪言壮语，但目标已经锁定"一流大学""领先位置""国际知名"，已经开始构筑超常发展、"后来居上"的"荔园梦"。

深圳大学第五任校长谢维信，以浪漫的情怀和务实的品格，对深大的未来发展目标做了激情洋溢的解读："在中国高等学校的群落中，深圳大学属于最年青的一代。她诞生在改革发展的浪潮中，发展在建设社会主义现代化的进程中，正是'诞生在盛世，发展在盛世'。因此，深圳大学更有责任担负起时代的重任，为深圳率先实现社会主义现代化和建设小康社会做出新的更大的贡献，把自己建设成为改革开放年代中诞生的新型大学的杰出代表。""到2010年，把深圳大学建设成为高水平的教学科研并重型综合性大学，力争综合实力进入全国大学100强，到2020年，朝着把深圳大学建设成为研究型大学的目标迈进，力争综合实力进入全国大学50强。"谢校长的这段表述突出了两点：一是要把深大"建设成为改革开放年代中诞生的新型大学的杰出代表"，也就是说，深大追求的"高校之林，后来居上"，首先是相对于新型大学而言，在新型大学中要领先、杰出，其次才是跟老大学比发展速度和发展成就。二是明确了后来居上的标准和时间表。标准是客观体现的综合实力，不是体制内的概念和符号；时间表是2010年进入全国大学100强，2020年进入全国大学50强。应该说，谢校长的这段表述，对于我们正确理解和看待"高校之林,后来居上"有不少新的启示,由此也可看出深大人构筑"荔园梦"的智慧和理性。

2003年,党中央提出了推进我国现代化建设全面协调可持续发展的科学发展观。时任中共中央总书记的胡锦涛同志要求深圳"加快发展、率先发展、协调发展";2005年,中共深圳市委提出用科学发展观统领经济社会发展全局,建设"和谐深圳""效益深圳"。在新的形势下,深圳大学决心与时俱进,与深圳经济特区同步发展,进一步调整发展思路,提高发展质量与发展水平。

2006年,学校制订了《深圳大学发展"十一五"规划》,明确指出要"为全面提升学校办学规模、教育质量、科研水平、学术地位和国际影响,拓展一条创新之路、特色之路、和谐奋发之路、后来居上之路",努力"把深圳大学建设成为一所在国内外有较大影响的高水平、有特色、综合性教学研究型大学"。我们注意到,该规划确定的指导思想和办学定位不仅强调高水平、有特色,而且明确要走"后来居上之路",这就把"荔园梦"的本质内涵鲜明地展现在世人面前。

时任校长章必功,对深大"十一五"规划提出的办学指导思想和目标定位,从办学思路和发展理念与发展志向的角度,做了清晰的解读,"我们基本的办学思路,就是以探索现代大学制度为理念,以改革开放为动力,以人才培养为根本,以教学科研为中心,以学科建设为杠杆,在过去历届班子开创的创业之路、探索之路、快速发展之路的轨道上,开拓深圳大学的创新之路、特色之路、后来居上之路","全校师生员工的共同决心和坚定志向是:脚踏实地,自强不息,高校之林,后来居上"。章校长的解读突出了三个要点:一是把探索现代大学制度作为深大在新形势下改革创新的基本理念,显示出全新的思想理论高度;二是利用教学评估、校长报告的机会,向来自全国著名高校的专家发出"高校之林,后来居上"的豪言壮语,以示深大之决心和勇气;三是把深大的改革发展概括为六种基本路径,即创业之路、探索之路、快速发展之路、创新之路、特色之路、后来居上之路。这六种路径既简洁地概述了深大的发展历程,也形象地展示了"荔园梦"的缘起、演变和提升过程,使"梦"的内涵更具体,"梦"的形象更鲜明。

21世纪第二个十年,"提高质量是高等教育发展的核心任务,是建设高等教育强国的基本要求"[①]。据此,深圳市明确提出,要"加大对深圳大学的支持力度,进一步扩大办学自主权,推进治理模式改革,创新内部管理体

---

① 《国家中长期教育改革和发展规划纲要(2010—2020年)》。

制和运行机制,努力把深圳大学办成高水平、有特色的一流大学,为高等教育跨越式发展探索新途径、新方式"[1]。新形势与新要求激发出深圳大学改革创新的新动力,从而加快了实现"荔园梦"的步伐。

《深圳大学发展"十二五"规划》明确指出,"在五到十年内,把深圳大学建设成为一所立足深圳、面向国际、特色鲜明、影响显著的创新创业型高水平大学,为迈进一流大学行列奠定坚实基础","探索现代大学制度和高等教育跨越式发展新路径,实现'高校之林,后来居上'的夙愿"。该规划还对"特色鲜明""创新创业型""影响显著""高水平大学"的办学定位进行了具体阐述。由此可见,深圳大学"十二五"规划不但进一步突出了"高校之林,后来居上"的目标追求,而且把"后来居上"落实在创新、特色、影响、水平这四个层面。这表明,在深大人的心目中"后来居上"不是和老高校比规模、比数字,而是比创新、比特色、比影响、比水平,再一次显示了深大人构筑"荔园梦"的科学态度和理性意识。

2012年7月到深圳大学履新的深大第七任校长李清泉,以他长期在重点大学工作的丰富经验和锐意进取的创新精神,对深大实施"十二五"规划、实现"后来居上"的目标追求有其自己的理解和思路。他在2012年新学期工作会议上的讲话中明确指出,要"立足深圳,面向港澳和珠三角地区的经济社会发展,以改革和创新的精神推动深圳大学发展,力争用十年左右的时间,实现从教学研究并重型向研究型大学的转变,使深圳大学综合实力进入广东省和全国高等教育的前列,为我国高等教育改革,为区域社会经济发展做出贡献";并进一步明晰了学校的发展思路,提出了"协调发展""特色发展""合作发展"的发展理念,为深圳大学的快速发展提供了更开阔的思维和更宽广的路径。

2013年5月7日,中共中央政治局委员、时任中共广东省委书记胡春华同志到深圳大学调研视察,明确指示:"高水平发展的深圳特区,需要一流的深圳大学,要尽快把深圳大学办成一流大学。"深圳大学备受鼓舞,闻风而动,对办学定位和办学思路做了进一步调整,决心"以改革和创新的精神实现深圳大学的协调发展、特色发展、开放发展、跨越发展,争取用十年左右的时间,把深圳大学办成一所高水平、有特色、现代化一流大学"[2]。我们注意到,调整后的办学定位更加简洁明了,增加了"现代化一流大学"的概念。调整后的发展思路,也增加了"开放发展、跨越发展"的概念。这表

---

[1] 《深圳市综合配套改革总体方案》。
[2] 江潭瑜:《坚持改革创新 提高发展质量 努力建设高水平有特色现代化一流大学》。

明,"荔园梦"的构筑和实现,在新的形势下又有了新的高度和新的追求。

2017年9月18日,学校发布《深圳大学文化创新发展纲要》,决心把深圳大学建成文化自信的排头兵、文化立校的典范、城市文化的风标、先进文化的策源地。在塑造大学文化灵魂、发挥文化引领作用方面,为全国高校提供了创新示范。

2017年10月18日召开的中国共产党第十九次全国代表大会宣告中国特色社会主义进入了新时代。我国高校发展进入了争创"双一流"的新阶段。深圳担负了建设中国特色社会主义先行示范区的重任,成为粤港澳大湾区的核心引擎之一。国内高校竞争的态势和城市发展的高标准,对深圳大学的创新发展提出了新的更高的要求。深圳大学不负众望,闻风而动。

2018年7月27日,时任中共深圳大学党委书记的刘洪一教授,在中共深圳大学第五次代表大会上所做的报告中,进一步明确了"文化引领,创新驱动,内涵发展,努力建设新时代人民满意的高水平特区大学"的发展思路,决心把深圳大学建设成为有灵魂、有担当、有卓越贡献力、有广泛美誉度的现代化高水平大学。这次报告给全校师生员工以极大的鼓舞。

2020年,深圳大学制订"十四五"发展规划,明确了在新阶段打造学科高峰,加快创建世界一流创新型大学的新目标,计划分三步走:2025年建成高水平特区大学,进入全球高校排名前300;2035年,建成先行示范大学,进入全球高校排名前200;21世纪中叶,建成世界一流创新型大学,进入全球高校第一方阵。该规划描绘了深大未来快速发展的宏伟蓝图。

2022年2月,中国科学院院士毛军发调任深圳大学校长,他以长期在国内重点大学担任领导的丰富经验和创新思维,带给深圳大学新的发展思路和发展理念,明确表示,"双一流"计划是建设世界一流大学的手段,不是目的。他决心带领深大在以往快速发展的基础上,实现从加快建设高水平大学到加快创建世界一流大学的转变和提升,接力建设世界一流创新型大学和新时代中国特色社会主义标杆大学。毛军发校长不仅把学校发展"十四五"规划进一步落到了实处,而且明确了未来发展新的目标定位和发展方向。

四、实现夙愿:长风破浪会有时

"高校之林,后来居上"的"荔园梦",从缘起到演变、提升,整个过程都伴随着外界的热情鼓励和学校快速发展的成就与喜悦。它让深大人坚信:实现夙愿不是梦,长风破浪会有时。

1995年11月,深圳大学在全国综合性大学中第一个接受并顺利通过国

家教委专家组的本科教学工作评估,专家们赞誉深大的发展是"跑步前进"。

1996年7月,深圳大学成为当年全国地方院校中唯一新增硕士学位授予单位,实现了深大硕士学位点"零的突破"。

1999年,在首届中国高新技术成果交易会上,深圳大学参展项目和成果交易额在广东省高校中名列首位,在全国高校中处于领先水平。

2005年,深圳大学全面超额完成《深圳大学发展"十五"规划》,办学规模和办学层次显著提升。

2006年,深圳大学晋升博士学位授予单位,实现了从学士到硕士、博士学位授权的三级跳,在地方新型院校中率先形成了完备的人才培养机制。

2006年,时任中共深圳市委书记李鸿忠肯定并赞誉"深圳大学的辉煌成就是深圳特区辉煌成就的一个部分,是一个了不起的奇迹"。

2007年,深圳大学顺利通过本科教学优秀评估,在19个评估指标中,取得18个A、1个B的优秀成绩。评估专家认为:"深圳大学用25年时间,走完了内地高校50年的发展历程。"

2011年,时任教育部副部长李卫红称赞"深大30年发展进步的幅度是相当惊人的",认为"深圳大学虽然还很年轻,但后来者居上不是不可能,这是历史经验的总结,也是现实的一种非常大的可能"。

2016—2017年,深圳大学连续两年国际PCT专利申请公开量在全国高校中排名第一,在全球高校中排名前20位;被媒体誉为实现从"改革之子"到"创新尖兵"的转变。

2016—2020年这5年间,深圳大学开启了快速上升的势头,在国内大学中的排名每年上升10位左右,在世界大学中的排名每年上升100位左右,社会声誉和影响力快速提升。

上述可见,深圳大学的超常发展,其成就辉煌,有目共睹。"后来居上"已在许多方面明显表现出来。虽然要实现整体意义上后来居上的"荔园梦",还有一段路要走,但曙光已经显现,梦想定能成真。

如今,在深圳大学建校40周年即将来临之际,面对建设世界一流创新型大学和中国特色社会主义标杆大学的目标定位,重新审视"高校之林,后来居上"的"荔园梦",在自豪和憧憬之余,我们有必要认真思考:怎样进一步明确"高校之林,后来居上"的内涵及参照系,把建设世界一流大学和实现"荔园梦"有机地统一起来?

我个人认为,"荔园梦"的本质是强校梦、快速发展梦。"高校之林,后来居上"既是豪言壮语,也是自我激励,更是目标追求。它抒发了深大人发奋图强、敢想敢干的精神情怀,表明深圳大学作为一所年轻高校,决心跨越式超常发展,力争跻身国内高校前列的坚定决心。

"高校之林,后来居上"表现出来的是人们心目中的一种印象、一种说法,并不是具体的指标体系的考量。以凤凰卫视和香港科技大学为例。凤凰卫视是观众公认的办得较好的电视台,可以称得上是"电视之林,后来居上"。但是,凤凰卫视并没有经过有关机构的评估考量,也没有公布具体的收视率之类的数据,观众认同的是它的特色和影响力。香港科技大学是香港大学群体中历史较短的一所,但它的办学特色和国际影响,在香港高校中也称得上是"后来居上",尽管它并没有"211"之类的头衔和称号。深圳大学追求"高校之林,后来居上",在很大程度上与凤凰卫视和香港科技大学的发展路径相类似,是靠特色和影响力取胜,而不是靠体制内的排名和符号。从这个意义上说,"高校之林,后来居上"的参照系是学校自身的综合实力和办学水平,是学界和社会的认同度,彰显的亮点是特色和影响。实际上,深大在20世纪80年代的创业和改革,就是靠特色和影响位于全国前列,历史已经证明了这一点。

在深圳大学建校40周年即将来临之际,总结研究深圳大学的改革发展历程,无疑有着重要的现实意义和深远的历史意义。古诗云:"长风破浪会有时,直挂云帆济沧海。"我们坚信,经过深大人长期不懈的努力,我们心目中的"荔园梦"一定能成为光辉灿烂的现实。

(2013年第一稿,2022年第二稿)

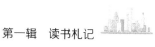

人口老龄化的理性认知与积极应对
——读《长寿时代》

作为一名年过七旬的老人,我时常思考老年健康与老年生活质量问题,偶尔也关注人口老龄化的社会现象。但由于自己的人生经历和社会阅历有限,始终未能形成清晰的理论概念和完整的理论体系。近日偶然读到泰康人寿董事长陈东升先生的《长寿时代》(中信出版社2021年版),顿感豁然开朗,仿佛许多问题都找到了答案,精神为之一振。

《长寿时代》表明,陈东升不仅是一名有作为的企业家,同时也是一位有思想的学者。他"站在未来看未来",以俯瞰时代的战略眼光和商业理想主义的志向和情怀,客观并乐观地看待人口老龄化的社会现象,提出了"长寿时代是未来人类社会的新常态""追求高质量的老年生活和健康的长寿人生是长寿时代的主旋律"的正确论断,进而以企业家的社会责任感和创新活力,创造性地设计出应对长寿时代的"泰康方案",为解答当今中国经济社会发展的现实问题和提高老年人的晚年生活质量,提供了全新的战略思路。

一、如何认识长寿时代

陈东升坦言,"长寿时代"这个概念不是他的首创。他是在接受一部名为《长寿时代》的纪录片拍摄采访时,对这个概念有了深刻印象,进而通过周密的思考,形成了自己对"长寿时代"的理性认知,并丰富了其内涵,进行了比较系统的理论表述。

通观全书,作者对长寿时代的内涵、特征有多次表述,可以归纳为五个方面。

第一,长寿时代是指人口增速大大减缓(甚至陷入负增长),老龄人口占比很高的一种社会状态。

第二,长寿时代是对人类社会未来的新认知,具有五大基本特征:死亡率降至低水平,预期寿命持续延长,生育率降至低水平,人口年龄结构呈柱状,65岁及以上人口占比长期超过1/4。

第三，长寿时代是未来人类社会的新常态，衡量人类寿命长短的尺度将发生根本变化，传统的人生三段论（学习—工作—退休）将被改写，人们需要重新规划和安排生命的全过程。

第四，长寿时代是一种新的适应性世界观，吹响了人们主动追求长寿、健康、富足的号角。

第五，长寿时代可以启迪人们跳出"老龄化"圈定的固有框架，在一个更宏大的语境中，积极地思考未来，畅想未来。

十分可贵的是，作者没有停留在上述关于长寿时代的理性认知上，而是对相应的长寿时代的特定内涵进行了深入探讨。作者明确地告诉我们，长寿时代内涵丰富，至少会引出以下四个方面的思考。

第一，长寿时代既关注人的寿命延长，也关注长寿与健康、财富等方面的内在关联。

第二，长寿时代"启动"健康时代，寿命延长使"带病长期生存"成为常态，健康成为个体关注的第一要素和最宝贵财富。

第三，长寿时代"呼唤"财富时代，引发人们对财富积累和筹资问题的高度关注，形成旺盛的财富管理要求。

第四，长寿时代赋予老年人新的社会角色，老年人的价值将被重新认识、定位和加强。

基于上述对长寿时代的理性认知，作者进一步表明：提出并使用"长寿时代"这个概念，源自观念的转变，只有"打破固有观念的惯性思维"，才能使人对人口老龄化的认识发生根本性的改变。因此，作者强调，人们必须不断深化对长寿时代的认识，并为适应长寿时代做好相应的准备。

首先，要清楚地认识到，"导致人口老化的根本原因是人类低死亡率与低生育率的共同作用"，"长寿时代是一个无法回避、必将到来的阶段"。其次，要清醒地认识到，"人类寿命延长，百岁人生来临，带病长期生存将成为常态"。长寿必须要有健康与财富做支撑，才能避免出现"老而病"与"老而穷"并存的现象。再次，预期寿命延长将带来个体人生阶段的尺度变化与节奏变化（六十小弟弟、七十不再稀、八十正当时、九十寻常见、一百不足奇），老年人的终身学习和终身工作也会成为常态。最后，长寿时代的整个社会的政治、经济、文化活动，尤其是经济中的生产消费，都会根据长寿社会的特征重新构造。

综上所述，作者提出和使用"长寿时代"这个概念，并用于概括和解读人口老龄化的社会特征，无疑是一个重大创新。这不仅改变了以往对人口老龄化与经济社会发展关系的悲观认识，而且以乐观、前瞻的科学态度，提出了应对人口老龄化的新思路。作者满怀激情地写道："人类总是在迎接新的变化，总是在让新的变化成为造福人类的积极力量，今天我们面对的人口结构变化也必然会是如此。展望长寿时代，我们对未来抱有充足的想象，而这些想象也将激发我们的智慧与潜能，让我们能够共同开启人类的新纪元。那将是一个人人都能够安享长寿馈赠的美好社会。"

二、怎样应对长寿时代

作者在"长寿时代，准备好了吗？"这一节中，开宗明义地提出问题："面对经济和社会正在发生的变化，我们应该如何应对？个人、政府、企业作为不同的社会参与者，应该采取怎样的行动来适应长寿时代？"对于这些"时代之问"，作者进行了理性的分析和解答。他认为，"长寿时代不仅仅是一个简单的人口现象，而且是一个复杂的社会经济现象。面对整个社会即将发生的深刻变革，个人、政府、企业都需要积极应对，共同采取行动，以获得长寿时代的馈赠"。

对于政府而言，作者认为应"培育长寿经济，发展适老公平的社会"。鼓励和推动企业创新，提升产业结构转型与长寿时代的适配性，"大力推动适应长寿时代的基础设施建设"。与此同时，"政府通过再分配可以在很大程度上促进长寿社会的公平性"，切实保障老年人的应有权益。

对于企业而言，作者主张企业"以新商业模式推动社会问题的解决"，"为人们提供全生命周期的长寿时代解决方案，解决经济社会矛盾，满足人们对美好生活的向往"。因此，"企业要重新审视未来的战略规划"，抓住老年人这一"未来最具消费能力的群体，根据他们需求的变化来制定战略、布局产业、调整产品"。同时，努力"建立生态化的产业体系，满足长寿时代客户多样化的需求"。

对于个人来说，作者认为应"做好健康和财富的双重准备"，明确"在长寿时代，每个人都将拥有多段式人生。这种人生将带给我们不一样的生活方式，每个人都需要重新认识、定位和发掘自己在每个阶段的价值，并调整自己的人生策略，应对这种生命历程的改变"。首先，对健康和财富的积累要加倍关注，避免"老而病""老而穷"并存的现象发生；其次，要让"活到老，学到老"成为自己的主动选择，提高社会适应能力，让"退而不休、老有所为"成为老年生活的新常态。

如果说，以上关于政府、企业、个人怎样应对长寿时代的表述，主要体现在观念意识层面，偏于理论化，那么，下面笔者将根据《长寿时代》的相关论述,把应对长寿时代的理论和实践归纳为"四个怎样",使读者(尤其是老年读者)能够一目了然,得其要义。

(一)怎样认识人口老龄化现象

简而言之,人口老龄化是必然出现、不可回避的一个社会历史阶段。随着人生观和价值观的改变,少生甚至不生孩子,已成为许多年轻人的选择,生育率降低已是不争的事实。与此同时,随着生活水平和医疗水平的提高,人的预期寿命延长已是普遍现象,死亡率降低同样成为不争的现实。作者预测,"到21世纪中叶,65岁及以上老龄人口占比都会超过25%,并会在相当长时间内维持在这个水平"。

必须指出的是,人口老龄化是一把"双刃剑"。一方面,老龄化给社会带来挑战,导致劳动力供给下降,政府财政支出压力增大;另一方面,人口老龄化将促进长寿经济的形成和发展,使社会经济、医疗、公共卫生等领域激发新的创造,取得新的进步。因此,作者"倡导理智、客观地接受老龄化",使积极乐观的声音成为一种"主流声音"。

(二)怎样看待老年人群体

作者援引美国华盛顿大学的研究预测,"2040年中国人口预期寿命将达到81.9岁,相当于未来20年间每10年增长约2.5岁。也许30—50年后,中国人口的预期寿命有望超过90岁,将会有越来越多的人迎来百岁人生"。这个预测表明,未来中国的老年人群体将不断壮大,以何种眼光、何种态度看待老年人群体,将成为长寿时代的一个突出问题,同时这也反映出社会和谐与社会文明的程度。

毫不讳言,以往在人们心目中已经形成了一种观念:老年人是消耗社会资源的特有群体,是社会不可推卸的负担。面对长寿时代老年人群体不断壮大的社会现实,显然不能再以这种旧观念来看待老年人,否则就有失社会公平。我们在现实生活中看到,除了少数老年人老病并存,消耗家庭和社会资源较多外,大部分老年人都活得健康阳光,仍在发挥余热、奉献智慧、创造财富,是经济社会发展进程中一支不可忽视的重要力量。更为重要的是,正是因为庞大的老年人群体的存在,形成了养老、医护产业的广阔市场和发展动力,反过来成为撬动经济社会发展的重要杠杆。简而言之,老年人不仅是社会资源的消耗者,而且是社会财富的创造者和经济发展的推动者。我们必须全面、客观、公正地看待老年人群体。

（三）怎样为老年人创造更好的生存条件

作者明确指出，就一般意义而言，"'老而破产''又老又穷'这些词看上去似乎是危言耸听，但却潜在威胁着每个家庭及个人"。因此，资金储备不足、健康状况堪忧、生存环境不佳等都是老年人面临的现实问题，直接影响到他们的生存质量。社会（包括政府和企业）应尽力为老年人创造更好的生存条件，让他们不但活得久，而且活得好、活得开心。

就政府而言，社会公共资源的调配要尽可能保障老年人的晚年生活。在养老金发放、养老设施建设等方面都要力求做好做到位，让老年人不仅能够衣食无忧地活下去，而且活得有质量、有尊严。

就企业而言，要在长寿经济发展中有所作为，为老年人的医养、有为创造更多更好的基础设施、管理模式、理财方式和居住环境，让他们以全新的思想观念和精神状态安享晚年，优雅老去。

（四）怎样发掘老年人的人力资本

作者在《长寿时代》前言中明确写道，"长寿时代赋予老年人新的社会角色"，"社会必须注重老年人力资本的开发，激发老年人的生产潜能"，要重新认识老年人的价值，"而不是停留在社会资源的消耗者这个刻板的定位上，我们要运用新思路让老年人通过更灵活的方式参与劳动力市场，传授知识技能和经验"，创造属于他们这个群体的人口红利。这段话表明，老年人不是家庭和社会的负担，而是社会财富的创造者和社会发展精神动力的传递者，要善于发掘老年人的人力资本，为他们发挥余热、老有所为创造条件、搭建平台。同时要引导他们加强学习，适应现代科技对现实生活的改变，把他们的智慧、知识和技能，通过现代科技更快捷、更有效地传播给社会大众，形成一道银发队伍意气风发的亮丽风景。

三、长寿时代"泰康方案"的创新与实践

《长寿时代》的扉页上题写了一句十分醒目的话："用市场经济的方式方法，实现为人民服务的伟大理想。"这似乎把作者及其引领的泰康人寿在长寿时代大有所为的雄心壮志表露无遗。作者在前言中还写下了这样一段

"题记":"站到一万米的高空看这个世界,身处一百年的时空观察这个世界,才能有远见与坚持,才能不出现偏差,才能看得更早、更远。"这表明,作者决心带领企业在长寿时代大干一番的雄心,源自登高望远的宽广视野,也源自审视过往和未来的战略思维。所有这一切都注定,泰康必将革故鼎新,干出一番令人刮目相看的大事业。这就是《长寿时代》详细论证,并在实践中落地生根、卓见成效的"泰康方案"。

(一)"泰康方案"源自商业理想主义和企业家精神

作者在书中明确表示,"我认为做企业要有'商业理想主义'","面对即将到来的长寿时代,我们要站得更高、看得更远"。具体落到实处,就是要"通过企业创新形成关于社会问题的商业解决方案"。这段话表明,作者奉行的是解决社会问题的"商业理想主义",而不是只为了赚钱谋利的"商业机会主义",目的是"让理想照进现实",改变世界。境界之高,由此可见。

作者认为,商业理想主义的实现,需要由满怀商业理想、具有时代精神的企业家来引领,"企业家要不断实践、创新商业模式,为人类社会即将面临的最大挑战提供切实可行的商业解决方案"。正是在这样的思想理念驱动下,充满创新特色的"泰康方案"应时而生。这个方案体现出泰康决心"让保险更安心、更便捷、更实惠,让人们更长寿、更健康、更富足"的企业使命,实现了"用市场经济的方式方法,全心全意为人民服务"的宗旨。

(二)"泰康方案"源自泰康的初心与创新

泰康人寿作为世界500强企业之一,经历了由小到大、由弱到强的发展过程。作者作为泰康的创始人,他"从选择人寿保险这个赛道,创办人寿保险公司服务于社会,到发现生命的意义,再到萌生发起养老革命的初心",他"带领泰康发扬的一直都是'尊重生命''为人民服务'的价值观。这一价值观也引导着泰康从一家传统的人寿保险公司进入医养领域,并逐步构建大健康产业生态体系"。如果说,中国共产党人的初心和使命是为人民谋幸福、为民族谋复兴,那么,泰康人的初心就是"发起养老革命",创新养老模式。这个初心贯穿着"人无我有,人有我优"的创新精神,体现出"企业和企业家最原始、最核心的理想和信念",为"泰康方案"的形成铸就了"尊重生命、关爱生命、礼赞生命"的价值观,从而使"泰康方案"出世不凡，一鸣惊人，成为中国养老事业的样板，书写了商业理想和商业传奇。

（三）"泰康方案"的成功实践和社会效应

如前所述，"泰康方案"的形成与问世，是观念更新和理念创新的结果，但"泰康方案"的创新更多的还是体现在它的内涵和实践层面。

作者明确表示，"泰康方案"的战略设计是打造"三大闭环"，力图形成"寿险与养老服务结合的养老闭环、健康险与医疗服务结合的健康闭环、客户端资金与资管端服务结合的财富闭环"。通过这"三大闭环"，形成"活力养老、高端医疗、卓越理财、终极关怀"四位一体的产品与服务体系，进而建立"虚拟保险＋实体医养康宁服务"的大健康产业生态体系。

"泰康方案"的落地生根，主要体现为几大创新举措。

第一，打造现代化养老社区，为老年人营造一种家庭化、人性化的环境。这种现代化的养老社区名为"泰康之家"，颠覆了中国传统的养老院概念，具有家的温馨。社区居民独立居住、医养无忧。园区环境优雅，文化活动丰富；学习有条件，社交无障碍；健身有设施，生命有追求；旅游有安排，"候鸟"全国飞。这种养老社区创造了一种"崭新的、独属于中国老年人的生活方式"。

第二，推出"幸福有约"产品，把虚拟保险与实体养老结合起来。老年人购买传统意义上的寿险或健康险，实质是买了一颗意外保障和健康保障的"定心丸"，一旦遇险或生病，就可以用获得的保险金来支付。但如果没有意外或者不生病，那保险金就一直处于不能支付的"虚拟状态"。而泰康推出的"幸福有约"保险产品，不仅把寿险和健康险融为一体，而且把保险和入住"泰康之家"养老社区的权益结合起来，只要买了规定数额的保险，即可领取入住"泰康之家"养老社区的"确认函"，获得入住高档养老社区的资格。这就使虚拟的"定心丸"变为现实的"开心果"，一步到位，即时生效，看得见，摸得着。此外，泰康还把养老保险的筹资与资管服务和复利增值结合起来，使老人们在养老社区同时获得资金保值和增值的意外惊喜。

第三，开创"一个社区、一家医院、医疗外延"的医养结合模式，把"养"和"医"真正统一起来，落到实处。老年人带病生存是一种常态。"泰康之家"的每个养老社区都建有康复医院，社区附近有三甲医院，同时与本地的国际化大医院和外国的先进医疗机构建立业务联系。这样，社区居民就可以"小病不出社区，中病附近就医，大病高端医疗"，形成了"急救—慢病管理—医疗康复"的三重防线。

第四，营造满足老年人精神需求的生活乐园，让老年人的晚年生活既开心又安心。"泰康之家"养老社区组织各种满足老年人兴趣爱好和精神需求的文化娱乐活动，开办老年大学，设立体现终极关怀的安宁疗护病房和禅修室，社区居民可以自主选择参加书法、绘画、音乐、舞蹈、运动等各式各样的文体活动，也可以到老年大学学习新知识，增强对现代社会和现代新科技的适应能力，还可以到禅修室学习禅修、品读经文，提升境界，安放心灵。

作者在书中不无自豪地写道，"泰康的实践让拥有国际标准的'持续照料、候鸟连锁、医养结合'的长寿社区在中国落地生根，一种崭新的机构养老方式在中国正式开启。这种养老方式以'活力养老、文化养老、医养结合、科技养老'为经营理念，满足老人们'社交、运动、美食、文化、健康、财务管理和心灵的归属'七大核心需求，为居民们提供'温馨的家、高品质医疗保健中心、开放的大学、优雅的活力中心、长辈心灵和精神的家园'五位一体的生活方式"，让"梦想开始照进现实"。这段话可以看作"泰康方案"创新实践社会效应的概括和总结。如今，"泰康之家"已成为中国养老事业的样板，成为老年人高度认同并热切向往的养老福地。选择"泰康之家"，不仅是选择一个养老居处，而且是选择了一种新的生活方式，选择了高品质的晚年生活。

《长寿时代》的作者既是一个有理想、有追求、有作为的企业家，也是一位思想前卫、充满激情的学者。让我们以他的一段深情表述来作为本文的结尾："泰康的事业与人的生命紧密相关，泰康坚定不移地从保险进入医养，从医养进入大健康，总结形成了长寿时代的'泰康方案'，成为中国养老事业的先行者，这些都源自一脉相承的向生命致敬的情怀，都是为了进一步满足人们对美好生活的向往。"如此情怀，令人敬佩。

（2022年）

理想爱情的艺术阐释
——读《廊桥遗梦》

黑格尔曾经说过:"爱情构成生命的一个环节,没有这个环节的生命是残缺的。"换言之,没有爱情的人生不是一个完整的人生。然而,在实际生活中,虽然大多数人都不乏爱情的人生体验,但真正能达到爱情的理想境界,或体验过理想爱情的人,则为数不多。许多人甚至不知何为理想爱情,或在凑合、无奈的婚姻中虚度人生,或在浑浑噩噩的生活中"自我感觉良好",缺乏对理想爱情的理性意识和执着追求。美国作家罗伯特·詹姆斯·沃勒的小说《廊桥遗梦》(外国文学出版社 1994 年版),以艺术的形式对理想爱情进行了形象、生动的阐释,为世人体验和追求真正的爱情,提供了一个艺术蓝本,读来使人怡然神往,回味无穷。或许,这也正是这部小说畅销和引起轰动的根本原因所在。

一、理想爱情以浪漫为特别媒介

有人说,爱情如一杯醇酒,它不知不觉地融入生活之水,让人在平静中品尝;也有人说,爱情是一把火,把恋爱双方裹挟到熊熊火焰中,酣畅淋漓地融合在一起。美国作家鲁宾则认为,理想爱情以适度的浪漫为特别媒介,过于平静的爱情缺少浪漫气息,就会在岁月流逝中趋于死亡,而过于狂热的爱情使浪漫演变成为缺乏理智的"厮杀",也同样不能持久。沃勒的《廊桥遗梦》恰巧是"爱情以浪漫为特别媒介"这一观点的形象阐释。

凡读过《廊桥遗梦》的人都会思考:究竟是什么促使离异的罗伯特·金凯和已婚的弗朗西丝卡一见钟情,相互吸引,成了一对热恋的情人?原因自然是多方面的,但其中一个重要因素就是弗朗西丝卡与其丈夫理查德的婚后生活毫无浪漫情调。他们所居住的麦县,文化氛围十分保守。麦县人不谈音乐,不谈艺术,只谈天气、育儿娃娃、物价,把浪漫掩盖在刻板、乏味的生活中。而在他们的家庭里,理查德根本不懂得浪漫。他行动粗鲁,出门时重重地摔打篱笆门;他从不喝白兰地,从不给妻子买一束花,也从不与妻子一起散步；夫妻生活毫无情趣、没有一点浪漫色彩。正因为此，富有浪漫气息、长期在心理压抑的状态下生活的弗朗西丝卡渴望见到一个"既是诗人，同时又是一个勇猛而热情奔放的男人"，当她见到具有艺术家魅力的罗伯特·金凯时，马上就被其所吸引，并很快坠入爱河，这是十分自然的事情。

值得注意的是，罗伯特·金凯所表现的浪漫并不是浅薄的风流，而是具有丰富的内涵。他是一个摄影师，但他"照相不是按原样拍摄"，总是"设法从形象中找到诗"，形成自己独特的风格；他注重草场、牧场的概念差别，为天空的颜色所兴奋；他能感受女人的心理需要，不失时机地送上一束野花，递上一杯冻啤酒，集激情和温柔于一身。从罗伯特·金凯的浪漫气质和形象魅力，及其吸引弗朗西丝卡的情节中，我们似乎感觉到：《廊桥遗梦》对"爱情以浪漫为特别媒介"的艺术阐释，不是简单地编造一个美妙动人的爱情故事，而是以人物形象的精神世界和思想内涵，从两个不同的层面，向我们展示深刻的生活道理和富有哲理的人生体验。

首先，作者告诉我们，爱情源于浪漫，也在浪漫中持续。没有浪漫和激情，异性相爱的魅力和美感就不能充分展示，男女关系也就不可能发展为相互欣赏、相互爱慕的恋爱关系；同样，没有浪漫和激情，已经建立起来的恋爱关系，也会在刻板、乏味的交往过程中逐渐变淡，失去情趣和活力，成为双方的负担，最后只好中止和了结。

其次，作者还告诉我们，浪漫和激情不是凭主观愿望就可产生和保持的，它需要相爱的双方具有丰富的精神世界，具备善于观察的能力、丰富的想象力和细腻的心灵，并善于保持，永不枯竭。从小说中我们看到，同样在麦县这个保守的环境里，罗伯特·金凯能奉行一种与理查德迥然不同的行为方式，处处透露出浪漫气息，让十分平常的生活充满诗情画意，深深打动了弗朗西丝卡的心，其魅力之源也就在于他有着"最后的牛仔"所特有的丰富的精神世界，深深懂得生活的艺术和爱的艺术。

上述可见，人的性格和风格各不相同，有的喜欢浪漫，有的习惯务实，这是无可厚非的，但爱情不能没有浪漫，不能缺少这个特别媒介。无论属于哪种性格、哪种风格的人，都必须牢记：爱情一旦离开了浪漫，就会失去光彩，就会在岁月流逝中逐渐消亡。

二、理想爱情是情爱与性爱的完美统一

爱情是灵与肉的结合，情爱与性爱是不可分割的两个部分，这是被人们所普遍认同的观点。瓦西列夫在《情爱论》中也曾指出："研究和观察表

明，爱的感情有特殊的生物基础。它在功能上决定于性腺的状态和活动，决定于生殖系统总的活跃程度和生命力。"然而，怎样才能达到情爱与性爱的完美统一？情爱与性爱，两者之间何为基础？脱离性爱的情爱能否存在？对于这样一些问题，却一直存在着各种各样的说法，甚至有完全对立的观点。

《廊桥遗梦》通过男女主人公相逢、相爱、分离、相思的过程，形象而又生动地揭示了情爱的内在关系，展现了情爱与性爱完美统一的美妙境界。女主人公弗朗西丝卡深知丈夫理查德对她的好，她也长期平静地与丈夫生活在一起，但她在心理和生理上却一直感到压抑。理查德不仅没有浪漫情调，怕谈性爱，甚至"根本不理解激情和魔力"，弗朗西丝卡时常感到身上"还有另外一个在骚动"，想象"让人抱起来带走，让一种强大的力量层层剥光"。当罗伯特·金凯出现在她面前时，她的第一反应是"感到自己体内有什么东西在跳动"。后来，她接听罗伯特打来的电话、听罗伯特洗澡的声音时，都有明显的生理反应。这些描写表明，罗伯特吸引她的不仅仅是气质和精神的魅力，同时还有强壮身躯对一个性压抑者的特殊魅力。当他们有了做爱的体验后，弗朗西丝卡在惊叹罗伯特的性能力、享受性快感的同时，深感罗伯特在生理和精神上完全地主宰了她，她承认"爱他是精神上的"，但"做爱本身也是其中一部分"。再后来，当她决定留下来时，再次重述：她这里的生活枯燥乏味，是因为"没有浪漫情调，没有性爱，也没有一个懂得情爱的男人的奇妙感受"。在他们分手之后，让他们刻骨铭心相思的一个重要的成分就是对曾经体验过的沐浴在爱情氛围中的性爱的渴望，尽管他们都可以另外找个性伴侣，但谁也不能替代他们曾经体验过的那种感受。罗伯特在信中充满深情的倾诉："我毕竟是一个男人。所有我能祭起的一切哲学推理都不能阻止我要你，每天，每时，每刻，在我头脑深处是时间残忍的悲号，那永不能与你相聚的时间。"而弗朗西丝卡自从与罗伯特·金凯分手之后，一直十分痴情地保存着几件留下她美好回忆的物品，用瓦西列夫的话来说，那就是"被性的潜能之火点燃的爱情在秋风瑟瑟的晚年又会因时隐时现的回忆而放射出余晖"。

上述这一切形象地说明，情爱和性爱的完美统一是一个过程。这一个过程的进展因人而异，在一般情况下是先有情，后有性，性爱反过来又加深和促进情爱，而在少数情况下，也可能是先有性，后有情，生理的满足激发爱的情感，进而把性爱提升到情爱，达到真正的爱情境界。但无论是哪一种情况，有一点是共同的，即情爱与性爱互为基础。脱离性爱的情爱，虽然能够在一部分人之间存在，但那是一种不完整的爱，或者说是一种残缺的爱；反之，没有情爱的性爱则是一种畸形的爱，甚至根本不能称之为爱，只是一种原始本能。渴望和追求理想的爱情，就应该力求达到情爱与性爱的完美统一，男女任何一方，都要尽情地展示情爱与性爱的双重魅力，去唤起对方的激情，去激发对方的回爱，否则，任何一个方面的缺憾，都会使爱情显得软弱无力，都会导致自己或对方的不幸。

三、理想爱情是双方共同创造的另一个特殊生命

长期以来，对于什么是理想爱情、怎样才算是达到了爱情的最高境界，众说纷纭，莫衷一是。有的说，是"彼此心心相印，互为对方自豪"；有的说，是"在另一个人的幸福中找到了自己的幸福"；还有的说，是"心灵的相通和思想的默契"。如此等等，不下数十种观点和说法。《廊桥遗梦》通过男主人公罗伯特·金凯之口，对爱情的最高境界给了一个最贴切、最准确的表述（至少笔者是这样认为的）。他对弗朗西丝卡说："我不能肯定你是在我体内，或者我是在你体内，或者我拥有你。至少我并不想拥有你。我想我们两个都进入了另一个生命的体内，这是我们创造的，叫作'咱们'。""其实，我们也不是在那个生命的里面，我们就是那个生命，我们都丢掉了自己，创造出了另一样东西，这东西只能作为我俩的交织而存在。"（后来，弗朗西丝卡把这称为第三个生命，一个特殊的生命——笔者注。）

这一段话，把理想爱情和爱情的最高境界表述得既形象又深刻，它使我们从其他各种说法的单一思维中跳了出来，不再局限于恋爱双方的对比、印证、互为发现、互为促进这样一种思维定式，而是向前跨出一大步，落在共同创造另一个新的特殊生命的基点上。这较之于弗洛姆所说的"成熟的爱情，那就是在保留自己完整性和独立性的条件下，也就是保持自己个性的条件下与他人合二为一"这一观点，显然是进入了一个新的、更高的层次。

笔者认为，所谓"另一种特殊生命"，实质是一种无形的象征，象征着恋爱双方心灵碰撞后所共同认同的一种人生观、价值观，一种双方共同爱好和奉行的生活方式，一个共同追求的生活目标和人生理想……这样一个特殊生命，标志着双方已超越了相互适应、取长补短的阶段，也不仅仅是你中有我，我中有你，更不是保持自己与他人合二为一，而是双方都已"脱胎换骨"，丢掉了自己，进入了一个全新的境界——爱情的理想境界。处于这样的思想境界，双方没有一点依附和依赖，没有因性格差异或兴趣爱好不一致而产生的不和谐，也没有因意见相左而发生的争执，更没有因自私而导致的恶意相加。双方所感受到的是诗一般的浓情蜜意，是创造爱情、创造生活的无比乐趣。这种爱情的理想境界，不是虚构的乌托邦，不是无法充饥的"画

饼",而是经过努力后可以达到的实实在在的存在。但是,《廊桥遗梦》向我们阐释的这种境界却又是不可多得的,甚至可以说是很少有人达到和体验过这种境界。无论是罗伯特·金凯的那一段生活,还是男女主人公相爱的激情和升华,以及他们分手后长期的痛苦体验,都向我们形象地展示了这一点。也正是从这样一个角度,我们才能理解,为什么罗伯特·金凯要弗朗西丝卡记住:"在一个充满混沌不清的宇宙中,这样明确的事只能出现一次,不论你活几生几世,以后永不会再现。"为什么弗朗西丝卡在临死之前能抛弃一切顾虑,给儿女们写信陈述与罗伯特的恋爱经历,并明确表示:"这里面有着这么强烈,这么美的东西,我不能让它随我逝去。"

四、理想爱情源于创造,贵在追求

有人曾把我国的婚姻状况划分为从低到高四个层次,即凑合—和睦—温馨—理想,并表明,处于凑合与和睦层次的是大多数,少数人达到温馨,只有绝少数人达到理想层次。虽然这四个层次的内涵是模糊的,虽然婚姻和爱情也不完全是一回事,但我们从这种划分中,仍可感觉到划分者认为理想爱情难以企求的心态。事实上,具有这种心态的并不限于这里所说的层次划分者,在现实生活中也有很多这样的人。在他们看来,既然理想爱情不可多得,既然大多数都在凑合,那我也就凑合吧。这种思想使许多人放弃了应有的努力,丧失了本应得到的人生乐趣。《廊桥遗梦》这部小说,犹如一本生活的教科书,她从一个独特的角度告诉世人,理想爱情虽不可多得,但只要把握机会,善于创造,敢于追求,仍有达到这一境界的可能性。这部小说的认识意义也正在于此。

首先,小说启示我们,理想的爱情源于创造。罗伯特·金凯与弗朗西丝卡萍水相逢,在一起相处也只有短短的四天,但就是这短短的四天改变了他们的一生。通过这四天,弗朗西丝卡明白了"生为女儿身是怎么回事",罗伯特在四天之内给了她"一生",给了她整个"宇宙",把她"分散的部件合为整体";通过这四天,罗伯特有了"曾经沧海难为水"的感觉,生性浪漫的他,此后对任何女人都不感兴趣。可以说,他们在四天内达到的境界,是许多人穷其一生都无法达到的。但是,他们在四天内所达到的境界,并不是"天上掉下个林妹妹",而是在于他们的悉心创造和培育。试想,如果在他们第一次见面后,弗朗西丝卡不去把向罗伯特发出邀请的纸条用大头针钉在廊桥上,可能他们的爱情也不会开始和延续;如果罗伯特没适时和得体地展示自己的浪漫情怀,可能弗朗西丝卡也就不会被他所吸引,不会爱到如痴如醉的地步；如果他们两人只是停留在匆忙的性爱和缠绵的情话上，而不去对爱情、对人生做深入的交谈和探讨，他们也许就达不到那样的境界，而只能是一场极普通的露水姻缘……这一系列的"如果"，都反证出他们所达到的爱情的理想境界，源于他们充满激情而又富有艺术性的创造，假如没有这种创造，结果就会完全两样。同样，在我们的现实生活中，要想获得理想的爱情生活，也需要艺术地创造。正如弗洛姆在《爱的艺术》一书中所说的，在爱情方面"采取的第一个步骤是：要认识爱情是一门艺术"，"如果不努力发展自己的全部人格并以此达到一种创造倾向性，那么每种爱的试图都会失败；如果没有爱他人的能力，如果不能真正谦恭地、勇敢地、真诚地和有纪律性地爱他人，那么人们在自己的爱情生活中也永远得不到满足"。

其次，小说还启迪我们，理想爱情贵在追求。追求是一种行为，也是一种境界。现实生活中，有许多人缺乏追求理想爱情的激情和动力，他们对爱情的基本要求还停留在中、低层次，有的人奉行的是弗洛姆所说的"结伴"思想，认为人生匆匆几十年，男女结为夫妻无非是相依为伴，其他种种说法和要求都是虚幻的、不切实际的，没有必要为那些虚幻的东西费神费力；还有的人把真正的爱情视为精神奢侈品，认为现代社会中，男女结合除了性的因素外，就是功利因素的作用，何来真正的爱情，因而根本没有追求理想爱情的要求和愿望。种种诸如此类的思想观念，在我们的社会生活中逐渐形成了这样一种状况：少男少女们大谈爱情，却对爱情缺乏全面认识和体验；中年以上的男女对爱情有较多的认识和体验，却安于平静的生活，很少谈起爱情。这种现状给人一种印象，似乎爱情只是少男少女们的事，中年以上的男女主要是过日子，至于有没有爱情，以及爱情的境界如何，都是无所谓的了。而《廊桥遗梦》却恰恰通过一对中年男女的迟到的爱情，给我们展示了生活的另一个侧面，揭示了一个不可忽视的人生道理：中年男女不但要谈爱情，而且要自觉地创造、追求和体验真正的爱情。试想，如果弗朗西丝卡安于缺乏爱情、死气沉沉的家庭生活，不去有意地把握机会，努力追求，何来"四天等于一生"的理想爱情体验？如果罗伯特·金凯沉湎于风月场中的男欢女爱，不去思考、追求、体验理想爱情的深层内涵，又何来"几生几世难遇一次"的爱情感受？现代人常唱这样一句歌词：不在乎天长地久，只在乎曾经拥有。这句歌词从总体来说我并不赞同，但"曾经拥有"确是难得的人生体验，也是人生幸福的"阶段性成果"。反之，如果人生几十年，从未体验过真正的爱情，岂不是莫大的遗憾？

至此，我们不可避免地要回答和探讨小说《廊桥遗梦》所提出的两个现实问题：男女主人公获得爱情的高峰体验后又理智地分手，这是不是正确的选择？作者这样安排结构，有何用意？从小说中我们看到，男女主人公理智地分手的主要原因是弗朗西丝卡不能摆脱她对丈夫和孩子的责任感。但作者不是简单地让女主人公在爱情和责任的矛盾中做出抉择，而是引申出这种不能摆脱的责任感所必然产生的后果。弗朗西丝卡清醒地意识到，她如果跟罗伯特·金凯走，就会"毕生为这件事所缠绕"，就会约束罗伯特的自由，成为他所不喜欢的女人。这表明，要回答男女主人公选择分手的决定是否正确这个问题，不能只看他们分手时和分手后的痛苦，只看到来之不易的爱情幸福被轻易放弃这样一种表象，还必须看到和考虑到他们如果不分手，这种浪漫的爱情高峰体验不能长久保持下去的客观趋势。作者花大段篇幅描写弗朗西丝卡在分手时如何向罗伯特吐露心曲，目的也就是表明：弗朗西丝卡选择分手，不是简单的道德觉醒和良心发现，而是在对自己和罗伯特·金凯爱情关系的发展做出正确预测的情况下，凭借清醒的理性意识和坚强的意志力而采取的果断行动。作者实际上是在启迪世人：四天的浪漫爱情有其特殊的背景和条件，它不等于也不能保证长期的浪漫和幸福。"爱一个人不仅是一种强烈的感情——而且是一项决定，一种判断，一个诺言，如果爱情仅仅是一种感情，那爱一辈子的诺言就没有基础。"

综上所述，笔者把欣赏《廊桥遗梦》的主观感受引申为一种对现实生活的思考，倡导人们创造和追求理想爱情，并不是提倡婚外恋，更不是鼓励人们去当"第三者"。事实上，对于已婚男女来说，追求理想爱情并不一定要"弃旧换新"，更不能盲目地"红杏出墙"，更多的是应该把创造和追求爱情结合起来，既学习小说男女主人公追求理想爱情的精神意识，又学习弗朗西丝卡不背弃家庭责任的理智和果断，着眼于对现有爱情和婚姻关系的改进和完善，增强学习和运用爱的艺术的自觉意识，调动潜在的激情和动力，在完善自身的同时，带动对方完善自己，携手踏上创造和追求理想爱情、争取爱情的高峰体验的人生轨道。

（1997年）

文学视野中的历史
——读《无尽藏》

深圳作家庞贝的长篇历史小说《无尽藏》（作家出版社 2014 年版），甫一发表，就好评不断，被誉为"一部才子书"，"对我们当今整个小说创作都有特别意义，而且给我们提供了一个新的标本式的文本"。小说先后多次获奖，被《亚洲周刊》选为 2014 年全球十大中文小说，成为茅盾文学奖的入围作品。那么，这部小说究竟蕴藏了何种内涵？艺术手法又有哪些新颖之处？何以能受到如此广泛的欢迎和好评？笔者尝试对这些问题做一个粗浅的探讨和解答。

一、一把辛酸泪，谁解其中味

小说主人公的人物命运，通常都是显示作品内涵的重要线索。我们从作品中可以看到，《无尽藏》的主人公林公子，为了救出命悬一线的父亲，按照父亲林仁肇将军被捕时的暗示，从《韩熙载夜宴图》中悟出玄机，历尽千辛万苦，寻得国主所需要的秘藏。但结果却是，父亲仍然被害，他自己也怀抱秘藏投江自尽。乍一看，作品似乎是传奇故事反映悲剧命运。其实，作者并非以主人公命运的线性结构展现思想内涵，而是别有深意。正如曹雪芹在《红楼梦》中所说的，"一把辛酸泪"，"谁解其中味"，我们需要透过表象，方能深刻理解作品的内涵意蕴。

小说的时代背景是五代十国的南唐。当时南唐已臣服于北宋，成为附属国，国君也称为国主。林公子寻得的秘藏图谶，显示了封建王朝从太平盛世到群小当政，再到天下大乱"三代而亡"的宿命和规律（这里所说的三代不仅仅是更换三个皇帝，而是经历三个历史阶段——笔者注），预示了南唐的灭亡。为了强化图谶的预言效果，作者着力渲染了南唐第三代国主李煜观图时的情景：刚从火灾中仓皇逃出的李煜，看到林公子献上的秘谶图所展现的第三代帝王，正和自己此刻的形象完全一样：被发跣足，仓皇乱走，一袭白衣，面目惨然，好似一具行尸。面对图谶，李煜"惊怖欲绝，面无人色，整个身形都在簌簌颤抖"。

显然,作者描写的秘谶图和李煜观图时的情景,都是文学的想象与虚构,或者即便有野史传闻,也已无从考证。但他留给读者的不是史实真假的疑惑,而是对王朝宿命和历史规律的思考。史书可见,凡新得天下的帝王,大多会励精图治,约束官吏,养息民众,发展经济,故第一代开国者统治时期常现太平盛世。然而,随着统治地位的巩固和国力的提升,到第二代君主当政时,从君王到各级官吏,大多会骄奢淫逸、频施暴政,不可避免地出现群小当政的乱象,国家也开始危机四伏。到了第三代,统治者已不复开国者的勤政,也缺乏先辈的根基和能力,再加上贪腐盛行,民不聊生,必然要天下大乱了。作者在开篇"今版卮言"中写道,"始皇帝的帝国只有十五年","南唐历先主、中主、后主三代,享国不足四十年","秦朝和南唐都是仅传三世而覆亡"。而在他所虚设的"明刻版跋"中又写道:"林氏所示者不过一图谶耳,三图写三代,得非冥冥天数哉。南唐之亡非人亡之,亦自亡也。"至此可见,秘谶图揭示的是几乎已成宿命的历史发展规律:封建王朝存亡不过三代,由兴至灭在所难免,根源在于封建制度和封建帝王本身。作者唯恐读者不识小说此蕴涵,特在跋中强调指出,"家国命数循乎一理,家必自毁而后人毁之,国必自伐而后人伐之","三代图谶可资国运之龟鉴,亦可为家道之寓言也"。

王必胜先生(《人民日报》文艺部原副主任)在《无尽藏》学术研讨会上的发言中说:"这个小说使我们耳目一新,就是我们怎样从中国传统文化的丰富资源中,运用现代小说形式来揭示某些对于我们当下有镜鉴意义的题材,我觉得这个小说里面还有更多这方面的东西。"这段话一语中的,给我们提供了一个理解和评价《无尽藏》的新角度。小说反映的虽然是封建时代的历史规律,但历史的镜鉴是超越时空的,这也正是某种意义上的"古为今用"。

长期以来,"富不过三代"无论是作为一种意识还是作为一种观念,已引起当下人们的广泛重视,许多富豪和民营企业家都以此教育和督促自己的后代,希望他们以自己的勤奋和努力,改变"富不过三代"的宿命。其实,正如作者所言,"家国命数循乎一理",历史规律的启迪也常常超越时空。习近平同志指出:"要通过研读历史经典,看成败、鉴是非、知兴替,起到'温故而知新''彰往而察来'的作用。"小说虽不是历史经典,但在某种意义上是对历史经典的艺术解读,它给我们的启迪和警示是发人深思的,应该引起我们的高度重视。

二、既是"无尽藏（cáng）"，也是"无尽藏（zàng）"

如何解读书名"无尽藏"，是理解和评价这部小说的关键所在。笔者以为，书名有双重蕴涵，既是"无尽藏（cáng）"，也是"无尽藏（zàng）"，既有"藏（cáng）"之内涵，也有"藏（zàng）"之意蕴。

从"无尽藏（cáng）"的角度来看，小说藏有多重内涵。

首先，如前文所述，小说藏有对家国兴衰历史规律的揭示。历代封建王朝由兴至灭，似有宿命所定，如同一个家族"富不过三代"一样，其中蕴含的道理和启示发人深思。

其次，小说藏有对以往不被人知的"历史真相"的揭示，集中体现在对南唐后主李煜的评价与宋太祖传位给弟弟这两个层面。

一代词宗李煜，词作婉约柔美，达至极高的艺术境界。然而，作者认为，作为国君，李煜不是仁君，而是暴君、昏君，多疑偏执，草菅人命。以往文学史谈及李煜，在赞扬他的艺术成就的同时，亦对他作为宋朝附属国的儿皇帝深表同情，故有"用四十年家国、三千里山河换来一首好词"之说。而小说则揭示了李煜看似可怜实质可恨的一面。他作为一国之主，不思励精图治，而是苟安于一隅之地，声色犬马，寻欢作乐；更为可恨的是，他轻信敌人的反间计，以一己之私，妄杀国之干将，把国家危亡置之度外。更有甚者，在本应厉兵秣马、振奋国民之时，他却"只求于填词念佛中忍辱自安"，以致出现敌军打来时，小长老率众诵佛抗敌，结果兵败城破的荒唐事。此外，就文学解读而言，小说对于李煜诗词的写作背景亦有新的表述，填补了文学史撰写和古代诗词研究的某些不足。例如，展现李煜从一国之主沦为阶下囚的《破阵子》一词，文学史只表明李煜写于亡国之时，而小说则明确指出写于"归降途中"。这就有利于更准确地理解这首词的内涵和意蕴。再如，李煜的代表作《虞美人》，文学史评论为"展现思念故国之情"，而小说则揭示出李煜写此词是因为宠妃"郑国夫人"被宋太祖"摧花"而引起的伤感。这种解读或许不乏文学的想象，但提供了一种作品解读的新视角。

宋太祖赵匡胤为何将皇位传弟不传子，历来正史表述不一，野史更有"烛影斧声"等众多传闻。小说在分析正史和野史表述的基础上，以主人公林公子亲眼所见为线索，从逻辑上梳理出宋太宗赵光义杀兄夺位的血腥故事，推导出赵光义编造传位于弟谎言的事实真相。对此，小说以主人公林公子感叹的口吻写道："如是我见，如是我闻，后世史家可不慎乎？"当然，小说毕竟不是严谨的史书，一家之言也未必就是历史真相，但小说合乎逻辑的推导，或许能让读者以一种新视角来看历史。

此外，小说藏有对封建帝王虚伪无耻、欺骗百姓的揭示。小说主人公林公子为救父亲性命而寻找的秘藏有两种，一是秘谶图，二是传国玉玺。国主李煜拘捕他的父亲林将军既是中了敌方的反间计，也是为了逼迫林将军交出秘藏。后来的宋太祖、宋太宗利诱林公子寻找秘藏，也都是别有所图。那么，这秘藏对于封建帝王何以如此重要？小说对此做了具体的描述和解答："始皇一统，琢为受命之玺，李斯篆文：受命于天，既寿永昌，历世传之为传国玉玺。""从秦始皇至汉高祖，从隋文帝到唐高祖，这传国玉玺乃是历代帝王受命于天的信物，亦是他们统治天下的法宝。""此乃皇权正统的符命，亦是统驭万民的神物，他们必欲据为己有，必欲传承万世。九五之尊，真龙天子，他们无不宣称拥有这天命，这天命只是他们的秘藏。"而揭示"三代而亡"宿命的"谶图势必危及天命。而于享国者而言，这秘藏无异于洪水猛兽。他们必欲厉行禁绝，严防其流传"。因此，南唐后主李煜欲得此传国玉玺，想凭此和北方的宋太祖讨价还价；宋太祖对此玉玺也是志在必得，因为无传国玉玺是他莫大的心病，虽自制"大宋受命之宝"，但那终是出于无奈；宋太宗杀兄篡位后也必欲得此玉玺，目的是掩盖恶行，显示正统。上述种种表明，历代封建帝王无论以何种途径得天下，都要把自己装扮成受命于天的天子，传国玉玺只是他们装扮自己的工具，由此演绎出"持一玉即可治天下"的荒唐逻辑。难怪小说中的申屠令坚目睹林公子取得传国玉玺后要发出"这皇帝老子咱也做得"的长嚎。

从"无尽藏（zàng）"的角度来看，小说亦是佛教思想之集藏。按《现代汉语词典》释意，"藏（zàng）"的本意是储存大量东西的地方，如宝藏；但同时也是佛教或道教经典的总称，如大藏经、道藏等。小说中蕴藏的佛教思想主要体现为以下三点。

（一）把握当下，珍惜现在，勿生贪念

小说中多次提到，六祖惠能尊奉的比丘尼名叫无尽藏，她的"嗅梅悟道诗"是小说主人公林公子寻找秘藏地点的暗示和指引，更是流传千古的禅诗杰作。诗云："整日寻春不见春，芒鞋踏遍陇头云。归来笑拈梅花嗅，春在枝头已十分。"诗意十分显明，旨在告诫人们，要看到"春在枝头已十分"的当下生活，珍惜现在，把握当下，不可心生贪念、舍近求远地去追求那原本不属于自己的东西。作者为了让读者领悟此意，特地强调指出："'无尽藏'的名字借由那遥远的传说而存在，也借由神秘的诗句而显现。"至于

"无尽藏"的丰富含义，显然不仅仅限于诗句。为此，作者特地援引佛教经典设置了一个情节。有僧人问行冲禅师："如何是无尽藏？"禅师良久无语，然后说道："近前来。"问者近前，却闻禅师一声猛喝："去！"这一情节表明，无尽藏，意无尽，说不得，重在自省自悟。

（二）修身须修心、正心，明心见性，自性自度

小说中写到，当林公子诵读比丘尼无尽藏的"嗅梅悟道诗"时，"终于有了豁然开悟的刹那，如甘露洒心，似醍醐灌顶。明月当空，清风徐来，顿感一种莫名的震颤。风吹雾散，月色皎然，内心涌起一种神秘的欢喜"。于是，他意识到自己"为复仇的执念所驱迫"，"在无明的昏妄中迷失已久"，现在该是消除冤冤相报之念、摆脱自性偏执的时候了。林公子的父亲给儿子留下了"如如不报"的遗言，林公子百思不解，便去请教德明和尚，和尚要他做到"如如不动，无妄无执，不报恩仇，自生自灭"。林公子秉性聪慧，一点就悟，认识到"如如"是佛的境地，逐渐悟出"见性明心，自性自度"的道理。此时的他"已然出离那有情之苦，心无挂碍"，敏悟到如果自己坚持复仇到底，那传国玉玺就有可能落入不配拥有它的统治者手中。最后他决定，"自识宿命，余生不为官家所驱策，怀挟玉玺沉入江水"。自此，"传国玉玺杳然迹灭，赵宋蒙元大明诸朝皆无缘受此天命"。这结局看似悲凄，其实是林公子的自性升华，是他摆脱自性偏执后深明大义的壮举。

应该说，林公子的开悟是佛教思想中"心性说"的形象体现。佛教经典有云："达摩西来，不立文字，单传心印，直指人心，见性成佛。"此处的"心印"是指修得的智慧，"人心"是指被尘欲覆盖的真妄和合，而"见性"是见真如的本性。"明心见性"就是开悟，就是抛弃尘欲，认识自己的本性和本我，激发自己的般若智慧。以林公子为例。他执着于报杀父之仇，被嗔恨所控制，淡化了信守父亲嘱托的理念，淡化了对国家和历史责任的思考，实质就是心有所"住"，心有执着，迷失了方向。正如《金刚经》所言，"无住生心"，心能"无住"，才能抵挡欲尘，才能随心自在。当林公子开悟之后，顿时恨意消退，认识到自己该怎样去做。故大德有论：修身须修心、正心。"人心若正，其行为则端，人心若歪，其行为则乖张"，"心正者，秉天道、天理、天心以为用，心歪斜阴狡者，持私利而慰自心也"。

（三）一切皆有因缘，不应执着于"我"

作者在小说中以主人公林公子的口吻写道："一切皆因偶然而引发，而冥冥之中又确是有大机缘。假如我未曾悟解父亲那手势，假如我未曾看到那浮雕上的遗言，假如那一刻我未能联想到石匠，那玉玺势必至今仍封藏在栖霞山的岩洞里……"这段话充分体现了佛教思想中的"因缘说"。缘起缘灭，相互依存。"此有故彼有，此灭故彼灭。"高僧圣严法师认为："'因缘说'是佛教的特质。按此理论，世间的一切现象的起灭转换，无非是由于因及缘的位子的变动、成分的增减、类别的出入而产生的离合、合离及组成、解散，解散了再组成的现象。如果能够理解这层道理，佛教称之为悟，称之为解脱，称之为断烦恼，称之为离苦得乐。"由此可见，"因缘说"的根本是启示人们放下对"我"的价值的执着，重新认识自己的遭遇、成败、得失及言行。以林公子为例。他在开悟前，心里始终想的是：我父亲被害，我要报仇，我是否能找到父亲留下的秘藏，完成父亲的嘱托。可开悟后他意识到，父亲被害是"那样的一种偶然决定了我的命运"，但是"那种偶然其实都有前因，那是命定的宿缘"，他之所以能找到秘藏玉玺，不是因为他的能力，而是有某种机缘。至此可以说，"因缘说"虽是佛教思想的内涵，但对于我们认识世界、认识自我，却有所启迪。作为一个人，不能总是"我"字当先，自我感觉良好；不能过于夸大个人的存在和作用；不能总是目空一切，一副怀才不遇、舍我其谁的样子。要认识到，环境因素、他者因素，乃至自然因素都会影响甚至决定"我"的命运和价值体现。

三、结构寓新意，形式成标本

如前所述，《无尽藏》"给我们提供了一个新的标本式的文本"。那么，小说的形式创新究竟体现在哪些方面，作者为什么要这样做？显然，这是我们在深入理解这部作品的过程中不可忽视的问题。

作者在其虚设的"明刻版跋"中明确指出："世之所以能传者书也，书者如也，如其言也。言之所贵者意也，意之所追随者不可言传也……言有尽而意无穷，无尽应当如是观。"这段话表明，作者精心构思此书，旨在表达"不可言传之无穷之意"，这是创新小说结构形式的出发点和旨归，那么，作者究竟是如何进行小说形式的创新呢？

西方评论家认为，"小说是模仿真实的虚构"。为了使模仿的真实合情合理，作者建构了一个全新的小说结构。以"今版卮言"和"明刻版跋"分置前后，中间穿插《无尽藏》的文本，形成历史与现实的对话关系，让真实与虚构相互交融，使文学想象和史实依据互相渗透，你中有我，我中有你，令读者流连期间，亦真亦幻，回味无穷。

开篇是结构的第一个亮点。通常，历史小说都是按时间顺序和重大事件，展现主人公的人生经历和命运起伏，如长篇历史小说《曾国藩》《张居正》等。而《无尽藏》却一反常规，以"今版卮言"的形式开篇。在开篇中，作者先从同学聚会中谈起小林同学的近况，引出小林家秘藏一部传奇古书《无尽藏》的情节，进而以编辑出版此书使之经世流传的名义，把《无尽藏》很自然地推到了读者面前。这种设计，既达到开篇引人入胜的效果，又为作品亦文亦白的文字风格奠定了合理性，表明"古代文言与现代汉语之间原本并非泾渭分明"。更重要的是，这种开篇设计，可以在进入情节描写前就开宗明义地阐明小说的意蕴和旨归。作者在开篇中明确指出，这是"一部尘封千年的书稿，一部秘藏的'信史'。这是南唐一国的宿命和写真，也是所有朝代的预言和缩影"。"我与你们分享这个故事，其实是为了拯救一种记忆，这其实是我们对抗遗忘的唯一方式。"

小说结构的第二个亮点，是以人名而不是以事件作为章目，以人带出事，驱动情节发展。这种构思旨在表明，历史是人的历史，国运与人运密不可分。为此，作者描写的人物都是历史上真实存在的，只不过在作家的笔下经过艺术加工演变成具有丰富意蕴的文学形象。从作品中我们看到，无论是以诗酒自娱掩盖暗藏秘藏真相的史虚白，愚忠国主、以巧言妙语邀宠扬名，最后却被往昔情人投入炉中炼丹的朱紫薇，苟安一隅，多情庸柔，最终被宋君毒死的李后主，还是韩熙载、徐铉等文人雅士，德明和尚、小长老、耿炼师等僧道人士，他们其实是共同演绎了一段历史。这段历史让我们看到了封建王朝"三代而亡"的宿命和规律，看到了某些文士为官的虚伪和无奈，看到了爱国忠烈舍身为国、坚守信念的高风亮节，看到了昏君误国、文豪卑劣的历史现象，看到了佛道精深、真伪混杂的众生相。一句话，作者塑造的一个个鲜活的人物形象，展现出一个时代的历史画卷，显示出浮沉起伏、皆非心外，如电如幻、宿命难违的"无尽之意"。

小说结构的第三个亮点是，两个秘藏互为张力，彼此印证。宣示"三代而亡"宿命的秘谶图和刻有"受命于天，既寿永昌"的传国玉玺，是林公子受父命而寻找的两个秘藏，也是南唐后主李煜和宋太祖、宋太宗必欲得之的秘藏。作者设置这两个秘藏，是想让它们互为张力，从不同角度揭示封建帝王的虚弱与虚伪，反映封建王朝由兴至灭的历史规律。秘谶图对于封建帝王而言如同洪水猛兽，一旦流入民间，必然民心动摇，天下大乱，故"他们必欲厉行禁绝，严防流传"。而他们如果拥有玉玺，便可自诩为顺天而治，有了欺骗民众的资本，也可在某种程度上化解秘谶图给他们带来的不安和隐忧，支撑他们的统治地位。在这个意义上可以说，在封建帝王眼中，秘谶图是洪水猛兽，传国玉玺则是制退洪水猛兽的法宝，前者必须得之、毁之，后者必须得之、持之。两个秘藏相互对照，彼此印证，更加形象深刻地揭示了封建帝王面对王朝宿命和历史规律的惊惶和无奈，反映出"真相难掩，谎言必破"的历史本真。

小说形式创新的另一个突出的方面，是用悬疑和隐喻编排情节，展现情节发展和人的命运变化的偶然与必然。

我们注意到，悬疑小说大多与犯罪和侦破有关，如外国小说《达·芬奇密码》，以及我国作家麦家的特工悬疑小说《暗算》等。《无尽藏》虽然同样巧妙地运用了悬疑手法，却独辟蹊径，不落俗套。小说中没有犯罪和侦破，而是设置了一个个暗示，引导主人公寻找秘藏。因此，引人入胜的不是一般意义上的分析推理，而是种种巧妙的暗示和主人公的敏悟与判断。小说中的悬疑有两个基本载体，一是人，二是物。人主要指的是《韩熙载夜宴图》中的人：韩熙载为何神色凝重，手势既像送客又像留客？林仁肇的神情为何有些异常？秦蒻兰为什么与林将军低语，并把手指向朱紫薇？画中人物为什么无一人面带笑容？所有这些人物似乎都暗示着某种秘密。而物作为小说中悬疑的另一种载体，主要是指梅树。无论是"嗅梅悟道诗"中的梅花，还是房舍旁的梅树枝，或者是栖霞山的那棵梅树，都与一个"梅"字相关，都暗示着秘藏的埋藏之处，都把情节发展和人物命运置于偶然或必然的变化之中。这种以人和物作为载体的悬疑，既引起读者的好奇心，更激发读者分析思辨的智慧，引人入胜，发人深思。

隐喻也是作者在小说中精心构思和巧妙运用的艺术手法。从小说中我们看到，作者运用的隐喻主要有两类：一是文字隐喻，如"天发杀机，移星易宿；地发杀机，龙蛇起陆；人发杀机，天地反复""史虚白""天雨粟，鬼夜哭""受命于天，既寿永昌"，等等；二是形象隐喻，如耿炼师的三把剑（一断贪嗔，二断情缘，三断苦恼）、炼丹炉、名为"无尽藏"的房舍、秘谶图、栖霞无尽图、传国玉玺等。这些隐喻不仅丰富了小说的内涵意蕴，而且把对现代人具有启迪意义的佛道思想自然地融入其中，增加了作品的思想厚度。

西方接受理论认为，文学作品的解读，每个读者的感受和领悟都是不一样的，"一千个读者，一千个哈姆雷特"。因此，解读文学作品，既要走近作者，"发现作者的我思"，看出作者在"作品中说了什么"，又要独立思考，发现作者"对我说了什么",更要在作品的基础上有所创造,努力做到"我对作品也说了什么"。《无尽藏》内涵丰富,思想深刻,深入理解这部作品"说了什么"已非易事,要做到"我对作品也说了什么"更是难上加难。尽管如此,笔者还是努力做了以上尝试。但愿笔者对"作品说了什么"的理解没有误差,对作品所说的也能言之成理,能在一定程度上推进对这部作品的关注和理解。若果能如此,我亦心安。

(2014 年)

深圳城市变迁的形象写照
——读《深圳我城》

深圳，在世人的眼中是一座"引潮流之先"的先锋城市，也是一座光怪陆离、让人捉摸不透的新兴城市。对于它是怎样从一个边陲小镇，发展成为现代化、国际化大都会，人们有着不同的理解和解读。文学作品中的深圳多姿多彩、异彩纷呈。尤其是作为文学"快枪手"的报告文学，对深圳的表现和描述，更是形象可感，发人深思。燕子的报告文学集《深圳我城》（羊城晚报出版社 2021 年版），就是这样一部作品。它捡拾深圳城市变迁的"雪泥鸿爪"，珍藏深圳"社会生活的生动细节"，构成了深圳城市"记忆的一部分"，堪称深圳城市变迁的形象写照，起到了立此存照的艺术效果。

率先领跑，贸通天下

深圳作为改革开放前沿的经济特区和外向型开放城市，最早起到领先示范效应的是快速发展的外贸。《深圳我城》的作者敏锐地看准了这一点，对此进行了形象而又生动的表现。

写于 2020 年的《贸通天下》是这本报告文学集的首篇。作者开篇就按时间递进对深圳贸易在全国的地位进行了明确界定："1992 年，深圳进出口贸易总额首次居全国大中城市第一位……2012 年，深圳外贸出口实现全国'20 连冠'，领先地位十分稳固；2019 年，深圳外贸出口连续 27 年居全国大中城市首位，实现'27 连冠'。"显然，作者是用这种先声夺人的手法，让读者对深圳外贸的领先地位留下深刻印象。然后，抛出读者必然要问的问题："在中国经贸乃至世界经贸舞台上领跑，深圳凭什么能做到？动力缘何？'秘诀'何在？"这些引人入胜的问题，为后面的叙述进行了很好的铺垫。

在作者的笔下，深圳的外贸几乎是从集体无意识开始的。从根本不懂什么是外贸，"什么能赚到外汇，就搞什么"，到"一家大细穿胶花"的家庭作坊零敲碎打，再到主动约香港老板过境面谈，决定引资办厂，逐渐形成创办外贸生产基地、开展边境小额贸易、发展"三来一补"的新局面，硬是把外贸做得像模像样。作者在叙述这些故事的同时,恰到好处地进行抒情和点评,彰显深圳外贸从无到有逐步发展的创新意义。作者深情地写道:"新时期发轫于深圳经济特区的对外贸易,犹如陌上小草,执意破芽生长。""如果说家庭作坊式的'三来一补'是民间在政府的庇护下有意无意将中国紧闭的大门试探性地推开一条缝隙的话,那么,由中国共产党领导中国人民在社会主义建设道路上进行探索和创新的改革开放,则是决然砸开铁锁,将门越开越大。"由此,作者把深圳外贸的发端和壮大,提升到改革开放、打开国门的思想理论高度,使"贸通天下"名副其实,形象可感。

作者把华强北"中国电子第一街"、华为公司的崛起、大疆无人机等作为深圳外贸与科技创新相互融合的范例,以一个个惊心动魄、扣人心弦的故事,反映出深圳外贸发展和科技创新相融合的"艰难辉煌",让读者清晰地感受到,"无数关于外贸、关于财富、关于人生命运的传说从华强北扩散,在深圳这座城市、在国内乃至海外流传";深刻地认识到,从华为创始人任正非喊出"10年之后,世界通讯制造业三分天下,必有华为一席"的豪言壮语,到华为形成全球顶级品牌,真正做到了"把数字世界带入每个人、每个家庭、每个组织","让云无处不在,让智能无所不及"。作者在叙述这些故事时,始终伴随着理性的思考。在她的笔下,华为诞生于深圳"这片拥有创新之魂的土地,先天就带有创新的基因,后天更以创新为圭臬"。华为的创新是区别于低层面"自主创新"的"开放式创新","在华为的创新实践里,如果没有'开放'和'全球'这样的关键词,那么,在'自主创新'意义上的成功也许将不复存在"。而大疆则是"用一流的产品重塑了'中国制造'的内涵","占据了世界无人机市场的主导地位","具有行业的领先优势和全球影响力"。作为一个作家,叙事和描述能达到这样的思想理论高度,实属难能可贵。

科技创新,破茧而出

如今的深圳,是全国公认的科技创新和高新技术产业发展的一面旗帜,可深圳科技创新和高新技术产业发展是怎样破茧而出、做强做大的,许多人并不了解。为此,作者特地采写了《破茧》这一篇。在这篇写于20世纪90年代的报告文学中,作者通过描述张小云、孟龙、齐翠珍、杨宇全、郑宝用、李一男等一批科学家和科技工作者,生动地描述了深圳科技创新和高新技术产业从20世纪90年代破茧而出、艰难起步的发展历程。

张小云是20世纪80年代从中国科技大学来到深圳的一名生物学家。深厚的家学渊源和在美国做过访问学者的学术底气,使她怀着到深圳来大干一番的宏图大志来到深圳大学。可她到了深圳后发现,"深圳并不是搞科研的乐园","什么气氛都有,就是没有科研气氛"。她想办生物专业,可是没有学生报考;她创办了"深圳大学生命科学研究室",研制出了"爱尔液""宾健归"等消毒液,可她不懂市场运作,也没有人教她保护知识产权,导致被无良商人欺骗和利用,眼睁睁地看着自己科研成果的经济效益被别人侵占和掠夺。面对这种十分不利的科研生态,张小云没有气馁,更没有放弃。她凭着一个科学家的志向和情怀,坚持在困境中搞科学研究,发表了一系列科研论文,推出了一个又一个科研成果,有些科研成果甚至是国际首创,产生了较大的国际影响。更为可贵的是,她还带头做科普讲座,为深圳营造科研氛围。她的"生命之树结满秋天的果实",以一己之力为深圳的科技创新破茧探路。

如果说张小云反映出深圳早期科技创新的艰难和科研人员的执着,那么,孟龙、齐翠珍等科技工作者的经历,则体现出科研人员不无悲壮的科研探索和为国奉献的精神情怀,具有鲜明特色和象征意义。

孟龙怀着"探索一个新的、公平的、能充分调动个人积极性的科技单位管理模式"的梦想,从上海来到深圳,担任深圳市罗湖工业研究所所长,力图"完成从纯学者到学者兼商人或学者兼总经理的'美丽而辉煌'的转变","提出了以高新技术为目标,以市场为导向,实现技术开发和经济效益良性循环的经营方针",可在实践操作中却常常因缺乏资金而一筹莫展。"手中握有很具市场价值的科技成果,却因缺乏资金而难以推广","根本无法完成产业化商品化的过程"。其中的辛酸和无奈可以想象,这也正反映出深圳科技创新起步的艰难。

齐翠珍是深圳科技工业园长园公司的总工程师,她"毅然决然地走出象牙塔,走出困惑,在科研和市场的裂谷上艰难地构建衔接两者的桥梁",成为"中国热缩材料应用的先驱之一","开辟了这类产品在中国市场上的大规模应用",并在国际竞争中让经销同类作品的"美国瑞侃姆公司不得不低下高傲的头颅"。非常令人痛惜的是,她终因辛劳过度而英年早逝,年仅49岁就因心脏病发作而离开了人世。她留下的那句"只有中国人爱中国,中国才有希望"的真情话语,印证了她为深圳科研创新和国家科技发展而无私奉献的赤子情怀,她也成为中国一代科技工作者的精神象征。

宝安电子研究所所长杨宇全,以"中国人不比日本人笨"的自信和顽强,设计出一种空调微处理器掩膜,迫使日本人退出美的空调集成电路的竞争,以创新成果证明了他自己的豪言壮语:"不能把失败归于环境,不能坐等环境好了再干。我们必须利用有限的空间和资源去做最大的努力，创造和实现自身的价值。"

华为技术有限公司副总裁兼中央研究部总裁郑宝用、华为技术有限公司程控技术部经理李一南，都是30岁以下的科技少壮派。他们"从学校到学校然后一步跨入华为"，"没有坎坷的经历和太多的挫折"，"赶上了可以大显身手的好时代"。他们审时度势，奋发有为，"每天干十几小时的活，碰到难题，想破脑袋也要钻下去"，支撑他们的"不是'没有意思'的颓丧萎靡，而是精忠报国的激越昂扬"，"他们完全有能力托起'中国明日的太阳'"。华为的成功有他们的一份功劳，深圳科技创新的快速发展离不开他们的贡献和付出。

作者深情介绍以上几位科技工作者，绝不仅仅是为了给我们讲故事，而是通过鲜活的个人事迹和生动的事例，全方位、立体性地展现深圳科技创新破茧而出、高新技术产业发展日益进步的历史进程。从时间跨度看，两代科技工作者面临不同的环境、条件和机遇。前一代人的艰难探索为后一代人的大有可为创造了必不可少的外在条件。从内涵变化看，从资金缺乏、与市场脱节、知识产权得不到保护，到政府制定法规、明确政策、资金扶持、知识产权保护，经历了一个逐步完善的过程。作者匠心独运，把科技工作者的个人经历与社会变革、城市变迁、科技创新发展联系在一起，以小见大，由点及面，让读者真切地感受到科技工作者为推进深圳科技创新发展"不争待遇、不计报酬、甘于寂寞、甘于淡泊、乐于奉献"的精神风貌，全面地了解到深圳科技创新发展从"没有科研氛围"到"高捧科技"的变化进程。一篇报告文学能有如此大的文化容量和意义内涵，足见作者的见识和功力。

地上地下，焕然一新

深圳作为开放型的移民城市，在发展进程中有两个突出问题。一是随着城市规模的扩大，人口不断增加，城市的容量越来越大，基本设施已不能满足人们的需要，交通堵塞成为影响民生的大问题；二是外来人员的涌入和管理应接不暇，"城中部落"和"三无"（无有效合法证件、无合法正当职业、无合法居所）人员严重影响市容市貌和城市管理，成为令人忧心的"城市痛疽"。不解决这两个突出问题，深圳很难成为百姓满意、形象良好的现代化城市。经过多年的不懈努力，这两个问题终于得到圆满解决。《深圳我城》中的《地下，又一座城市在成长》和《悬浮的世界》这两篇文章，形象地记录和反映了深圳通过建造地铁和清理"三无"人员解决这两个突出问题的

全过程。市民拍手欢迎这种大动作带来的新变化，称之为"地上地下，焕然一新"。

众所周知，缓解城市交通堵塞的办法之一就是建造地铁。然而，在深圳这样的新兴海滨城市修建地铁，困难之大和问题之多，几乎难以想象。但深圳硬是以敢闯、敢试、敢为天下先的精神，把政府和市民的"地铁梦"变成美好的现实，在地下建起了一座新城，"托起了城市的新高度"。

作者在描述深圳建造地下新城的奇迹时，仍采用先声夺人的手法，以一系列数据和硬指标，展现出深圳地铁从无到有、领先全国的壮丽风貌。

1989年，深圳提出建造地铁的动议，并很快成为政府决策，构建了一个在当时不被看好的"地铁梦"；1998年5月，借香港回归祖国的契机，国家计委批准深圳地铁工程立项，命名为"深圳地铁一期工程"；2004年12月28日，深圳地铁1号线正式开通，深圳进入"地铁时代"。

后来，"深圳地铁版图一变再变，一扩再扩"，"地铁里程每过几年就会以倍数增长"，地铁密度"列入世界顶尖水平"，被评为国内"地铁最便捷城市"。

在作者的笔下，深圳实现"地铁梦"的过程，融注着攻坚克难、改革创新的奋斗精神。

经费不够怎么办？创造香港私营企业参与深圳基础设施建设、向社会提供服务的"特许经营"新模式，最终实现"建造—营运—移交"的全过程。

施工难度大怎么办？度身定制双护盾TBM（全断面硬岩隧道掘进机）、创造"拆桥神器"模块车，让这些"变形金刚"和"超级战士"在地铁施工中大发神威。

噪音扰民怎么办？错时施工，日夜兼程，"暗暗地挖"，把对市民生活的影响减少到最低。

面对深圳地铁建造的革新创造，作者深情地写道："这不仅是技术创新与科技进步，更是'绿色深圳''绿色地铁'理念的践行。""建设者努力让'城市中的工地'与环境相生相融，书写出'创新地铁''科技地铁''美丽地铁'的动人篇章。"读到这里，我们不禁要拍手称赞："壮哉，深圳！壮哉，深圳地铁！"

如果说，深圳建造地铁是完善城市基础设施、缓解交通堵塞的创举，那么，深圳清理"三无"人员，则是强化城市管理、割掉"城市痈疽"的壮举，使深圳真正走上了现代化城市的发展轨道。

作者在《悬浮的世界》中首先开宗明义地阐明，"三无"人员的出现，是深圳经济特区早期改革开放的自然现象："自从1989年中国黄土地开始躁动不安,大量剩余劳动力涌动着冲向城市,只有327.5平方公里的深圳特区便骤然感受到大军压迫的沉重。关内外大批开发区雨后春笋般不断涌现的'三资'企业,各类公司、工厂,无法消化源源不断从北面风尘仆仆赶来的人群,不能被吸纳又不愿往回走的人滞留下来,便成为游荡的'三无'人员。"

接着,作者理性地剖析"三无"人员对城市产生危害的客观必然性:"城市对于他们只是一种诱惑,一种改变穷困潦倒命运的可能。由于他们没有长期的职业计划,其作为大都是以挣钱为主要目的的短暂行为,因此具有一定的破坏性和掠夺性。"

深圳"三无"人员已达到较大的数量规模,其对城市的实际危害十分明显。乱搭乱建"给现代化城市的面容染上了脏乱差的污点",违法犯罪"在城市健康的肌体上滋生了黄赌毒黑盗劫的肿瘤"。作者深刻地指出,"假如任由一些人不讲秩序地在深圳'捞世界',另外一些人的世界就会碰撞得支离破碎。'三无'人员问题,关乎深圳的稳定和安宁,也关乎深圳的现代化和未来","必须面对,必须有所作为"。

《悬浮的世界》的副标题是:深圳市1994年春清理"三无"人员备忘录。作者除了以事实阐明"三无"人员形成的原因和产生的危害,更以数据表明深圳怎样大刀阔斧、干脆利索地清理"三无"人员。仅在一个多月内,"全市共清理遣送'三无'人员23.1万人,拆除山边、路边、水边棚寮6万余间,清查'三无'人员驻足的工地、工棚、公共复杂场所、出租屋、个体店铺等10万余间,摧毁地下工厂839间"。这些数据说明了深圳清理"三无"人员的力度和效果,也表明作者对此进行了深入的调查,真正做到了"报告文学让事实说话"。

尤为可贵的是,作者没有情绪化地陶醉于深圳清理"三无"人员的成果,一味地给予赞美,而是进行了客观冷静的理性分析,提出了现代城市管理中一些发人深思的深层问题。作者写道:"清理'三无'人员是一项内容庞杂、任务艰巨的系统工程,并非靠一个'清'的高潮就可以一劳永逸。如何真正科学地管理好流动人口,对深圳的社会发展和经济繁荣至关重要,亦是摆在深圳面前一个积久年深急需解开的症结。""过死的限制和放纵的自由都会造成我们所不愿看到的后果。"令我们感到欣慰的是,作者当年思考的问题,如今深圳已经妥善解决,城市管理已提高到一个全新的水平。

旅游新城，魅力深圳

深圳是在改革开放中诞生的经济特区，又是毗邻香港的新兴城市，从创办经济特区那一天起，来深圳公干或旅游观光的人就络绎不绝。但是，人来了给他们看什么？怎样让他们觉得来到深圳不虚此行？如何使深圳成为名副其实的旅游新城？这是摆在深圳面前的突出问题。作者在《魅力深圳》这篇文章中，详细回答了这些问题，也描述了深圳由边陲小镇到旅游新城的发展变化过程。

作者的描述既形象又生动。早年的深圳，"唯一可游的大概就是只有两只瘦猴乱蹦乱跳的小公园"，人们戏称为"一个公园两只猴，一位警察看两头"。1979年深圳建市，国务院文件指示"把深圳建成旅游区"。1980年，深圳经济特区创建，来深圳参观考察的人，可去的地方只有"五湖四海""一条街"。"五湖"是作为公园的西丽湖、香蜜湖、石岩湖、东湖、银湖；"四海"也是公园，只是地处海滨，分别是蛇口、深圳湾、小梅沙、大亚湾；"一条街"是一街两制的"中英街"。那时的深圳"还远不是人们心目中的旅游城市"。

接下来，作者的描述更加富有诗意。"80年代的最后一个冬天，深圳湾畔出现了一幅瑰丽的画卷，像一根神奇的魔杖，把中国的名山大川、文化古迹全'点'到一起来了，这就是'锦绣中华'。它的出现，标志着深圳旅游进入了一个全新的阶段——观光旅游阶段。"自此，"五湖四海"的格局被一举打破，民俗文化村、世界之窗等主题公园相继出现，深圳旅游享誉国内外。

如果说，以上的描述是作者对深圳旅游从无到有、快速发展的全景展现，那么，作者恰到好处的点评和抒情，则是对深圳成为旅游新城的热情赞颂。作者深情地写道："把祖国的秀丽河山、文化古迹搬到深圳，那该是一件多么美妙的事！在方圆数十万平方米之地展示中华民族灿烂的历史文化，让人们一步迈进历史，一日游遍中国，那该有多大的吸引力！由此圆一个'让世界了解中国'的梦，又是多么的有意义！""如果说锦绣中华像一部凝固的中华史书，民俗文化村则像一台浓抹重彩的大戏；如果说锦绣中华像一座荟萃中国名胜古迹的宝石库，民俗文化村则像一首颂扬中华民族大团结的赞歌。""从锦绣中华到民俗文化村，从历史的怀想到民风的张扬，人们行走着的，是一条通往中华精神殿堂的、充满鸟语花香的路径。""锦绣中华微缩景区、中国民俗文化村、世界之窗三大景区融汇成一个'让世界了解中国，让中国了解世界'的大型文化旅游区。其特色之鲜明，主题之完整，内涵之丰富，建设之精美，管理之先进，实力之雄厚，在中国人造景观中独树一帜。"

上述富有诗意的描述和赞颂，让我们清晰地看到了深圳旅游业快速发展的脉络和轨迹，看到了深圳旅游新城迅速崛起的奥秘。其核心是面向世界的宽广视野和锐意创新的战略思维，这是深圳经济特区的鲜明特色，也是作者妙笔生花的艺术魅力。

作者将这篇文章命名为《魅力深圳》，但通篇写的是旅游业的发展，其内涵就是旅游赋予深圳魅力和活力。作者在表明这种内在逻辑关系时，有着非常精到的描写。她把深圳旅游业所展现的魅力归结于文化的魅力，体现为文化的精神内涵和形象的新颖别致。作为深圳本土作家，她不无自豪地写道："每年，都有大批大批的人入广，大批大批的人来到深圳，只因广东的魅力，深圳的魅力。""深圳从一片荒芜至一片繁华，其间的历史跨度、文明跨度、物质跨度与精神跨度，非亲历亲见者不能想象其巨大。深圳神色自然态度从容地完成了这一跨度。"而深圳旅游业的快速发展显然是完成这一跨度的重要体现。"人们在华侨城三大景观看到的不仅是一种景物的简单'克隆'，给人最大享受的，是浓郁的文化气氛和民族特色"，"文化渗透在旅游当中，这是一个成功的杰作"。

作者深刻地指出，"深圳旅游业并没有因为华侨城人造景观风头正劲而忽略自然风光的开发"，而是"珍惜天然资源，开发自然风光风景区"，"构造出人造景观与自然景观两大相依相重的板块"。被誉为"世外桃源"和"牧歌田园"的仙湖植物园和"青青世界"等自然风景区，以及大鹏所城、赤湾少帝陵等历史文化景区，就是生动的例证。它表明，深圳的旅游文化丰富多彩，深圳的旅游景观新颖别致，博古通今。这种源自文化底蕴和文化创新的魅力，既有精神的感召力，又有形象的吸引力。因此，"深圳是富有魅力的，这魅力是人类才智的魅力，是创造活力的魅力，是深圳精神的魅力"。当我们读到这里，情不自禁地要赞叹作者对深圳魅力的准确把握和深层揭示。

文学是社会的折射，是生活的一面镜子。《深圳我城》所展现的深圳城市变迁，脉络清晰，轨迹明显，既有形象感染力，又有思想感召力。它表明，"深圳奇迹"是深圳人敢闯敢试创造出来的，"深圳精神"是深圳文化创新的思想先导和精神结晶。作为一本报告文学集，《深圳我城》不仅让我们领略到文学之美的审美感受，更使我们获得观照深圳、思考城市的思想启迪。作者在有意无意间达到了"举精神旗帜、立精神支柱、建精神家园"的境界和高度。令人敬佩，发人深思。

(2021年)

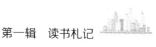

轻轻松松说《红楼》
——读《〈红楼〉讲稿》

余秋雨先生前不久在深圳下榻的宾馆里与笔者交谈时曾说,能把深奥的学术问题,深入浅出地转化为形象、生动的表述,并不是文风问题,而是一种学术修养和学术境界。笔者当即深表赞同,并很自然地联想到章必功先生的《〈红楼〉讲稿》(文化艺术出版社1996年版)。

《红楼梦》是中国古典文学的顶峰之作,研究"红学"的学者自感非凡夫俗子,于是乎,"红学"文章越做越深,越写越玄。然而,章必功先生的新著《〈红楼〉讲稿》,一改往日的"红学"文章艰深玄虚之风,对《红楼梦》进行了生动、别致的解析。

《〈红楼〉讲稿》的首要特色是"主题浅出"。作者把分析隐喻《红楼梦》主题内涵的《好了歌》和《好了歌解》,生动地比喻为作品的"主题歌"。他指出,"《好了歌》是神仙对凡人的布道",贾宝玉离家出走,是对"好了"的呼应,而"《好了歌解》是凡人对仙道的感悟","预定的'到头一梦,万境归空'的主题"。形象生动的比喻,简洁明了的语言,把红学界长期争论的《红楼梦》主题内涵,阐述得清清楚楚,明明白白,给读者以"原来如此"的真切感受。

"形象内涵浅出"是《〈红楼〉讲稿》的又一特色。《红楼梦》中男男女女、老老少少,性格各异,姿态万千。章必功先生巧妙地通过"姓名学""文艺谶纬""服装道具"来进行排队分类和相互比较,使小说中的人物形象一个个活生生地排立在读者面前,并引导读者穿越作品人物形象的长廊,去逐个地认识和感悟。姓名的谐音,服装道具的来历和寓意,文艺谶纬对人物命运的暗示和影射,以及病态、笑声等都被他当作分析人物形象的不同载体,既精巧生动,又言之有据,毫无牵强附会、生拉硬扯之感。读者随着章先生的笔触所至,会情不自禁地或褒或贬,或歌或泣,那种感受和认识,一般读者在读原著时是决然无法体会到的。

《〈红楼〉讲稿》中无论是标题的设定,还是观点的表述,都运用形象生动的语言、绘声绘色地加以表现,既通俗易懂,又富有感染力。如"野杂种贾雨村""导游贾府的乡下老太婆——刘姥姥""一里一外两个长舌汉——冷子兴、兴儿"这样一些标题，直接点明人物形象的个性特征，既形象可感，又真切可信。再如，作者在阐述"《红楼梦》的书名好过《石头记》"这一观点时，这样写道："以'记'名篇用得太滥，以'梦'名篇用得较少；《石头记》一名没有色彩，《红楼梦》一名富有色彩；《石头记》一名硬邦邦的如'冷板凳'，《红楼梦》一名软绵绵的如'席梦思'；《石头记》一名关乎情节、关乎故事，《红楼梦》一名则关乎意境、关乎宏旨。"短短一段话，语言生动、朴实，观点在理。

文人学者普遍认为，寻章造句，长易短难。章必功先生的《〈红楼〉讲稿》又例证了另外一个道理：立论撰文，深易浅难，学术修养不够、境界不高者，搬弄概念辞藻，论述不明不白，看似"深"，实为"浅"。由此可见，《〈红楼〉讲稿》所体现的"浅出境界"，其实是一种不易达到的学术境界。这也正是《〈红楼〉讲稿》学术水平的一个突出标志。

(1996年)

读与思的审美呈现
——读《明理：阅读的体验》

近年，偶尔给一些中青年作者的新著作序，深被他们的思想和才华所吸引，受益匪浅。作家姜维勇是我多年的朋友，他的新著《明理：阅读的体验》（以下简称《明理》，中山大学出版社2021年版）请我作序，使我有机会先睹为快。细读这本集阅读心得和审美体验为一体的书稿，深感其思想意蕴的丰厚和美学趣味的浓郁。作者把读书札记写成了诗化美文，把审美体验呈现为哲理思考，既显《明理》之"丰"，又显《明理》之"美"，更显《明理》之"巧"，令人浮想联翩，爱不释手。

《明理》之"丰"，在于思考充溢思想，评述恰当精准

通览全书，发现在"经典常读"这一部分，尤为突出地体现了作者思想的深厚。

作者阅读《论语》，对孔子的评价独到而又新颖。他认为，"孔子早已深入到我们每一个人的生活和心灵之中"，"孔子不是个成功者，但却是乱世中鲜见的能够处变不惊、善于反思的人"。因此，他得出结论，《论语》是"安身立命、治学求道、为人处世"的教科书，是"照亮心灵的一盏明灯"。寥寥数言，把一部经典、一个"圣人"，形象而又鲜活地概述出来，令人印象深刻，回味无穷。

谈及佛学经典《坛经》，作者的解读不是沉醉于佛学的玄妙，而是简单明了，通俗易懂。在他看来，"《坛经》不仅仅是一部中国人写出的佛经，是中国佛教唯一的一部经书，某种意义上说，还可以作为一部讲创新思维和心理学，讲生活方式和处事艺术的书加以解读"。在本质上，"《坛经》是一部指引人找回自己清静本心的经典"。如此解读，不仅别开生面，而且亲切可感，令人难以忘怀。

此外，作者读《孙子兵法》，称"孙子是我们熟悉的陌生人"；读《传习录》，明确"王阳明以自己的理论和实践告诉我们，要胸有大志，要建功

立业,也要诗意的栖居,他的心学就是这样的学问";读《徐霞客游记》,称徐霞客是"'世界那么大,我想去看看'的最佳诠释者和实践者"。如此种种,皆见其论述之精到、思想之深刻。

《明理》之"美",在于阐述文字优美,论证充满诗意

作者读《苏轼文集》,读出来的是人生沧桑,诗情画意。这番感受,在他的笔下呈现出来的是充满诗意和哲理的美文。开篇就出手不凡:"文学温暖世界,文字温暖人心。目之所视,世界文化名人如璀璨的星空不可胜数,而苏轼无疑是其中最璀璨之一。"苏轼"所到之处,春风化雨,温暖四方"。作者情不自禁地感叹:"那时候,不知道苏轼是否有这样的感叹,感觉自己是个人才,感觉时间就是生命,但是'人才'好像和'时间'一样,到头来只是用来浪费的。"字里行间透露出对苏轼命运多舛的惋惜。

《徐霞客游记》本身就是美文,而作者的评价和感受更美。他称赞徐霞客"是为见证大好河山而生的人","不是为了闻达于诸侯,而是为了心中的理想生命最美的绽放","在他眼中,处处都是人生驿站,而情之所至就是心灵港湾"。于是作者进一步感叹:"有时候,并不是美丽的风景让你忘却了烦恼,而是你忘却了烦恼,眼前的风景才更美丽。"这样的文字,既是对一部游记和一个游记作者的高度评价,更是在艺术地阐述人生的道理、揭示人生的真谛。

尤为可贵的是,作者发挥其擅长写古体诗的优势,在每一篇文章的篇末都赋诗一首,以"禹安诗曰"的形式进行综述和论证,起到了画龙点睛的效果。如在读《论语》篇末,"禹安诗曰"如是写道:"徜徉杏坛思先贤,斑驳竹影诉无眠。旧时暗香杨柳夜,佳人如是事如烟。"读完此诗,我们不仅对孔子的认识更加深入,而且似乎也多了一番"时间流逝世事变幻,圣人豪杰皆如烟云"的感慨。

《明理》之"巧",在于评论擅用比较,感悟富有哲理

作者利用自己阅读面广、视野开阔的优势,在论述中巧用比较方法,在比较中彰显人物形象,界定作品价值。在谈及王阳明心学时,作者认为"阳明心学和禅宗接近,讲究悟性,和禅宗相比,更为积极和进取";在论述《孙子兵法》和孙武的历史地位时,作者判定"克劳塞维茨的《战争论》、孙武的《孙子兵法》一同在军事学山巅之上闪耀着理性光辉";在评价两部

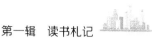

《诗品》(钟嵘《诗品》、司空图《二十四诗品》)时,作者感叹"两部诗品不同滋味"……作者还在多处运用比较方法进行阐述,如称"惠能与孙子、老子并列为'东方三圣'",说"《资治通鉴》与《三国演义》有所不同,《通鉴》中的曹操也不是《三国》中那个熟悉的样子",等等。

《明理》作为一本以阅读心得和审美体验为主要内涵的著作,展现读与思的感悟是其重要一面。书中所呈现的作者感悟亦是最有美感、最富哲理的部分。读《论语》,作者感悟"孔子的学问道德,仰之弥高,钻之弥坚,看看好像在前面,忽然又像在后面了。老师循循善诱,博我以文,约我以礼,欲罢不能";读《苏轼文集》,作者深感"这位中国古代历史上少有的文化全才以他的立身实践,树立了一种理想人格的标准","诗文书画,冠绝天下;有情有趣,以德报怨;为人为政,美名千年"。此外,感悟国画之美,作者堪称知音,发出的是行家里手的声音:"中国书画讲究的是'以形写神',更多强调画家主观感情的抒发,追求的是妙在似与不似之间的感觉。"感悟古典诗词之美,作者写下的是"千年岁月更迭,浓厚的诗情依旧在人的精神中熠熠生辉,解码中华民族基因,古诗词无疑是一把钥匙"。感悟深圳城市精神,作者写下了深刻而又精辟的论述:"城市文化形象是形神兼备的整体概念,其形是外在的处于物质文化和自然风光层面的城市文化景观,其神是内在的处于精神文化层面的城市精神。"如此种种,举不胜举。

西方接受美学理论家认为,评价一部作品,必须弄明白和解答好三个问题,即作品说了什么,作品对我说了什么,我对作品说了什么。通观《明理》,作者呈现给我们的是文化经典的深邃思想,审美体验的诗情画意,我们从中看到的是为人处世的深刻道理,文化传承的媒介与精华。读书心得和审美体验能够这样呈现,足见作者思想底蕴之深厚,文字水平之高超。真可谓,写之传神,读之无憾。

(2021 年)

人生处处有诗情
——读《诗云一片》①

当今世界，新冠肺炎疫情持续肆虐，世人惶惑忧虑，祈盼平安。在此非常时期，我有幸读到徐建平的诗集《诗云一片》（阳光出版社2021年版），感觉眼前一亮，顿时被诗歌的美感和哲理所吸引，仿佛进入了另一种生活情景，心情豁然开朗，并产生一种要为诗人和诗集说点什么的冲动。

我和徐建平是师生也是朋友。1995年，深圳大学中文系和暨南大学中文系合办文艺学专业研究生班，我担任班主任，徐建平是这个班的学员之一。由于他古文修养较好，说话写作颇具书生气，而且写得一手好书法，故在班上有"老夫子"之雅称。但大家对他的写诗才能却知之甚少，也从未给他戴过"诗人"的桂冠。直到去年，研究生班举行诗歌联谊会，听到他即兴朗诵自己的原创诗歌，方知他写诗也是清新脱俗，别具一格。尤其是当我读完他的汇集了300多首诗歌的诗集《诗云一片》后，更觉得他称得上是一位颇具特色的当代诗人。我相信，他的诗集一定能广为流传。

唐代大诗人白居易曾说过："文章合为时而著，歌诗合为事而作。"《诗云一片》与时代相呼应，和生活相交融，充满诗情，蕴含哲理，发人深思，催人奋进，具有鲜明的艺术特色，读后回味无穷。

富有诗味是《诗云一片》的首要特色。古人云，诗歌要有诗味，要经得起咀嚼，耐得住细品，能产生"使味之者无极，闻之者动心"的艺术效果。综观《诗云一片》，饱含诗味的诗作不胜枚举。试以《界》为例："你是鱼/在水间/才美/我是柳/在岸边/才醉/守着彼此的界/醉美。"这首诗，把恋人或夫妻之间应该"亲密有间、保持自我"的道理，表述得既形象又深刻。你是一条独特的鱼，只有在水里才能显示美；我是一棵挺立的柳，只有在岸边，才能令人陶醉。我们只有保持各自的特性，才能让人感觉到醉美。这样的哲理看似简单，但比"你中有我，我中有你"的说法要高出一层，因而对世人更有启迪意义。也正因为此，诗歌《界》的"味外之味"清晰可感，

---

① 本文为《诗云一片》的序言。

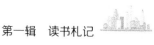

发人深思。

　　语句精练是《诗云一片》的又一个鲜明特色。诗歌的语言特点，与散文不尽相同。每首诗的形成都要达到"积字成句，积句成篇"的艺术效果。一字不切，全句皆弱；一句不恰，全篇皆涣。故有人说，诗歌应是"一个字一粒珍珠，一句诗一串珠链"，写诗要有"为求一字稳，耐得半宵寒"的苦功。《诗云一片》的遣字造句，可谓字斟句酌，颇见功力。试以《光阴》为例："镜前/清点得出/白发又增多少/眼角/清算不了/流光何时我抛/今天再老/也比明天小/明天再新/也没今天俏/每个今早都是妖娆/每个此时都是最好/抓紧/余下的半程船票/与天过招/与海要岛。"仔细品味这首诗，你会发现，不但诗句押韵，而且用字特别精准。"老""小""新""俏"这些词相互对应，恰到好处。把"时光流逝不由人，珍惜当下最要紧，余时不管有多少，与天过招要海岛"的智慧和豪情，展现得形象生动，令人神往，使人读后有恍然大悟、热血沸腾之感。我们注意到，诗人遣词造句的精微不是偶然，而是源自他对诗歌创作的理性认知和精益求精。诗集中有一首《语梦》，非常清晰地例证了这一点："语不惊人死不休/词未泣神魂难酬/一语中的/一句破彀/不是原创不出口/经得起/美丽邂逅/经得起/一步两回头/经得起/一咏三叹把心揪。"这首诗所表现的"语不惊人死不休"的追求，"不是原创不出口"的坚守，以及"一步两回头"的执着，令人动容，让人敬佩，由此也可看出诗人创作的严谨和精致。

　　《诗云一片》的另一个重要特色是情理交融。写诗重在抒情，但情感怎样抒发则大有讲究。综观《诗云一片》300多首诗，抒情无处不在，却无一首是直白的就情谈情，而是把抒情和说理巧妙地融会在一起，寓情于理，情理交融。其中，最有代表性的是爱情、父子情和爱国情的抒发。

　　爱情怎样表达为好一直是诗人们共同关注的问题。历代诗人各显神通，留下了不少脍炙人口的佳作。《诗云一片》里关于爱情的诗数量不多，但都情感浓郁，蕴含哲理。试以《印痕》为例："爱的唇印/有痕无泪/挂在那时的脸上/藏在那时的心上/美的伤痕/有泪无痕/流在这时的纸上/躲在这时的脉上。"全诗只有短短八句，却把爱情的甜蜜和伤痛、幼稚和成熟清晰地表现出来。单纯热烈的爱，伴随着激烈的心跳，在甜蜜的亲吻中悄然而过，不会有眼泪的苦涩；而遭受过伤害的爱，则伴随着泪水和隐痛，浸入血脉，难以忘怀。真可谓，爱过方知情浓，伤过才知情苦。此情此理，一首小诗包容其中，怎不令人感慨唏嘘。

　　《诗云一片》中有十多首表现父子情的诗，充分展现出浓浓的父爱和望子有为的热切期望。诗人在不经意间把情与理融会一体，使诗句既有情感的温度,又有说理的深度。在《历练》中,诗人这样写道:"出门/归来/只望一路平安/披着羽毛出去/扇着翅膀归来。"短短几句,就把父亲送儿远行祈愿平安、望儿有为凯旋的心情,表现得一览无遗。尤其是诗句"披着羽毛出去,扇着翅膀归来"堪称经典,若无浓情和哲思,决然写不出这样的佳句。再看另一首《寄儿——毕业寄语》:"脚下耕耘/头上祥云/桃源胜境/只能/祈福于勤/不能/守株于运。"诗中可见,诗人作为父亲,在儿子小学毕业之际,把父爱转化为理性的教育和期望,希望孩子懂得,只有一步一个脚印地辛勤耕耘,才能获得成就和荣耀,决不能守株待兔,指望命运的恩赐。情感之浓郁,说理之深刻,跃然纸上。

　　诗人受我国优秀传统文化影响至深,家国情怀尤为强烈。在香港回归祖国之际,他热情洋溢地写下了七绝《雄狮》:"雄狮跃起巨龙飞/举世华人尽展眉/处处相逢道一语/今朝港岛已回归。"诗人在这首诗中所展现的爱国情,仿佛重塑了自己的形象。那种恩恩爱爱休休戚戚的小资色彩荡然无存,继而代之的是挥斥方遒指点河山的万丈豪情。也让我们深深地感受到"港岛如期回归,国人展眉开颜。祖国龙腾狮跃,环球同此凉热"的欢快之情。

　　《诗云一片》共汇集诗歌 324 首,形式多样,不拘一格。大多是形式较为自由的新诗,亦有少量以古诗形式呈现的七律、七绝、五绝等,虽风格各异,但基调一致,并不给人以纷杂之感。诗集取名《诗云一片》,可见诗人是希望这些诗结集出版后,像一片云一样,飘进千家万户,飘进读者的心中,让他们慢慢体会和感悟。由此,我国诗坛多了一位新人,中国新诗多了一种色彩。至于这些诗歌的高下优劣,相信广大读者自有公论。

(2020 年)

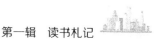

大家风范,相得益彰

——读《胡经之文集》与《胡经之评传》

文坛有盛事,鹏城添喜气。2015年10月,在深圳经济特区建立35周年之际,深圳海天出版社推出了五卷本的《胡经之文集》(以下简称《文集》),成为深圳学术文化建设的一件大事,引起了文坛和媒体的广泛关注和热烈反响。2016年8月,安徽黄山书社出版了由胡经之先生的博士研究生李健教授撰写的《胡经之评传》(以下简称《评传》),使人们对胡经之先生的学术生涯和审美人生又有了更深入、更全面的了解。《文集》与《评传》时隔一年先后推出,可谓是彼此互补,相得益彰,共同彰显出一位学术大家的学术志趣和人生风范。

美学巨擘,雄文五卷

《文集》共分五卷,约350万字。这五卷雄文是胡经之先生以美学为主线的学术研究的成果展示,也是其思索美的规律、追寻审美人生的集中体现。五卷中含《文艺美学》专著及散论、《中国古典文艺学》专著及专论、《西方二十世纪文论史》专著及《比较文艺学》散论、《文化美学》专论及人文论丛、《美的追寻》文论及文友抒怀等。通览五卷雄文,呈现在我们面前的是一位跨世纪的美学巨擘,大家风范,仰之弥高。《评传》这样写道:"胡经之的学术人生打上鲜明的时代烙印,又有自己的个性色彩。在中国当代文艺理论家、美学家中,他是特立独行的一位,其学术人生自具特色。""胡经之在学术上的最大贡献是开拓了文艺美学这一新的学科……使文艺美学成为一个相对独立的学科方向,具有开创性,因而,他被称为'文艺美学的教父'。"他的一生"在文艺学和美学的海洋里自由遨游,逐渐从审美人生走向美学人生。晚年……又进入创美人生的新境界"。应该说,这个评价是比较客观公正的。无论是雄文五卷,还是胡经之的学术地位与学术影响,都足以证明这个评价当之无愧。

如果说《文集》是胡经之先生精心设计和构筑的美学大厦,那么,《评传》则是对这座美学大厦的奥秘和特色的揭示与解读。《文集》的内容集中体现在文艺美学、比较文艺学、中国古典文艺学和文化美学这四个层面,《评传》相应地对这四个层面做了简明而深刻的论述。例如,在阐述胡经之开创文艺美学的学术贡献时,《评传》指出:"20世纪80年代初,胡经之竭力倡导文艺美学。这不是他心血来潮,而是长期思考的结果。""其意义在于,他认定文艺美学可以成为一个学科。"因此,他"将文艺美学从一个新鲜名词提升到学科的高度",构建了完整的理论体系,从而使文艺美学"成为一个时代的显学。这是胡经之对中国现代文艺理论和美学研究做出的重要贡献"。再如,在谈及古典文艺学时,《评传》亦有十分精准的评述。《评传》指出:"胡经之在开拓文艺美学的过程中及其此后,所做工作的很大一部分正是古典文艺学、美学的研究。"他"切实将中国古典文艺学、美学的范畴诸如兴、神思、兴会、意象、意境应用到文艺美学的构架之中,重新评估它们的意义与价值"。"胡经之的中国古典文艺学、美学研究,实际是开拓了一个新的领域。"他的"古典情怀并不是单纯的知识玩赏,而是带有强烈的使命感"。他"重释中国古典文艺学、美学,是着眼于古典文艺学、美学的大用,希望能依托中国古典文艺学、美学,构建具有民族特色的现代文艺学、美学的大厦",并把它作为"完善文艺美学的重要途径"。这些论述表明,《文集》与《评传》的互补互证作用十分明显,缺一成憾,相得益彰。

审美人生,心向至美

胡经之先生在《文集》总序中写道:"从文集中,可以看到我80年所走的人生道路,反映出我这一生的学术志趣。""我的学术志趣,因时代的推移而多有变化,但多变中又有不变。不变的依然是我对真、善、美的向往和追求,尤爱从美学的视界来看文化、艺术和人生,直至自然。""我对美学,起先是把她当作一门高深的学问来对待,但越到后来,美学就越来越渗入到我的人生实践之中。美学伴我悟人生,使我逐渐领悟到,人来到这世上,适者生存,善者优存,美者乐存。对于倾心审美的人来说,天地人心融为一体,在我们面前展现出了世界的美好,乐此而不疲。"胡先生的这段表述,充分说明他是把治学和做人融为一体的。治学要追求高境界,做人要做到"美者乐存",达到诗意栖居的审美人生,展现"心向至美"的人生追求。《文集》和《评传》从不同角度、全面地体现出胡先生一生对美的向往和追求。

《文集》五卷,洋洋洒洒,蔚为大观,但关键词只有三个,那就是:文艺、文化、美学。在胡先生笔下,文艺是美学研究的载体,文化是美学研究的精神内核和外延扩展,而美学则是研究学术与人生的至高学问。做学问,他从文艺理论提升到文艺美学,进而再扩展到文化美学,结果是著作等身,引领前沿;做人,他努力追求"个人兴味"和"社会责任"的完美统一,最终达到"诗意地流动""诗意地裁判""诗意地栖居"。

《评传》对胡经之先生的学术成就和审美人生,进行了全面的梳理和形象的表述。在《评传》中我们清晰地看到,"胡经之的美学思索,始终关联着他从生活实践中所获得的审美体验。他前期致力于文艺美学,后来走向文化美学,再后来倾情于自然美学、古典文艺学,走出了一条清晰的文艺学、美学研究路径",并在深圳力推国际文化交流,培养具有国际视野的文化研究人才。胡经之既是中国文艺美学学科的开创者,又是深圳学术文化建设的先行者。他先后出版的《文艺美学》《西方二十世纪文论史》《中国古典文艺学》等学术专著,主编《西方文艺理论名著教程》《西方文艺理论名著选编》《西方二十世纪文论选》《中国古典美学丛编》《中国现代美学丛编》等,在学界和社会文化界产生了广泛影响,也对他的人生产生了深远的影响,用胡先生自己的话说,"美学伴他悟人生"。他在数十年的美学研究进程中,实现了人生的诗化和艺术化,成就了审美人生。《评传》对此有简明清晰的描述:胡先生有两大喜好,一是游泳,二是音乐。他常年坚持游泳,并练就"水上静卧"的功夫,但他游泳不仅仅是为了健身,而是在游泳中感悟人生。"在他看来,人生犹如水中搏,既不能听天由命,随波逐流,也不能违反自然,逆流盲动,只有保持动态平衡,才能立足世界,求得生存与发展。""除了游泳之外,胡经之最爱的便是音乐。他把音乐完全融化到自己的生活中,使音乐也像游泳一样,成为他生活的一个重要的组成部分。""每当傍晚时分,从胡经之的家里都会飘来阵阵琴声,或悠扬,或激越。胡经之弹钢琴不为技巧,只为自得其乐。他寻求的是生活的诗意境界。"这种诗意栖居的生活方式,用胡先生自己的话说,就是"心向至美人生幸"。

与时俱进,不断创新

胡经之是跨世纪的学术大家,但他并不固守传统的学术理念,更不是关在书斋里做死学问,而是密切关注社会发展和学术动向,与时俱进,不断创新。这对于他这样一个年过八十的前辈学者来说,显得尤为可贵。

《评传》把胡先生的学术创新和文化创新归结为三个方面:一是开创文艺美学,二是走向文化美学,三是力推国际文化交流。《评传》表明,胡先生开创文艺美学学科共有三个第一:第一个提出应在高校开设"文艺美学"

课程;第一个招收"文艺美学"专业研究生;第一个出版《文艺美学》学术专著,构建文艺美学理论体系。正是这三个第一,使他成为中国的"文艺美学教父"。

胡先生从文艺美学走向文化美学,更是体现了与时俱进的创新精神。《评传》讲到,胡先生到深圳大学创建中文系后,尤其是在与香港学者文化交流之后,他在经济特区这片新天地,看到了许多新的文化现象,文化视野更加开阔了,意识到"大众文化、通俗艺术的兴起,推进了审美现代性的转变,成为审美文化的新维度","大众文化中包含着美的成分,能够成为文化美学的研究对象","美学应更多地关注新的文化现象,给予阐释"。因此,他认为,必须"焕发新审美精神",从以文艺为研究对象的文艺美学,向以文化现象为研究对象的文化美学拓展。而"文化美学要发展,要站稳脚跟,必须在大众文化、主流文化、高雅文化中取得平衡,在不同的文化之间进行审美的取舍,吸收各种文化的审美精华,从而完善文化美学。在这个意义上,从文艺美学转向文化美学是一种必然"。

胡先生在接受采访时说:"我到深圳养成了这样的学术思维定式:国际视野,中国问题。"因此,他在担任深圳大学中文系主任期间,力推国际文化交流,积极"培养中西贯通、善于应用的文化通才"。他把中文系更名为国际文化系,而在当时,标举"国际文化"而能独立成系,在国内尚属首创。先后举办了"中国首届比较文学国际研讨会"、"港澳台暨海外华文文学"国际研讨会,成为当时国内学术界的首创之举,有力地推进了国际文化交流。与此同时,还创办了"特区文化研究生班",吸收有一定文化素养的文化宣传干部和社会人士前来学习,为深圳经济特区的文化建设和文化发展培养了一大批高端人才。

对于南下深圳、与时俱进、不断创新的人生经历,胡先生自己也很有感慨。他情不自禁地赋诗一首,以表心迹:"漂泊京都数十年,半生尽染书卷气。到此放眼新视界,方知尚有新天地。"这是胡先生的肺腑之言,也是他学术心态与学术创新的形象概括,把一位充满活力、永葆学术青春的文化大家展现在我们面前,令我们敬仰和向往。

(2016年)

"文化流动理论"的理论贡献与实践意义
——读《文化是流动的》

王京生先生的学术著作《文化是流动的》（人民出版社2013年版）创立了全新的"文化流动理论"，在学界和文化理论研究群体中引起较大反响，成为当下文化语境中学术著作受到广泛关注和热烈讨论的特例。其原因既源自这本著作的理论创新，又在于它对深圳这样一个处于文化边缘地带的新兴城市的文化快速发展给了一个令人信服的理论说法，从而从理论与实践的结合上树立了独特的学术形象，具有不可忽视的理论贡献与实践意义。

一、"文化流动理论"的理论贡献

当今世界，文化流动无处不在，文化冲突时有发生，文化对经济社会发展的主导和推动作用愈益明显。"文化流动理论"在考察分析全球化背景下文化流动的客观现实的基础上，研究揭示了文化在历史与空间中流动的客观规律，并以文化流动的实例和效应作为理论创新的立足点，对长期被人们认同和奉行的"文化积淀论"进行了系统批判，对理解文化的传统方式进行了重新解读，其思想内涵之深刻、理论锋芒之新锐，不仅令人耳目一新，而且在很大程度上改变和颠覆了文化研究的思维方式，提供了一种全新的理论参照。作为一种新型理论，它的理论贡献集中表现为以下三个层面。

（一）颠覆了理解文化的传统方式，对文化的本质特征进行了全新的理论解读

"文化流动理论"的创立者认为，虽然古今中外众多的文化学派对文化定义与文化内涵的理论表述各不相同，但他们对于文化本质的理解都有"一个共同的看法"，都认为"文化是一个特定群体的意义价值与生活方式"，"是一个独立存在的实体"。这种看法久而久之演变成一种理解文化的传统方式，而这种传统方式把文化看成是固定不变的独立存在，看不到或遮蔽了文

化的流动性特质,"导致对'确定不移'的文化的执着","文化与经济、社会之间的生动关系也被生生割裂"。简而言之,理解文化的传统方式,见静不见动,见固不见变,见此不见彼,文化被视为囿于地域、限于民族或时代的精神价值与生活方式。这样,就自然而然地产生了自我与他者、传统与现代、中心与边缘、精英与大众的对应性文化解释,就相应地形成了某种文化形态的优越感或卑微感。

"文化流动理论"在剖析理解文化的传统方式的弊端的基础上明确指出,文化不是被动地外在于经济社会的独立存在,更不是一成不变的,而是依赖经济社会,在流动中变化和更新,并积极主动地引领经济社会发展,具有生产性和创造性的鲜明特征。文化的流动消解了各个不同时代不同地区不同民族不同文化形态之间的界限,有利于文化的融合与创新。在当今全球化的文化语境中,理解文化的传统方式已失去了文化实践的支撑,已不能解释变化多端、丰富多彩的文化现象,必将在历史的进程中自然消退。

(二)对文化积淀论进行了批判性否定,为文化创新拓宽了理论空间

长期以来,无论在文化研究或社会实践中,"文化积淀论"似乎已成为评价和判断文化生成与文化发展的理论依据和思维方式。在文化积淀论者看来,一个城市或地区,没有文化的积淀,在文化上就不可能有大的作为。文化只能慢慢积累,谁试图追求文化的跨越式快速发展,谁就违背了文化发展的规律。这种理论让历史文化古城自我陶醉,感觉良好,缺乏应有的文化创新活力;让新兴城市自惭形秽,底气不足,难以建构公认的良好文化形象,从而在客观上扼杀了文化创新的动力与活力。

"文化流动理论"认为:"文化积淀论制约着文化的发展,制约着社会的创新,制约着思想的进步。不否定它,不对文化积淀论保持批判的态度,就没办法适应今天社会的变化。"因此,在分析文化积淀作用二重性的基础上,对"文化积淀论"进行了深入系统的批判,揭示了"文化积淀论"的种种缺陷和弊端。明确指出,"文化的发展和进步就是要不断地挑战传统的界限,而不是对传统的坚守和积淀的膜拜","过分倚重文化积淀的存量,漠视文化流动带来的增量",就会使文化积淀"变成沉重的历史负担,窒息一切生动活泼的文化行为和经济行为",也"无法解释为什么那么多文化积淀相对落后的城市或地区能够后来居上"。事实证明,"文化积淀论""不仅在理论上难以自圆其说,也无法对人类文明演进的历史和现实做出合理的

解释"。

"文化流动理论"对"文化积淀论"的批判是一种"破"与"立"的关系,没有对"文化积淀论"的批判,不破除"文化积淀论"长期形成的思维方式,就没有文化创新的理论空间,就使"文化流动论"很难真正立起来。可以断言,对"文化积淀论"的批判,必将从根本上改变评价和判断文化生成与文化发展的理论依据,极大地拓宽文化创新的理论空间,促使人们"树立一种新的文化观,去认识文化的本来意义、真正动力和规律",具有不可忽视的理论贡献。

(三)创立了充满活力的新型文化理论,为全面认识国家和地区的文化现状,推动文化创新与文化发展,提供了新的理论参照

创立"文化流动理论"的缘起虽然是"要给深圳文化找个说法","给深圳的文化自觉和文化自信奠定一个理论基础"(王京生语),但在客观上已形成一个科学的理论体系,其理论创新意义已超越深圳,面向全国。

通览《文化是流动的》,可见"文化流动理论"的核心论点主要包括以下六个方面:①批判文化理解的传统方式和"文化积淀论",为"文化流动理论"的出场扫清理论障碍。②论述文化流动的客观必然性和具体途径,阐明在全球化背景下,文化流动既是一种必然存在,也是一种现实需要。文化既在历史中纵向流动,也在空间中横向流动。③阐述文化流动、文化生成与文化发展的关系,明确"任何兴旺发达的地区一定是流动文化最活跃最激烈碰撞的地区"。④阐明"文化流动过程就是文化创新创造过程",区域或城市间的文化竞争,依赖于文化创新能力。⑤明确"人是文化的基本载体,流动的人群是文化流动的承载者"。⑥剖析移民、经济、文化产业、技术和城市五大关键要素与文化流动相互作用的机理及其当代表现,并延伸至对身份认同和城市文化战略、城市兴衰等重要问题的讨论。

"文化流动理论"的科学体系与丰富内涵,为全面认识国家和地区的文化现状、推动文化创新与文化发展,提供了新的理论参照。它促使我们不仅要看到五千年文明古国的文化积淀和文化遗产,还要看到当今世界文化流动和文化创新的大趋势;不仅要充分利用原有的文化存量,还要善于创新,扩大新的文化增量;不仅要重视文化作为精神价值与生活方式的精神引导作用,还要重视文化对经济的价值导向作用和发展助力作用;不仅要给深圳文化找个说法,还要为建设文化强国进行理论探索。

二、"文化流动理论"的实践意义

"文化流动理论"的创立源自生动的文化实践。当今世界的文化变迁，尤其是中国改革开放的伟大实践和深圳文化创新与文化发展的典型"样本"，提供了"文化流动理论"研究的现实依据，激发了创立这一理论的思想和激情。因此，在实践中形成的"文化流动理论"，实践性和创新性是它的首要特征，必然会对文化实践产生直接的指导意义。具体可从以下三个方面来看。

（一）为推进我国文化建设与文化发展，提升国家文化软实力，提供了富有创意的理论指导

文化流动与移民、经济、文化产业、技术和城市等关键要素有着相互作用的内在机理。"文化流动理论"在分析研究这一内在机理的当代表现时，涉及我国文化建设与文化发展的一些根本问题，而对这些根本问题的研究结论和创新观点，对于推进我国文化创新，提升国家文化软实力，具有不可忽视的实践指导意义。突出表现在文化产业发展、城市文化建设、文化遗产继承与文化创新等关键层面。

"文化流动理论"认为，由于文化产品的快速传播，"文化产业在一定程度上已经成为现代社会中文化流动的基本形式"，"从根本上改变了文化的取向和发展路线图"。"文化产业所代表的文化制造能力和传播能力，影响着文化的流向，并将决定一个民族或国家在世界上的影响能力。"这些理论观点不是"文化流动理论"创立者的个人臆想，而是在分析研究国内外文化现状和国际文化竞争态势的基础上得出的科学结论。它表明，如果我们仅仅把文化产业作为经济发展产业结构中的一个部分，已远远不够。必须从文化流动的角度高度关注和重视文化产业发展对提升国家文化软实力、增强国家文化竞争力、维护国家文化主权的决定作用，从而增强加速发展文化产业的自觉性和主动性，使文化产业成为文化建设与经济建设的重要集合体，成为强国富国的一个重要支柱。

文化流动与城市兴衰及城市文化建设的关系，是"文化流动理论"论述的重点之一，也是"文化流动理论"赖以支撑的核心例证。这方面的观点不仅鲜明响亮，而且话语铿锵、掷地有声："城市有着促进文化生长和发展的良好环境，是促进文化流动的主要承担者。""城市因文化的流动而兴，因文

化的停滞而衰亡。""文化的流动性本质要求城市文化的发展必须要在促进文化流动上做文章。""在选择城市文化战略时,必须尊重'文化是流动的'这一基本定律。"上述观点对于我国的城市文化建设与城市发展战略选择,有着直接的指导意义。它提示我们:无论是历史古城还是新兴城市,都必须把文化的流动作为发展的主旋律,努力为文化流动创造条件。因此,要通过文化流动来提高城市发展质量,增强城市文化竞争力,扩大城市影响力,促进城市经济的可持续增长;要从战略上确保城市在文化流动中处于有利位置,做大做强文化设施,科学布局文化机构,着力凝聚文化人才和文化精英,不断增强文化原创能力和文化传播能力,高度重视城市形象、城市品牌的策划和打造。

全面正确地认识文化遗产继承与文化创新的关系是"文化流动理论"批判"文化积淀论"时突出强调的核心内容。"文化流动理论"认为:"一个城市或一个国家的文化积淀,不仅仅表现在其文化遗产之中,还存在于文化作为一个复杂整体所形成的传统之中。""城市的命脉不在于遗产式的文化积淀,而在于代表着创意和创造力的文化流动。""一个城市的文化兴盛,有时候并不需要文化积淀作为根据和理由","绝不能信赖于所谓历史文化的底蕴和沉淀能在今天爆发出奇迹"。这些观点突出强调的是文化创新的核心主导作用,对于进一步明确当今文化建设的指导思想,抓住重点,把握方向,具有重要的指导意义。它提示我们:不能把文化遗产和文化积淀变成沉重的历史负担,一味地"吃老本",而忽视当下的文化创新。文化资源既包括历史的遗存,更有当下的创造和增加,而后者体现一个城市或地区的文化创新活力。新兴城市虽然缺乏历史文化积淀,但同时也没有历史负担,因而文化创新的意识更强、动力更足、途径更多、效果更明显,完全有可能后来居上。

(二)为全面认识深圳的文化创新,正确评估深圳的文化形象与文化地位,提供了令人信服的理论佐证

改革开放 30 多年来,深圳不仅创造了经济发展的奇迹,而且也创造了文化快速发展的奇迹。深圳城市文化竞争力在全国大中城市中排名第一,联合国教科文组织授予深圳"设计之都"和"全球全民阅读典范城市"荣誉称号,世界知识城市高峰会议把深圳评为"杰出的发展中知识城市",人民日报赞誉深圳已进入中国文化的"第一方阵"。但由于文化观念和价值判断的不同,面对深圳如此众多的文化亮点,至今仍有人还没有完全从深圳是"文化沙漠"的错误印象中走出来,总是以挑剔的眼光质疑深圳文化现状,

诸如文化底蕴不足、文化品位不高、文化结构不够优良等论调时有出现，进而引起人们对深圳文化形象和文化地位的纷议和思考。

"文化流动理论"的缘起就是"要给深圳文化一个说法"。因此，以深圳为文化样本论证和阐述文化是流动的，就是"文化流动理论"创立的基本出发点。《文化是流动的》一书不仅有一章激情洋溢地专论深圳，而且在其他各个章节的论述中，多次以深圳为实例。通览全书，"文化流动理论"关于深圳的论述，集中回答了三个现实问题：①深圳文化创新为什么会有源源不竭的动力？②深圳文化的突出亮点和形象高度是怎样形成的？③深圳文化创新为推进中国文化走出去，实现中华民族的伟大复兴，做出了哪些突出贡献？这些问题的论述和解答，实际上直接或间接地回应了关于深圳文化的质疑，为全面认识深圳的文化创新、正确评估深圳的文化形象和文化地位，提供了令人信服的理论佐证。

"文化流动理论"认为，"文化是流动的观念，为深圳彻底摒弃'文化沙漠'之说，为深圳理直气壮地张扬自身的文化旗帜，奠定了坚实的文化理论基石"，"文化流动不息，深圳创造不止"。深圳文化创新得益于文化流动，与移民城市、观念更新、文化积淀不丰厚这三个要素密切相关。

深圳是在改革开放的大潮中迅速壮大的新兴移民城市。移民是流动的，"流动的人群是文化流动的承载者"。深圳移民形成了新的深圳人群体，也给深圳文化创新输入了能量和活力，创造了全新的深圳文化。"文化流动理论"注意到，"过去，当我们谈论一个城市的文化时，更重视在历史上发生什么事，或者书上有什么样的记载，或者是建筑物是什么风格，留下了什么样的民俗，但是实际上却忽略了最重要的人。人的流动，各种各样的人的聚集、碰撞，必然会激活每个人身上的文化基因，产生新的文化形态"。"移民深圳的每一个人，都为了各自的梦想来到这里，对过去生活的不满足，对新的聚集地的希望，让这个城市汇聚了巨大的文化能量，孕育着文化巨变。"因此，从这个意义上谈论文化创新，"深圳是中国的一个异数和奇迹"。这些观点表明，移民带动文化流动，文化流动促进文化创新，文化创新提高城市文化含量，提升城市文化品位。移民城市既是深圳城市特征的一个定位，更是深圳文化创新的集群优势，正是广大的移民使深圳这座城市生机勃勃、充满个性，使深圳文化创新动力不竭、活力无限。

深圳地处改革开放前沿，是产生新观念、激活新思想的地方。"文化流动理论"认为，"观念是最重要的文化资源，也是文化流动中最关键的要素之一"，"新观念是历史转折时期的产物，历史的转折越深刻，观念创新的程度也就越深刻"。深圳作为改革开放的排头兵、窗口和试验场，从一开始就

经历着深刻的社会变革,并很自然地产生了"时间就是金钱,效率就是生命"等影响全国的新观念。随着时间的推移,深圳成为"很多影响当代中国的新观念的发源地",产生了被誉为"中国改革开放的生动注脚"的十大观念。这些新观念本身就是文化创新的产物,进而又推动了文化创新。"文化流动理论"作为一种全新的学术观念和文化理论,之所以能在深圳产生和形成,也是得益于深圳的思想解放和观念更新。观念更新在推动文化创新的同时,也使深圳形成了独具特色和风格的现代观念文化,成为社会主义核心价值观的"深圳表达",成为"改革开放时代留存的共同财富"。

深圳没有秦砖汉瓦,没有丰厚的文化积淀,原有的文化资源相对薄弱,但在"文化流动理论"的视野中,"文化积淀不是文化资源的全部,城市的软环境甚至比硬环境更重要"。"文化的发展不仅仅是积淀一种方式",更多的则是在文化流动中创新和发展。深圳没有丰厚的文化积淀,因而也没有因积淀造成的历史负担,反而激发出更强烈的文化自觉意识和文化自强意识,"有着在文化上崛起的理想与抱负,更有着把梦想转化为现实的坚守与探索"。换言之,正因为文化的流动,正因为坚信文化创造比文化积淀更重要,深圳才有底气、有胆识在全国率先提出"文化立市"战略,率先提出"实现市民文化权利"和"国家文化主权"的思想,才有信心"旗帜鲜明地打造独具特色的'创新型智慧型力量型'主流文化",才有气魄、有能力锻造文艺精品,打造文化品牌,创造文化+科技、文化+金融、文化+旅游、文化+创意的文化产业发展新模式,才能甩掉被强加在头上的"文化沙漠"的帽子,成为"文化创意勃发、学术睿智泉涌、文明浪潮波澜壮阔、文化产业百舸争流"的"文化绿洲"。

综上所述,"文化是流动的"观念使深圳变劣势为优势,自强奋发,后来居上,文化创新亮点频出,文化品牌影响全国,文化形象独具特色,文化地位举世公认,从而具有"观察研究中国当今文化建设的现实样本意义",也成为"文化流动理论"一个最为生动的典范和例证。

(三)为深圳学派建设奠定了理论基础,明确了研究方向与发展趋向

深圳自1996年提出构建"深圳学派"的文化畅想以来,建设和形成"深圳学派"一直是深圳学人心中激荡不已的一个梦想。然而,一个学派的形成,需要具备一系列必不可少的条件,其中最根本、最关键的条件就是要有体现学派构建的宗旨、指导思想和理论指向的学术理论。这是学派构建的基础。舍此,构建学派就成了无本之木,无源之水。近年来,"深圳学派"

建设有声有色，成果频出，但仍缺乏能为"深圳学派"扬旗奠基的学术理论和代表著作。《文化是流动的》及其所创建的"文化流动理论"，为"深圳学派"建设打出了一面闪亮的旗帜，奠定了"深圳学派"的理论根基。

"文化流动理论"对于"深圳学派"建设的奠基意义，集中体现在明确宗旨、展现特性和确定研究方向这三个层面。

"深圳学派"的宗旨在《文化是流动的》中明确表述为"全球视野，民族立场，时代精神，深圳表达"。"全球视野"反映文化流动的时空和规律，体现深圳学术的开放；"民族立场"反映深圳学术研究的国家意识，体现学术研究的价值导向；"时代精神"反映"深圳学派"的学术品格，体现深圳学术发展的主要优势；"深圳表达"反映"深圳学派"的学术个性与原创特色，体现"深圳学派"的使命和担当。"深圳学派"的宗旨总体体现了"深圳学派"建设与发展的文化背景、远大志向和鲜明特色，即在全球化背景下，充分揭示深圳作为当今中国文化"样本"的文化内涵与文化价值，为实现中华文化的伟大复兴和走向世界而进行学术探究，"让世界聆听中国文化的声音"，打造体现时代精神、具有深圳特色的学术文化精品，"以有为求影响，以影响求有位，以有位求壮大"，"在实干中打造出一个学术的新高地"。

"深圳学派"的品格特性是前沿性、开放性、创新性、实践性的集中统一，这也是学派得以生成和壮大的重要条件。"文化流动理论"认为，"'深圳学派'应以思想解放为鹄的，蓬勃焕发又严谨执着，放胆争鸣，穷通真理"，"始终秉承卓尔不群、敢闯敢试的争鸣传统，不断形成求学问道的高雅追求，逐步培育出富有创新精神的学术群体"。换言之，"深圳学派"与传统学派有着明显的不同。首先，"深圳学派"不是一般意义上的学术流派，而是以改革创新为核心的时代精神的表达者和激扬者，要为中国改革开放的伟大实践立论、立言。其次，"深圳学派"以理论创新为基本追求，有着全新的文化理念和价值标准。此外，"深圳学派"不是一般地在学术研究方面标新立异，而是要充分展现经济特区学者的理论勇气和思想活力，发出不同的声音。

"文化流动理论"提示我们，"深圳学派"本质上是文化学派。这一特质决定了它的研究方向是文化理论与文化实践。推进文化创新是"深圳学派"的首要任务，不仅要研究"文化的价值创新能力""文化的制度创新能力""文化科技的创新能力"，而且还要集中研究文化创新在文化观念、文化理论、文化产业、文化权利、文化服务、文化传播、文化体制机制、文化精品打造、文化人才培养等多个层面的生动体现，展现文化创新的开放姿态与批判精神。打一个形象的比方，"深圳学派"不是要建造一个包罗万象、门类齐全的"商业大厦",而是要营造一个专门经营文化精品的"文化专卖店",是要把文化创新鲜明地印刻在深圳学派的旗帜上,从而使深圳这个当今中国文化建设的城市"样本",成为文化研究的重镇,起到领航和示范作用。

总之,"文化流动理论"为"深圳学派"高扬旗帜,必将对"深圳学派"的建设与壮大产生深远的影响。

(2014 年)

幸福是快乐与意义的结合
——读《幸福的方法》

幸福是什么？如何实现幸福？怎样看待幸福？这是人们经常思考的三个问题。但能够全面地理解幸福，并科学、正确地追求幸福的人却并不多。美国哈佛大学心理学教授泰勒·本-沙哈尔的《幸福的方法》（当代中国出版社2007年版），对这三个问题进行了深刻而又简明的解答。读后，有恍然大悟之感。

《幸福的方法》全书共分三篇：第一篇，幸福是什么？第二篇，实现幸福。第三篇，幸福的冥想。通览全书就可发现，第三篇既是对第一、第二篇所论述的两个问题的进一步深化，也是对怎样看待幸福的深入思考。坦率地讲，古今中外谈论幸福的专著和文章并不少，但能像本-沙哈尔这样谈得如此透彻，能够被我们心悦诚服地欣然接受的却并不多见。为此，本-沙哈尔把他的观点和方法称之为一场"幸福的革命"。

幸福是什么？

幸福究竟是什么？本-沙哈尔的解答简单明了："幸福是快乐与意义的结合。""快乐代表现在的美好时光，属于当前的利益；意义则来自目的，一种未来的利益。"

那么，如何获得当下的快乐呢？本-沙哈尔从几个不同层面进行了具体阐述。

首先，必须破除"无苦无获"的传统观念，明确"成功不能以经历痛苦为代价"，要努力在追求成功的过程中感受快乐。这一看似普通的道理，在实际生活中却具有相当普遍的指导意义。许多人在"吃得苦中苦，方为人上人"的旧观念影响下，为了达到追求的目标，年复一年地在紧张、疲惫、乏味甚至痛苦的生活中拼搏、煎熬，感受不到一点快乐。且不说最终能否实现目标，即便目标真正实现了，但付出了几年甚至几十年生活没有快乐的代价，还有多少幸福可言？有一句话说得好：幸福不在于奋斗的终极，而在于奋斗的过程。一个懂得人生真谛、理解人生要义的人，不应该活在追求目标中，而应该活在当下，让每天的生活都充满阳光，让追求目标的每一个过程都洋溢着快乐的幸福心情。林语堂先生曾说过，人生的真谛是快乐。阿拉伯诗人也有这样的诗句："即便你是奔着一个远大的目标，但你千万不要忘记，你现在走的每一步路都是生活。"如果一个人总是活在将来的目标中，把当下的生活过得毫无乐趣，在人生的相当长时间内感受不到生活的快乐，那他又怎能称得上是一个幸福之人？

本-沙哈尔把那种秉承"无苦无获"观念，以经历痛苦为代价而追求目标的人，称之为"忙碌奔波型"。这种人"牺牲眼前的幸福，为的是追求未来的目标"，"从上小学那天起，他忙碌奔波的一生就开始了"。上学时，为了获得好成绩，失去了童年和青少年时期应有的快乐；工作后，为了升职涨工资，放弃了生活的享受和快乐。他们中的许多人，最终虽然实现了目标，但有的身体搞坏了，多种疾病缠身，有的因忙于拼搏而忽视爱人的情感需要，导致家庭的破裂。试问，这些人即便挣了大钱，坐上了高位，买了大房子和好车，又怎能感受到以快乐为本质内涵的幸福？因此，本-沙哈尔的结论是："'忙碌奔波型'的人错误地认为成功即是幸福，坚信一旦目标实现后的放松和解脱即是幸福，因此他们不停地从一个目标奔向另一个目标。""只有成功本身可以为他们带来快乐，他们感觉不到过程的重要性"，因此，他们是"未来的奴隶"。

其次，要善于"建立习惯"，在自己设定的习惯中边追求目标边感受快乐。具体说，就是要把努力追求未来目标和享受当下快乐有机地统一起来，要"在一个有规划、有规律的生活中，妥善地安排时间，为更好地发展我们的自主性和创造性提供时间保证"。比如，一个学者正在为写一本理论专著而努力，计划五年内完成。那么，他可以这样"建立习惯"：每天白天体育锻炼一小时，正常写作三小时，做好日常工作四小时（如备课、上课等），晚上入睡前的时间用来陪伴家人或接待来访等。如果他能几年如一日地坚持这种习惯，那他就既能感受当下的生活快乐，又能如期完成写作任务。其结果是，书写出来了，目标也实现了，生活的快乐也得到了充分享受，岂非一大快事。本-沙哈尔把这种状况称之为"协调现在与未来，为登顶而努力，并享受攀登的过程"。

本-沙哈尔同时谈到，"有些时候，我们确实需要牺牲一点快乐，去换取目标的实现，有些琐事是无法避免的"，但"重点是，就算当我们必须得牺牲一些眼前的快乐时，也不要忘记在生活的方方面面仍然不断地去发掘那些能为我们带来即时的和未来的幸福感的行动"。

对于怎样认识享受当下快乐与追求未来目标之间的关系,以及如何保持一种持久的幸福感,本－沙哈尔给了一段富有哲理的论述:"真正的、持续的幸福感,需要我们为了一个有意义的目标,而去快乐地努力与奋斗。幸福不是拼命爬到山顶,也不是在山下漫无目的游逛;幸福是向山顶攀登过程中的种种经历和感受。"

此外,要明白金钱只是实现幸福的手段,并不等同于幸福。通常,许多人把拥有金钱的多少作为衡量人生成就大小、是否幸福的标准。可本－沙哈尔不这样看,他明确指出,"衡量人的标准既不是金钱,也不是知名度、命运或是权力。衡量人生的标准应该是幸福","只有幸福感才是人生至高的目标"。

有人可能会问:缺少金钱,没有财富,哪有幸福可言?对此,本－沙哈尔明确解答,虽然"金钱上的保障,可以让我们向不喜欢的工作说'不',或是让我们不为账单烦恼","但是,金钱本身并没有价值……物质本身并不能给生命带来意义或是精神上的财富"。"令人惊讶的是,许多人在富有之后居然比在努力致富的过程中还要沮丧。"因为他们富有后失去了奋斗的目标,"没有目标他们就失去了幸福的指望"。因此,在生活中"很多未来已经相当有保障的人,仍然在拼命储蓄",而不是尽情享受生活。这些人"储蓄不再是为了生存,而仅仅是为了储蓄",他们"不再为生活而储蓄,而是为储蓄而生活"。鉴于此,本－沙哈尔更加深刻地指出,金钱"只是一种实现目标的手段。有趣的是,我们经常搞不清楚目标和手段的区别,以牺牲幸福(目标)来换取金钱(手段)"。这实在是太不理性了。

对于上述这种理念和行为的错位现象,本－沙哈尔称之为"情感破产",是社会的"幸福大萧条"。他认为,"越来越多的人将物质放在首位,所以越来越多的人感受不到幸福,社会整体所面临的情感破产危机就显得更加严重"。事实也的确如此。环顾当今社会,许多幸福感不强甚至得抑郁症的人,大多并不是因为金钱或物质的缺乏,相反,许多人还很富有,但他们没有充分的幸福感,失去了人生的奋斗目标,在困惑和迷茫中走向了"情感破产"和"幸福大萧条"。此情此景,特别值得我们深思。

还有,要设定幸福的目标。幸福感的获得不仅要正确地理解幸福的内涵,而且还要设定幸福的目标,让未来的生活变得有意义。正如本－沙哈尔所说的,"做一个幸福的人,必须要有一个明确的、可以带来快乐和意义的目标,然后努力地去追求"。

本－沙哈尔认为,设定幸福目标,必须要在以下三个方面有清醒、自觉的认识。

第一,要明确"设定目标就是用语言给自己的一种承诺,而承诺本身会给我们带来更好的未来"。我们的人生就是一个旅程,在人生的旅途中不能盲无目标的前行,不能像船一样,飘到哪儿就是哪儿,而是要有明确的目标,明白自己该去哪儿,去那儿是为了什么。只有这样,才能把人生的每一步走得踏实坚定,充满快乐;才能克服困难,一往无前。正如本-沙哈尔所言,"一个目标,一个明确的承诺,可以集中我们的注意力,帮助我们找到达到目标的路线"。那么,为什么说设定目标是给自己一种承诺呢?因为目标就是你自己确定的前进方向,你的人生旅程必须朝着这个方向前进,不能徘徊,不能偏离,否则你就是一个言而无信的人,一个只想不做的人,一个言语的巨人,行动的矮子。那样,你必定一事无成,也无幸福可言。

第二,要明确追求目标重在过程,幸福始终在路上。本-沙哈尔十分明确地阐明了追求目标与享受过程的关系。他指出:"如果我们不知道方向,甚至连自己要去哪里也不知道的话,那人生中每一个分岔路,就会变得非常的矛盾——好似向左向右都不错的,原因是我们不知道方向,也不知道每条路的终点。"但是,目标和方向并不等于幸福,目标的作用是为了帮助我们解放自我,让我们在确定目标之后,可以把注意力放在旅途本身,享受眼前的一切。对此,本-沙哈尔进一步指出:"我们会认为一栋新房子,一部好车,职位晋升或是加薪等可以使我们幸福,事实上,这些事情只能短暂的影响我们的整体幸福感。"这段话旨在表明,作为目标体现的各种不同形式的成功或拥有,只能带给你短暂的幸福感,随着时间的推移,这种幸福感就慢慢淡化了。相反,倒是你追求目标的过程,始终存在着快乐的幸福感,因为你一直处在向往和期盼之中。对此,本-沙哈尔说得更加透彻,"只看结果,不管过程;只顾目的,不顾旅程",说明"方向都错误了"。"目标是为了让我们能享受眼前。目标是意义而不是结局。"这表明,只有当我们全面正确地理解了目标与过程的关系,只有"当目标被认可为意义时",我们追求的目标才会帮助我们去规划旅途上的"每一步",才能带来更多的幸福感。

第三,目标必须是自己主动选择的,而不是外加的。对此,本-沙哈尔论述得非常透彻:"这些目标必须是被主动选择的,而不是被加附在我们身上的;是产生于散发自我光辉的愿望,而不是为了去炫耀给任何人看。这些目标是有因果关系的:追求这些目标,不是因为他人觉得你应该这么做,或是因为责任感,而是因为它对我们有深层的意义,并且带给我们快乐。"因此,主动选择目标是"很难的技巧,需要正确的自我认知能力,还要有强大的自制力,因为社会影响和压力经常让我们做出错误的选择"。

那么,如何来选择正确目标,增强我们的幸福感呢?本-沙哈尔的答案是："增加想要做的事，和减少不得不做的事。"他认为："生命如此短暂，连做我们想做的事情都来不及，怎么能只用来做不得不做的事呢。"因此，"需要更深入地去认识自己"，在选择目标前问问自己想做什么，什么能带给自己快乐和意义。为了便于行动和操作，本－沙哈尔建议把"想做的事"分为四个层次：能做的—想做的—真正想做的—真正最想做的。在实践中根据情况和条件，从"真正最想做的"这一层次做起，这样就能抛开那些不想做的事。

如何实现幸福？

对于如何实现幸福，《幸福的方法》列出了三条途径：快乐学习、开心工作、美满婚姻。这三条途径从不同角度阐述了获得幸福的方法和体验。

快乐学习，并从中获得幸福感，首先是针对青少年即孩子们而言的。本－沙哈尔认为："让学习的过程本身成为一件快乐的事情，是每个学生的责任，尤其是在大学和研究生期间，因为那是最独立的学习时期。"那么，怎样才能让学习的过程充满快乐呢？本－沙哈尔指出，"在学校里，我们应该鼓励孩子们去追求快乐且有意义的学习方式"，让孩子们主动地去选择他们喜欢的、感兴趣的学习内容，而不仅仅是为了将来能赚钱、有地位而学习。

快乐学习，对于比孩子们年长的成年人而言，主要是能"乐在其中并实现成就"。要做到让学习既有快乐又有成就感，按本－沙哈尔的观点，首先必须要有"沉浸体验"，"在福乐状态中，我们享受着巅峰体验，同时也做出了巅峰表现：我们感受快乐，展现最好的状态"。这就是说，对学习要有一种痴迷感，读到好书会废寝忘食，沉浸其中，读有所得会异常兴奋，近乎癫狂⋯⋯正是在这种痴迷的巅峰状态中，思想被激活，创新意识被激发，感受到学习的莫大快乐。但是必须明确，"有清楚的目标感是福乐体验的前提"，学习正是为了达到某种目标。"当我们全心全力投入目标，不为任何其他的诱惑所动摇时，我们才能获得福乐体验。"也就是说，只有当我们的学习目的性非常明确时，才能心无旁骛地全身心投入学习，才能获得"沉浸体验"，才能深得其中滋味，为之痴迷，为之癫狂，才能有学习的快乐和满足，产生一种特殊的幸福感。

开心工作，是实现幸福的第二条重要途径。但要真正做到开心工作，使上班不是仅仅为了挣钱，而是充满快乐，并非那么容易。对此，本－沙哈尔指出了三条具体路径。

第一，改变对工作的偏见，感受工作的快乐。长期以来，我们对工作的认识，总是与经济收入、社会地位联系在一起，很少考虑工作本身的快乐及其与幸福的关系。因而常常"把工作中的积极体验负面化"，认为工作就是负担，就是压力，就是做不得不做的事，没有什么快乐可言。因此，要真正做到开心工作，必须改变对工作的偏见，认识到工作是带来快乐、产生意义的事，从而以干一行爱一行、干一行专一行的积极心态，充满热情地去发现、创造工作的快乐，不仅"劳有所获"，而且乐在其中。

第二，塑造工作的使命感。通常，我们把工作看成职责和任务的比较多，而把工作看作使命的比较少。"我们对工作的定位——无论是工作，事业还是使命感——对我们在工作和其他生活方面的幸福感均有影响。"为了使工作开心快乐，我们要有意识地塑造工作的使命感，培养工作的事业心，这样才能强化对工作的自我认同和目标追求。正如本-沙哈尔所说的，"把工作作为事业的人，除了注重财富的积累外，也会关注事业的发展"；而"对于把工作看成使命感的人来说，工作本身就是目标。薪水和机会固然重要，但他们工作是因为他们想要做这份工作。他们的力量源于内在，同时也在工作上感到了充实；而他们的目标，正是自我和谐的目标。他们对工作充满热情，在工作中达成自我实现；工作对他们来说是一种恩典，而不是打工"。

第三，寻找工作的快乐、意义及优势。按照本-沙哈尔的理解，工作能否让人快乐、感到幸福，取决于三个方面：一是能否产生意义，二是能否带来快乐，三是能否充分体现优势。所以，就提出了一个寻找工作的快乐、意义及优势的问题。工作的意义有客观的标准，也有主观的评价和认同，后者更为重要。所谓寻找工作的意义，不是不断地更换和寻找有意义的工作，而是要在正在从事的工作中发现意义。事实上，对于社会而言，每一项工作都有意义，只是有大有小而已。当你发现并认同了你的工作的意义，你自然就愿意去做好这份工作，就会感到快乐。所以，工作的意义与快乐是密切关联的。至于工作的优势，本-沙哈尔认为，核心是一个工作难度与自身的智能、体能的匹配问题。如果你从事某项工作能够得心应手挥洒自如，并不时有创新举措，说明这项工作的难度与你的智能和体能是相匹配的，你只要稍加努力，优势就会体现出来。反之，如果你对从事的工作感到力不从心，难度很大，那你就无法发挥优势，就要做适当的调整了。

美满婚姻是实现幸福的第三条重要途径。那么，怎样才能使婚姻美满幸福呢？古往今来，论者众多，说法不一。本-沙哈尔表述得比较简洁，归纳起来就是四点。

第一，无条件的爱。夫妻双方，无论是爱与被爱，都是无条件的。爱的是对方作为一个人的本来的样子，而不是财富、地位及其他外加的因素。结婚也是因为爱，而不是出于其他功利的考虑。而无条件的爱与被爱，需要有理性基础，需要有对爱情本质的深刻认识。"没有理性的基础，爱是无法延续的，就好像只是愉悦的情绪，不足以带来真正的幸福一样……只靠强烈的感觉，是无法让爱永恒的。"

第二，核心价值是真爱的基石。核心价值包含的是最深、最真的特性，包含的是生活的原则。夫妻之间如果核心价值观缺乏趋同，差异太大，婚姻就失去了最根本的基础。比如，一方崇尚物质至上，贪慕财富，另一方则崇尚精神至上，看淡物质，这两个人的婚姻就无法美满，也不可能有什么真爱，更谈不上快乐和幸福。

第三，充分感受爱情中的意义和快乐。本-沙哈尔明确指出："无条件的爱是美满关系的基础，但仅有它还不够。就像无论工作、学校还是家庭，都必须同时有意义和快乐才能真正幸福一样。"爱情中的意义和快乐存在于夫妻的对应关系中，要靠夫妻双方的体验和感受。人们常说，婚姻让毛头小伙变成了顶天立地的男子汉，让无知少女成为思想成熟的魅力女性。这就是爱情的意义和快乐。因为正是在夫妻相爱同行的婚姻中，双方都被对方所影响、所塑造了。所以，绝不能简单地把婚姻看成是满足双方生理和心理需要的"社会联盟"，而应把婚姻看成是使双方成长成熟的"大学校"，是使双方都能身心愉悦感受生活幸福的"快乐大本营"，这样，爱情中的意义和快乐就充分体现出来了。

第四，培养亲密关系。人们常说，婚姻是需要经营的，这种经营就是本-沙哈尔所说的"培养亲密关系"。经营和培养都需要方法和艺术，关键有以下三个层面。

一是不要把爱等同于牺牲。要明确"为他人付出是为了让自己生活得更好，这是爱情的重要组成部分"。如果因为爱对方而一味地牺牲自己，不但爱情难以持久，而且也会在对方心目中降低自己的形象。对此，本-沙哈尔说得非常透彻："两人的关系其实就是一种至高财富——幸福的交易。就像所有的交易一样，在双方都获益的情况下才是一个成功的交易。当其中一人在至高财富上受损时，当他不断地付出让另一个人得到更多时，结果就会使两人都不幸福。为了能让这个交易成功，我们必须确定双方所得到的是平等的。"

二是明确自己是被对方所了解，而不是被认可。本-沙哈尔认为，培养亲密关系，"注意力必须是放在想被了解的心态上，而不是想被认可的心态上。自我深刻地探索，是保持爱情和热情的必须。我们必须打开心灵，分享自己最深刻的需求和恐惧，甚至性幻想和生命的梦想。除了被伴侣认识的努力之外，还要试着去真正地认识他"。这就是说，当一方被对方所了解时，

就像一座挖掘不尽的富矿,让对方每天都有新的发现,都有新鲜感和满足感。如果只是被对方认可,那形象和内涵就被定型化和格式化了,就很难有持续不断的新鲜感。

三是懂得双方的合适关系是培养出来的,而不是寻找得来的。本-沙哈尔指出:"一个美满姻缘的第一要素,以及最有挑战性的事,并不是去找到那一个所谓'合适的人'……而是一个你用心培养的亲密关系。"换言之,男女双方结为夫妻之后,合不合适只有双方最清楚,外人只是远远地看一看。问题的关键是,合适都是相对的,不能一发现对方在某些方面不适合自己,就想离婚,"另起炉灶",而是要有能力、有艺术地培养双方的亲密关系,使不合适变得合适起来。即便是夫妻性生活方面,也需要逐步地适应培养,不能简单地把对方斥之为"性冷淡"或"性欲狂"。要知道,培养双方的合适关系是一项艺术活,太有学问了,必须精心思考,精心操作。

怎样看待幸福?

中外文化中关于怎样看待幸福各有不同的价值观和表达方式。

中国文化中"祈福"和"惜福"这两个概念,代表了追求幸福和知足常乐这两种不同态度,是追求愿景和满足现状的统一。"祈福"表达的是对幸福的向往与追求,并坚信幸福是可以祈求的。因此,古往今来不乏为他人或自己祈福的生动事例,甚至演变成带有喜剧色彩的文化现象。而"惜福"则是对现实中已存在的福分的满足和珍惜,由此衍生出"平安是福""吃亏是福"等观念,形成"惜食惜衣非为惜财缘惜福""惟俭可以惜福,惟俭可以养廉""福不可享尽"等说法。说到底是让人们珍惜所拥有的,遗忘所没有的,拒绝所不需要的。从这个意义上说,"惜福"是根本,是要懂得和掌握的生活艺术,而"祈福"只是一种愿望,是对现实缺憾的想象弥补和心理平衡。

西方文化中对于幸福的看法,虽然本质上也是理想追求与现实满足的统一,但更看重的是对幸福孜孜不倦的努力追求,而且在表达上有不同的话语体系。本-沙哈尔作为一名西方学者,他在《幸福的方法》第三篇"幸福的冥想"中,系统地阐述了他看待幸福的基本观点,对我们颇有启迪。

首先,本-沙哈尔认为,要对幸福的高度和深度进行区分。"高度是指我们生活中体验到的情绪的波动,它有高潮和低潮;深度则指我们内心深处基本的幸福感。"意思是说,那些忙忙碌碌、先苦后甜的人获得成功后的喜悦是短暂的、难以持久的,他们虽然达到了幸福的高度,却仍缺乏幸福的深度,因为短暂的喜悦不会影响他们整体的幸福指数。这就告诉我们,基于人的核心价值观而形成的内心深处的幸福感，才是生命的支柱和养分。因追求某个目标成功后而产生的喜悦，只是情绪的高潮，过不了多久就会趋于平稳，走向低潮，就像人生之树的树叶，虽然美丽而有魅力，却会随着季节而改变直至枯萎。

其次，本-沙哈尔主张"冲破幸福数据的误区"。看一个人是否幸福，不是看他住多大面积的房子，拥有多少财富，而是要看他是否把幸福感作为人生的"至高财富"。那些"将注意力从物质和名声的财富转化为至高财富的人，绝对可以提升他们幸福深度的品质"。这一观点表明，幸福是一种自我感觉，不是在与他人的"硬件"比较中显示出来的。那些腰缠万贯、一掷千金的人，也许并不幸福。有一段文字描写说得好："开名车住豪宅不算幸福，名车里有温暖，豪宅里有笑声，那才叫幸福！"

再次，本-沙哈尔认为，幸福的生活需要内在的价值观支撑。在他看来，"内在的价值观是一种去接受的态度，一种去接受幸福的态度"。"要想找到价值，人们必须相信自己的价值。要想为幸福而奋斗，人们必须相信他自己配得上幸福。"这一观点非常具有现实指导意义。比如，两个异性老年朋友，都已丧偶，且彼此相爱，他们本来可以理直气壮地去登记结婚，追求晚年的幸福。可是，由于双方子女的反对，再加上社会上的风言风语，他们对自己追求晚年幸福的价值观产生了动摇，甚至怀疑自己有点老不正经。结果，他们在外在的压力面前选择了放弃。这是一个缺乏内在价值观支撑的典型。在生活中，这样的事例可是不少啊！

最后，本-沙哈尔倡导"幸福的生活是累积而成"的观点。他认为，"任何幸福的生活，决不是源于某一件重大的事情或改变，幸福的生活，是靠累积而成的，无论是我们生活中的经历，还是那些点点滴滴的小事"。这一观点清晰地告诉我们，人生的幸福其实不仅仅体现在升学、升职、加薪、结婚这些人生的大事上，还常常在不经意的小事中体现出来，关键是要善于捕捉和累积这种幸福感。比如，孩子因一次考试增强了自信，妻子对你的作品发出由衷的赞赏，领导派你去负责一项十分重要的工作……如此种种，都可以成为你感到幸福的理由。这样，你的整体幸福感就会大大增强。

常言道：书中得来终觉浅，切身体验方知深。幸福是个大课题，可以做篇大文章。愿本-沙哈尔的幸福观能给我们以启迪，加深我们对幸福的人生体验，指点我们做好幸福这篇大文章，掌握开启幸福之门的钥匙，过一个真正快乐而有意义的人生。

(2015年)

仰之弥高的大学问家和大思想家
——读《季羡林评传》

近十多年来，著名学者季羡林先生被冠以众多名号，尤其在季先生去世之后，加在季先生头上的桂冠更是有增无减：国学大师、学界泰斗、国宝等称谓接踵而来。而季先生生前就拒绝接受各种桂冠，甚至在文章中公开请辞。那么，究竟该怎样评价季羡林这样一位学术大家？怎样全面认识和传承季羡林的精神文化遗产？这是我国学界客观面临和必须解答的两个现实问题。由郁龙余和朱璇合著的《季羡林评传》（山东教育出版社2016年版，以下简称《评传》），开创性地以评传的形式，对上述两个问题做出了全面、系统的阐述和解答，在很大程度上填补了我国季羡林研究的空白，堪称我国季羡林研究的问鼎之作。据悉，《评传》作者在2016年新德里国际书展上，已和印度著名出版社签订了英文版、印地文版、泰米尔文版的出版合同。其中，印地文版已入选2016年国家"丝路书香工程"。一本学术著作同时签三个外文出版合同，在学界并不多见，由此足见其学术水准和国际影响力。

一、"博大精深的大学问家"

《评传》的作者在绪论中把季羡林先生明确定位为"博大精深的大学问家"和"引领潮流的大思想家"。对于"大学问家"这个定位，作者分别从"当代中国的首席印度学家""彻悟真谛的佛学家""开宗立派的东方学家""不可或缺的翻译家""名副其实的比较文学大家""独树一帜的学者散文家""文化交流的伟大重镇""胸怀世界的敦煌吐鲁番学家""笃信马克思主义的大学问家"九个方面，进行了全面深入的分析和解读，把复杂的学者评价简化为清晰明了的概念，让人读后形象可感，印象深刻。

（一）"当代中国的首席印度学家"

当今世界，真正懂梵文的学者不多，在我国更是稀缺。《评传》认为，

"真正从梵文原典将印度文学的主流作品,翻译介绍到中国并进行学术研究的,季羡林是第一大家"。在季羡林的"所有学术贡献中,印度学研究最基础、最重要,开展最早,坚持最久。在季羡林众多称号中,印度学家是最基本的",他"不仅是当代中国的首席印度学家,也是世界最重要的印度学家之一"。因此,季羡林获得印度总统颁发的印度国家最高荣誉奖"莲花奖"。

(二)"彻悟真谛的佛学家"

我国的佛教研究,就佛教谈佛教者居多,而把佛教与文化研究结合起来并有真知灼见的甚少。在长达半个世纪的漫长时间里,不管研究对象"杂"到什么程度,季羡林对佛教研究始终锲而不舍。《评传》在总揽和分析季羡林的佛学研究成果的基础上得出结论:季羡林的佛学研究"第一次详尽梳理了中国佛教倒流印度的特异现象",阐明了"佛学为东方文化重要组成部分","取得了独步佛学界的成果",季羡林是彻悟真谛、实至名归的佛学家。

(三)"开宗立派的东方学家"

中国的东方学研究如今已成规模,成果不断,人才辈出。追根溯源,季羡林功不可没。《评传》认为,季羡林对东方学研究的贡献,不仅在于他曾担任北京大学东方语言文学系主任三十载,对我国的东方学研究有筹划专业、倡导研究、培养人才之开创奠基之功,更重要的是他阐明了东西方两大文化体系的关系,确立了特色鲜明的东方文化观,深刻揭示了西方文化"危及人类生存前途"之弊端,指明了"二十一世纪将为东方文化重现辉煌之世纪"。这对于增强我国的文化自信,促进东西方文化交流,将会产生深远的影响。

(四)"不可或缺的翻译家"

季羡林先生曾留德十年,专攻梵文、吐火罗文等,在翻译方面具有很强的语言文化优势。《评传》认真梳理了季先生近70年的翻译生涯,向我们展现出一位在我国翻译史上极为罕见、不可或缺的翻译家形象:将梵文版的印度文学经典《罗摩衍那》《沙恭达罗》完整译出,开创了中国翻译印度梵文主流文学作品的新时代;翻译与研究互相结合、促进,出版《〈罗摩衍那〉初探》《〈弥勒会见记〉译释》等研究专著,进一步揭示和彰显了翻译国外经典著作的文化意义。据此,《评传》得出结论:"季羡林在中国现代翻译史上拥有了不可替代的地位。没有他,印度文学的翻译就不完整,中国对外国文学的翻译就会出现重大缺口,中国现代翻译理论也会缺少他那精彩的一章。"

(五)"名副其实的比较文学大家"

我国的比较文学学科在改革开放后才真正建立,1985年10月才在深圳大学召开中国比较文学学会成立大会暨首届学术讨论会。但比较文学研究则早已起步,季羡林先生就是我国较早从事比较文学研究的学者之一。《评传》全面展现了季先生从事比较文学研究的发展进程,充分论证了季先生对我国比较文学学科建设和研究发展的重大贡献。《评传》指出,季先生的比较文学研究具有五个鲜明的特点:①起步早,时间长,早在1947年,季先生就已写成论文《从比较文学的观点上看寓言和童话》,从事比较文学事业长达六七十年;②以介绍印度故事为先导,以中印比较为主,兼顾其他国家;③逐渐建立起自己富有特色的比较文学理论;④研究由实而虚,从比较文学逐步发展到比较诗学;⑤为我国比较文学研究发展掌舵定向。因此,季先生是"中国现代学术史上的一位名副其实的比较文学大家"。

(六)"独树一帜的学者散文家"

季羡林先生对学者散文情有独钟。他把写散文当作副业,一生写了不少"文采斐然""艺术性很强"的散文。散文在一定程度上成为我们"认识这位冷僻稀有专业学者的桥梁"。《评传》认为,"季羡林最早学习的是梵文、巴利文、吐火罗文,进而研究原始佛教和印度学,在当时都是极冷僻的专业。如果他不写散文,不研究其他学问,那么季羡林的名字就……只有极少数人知晓。正是散文拉近了他和广大读者的距离"。季先生一生写过不少谈人生、谈治学、谈修身养性的散文,也写过《漫谈散文》这样的散文理论研究文章。他的散文"淳朴恬澹","展现真情",颇具"音乐性"特色,深为广大读者所喜爱。因此,《评传》把季羡林定位为"独树一帜的学者散文家"。

（七）"文化交流的伟大重镇"

当今中国，像季羡林这样横跨两个世纪的高寿学者为数不多。季先生不但亲身经历了世界历史的变革和我国的崛起与发展，而且也亲身感受了中外文化的变迁与交流。在某种意义上，他是近两个世纪中外文化交流的见证者。因此，《评传》从三个方面梳理了季先生为文化交流所做出的贡献。一是从事文化交流的学术研究，写出《文化交流的轨迹：中华蔗糖史》《大唐西域记校注·前言》等名著名篇；二是阐明了东方文化和西方文化交替互进的历史规律，指出"西方文化在为人类做出巨大贡献之后，目前已进入颓势，'只有东方文化能够拯救人类'"；三是提出了"不仅人与人和谐，人与自然和谐，还要人内心和谐"的和谐文化观。基于季先生在这些方面的文化贡献，《评传》称赞季先生是"文化交流的伟大重镇"。

（八）"胸怀世界的敦煌吐鲁番学家"

季羡林先生是学术大家，也是学术杂家。他除了利用梵文专长致力于印度学研究之外，在敦煌吐鲁番学研究方面也卓有建树。《评传》称赞季羡林是一位"胸怀世界的敦煌吐鲁番学家"，全面、细致地梳理了季先生在组织推进我国敦煌吐鲁番学研究方面的引领作用和突出贡献，从四个层面进行了科学论证：①努力筹建和经营中国敦煌吐鲁番学学会，亲自担任学会会长达26年之久，使我国的敦煌吐鲁番学研究赶上了世界先进水平；②发表了《关于开展敦煌吐鲁番学研究及人才培养的初步意见》《敦煌学、吐鲁番学在中国文化史上的地位和作用》等一系列研究成果，拓展、丰富了学科的研究领域；③首创"吐鲁番学"学术定义，创造性地提出"敦煌在中国，敦煌学在世界"的科学论断，改变了以往长期存在的"敦煌在中国，敦煌学在国外"的错误判断；④大力培养敦煌吐鲁番学研究人才，通过开办培训班、题词写序等多种形式，提携和激励后学，使我国逐渐形成了"一支数量众多、老中青相结合、知识结构合理、研究手段先进的研究队伍"。

（九）"笃信马克思主义的大学问家"

无论是政界还是学界，都对季羡林先生高度敬重、推崇备至。在他住院治疗期间，时任国务院总理温家宝曾先后五次到医院看望。这不仅是因为季先生的学术地位和文化贡献，而且与季先生在学术研究和文化交流活动中笃信和坚持马克思主义密不可分。《评传》称季羡林是"笃信马克思主义的大学问家"，认为"可贵之处，是他长期运用马克思主义的基本立场和原理，从事理论研究和文化交流工作，并取得了超乎同侪的业绩"。20世纪80年代以前，季先生主要用马克思主义指导印度文化、西方文化等外国文化研究。20世纪80年代始，在我国掀起"国学热"的文化思潮中，季先生正确认识和处理马克思主义与中国传统文化的关系，大力提倡国学，"发表了一系列自觉运用马克思主义的观点立场看待研究国学的文章、谈话"，展现出一位堂堂正正做学问、立场方向不含糊的学者形象。

二、"引领潮流的大思想家"

《评传》把季羡林先生定位为"引领潮流的大思想家"，突出强调季先生从大学问家到大思想家的转型，以及集学问家与思想家于一身的"双料大师"的形成过程和文化贡献。《评传》指出："在中国和世界文化发展史上，学问家常有，思想家常有，学问家加思想家不常有。季羡林从一位崇尚考证的学问家，发展成一位引领中国乃至世界学术文化发展的思想家。"

为了阐明和论证季羡林从学问家到思想家的转型过程，揭示季羡林作为思想家的学术创新和文化贡献，《评传》从几个不同角度分别加以论述。

（一）实现从"重考证"到"重义理"的转型

《评传》向我们展示，由于在德国留学所学专业比较冷僻，回国后外在文化环境比较复杂等，考证研究在季羡林先生学术生涯的相当长时间内是其学术研究的主要形式和兴趣所在，并在一定程度上成为一种"学术惯性"，形成了"重考证、轻义理"的思维定式。但到其75岁（1986年）前后，季先生"老年忽发义理狂"，开始从"重考证"向"重义理"转型，写出了《交光互影中的中外文化交流》《"天人合一"新解》等一系列有影响的理论文章，有了很多新的想法，连他自己也认为，"这些想法的意义和价值甚至会超过我在考证方面所做出的贡献"。据此，《评传》认为："季羡林治学从考证走向义理，是主观思想顺应了客观形势的发展。""考证研究造就了一位学问家季羡林，义理文章将学问家季羡林变成了思想家季羡林。"

（二）主张中国文化研究要"另起炉灶、改弦更张"

季羡林先生虽然长期研究外国文学和西方文化，但在学术转型之后，对中国文化问题有很多他自称为"怪论"的独到见解。这些"怪论"语言犀利，思想深刻，切中要害，影响深远。他认为，我国的汉语语法研究受研究西方语言的方法影响较深，走的是"一条最终会走不通的路"，必须"另起炉灶，改弦更张"。他看到，我国学者编写的《中国通史》，相当一部分是在"教条主义流行的年代"编写出来的，受苏联影响较大，带有"斯大林的印记"，主张重写《中国通史》；他发现，新中国成立以后编写的《中国文学史》，不仅受到了"极左思想的影响"，也受到苏联很大影响，"几乎所有的文学史，都忽视了作品艺术性的分析"，因此，他主张"《中国文学史》必须重写"。他注意到，中国的美学家忽视了"中国的'美'同西方不一样"，"中国学者讲美学，而不讲中国的'美'"，"让西方学者带进了误区"。为此，他大声疾呼，中国的"美学必须彻底转型"。他对我国学者热议的"文艺理论在国际上'失语'问题"，有独到的看法，明确表示，"中国文艺理论并不是没有'语'"，之所以在国际上"失语"，是因为我们"被外国那些五花八门的'理论'弄昏了头脑"，"只要我们多一点自信，少一点自卑，我们是大有可为的，我们决不会再'失语'下去的"。上述这些观点振聋发聩，充分显示出一个大思想家的学识和气度。

（三）判断"21世纪将是中国人民的世纪"

《评传》显示，季羡林先生"到80岁之后成为一位学问家加思想家的双料大师"，在世界文化体系和东西方文化发展规律等方面，有许多极为深刻并带有前瞻性的观念和理论。他预言"21世纪将是东西文化融合而以东方为主的世纪"，"21世纪将是中国人民的世纪"。因为在他看来，在世界这个地球村中，"每一个时代都有自己的政治经济文化中心"，"而这个中心不是一成不变的，而是有规律地变动着"，"17、18世纪，它是在欧洲大陆法、德等国，19世纪在英国，20世纪在美国，21世纪按规律应该在中国"。"这决不是无知妄言，也不是出于狭隘的爱国主义，而是规律使然。"历史发展到今天，西方的衰落和中国的发展成就与国际地位，雄辩地证明了季先生当年的预言和判断。此外，季先生对西方文化的认识极为深刻。他认为，"西方文化以'征服自然'为鹄的，制造了许多弊端，弊端不除，人类生存前途将会异常艰辛"。如此宏论，非大思想家难以发出。

（四）反对狭隘的"科学主义"，提出社会科学是"帅"，技术科学是"兵"的观点

长期以来，我国客观存在着重自然科学轻社会科学、重理工科轻文科的不良现象，虽不乏正确的政策指导和舆论引导，但这种现象仍长期存在。季羡林先生作为一个集学问家与思想家于一身的"双料大师"，敏锐地发现了这一点，并竭力为改变这种现象而直言不讳、不断发声。《评传》显示，季先生在不同场合多次表示："社会科学其实起着帅的作用。它对国家的管理，社会的进步，经济的发展，民族的凝聚力，都有相当直接的关系。科技当然重要……但科技不能脱离那个时代的社会科学水平和社会机能的制约而起作用。如果社会的管理水平低，吏治腐败，文盲遍地，那就会大大限制乃至抵消科技所能发挥的作用。""掌握科技的毕竟是人，是一定社会制度下具有一定思想、一定文化素质的人。所以，只重视科技的那种'科学主义'是应该反对的。照我看，社会科学是'帅'，技术科学是'兵'。"从我国近年经济社会的发展实践来看，季先生的这些观点富有远见，令人敬佩。

三、季羡林的学术声望与"季羡林现象"的天时地利人和

季羡林先生的学术成就、学术思想和文化理论，在国际学术界享有盛誉，得到了广泛的肯定和褒奖。印度总统授予他印度最高荣誉"莲花奖"；德国哥根廷大学授予他杰出校友荣誉称号；日本学士院聘他为客座院士；印度学者将季羡林比作"中国的泰戈尔"，认为他的思想和人格与泰戈尔"惊人地相似"；印度驻华大使称赞"季先生是世界级顶级学者"。《评传》认为，"作为一名中国学者，季羡林生前在国际国内所获荣誉及身后所获哀荣，是史无前例的"。"在中国学术文化思想史上，季羡林是一个奇迹。季羡林对于中国社会，特别是学者阶层，其影响之巨大、深刻、持久，形成了一个令人惊异的现象"，可称为"季羡林现象"。那么，季羡林现象究竟是怎样形成的呢？《评传》从天时、地利、人和这三个不同角度，进行了具体论述。

季羡林的天时，首先在于他身处重要的历史阶段，"阅尽中国和世界的巨变，包括五四运动、'一战'、'二战'和'冷战'，包括新中国的建立、'文革'和改革开放"。他在德国留学十年，对西方文化的内囊深有了解。对世界文化的了解，既全面又深刻，"无人能望其项背"。其次，"在学风和

治学之道上,季羡林受中国乾嘉学派和德国梵学派影响最大",乾嘉学派"整理国故、强调原典和重视注疏"的特征,在一定程度上影响了他,形成了"重考证"的学术理念和研究方式;而德国梵学派追求"彻底性"的考证之风,更促使他走上了"考证的路子"。而他实现从"重考证"到"重义理"的转型,正是得益于中国的改革开放和思想解放。

《评传》指出,季羡林的地利在于,中国是"当代世界最大的发展中国家和第二大经济体","中国在国际上的政治、经济、文化地位,决定着它的学术文化思想对世界的影响力";北京大学是在国际上有较高知名度的中国一流高校。正是中国和北京大学的地望,造就了季羡林"一湖一塔一先生"的"中国最高老师"形象。"如果1946年季羡林没有回国,那么不论他多么勤奋,只能做一位著名的海外华人学者,不会对中国和世界产生如此大的影响。1946年他回到中国,如果不是在北京大学任教,而是在其他大学,那么不论他的业绩有多么卓越,只能做一位杰出的大学问家,不会成为中国学术风向标。"这段评论极为中肯,令人信服。

季羡林的人和,在于他正赶上"中国否极泰来"、社会深刻变革的大好时光,知识分子的社会地位显著提升,学术文化受到高度重视,学者对社会的影响力越来越大。正因为此,才有温家宝总理五次到医院看望他、与他进行"高端对话"的美谈;才有许多外国政要与他交往的佳话;才有文艺界知名人士和学界后学登门拜访、盛赞他的学术成就和学术品格的追捧;也才有他倡导人际和谐、人心和谐,最终让自己"笑着走"的圆满。

四、情感丰富的学术大家

《评传》专设一章,分析和展现季羡林的情感世界,还原了一个有血有肉、情感丰富的学术大家形象。

季羡林的情感世界丰富多彩,《评传》从四个方面对其进行了生动细致的描述和展现。

(一)"爱情全景图"

季羡林出国留学前,遵从父母之命,与彭家三姑娘德华结了婚,可他并不爱德华,心里爱的是四姑娘蓉华。"爱不能婚、婚非所爱"使他讨厌家庭。后来他到德国留学,前后长达十年,其间与房东的女儿伊姆加德产生了爱情。可他最终还是独自一人回国,宁可有负这位真诚爱他的德国姑娘,也没有背叛他的妻子和家人。对于季羡林的这段情感经历,国内一些学者依据季先生在《留德十年》一书中所披露的情况,进行了不无想象的逻辑论证。有的说,"季羡林尽管是爱伊姆加德的,但他骨子里却深藏着中华民族的人格真髓。他在家庭婚姻遭遇挫折和不幸的情况下,仍然死守着传统的道德底线,不敢越雷池一步";有的认为,"季羡林的道德理念,切断了这桩可能发展成恋情的异国情缘"。

《评传》对季羡林的爱情经历,有着更深刻、更形象的分析和描述。首先,《评传》认为"上述观点还不全面,除了观念之外,'事业心'也是季羡林斩断和伊姆加德之间情丝的慧剑"。为了论证这一点,特地援引了季先生本人在日记中的表述:"我现在感觉到娶一个德国女孩子非中国人之福。德国女孩子样子漂亮,态度活泼,确令人喜爱,但她们要求也大。一个中国人想在学问上有成就,还是中国女人好。"其次,《评传》创造性地编制了一张季先生的"爱情全景图",把季羡林的情感世界比作是"一幅浓墨重彩而又意境幽深的中国山水画"。在这幅画中,季先生是红日,伊姆加德是白云,彭家四姑娘、季先生的父母、叔父等是群山,学术园地是田野。季先生与伊姆加德的关系是红日与白云的关系。"红日照亮白云,白云追逐红日。红日要照看他的山川、田野,不能因为白云而流连忘返。白云一往情深,追逐到永远,直到老去。"这是一种多么富有诗意的表述方式,不仅把季先生恋感情、顾家庭、重学术、守道德、痛割舍的情感历程十分形象地展现了出来,而且在学术著作中十分罕见。作者为了强化这种艺术表现的效果,还特地在《评传》中表明了两点:一是伊姆加德终身未嫁;二是季先生到晚年,虽对伊姆加德仍难以忘怀,但对当年不爱的妻子已有了发自内心的赞誉和感恩。

(二)爱母情结与爱国情怀

《评传》显示,"季羡林对母亲的爱,是深入骨髓的","对母亲的感情,不但终身不变,而且愈老弥坚"。在他的作品、日记中,多有流露。他表示,母亲"不但现在霸占住我的心,而且要永远地霸占住了",甚至在"夜里又梦到母亲,大哭一场醒来"。他在年近九旬时写的《我的母亲》一文中还有这样一段话:"这样的梦,我生平不知已有多少次。直到耄耋之年,我仍然频频梦到面目不清的母亲,总是老泪纵横,哭着醒来。"诚然,爱母是人之常情,但如此浓烈的爱母情结,对于一位享誉国际的著名学者,对于一位耄耋之年的老者来说,又是何等的感人和可贵。由此足见季先生情感世界的丰富和热烈。

如果说"爱母情结"显示的只是亲人之间的小爱，那么，爱国则是充满赤子之心的大爱。1946年，季先生在回祖国还是重返欧洲的选择上，经过痛苦的思想斗争，毅然决然地决定回国。因为他认识到"祖国在灾难中，在空前的灾难中"，他"又是亲老、家贫、子幼。如果不回去……就是一个毫无良心、失掉了人性的人"。回国以后，他又面临第二次选择：是搞古代印度语研究，还是搞中印文化关系史和比较文学史研究？后来他权衡利弊，觉得中外文化关系史研究更为国家所需要，也不至于使自己原来学的内容"前功尽弃"，于是决定从事中印文化关系和比较文学史研究。

1949年新中国成立以后，季先生经历了"三反""五反""文化大革命"等一次又一次的运动，但他的爱国情怀始终不变。他先后写了《爱国与奉献》《沧桑阅尽话爱国》《再谈爱国主义》《中国知识分子的爱国传统》等文章，抒发自己的爱国理念和爱国情怀。在文章中，"他对爱国与奉献的关系，作了简单而透彻的阐述：'以爱国主义的情操来推动奉献精神，以奉献的实际行动来表达爱国主义的情操，二者紧密相联，否则爱国主义只是一句空话，而奉献则成为无源之水、无本之木。'"。

值得注意的是，季羡林把对母亲的爱和对祖国的爱统一为一个整体。他在一篇题为《两个母亲》的文章中明确地说："我们都有两个母亲，除了生身之母外，还有一个养身之母，这就是我们的祖国。"如此表述，绝不是一般的文字组合，而是在心目中已把祖国和母亲视为一体，是至情至爱的情感表达。

（三）争强好胜，锐意攻坚

季羡林是大学者，也是性情中人，个性鲜明，脾气倔强，他自称为"牛脾气"。这种牛脾气既成为他学术研究的动力，也是他情感世界的一大亮色。

《评传》显示，"季羡林从青年到老年，一直强调自己有牛脾气。这种牛脾气作为一种精神和情感，左右或影响着他与周边人的关系"，但也会转化为争强好胜不服输的精神气质，成为他锐意进取的精神动力。他的"牛脾气用于学习和科学研究，让他尝足甜头，取得了一个又一个骄人的业绩"。他的牛脾气表现在大是大非问题上，则体现出难能可贵的情操和品格。他在德国留学时，当时的德国政府承认汪精卫伪政权，他和其他进步留学生宁可"成了没有任何保障的无国籍人士"，也不肯附逆。

《评传》列举了几个典型事例，来证明季羡林的牛脾气对他的学术研究的影响和推动：一是坚持十年，听过"三千多次晨鸡的鸣声，把眼睛熬红过无数次"，凭着倔强和韧劲，把梵文原版《罗摩衍那》七篇八卷全部译完，奠定了他中国著名翻译家的地位；二是"硬着头皮"接受翻译整理吐火罗文残卷的任务，最终完成了《吐火罗文〈弥勒会见记〉译释》，"历时之久，用力之勤，不亚于翻译大史诗《罗摩衍那》"；三是不惧艰难，花费大量时间写成《中华蔗糖史》，为研究中外文化交流史做出了重大贡献。

《评传》指出，季羡林之所以能在学术研究上有这种不服输的牛脾气，是因为他已经把牛脾气"上升为学术责任心"，牛脾气只是表象，学者的责任心才是根本。

（四）倡导"三个和谐"，达到"和谐人瑞"

季羡林先生学贯中西、经历丰富，到晚年时，不仅学术研究达至化境，而且人生修养和人生感悟也高于常人。他的思考开始从如何治学、如何做人上升到如何认识人与自然、人与人、人与自身的关系。"2006年8月6日，当他第三次和温家宝总理见面时，就把几年来考虑的'人和自然、人和人、人自身'三个和谐的想法和盘托出。"《评传》指出，"'三个和谐'观念的提出，标志着季羡林不但在学术思想上登上了人生顶峰，而且进入了情感和精神世界的最高境地"，逐步形成了"和谐人瑞"的形象。

我们注意到，《评传》不是简单地提出"和谐人瑞"的概念，而是从几个层面生动、具体地展现了季先生达到"和谐人瑞"的情感进程。①从早年的恃才好胜、看重荣誉，到后来的事业为重、宠辱不惊，实现了"从好胜心到事业心"的转变。《评传》明确指出："好胜心、虚荣心、荣誉感的动力是有限的，而事业心的动力是无限的。因为，事业心不仅关乎个人，而且关乎民族和国家。"②从强调自己的牛脾气、率性而为，到不惧艰难、锐意攻坚，实现了"从牛脾气到攻坚精神"的升华。个性的精神因素上升到科研攻关坚忍不拔的顽强意志，转化成学者的强烈责任心。③从"爱母情结"上升到"爱国情结"，实现了"爱母情结"与"爱国情结"的内在统一（前文已述，此处从略）。需要强调的是，季羡林先生提出的"和谐观"，得到中央领导同志的高度重视。温家宝总理当面对他说："您提出人要自身和谐，我向中央作了反映，中央全会决定里就吸收您的意见。"

综合上述，《评传》写道："在季羡林的百岁人生中，他的情感是这样变化的：从好胜心到事业心，从牛脾气到攻坚精神，从爱母情结到坚定爱国，从率性而为到三个和谐。就这样，他的人生在情感的变化中不断获得纯真和升华，最终，进入高山景行的人生最高境界。"

五、心灵相通，共书"华章"

季羡林作为一代学术大家，在他生前和身后，不仅被冠以众多名号，而且，研究他的著作也陆续出版。如《季羡林传》《季羡林大传》《平民泰斗——季羡林传》《天意从来高难问：晚年季羡林》《东方学人季羡林》等。这些著作风格不一，各有千秋，但对季羡林学术地位和文化贡献的论证和界定，都有不周不全之处，尚不能全面完整地展现季羡林作为学术大家的整体形象。

《评传》作者郁龙余早年就读于北京大学东方语言文学系，是季先生的学生，经常受到季先生耳提面命的教导和影响，与季先生心灵相通。尤其是郁龙余长期专攻印度文学，与季先生在同一学术轨道上前行，因而对季先生的了解和研究，有着他人所不具备的独特优势。在"季羡林的情感世界"这一章中，郁龙余这样写道："我在撰写《季羡林评传》的过程中，阅读了凡能找到的几乎全部的材料。加上几十年来我对季羡林先生的亲近、体认，长时间的殚精竭虑，尽心构思，方才写成此文。"这段话虽然是就"季羡林的情感世界"这一章而言，但实际上已显示出郁龙余写《评传》的优势和用心。常言道："功夫不负有心人。"50多万字的《评传》，科学界定了季羡林的学术地位和文化贡献，深刻论证了"季羡林现象"的文化背景和文化基因，还原了一个有血有肉、情感丰富的学术大家形象，堪称我国季羡林研究的问鼎之作。

《评传》把季羡林界定为"博大精深的大学问家"和"引领潮流的大思想家"，认为季羡林著作中的"季羡林义理"和学界的"季羡林现象"，源于"天时、地利、人和三者的机缘巧合，缺一不可"，赞扬"季羡林的情感世界，就是一幅浓墨重彩而又意境幽深的中国山水画"，季羡林是牺牲了爱情而获得事业的成功和人生的升华。这些观点不仅把季羡林这个"有血有肉、有七情六欲、有缺点错误的'大学问家'和'大思想家'"形象鲜明地推到了读者面前，而且坚持了学术研究和学术评价的科学性和客观性，论述言之成理，界定述之有据，几乎无懈可击。

印度学者将季羡林比作"中国的泰戈尔"，印度驻华大使称赞季先生是"世界级顶级学者"。这表明，季羡林在很大程度上代表了中国的学术形象，季羡林的学术成果也是显示中国特色、中国风格、中国气派的顶级"华章"。如果我们评估《评传》的学术成就和学术影响，似乎可以这样表述：季羡林是书写"华章"的传主,而《评传》作者则是把"华章"解读和彰显的"共同书写者"。打一个不确切的比喻,如果说季羡林是一个深藏"华章"的学术富矿,那么,《评传》就是把富矿内的"华章"发掘出来,并分门别类开列清单,让世人欣赏和探究。从这个意义上也可以说,《评传》作者是和传主共同书写了顶级"华章"。《评传》让大学问家和大思想家季羡林的形象更加清晰,让季羡林的高端研究成果及其蕴含的文化精神,更加形象具体,更加有感染力。由此可见,《评传》的学术地位和学术贡献具有不可替代性,称其为我国季羡林研究的问鼎之作,实不为过。我们希望《评传》是一个良好的开端,也期待有更多的季羡林研究的佳作问世。

(2016 年)

讲好中国故事的经典之作
——读《两界书》

学者著书立说的话语情景和社会反响，大多是专业领域，学术话语，圈内热议，大众鲜知。刘洪一（笔名士尔）的新著《两界书》（商务印书馆2017年版），一改传统的学者著书立说的状况，甫一出版，就广受好评。学界誉之为"世纪杰作"，大众称其为"天下奇书"，开创了学术著作融入大众文化的范例，堪称一部讲好中国故事的经典之作。细读这部"奇书"，会有一种"过往今来都在眼前，生死荣辱皆有新解"的神奇感觉，令人为之入迷，难以释手。

凡人问道：揭示世界之谜，破解生死之惑

《两界书》有一个副题：凡人问道。这表明，该书是以"问道"的形式，展现全书的主题。那么，要问的究竟是哪些"道"呢？作者先做了一个背景设定，要问的是贯通两界的"道"。两界包括"天界地界，时界空界；阳界阴界，明界暗界；物界意界，实界虚界；生界死界，灵界肉界；喜界悲界，善界恶界；神界凡界，本界异界……"，"道"涉及十个具有终极意义的根本问题：世界从何而来？人类如何起源？人为何会有生死？人为什么会不一样？人为何而生？人是什么？究竟有无来世？善恶有什么报应？谁是人的主人？人类向何处去？这十个问题的终极指向，就是要揭示世界之谜，破解生死之惑。

"世界从何而来"自古以来一直是个终极之问。作者在卷一"创世"中，"以神话思维和文学手法"，巧妙地将《圣经》故事与中国古代文化经典的精神内核和中国民间神话传说融会一体，讲述了一个"天帝创造世界"的传奇故事。而"创世"所描绘的世界，是作者创造性地融会了中西方关于世界源头的学说而呈现出来的一个结合体。作者对于这个"结合体"形成过程的解说，既采纳了《易经》《庄子》的"太初"说和《荀子》的"天帝"说，也采用了佛教经典的"大千"说、《道德经》的"大道无形"等学说。

作者的可贵还在于得其精髓、善于联想，以神话思维和文学手法衍生出一系列"创世"的新概念和新形态。如"天帝挥意杖""天帝吹播元卵""天帝意杖为引，杖痕有迹，元纪开启""天帝灵道运行，实生万维"等，从而真正做到"融合东西方素材，由典而出，化陈出新"。需要指出的是，这里所说的"创世"，是"神话思维与文学手法"所展现的"创世"，是一个带有神话色彩的故事，而不是科学意义上的宇宙起源。但从某种意义上说，这个故事却又是"科学"的，它在当下的认识意义集中体现在三个方面：一是加深对中国文化传统与文化精神的认识，了解人类文化的共性和个性，进而自觉推进全球化背景下的文化开放和文化融合；二是加深对世界变化规律的认识，努力把握"数的组合变化"，学会怎样面对这个不断变化的世界；三是加深对哲学意义上的物质与意识关系的认识，走出唯物与唯心二元对立的简单思维模式。明确"万维"是世界的本质，意念改变一切，思想就是力量，观念更新推动着世界的变化与发展。

《两界书》在"造人""生死""命数""问道"等卷中，集中阐述了与人相关的六个问题：人类如何起源？人为何会有生死？人为什么会不一样？人为何而生？人是什么？谁是人的主人？这六个问题可谓是亘古之问，从柏拉图到莎士比亚，从孔夫子到孙中山，关于人的追问与思考，一直没有停止。作者在吸取古今中外圣贤先哲思想的基础上，融会儒、道、佛、法等各家之说，对上述这些问题，通过虚拟的"六位先知"之口，进行了创造性的阐述和解答。

关于人类起源，西方有"亚当夏娃说"，中国有"女娲造人说"。作者没有延续旧说，而是以神话故事的形式，讲述了天帝怎样"造人治理世界"，"然后分三步对人实施'复造'"，把人由蒙昧的"初人"，提升到区别兽畜有情有爱的"中人"，最后向"终人"发展。关于人的生死之惑和人生意义，作者同样以天帝之口，进行了阐述和解答：天帝鉴于所造之人"善始者常不善终，善终者常不善始"，决意为人"定命数""设命格""设能限""定生途"，使"人皆有生，生皆有死，生死有序，命有定数""命数不一，各自修为"，让人"有能而无致，有生而无恒"，使人懂得"生弥珍贵，生当乐生。死为归途，万众所同"。这些讲述表明，书中体现的是积极有为的人生观。首先，它告诉我们，所谓"命运"并非完全与生俱来，无法改变。无法改变的是"命"，是个定数；可以改变的是"运"，是个变数。天帝设定生死命数的故事中提出的"生弥珍贵，生当乐生。死为归途，万众所同"的观念，就是告知人们，快乐才是人生的真谛。"乐生"具有"快乐"和"有为"的双重含义。人活着不但要快快乐乐，而且要有所作为。要积极乐观地面对人生苦难，不怨天尤人，不轻易放弃生命，活出高度，活出境界。这一观点在当下有着尤为重要的积极意义。其次，明确指出死亡是人之终归，是任何人都不能逃避的规律，无论贫富贵贱，概莫能外。那些力图"求得长生不老药""好想再活五百年"的人，都是违背规律，痴心妄想。既然如此，何不淡泊名利，摈弃妄求，过有意义有乐趣的快乐人生呢？

关于"人是什么？谁是人的主人？"这两个问题，作者在"问道"这一卷中，通过"凡人问道，六先解答"的形式进行了系统而又深刻的阐述。作者以"六先"之口阐明，人是悟天道、走正道、行善举、知伦理、辨善恶、识美丑、循法知理、克己制欲的万物灵长，但人性善恶并存，灵欲相制，人心及行为均在变化之中。因此，人有两个阶段，或称两个境界。低境界是善恶并存的"本人"，高境界是抑恶扬善、知理明义的"义人"。人生在世，面对众多诱惑，难免有执迷不悟之时，因此必须有支配和主导自己的"人主"或"主宰"。得道高人，通观宇宙，彻悟人生，可以信仰天道为"人主"；芸芸众生，善恶并存，道欲相交，则需要有抑恶扬善、守道制约的"心主"。心主实质就是佛家所说的"心识主枢"，就是道家所谓的"听之以心"。从这个意义上可以说，人主就是己主，就是让自己的心做主，而心是与精神意志密切相关的，其根本在于有觉悟、善化变、崇道德、守法纪，依道而行，有伦有序。故人要在道、欲、人三维交织的人生境况下，以道为先、以道为主、以道疏欲，努力达到"天道人律适合，天长地久人生"的境界。

叙事创新：巧用神话思维，讲好中国故事

叙事新颖是《两界书》最突出的创新特色。叙事通常有三种模式，即诗意叙事、辩证叙事和修辞叙事。《两界书》"叙事手法不拘旧规，合以神话、寓言、魔幻等文学修辞"，既有诗意叙事之美感，又有辩证叙事之哲理，更有修辞叙事之精细。卷七"承续"中的"雅希联姻"和卷九"工事"中的"欧瑶成千里眼"，可谓是诗意叙事的范本。雅荣为了娶得心仪之人希玛，不惜违反"异族不能通婚"的族规，断臂明志，甘受酷刑，最后终于感动天帝，情动希玛，抱得美人归。这一富有诗意的故事把族规和人性的矛盾展现得淋漓尽致，使人为之动容。欧与瑶是一对恩爱夫妻，均擅长冶炼制器，两人在被洪水冲散后，因彼此思念，竟使往日冶炼之碎片成为明镜，产生可以隔地相视交流的奇异功能。此故事把冶炼制器须倾注情感、以情化之的道理，形象而富有诗意地展现了出来。由于本书大多以夹叙夹议的讲故事形式

呈现，所议之处均有哲理，故辩证叙事贯通全书，尤以卷十二"问道"为最。"六先"之说均是辩证思维，异而不悖，发人深思。作者不仅提出了"六说不悖，皆有其悟"的论断，而且特地以"道先"之口，对"六先"学说的辩证和关联进行了精练的概括：

> 以道为统，无统不一，无一何生万物。
> 以约为信，无信不通，无通何生和合。
> 以仁为善，无善不爱，无爱何生家邦。
> 以法为制，无制不理，无理何生伦序。
> 变以空为有，无有不在，无在何生世界。
> 以异为变，无变不化，无化何生久远。

修辞叙事是本书最鲜明的创新特色。修辞叙事的根本是建立叙说者与受众的"说服关系"，即让受众对叙说的内容表示认同。因此，叙事就要在人物和情节上下功夫。对此，作者的指导思想非常明确，他在导论中说："《两界书》不是单向度地传播演讲者的声音，而是设立讲者与他者之间的对话——他者包含了不同的听者，在讲者和他者之间建立起思想对话和情感交流。"这种对话在书中突出表现为讲故事，但"讲故事不能没有情节。有情节才有故事"。为此，"全书采以框架式结构，讲述了百多个既相对独立又相互关联的故事"，故事情节错综复杂，引人入胜。故事中的人物都是经历不同、性情各异，成为作者表达思想的形象载体。如以善待人的菩度、实施仁政的哈法，抛金人海的德敦，强造飞车的函含……一个个人物，性格分明，栩栩如生，为构建情节、表达思想起到了很好的形象展示作用。尤为可贵的是，作者"超越历史、神话、宗教、哲学、文学等传统范式界限，设元典话语，用文学修辞，以文白相合式汉语表述，创哲学文学新例，开跨界叙事先风"。所谓"跨界"，是指既跨天地、神凡之界，又跨学科、学说之界，把神话思维和现实思考融会一体，将各门学科和各家学说交相辉映，形成全新的思想体系；所谓"元典话语"，就是巧妙运用《圣经》《易经》《道德经》《庄子》等中外经典的话语体系，形成古为今用、焕然一新的叙事话语；而把"文学修辞"和"文白相合"的汉语表述方式综合运用，更是作者的全新尝试，产生了令人耳目一新的修辞魅力。如六位先知对问道者的回答，采用这种富有文学色彩的"文白相合"汉语表述方式，就产生了"说理更加透彻、印象更为深刻"的效果。"六先"在解答"究竟有无来世"之问时，言简意赅地指出："既生现世，即立现世"，"尽心意躬力行，来世自来"；"来世亦如今世","今生今世所为，实为来生来世之约。人生现世，皆为来世订约"；"今来两界，各有界律"，"界律不同，难以逾越"；"今生来生皆为生，今世来世皆为世"，"人活今生，存于今世"，"今生自有今性情，来世自有来喜悲"；"时空两维，今来两界，有大异而不隔绝，有界限而不断然。两维两世界，以意为介，可得联通，实生意界"。这种语言，不仅在现代一般学术著作中很少应用，就是在文学作品中也极为少见，创新特色可见一斑。

哲理诗韵：一朵学苑奇葩，一部新型经典

《两界书》被称为"天下奇书"，绝非偶然。作者围绕设定的终极之问，展现"神话思维和文学手法"，以讲故事的方式，在"两界"间任意遨游，时而仰望天空，时而俯瞰大地，时而叩问神灵，时而审视众生。古往今来，天地神人，尽入视野；世界之本，人性之谜，均作探究，创造性地彰显了中华文化精神，描绘出中西文化融合的绚丽画卷。

这本"奇书"，首先奇在全书的篇章结构。谋篇布局新意频出，章节设置环环紧扣。作者不落俗套，不按常规。不设"前言"或"序言"，而是以"前记"和"引言"阐述著书之缘起，点明何谓"两界"及两界"化异辅成"之关系；以一篇看似书评又不是书评的导论，阐明《两界书》的主旨是"传承文化，架设桥梁，讲好故事"，特征是"跨界叙事、元典话语、人文情怀、中国精神"，既展现了全书的思想内涵和艺术特征，又对读者产生了引人入胜的效果。全书共十二卷，作者以"创世""造人"等内涵丰富的醒目标题，巧妙地设定了若干关于人类终极意义的问答（分明问和暗问），层层递进，步步深入。为了使读者懂其"我思"，得其要义，作者特在"引言"前设"题记"："两界书——凡人问道"，又在各卷开篇时设简短引语，告知读者该卷所问何题，从而让读者产生兴趣，渐入佳境。

其次，奇在这本书的内涵表现方式。乍一看全是神话故事，仔细看却都是人生大道理。天帝通过"神谕"来教化人类，与人类沟通，是中外神话中常有的表现方式。本书的新奇在于，作者把神谕和故事情节统一起来，成为人类修身悟道的思想指引，使中国古代文化中的"天人合一"思想得到形象的展现。如在雅昆什"欲筑高塔而近天帝"的故事中，由于雅昆什不理解"有所为有所不为"的道理，发誓要将"高塔建至云端"，最后落得"高塔坍塌"死伤无数的下场。发人深思的是天帝通过天使红狮对雅昆什的诫谕："雅人心未致而欲意致，意未致而欲工致，何不致此？"意思是说，雅人尚无"得道近天"之心，就想造塔登天，而且也无建造通天高塔的信念和本领，

在这种情景下盲目动工,高塔怎能不坍塌?这段话虽是神谕,其实讲的都是做人做事的基本道理。但通过"神谕"这种形式,就使"基本道理"具有至高无上的权威性,而"心致意致,意致工致"这种话语也就有了深刻的思想性和感染力。因此,无论是从外在形式还是从内在结构和蕴涵来看,这本书都称得上是一朵"学苑奇葩"。

意大利著名学者型作家伊塔洛·卡尔维诺在他的《为什么读经典》中提到,关于经典的定义有十四种说法,其中有两种说法对应《两界书》非常贴切。他认为,"经典意味着一种文化意味的典范,具有不容置疑的价值示范作用","经典作品是这样一些书,我们越是道听途说,以为我们懂了,当我们实际读它们,我们就越是觉得它的独特、意想不到和新颖"。《两界书》就是这样一本书。它的形式和内涵都堪称"文化意味的典范",具有无可比拟的"独特、意想不到和新颖"。以前未见有这样的书,以后也不可能多见。至于它的价值示范作用,则集中体现在两个方面。第一,如何传承文化、向世界讲好中国故事。可以想象,如果我国一个青年学生读了这本书,他一定会由此对中国优秀传统文化产生浓厚兴趣,潜移默化地受到熏陶,自觉成为传统文化的传播者和传承者;如果一个外国人读到这本书,他也一定会喜欢上中国传统文化,并积极地在世界传播。从这个意义上可以说,向世界讲中国故事不难,但要讲好中国故事则不易。需要有能让处于不同文化背景的外国人听得懂、感兴趣、有内涵的故事情节和话语体系。《两界书》在这个方面就发挥了很好的价值示范作用。第二,解答终极之问,阐发了"敬天帝(即敬天地)、孝父母、善他人、守自己、淡得失、行道义"等核心要义,"分别从信仰、伦理、社会、个人、功利、实践等层面,构建了一个完整的思想与价值体系,含括了世界观、价值观和人生观的全部范畴",在倡导新观念、提升新境界方面发挥了创造性的价值示范作用。因此,无论是创新特色,还是思想蕴涵,该书都称得上是一部特色鲜明的当代新型经典。

综上所述,《两界书》诗意盎然,哲理深奥,被学界誉为"世纪杰作",被读者称为"天下奇书",是实至名归。它使中国文化中的天人合一、道法自然、天道立心、人道安身等核心理念,走出哲学的课堂和思想的圣殿,把抽象的理论概念演绎成形象的观念意识和做人的修为之道。因此,解读这样一部堪称经典的"奇书",绝非一人之力和一时之功可以达成的,它必将在今后的长期流传中不断接受新的解读,产生时读时新的效果。也唯其如此,它才称得上是一部真正的经典之作。

(2017 年)

第二辑 文艺研究

俄国文学通观

俄国文学气势恢宏，洋洋大观，影响波及全球，回声绵绵不绝，通观俄国文学似乎有点不自量力。所以，笔者在这里只是选择一定的视角，对俄国文学进行一次纵向的观照，并非对所有文艺思潮和文学作品进行全面的阐述（这一任务已由众多的俄苏文学研究人员分门别类、各有侧重地去完成）。众所周知，任何一国的文学，都有其特有的风格品味和独特的发展道路，俄国文学亦不例外。笔者"通观"俄国文学，正是力图对其发展道路和文化底蕴进行一次系统的探索和思考，为探究俄国文学研究的更高层次，尽一点微薄之力。

一、奇特的文学现象

俄国文学，从文学史的严格意义上来看，始于中世纪的英雄歌谣和英雄史诗（尤以《伊戈尔远征记》为主要标志），截至19世纪末20世纪初的高尔基的早期创作。而从文学发展进程的客观实际来看，俄国文学作为国别文学的形成则始于18世纪初，直至后来俄罗斯苏维埃文学的兴起，历时两个世纪。在这两个世纪的文学进程中，我们看到：18世纪的俄国文学发展缓慢，几乎没有什么影响较大、艺术水平较高的作品，而19世纪的俄国文学则发展迅速，出现了群星灿烂、佳作连篇的景象。这在世界文学史上是一个非常奇特的文学现象，引起了许多文学研究人员的重视和关注。

要全面地探究俄国文学发展的奇特现象，必须把俄国文学放在世界文学的大背景下进行比较分析，既纵向看，又横向看，方能看出"道道"。中世纪时期，俄国虽有"欧洲古代文学的明珠"《伊戈尔远征记》在世界文学花园中散发俄罗斯民族花朵的芳香，但毕竟势单力薄，不成气候，在文学规模上无法与文艺复兴时期相比。文艺复兴时期欧洲文学出现一个又一个高峰，意大利诗人但丁、英国文学巨匠莎士比亚，以及法国的拉伯雷、西班牙的塞万提斯，都以其经世流传的文学名著，开创了欧洲文学发展的新阶段。而此时的俄国，却几乎找不出一位足以与上述文学大师相媲美的作家，差距之大，显然可见。17世纪，英国的资产阶级文学以弥尔顿等富有坚强的革命精神的作家及作品而称誉世界，而法国的古典主义则在文学样式等方面进行探索和创新，涌现出莫里哀、高乃依、莱辛等享誉世界的作家和剧作家。可此时的俄国，仍然没有出现能够名扬世界的作家和作品。时至18世纪，法国的启蒙文学成为促进法国启蒙运动的强大驱动力，卢梭、狄德罗、伏尔泰等一大批启蒙思想家和启蒙文学家以其具有深刻思想内涵的艺术作品高扬新思想的大旗，使欧洲文学面貌一新；英国则出现了感伤主义文学流派和歌颂"第一个真正的资产者"的笛福等作家，留下了不少反映英国社会现实的经典文学名著。可这一时期的俄国却刚刚开始"从古代文学向新的内容和形式过渡的阶段"，虽然也有个别文学作品在世界范围受到重视（如拉吉舍夫的《从彼得堡到莫斯科旅行记》），但是文学规模和文学成就则远不如同时期的西欧国家。然而到了19世纪，俄国文学却以前所未有的速度迅速发展，先后涌现出普希金、陀思妥耶夫斯基、托尔斯泰、契诃夫等一大批名扬世界的作家，群星争辉，气象万千。与同一时期西欧国家的文学发展状况相比，不仅毫不逊色，而且颇具优势。俄国文学一下子由"侏儒"长成了"巨人"，在短短的将近一百年的时间内，赶上和超过了欧洲其他国家的文学，这不能不说是一个奇特的文学现象。那么，这个奇特现象究竟是怎样形成的？为什么19世纪俄国文学得以迅速繁荣发展？"通观"俄国文学，这是必须解答的两个问题。

纵观俄国社会发展史，俄国文学长期落后、一朝崛起的奇特现象与俄国社会的政治、经济和文化的长期落后密切相关，同时与19世纪俄国解放运动的进程有直接关联。14、15世纪，欧洲其他国家已进入封建社会的全盛时期，而俄国则才摆脱蒙古人的入侵统治，刚刚形成中央集权的封建国家（1485年）。此后，历代俄国沙皇虽不乏改革俄国政制之举，但由于他们残暴地剥削和压迫人民，肆意兼并小国的领土，致使内乱不断，外战不息。尤其到16世纪末，当农奴制在西欧各国已经基本绝迹的时候，俄国的农奴制反而得到加强。阶级对立和阶级矛盾趋于激化，农奴起义频频发生。面对人民的反抗，沙皇政府残酷镇压，以维护他们的反动统治，根本无心也无力发展经济和文化。因此，17世纪前俄国文学的一片空白是不难理解的。18世纪初，彼得大帝开始对政治、军事、文化等方面进行一系列改革，尤其是他对教育事业的重视，对推动俄国科学文化事业的发展起了很大的促进作用。但是好景不长，1725年彼得大帝病死后，几个后任帝王无所作为，肆意挥霍享受，被频频发生的农民起义搞得坐立不安，根本

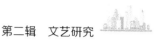

不用心治政，使得刚刚焕发出一点活力的俄国，重新被抛进历史前进的"慢车道"。1812年的俄国卫国战争和十二月党人起义是使俄国发生历史转折的重大事件，前者使俄罗斯的民族意识进一步觉醒，看到了自身的力量，同时也在与西欧国家的相比之下，看到了俄国的落后；后者使俄国贵族先进分子投入了俄国解放运动，开始探讨改变俄国现状、探索俄国发展道路的问题。1861年，俄国废除了农奴制，为俄国社会的发展释放了动力。俄国资本主义也开始发展起来，社会生产力有了较大的发展。资本主义的发展，促进了无产阶级的形成，把俄国解放运动又向前推进了一步。俄国解放运动所经历的"贵族革命""资产阶级民主革命"和"无产阶级革命"这三个不同阶段的社会震荡，一方面促进了俄国国家政体的改变，激发了经济发展的动力，另一方面也促进了俄国文学的发展。在动荡不安的社会现实中，在社会变革的历史进程中，贵族阶级的先进分子、平民知识分子，乃至劳动群众中的许多有识之士，纷纷用文学的形式分析俄国长期落后的原因，探讨俄国社会变革的途径、方法和前途，回答"谁之罪"和"怎么办"的问题。这些都在客观上促进了俄国文学的发展。因此，有人把俄国文学发展原因的分析归纳为"社会动荡说"或"社会变革说"，即认为社会动荡、社会变革促进了俄国文学的发展，看来是确有道理的。这种说法虽然与分析中国古代文学发展原因的"太平盛世说"（即太平盛世经济繁荣，文学发展）截然对立、明显不同，但它在一定程度上符合俄国文学发展的客观实际。或许这也正是俄国文学发展道路的独特性所在吧！

二、深厚的文化底蕴

马克思说："关于艺术，大家知道，它的一定的繁盛时期决不是同社会的一般发展成比例的，因而也决不是同仿佛是社会组织的骨骼的物质基础的一般发展成比例的。"① 19世纪俄国文学繁荣发展的原因，我们不能单一地从社会动荡和社会变革这个方面来看，还必须看到俄国社会文化的因素。对后者进行客观的分析，不仅有助于我们从另一角度认识19世纪俄国文学繁荣发展的内在动力，而且可以使我们充分地认识俄国文学的文化底蕴，加深对俄国文学发展进程的认识和理解。

---

① ［德］马克思：《〈政治经济学批判〉序言》，见中共中央马克思恩格斯列宁斯大林著作编译局编《马克思恩格斯选集》（第2卷），人民出版社1972年版，第112–113页。

（一）西方文化的认同和汲取

俄国文学在西方文化与俄罗斯文化的撞击和融合中发展。西方文化对俄罗斯文化的冲击前后有三次高潮。第一次高潮是在彼得大帝改革时期。当时彼得大帝效法西欧，汲取西欧的政治、军事和科学文化思想，并用于他的治国兴邦实践，对促进俄国的强盛和发展起了一定的积极作用。但由于当时的俄国文学尚不成气候，故对文学的影响并不明显。第二次高潮是1812年卫国战争胜利之后。在战争的后期进程中，俄国军队中一些原是知识分子的年轻军官，了解到西欧国家在社会政治、经济等方面比俄国进步，在耳濡目染中受到西方思想文化的影响，力图在俄国推行西方思想文化，组织了十二月党人起义。由于这些人本是知识分子，许多人直接用诗歌等形式宣传自己的社会政治思想。第三次高潮是在19世纪40年代。这一次冲击分为两个冲击波。一是19世纪40年代初期斯拉夫派与西方派的论战为西方文化的渗透和影响开辟了渠道。西方派宣传的西欧社会政治思想在俄国社会激起了强烈反响，乃至受到斯拉夫派的反对、揶揄和笑骂，但正如高尔基所说的："这一切并不能妨碍他们在俄国生活上留下其鲜明的痕迹。"在西方派与斯拉夫派争论的过程中，西方文化对俄罗斯文化的冲击绵绵不断，直接影响到俄国文学的思想内容。二是19世纪40年代西欧著名作家作品被大量翻译成俄文，成为西方文化冲击俄罗斯文化的另一个冲击波。欧仁·苏、乔治·桑、狄更斯等作家的作品被大量译成俄文，刊载在《现代人》等文学杂志上，在俄国广泛流传。他们的文学风格、创作手法和思想内涵，均对俄国文学产生直接影响。西方文化对俄国文学的影响很深远，其直接后果是增强了俄国文学文化内涵中的西方文化成分。具体表现为：其一，十二月党人及普希金、莱蒙托夫等作家的作品，均显示出作为西方文化具体体现的"个人自由思想"和"叛逆精神"（如普希金的《叶甫盖尼·奥涅金》、莱蒙托夫的《当代英雄》等），而这种思想和精神与俄罗斯传统文化是格格不入的。其二，赫尔岑、车尔尼雪夫斯基等作家的作品，既显示出西方文化的自由恋爱、平等博爱、妇女解放等思想，又体现出他们对西方文化失望后，把俄罗斯文化与西方文化糅合在一起的良好愿望。如车尔尼雪夫斯基在《怎么办》中提出的"合理利己主义"，实质就是西方文化中的利己主义和俄罗斯文化的群体主义的糅合。限于篇幅，在此不一一列举。

(二) 对俄罗斯传统文化的阐述和褒扬

俄国作家陀思妥耶夫斯基在1861年曾满怀激情地写下这样这段话:"我们现在知道:我们不可能做欧洲人,我们无法勉强把自己挤进欧洲在那些与我们相异或相对立的民族因素中形成的生活方式——更准确地说,我们无法穿别人的不合我们尺寸的衣服。"① 这段话非常鲜明地告诉我们,俄国作家在认同、汲取西方文化的过程中,渐渐地感到"洋瓶"不适于装"土酒",西方文化并不完全适用于俄国。尤其是1848年欧洲革命失败后,一部分俄国作家对西方文化感到失望,开始转向在俄罗斯传统文化中寻找和挖掘"活力"。另一部分俄国作家虽对西方文化尚未完全失望,但现实已教育了他们,他们已不再机械地生搬硬套西方的东西,而是取我所需,为我所用,并努力在创作中把西方文化和俄罗斯文化融合在一起。这样,无论属于哪一部分的作家,艺术地阐述和褒扬俄罗斯文化,都成为他们的共同志趣。纵观俄国作家的创作,剖析他们的作品,我们看到,他们对俄罗斯传统文化的阐述和褒扬,集中体现在以下三个方面。

1. 倡导顺从美德

顺从,在俄罗斯传统文化中被看成是一种"美德"。俄国文学对顺从美德的倡导,早在普希金的作品中就已出现,伴随着俄国社会的发展进程,不断进入新的层次。主要是通过"小人物"和"妇女"这两类形象来体现。"小人物"形象是俄国文学中的系列形象,从普希金到契诃夫,许多作家都塑造过"小人物"。在众多的"小人物"形象中,大部分都是顺从命运的安排,逆来顺受,忍气吞声,结局也大多比较悲惨。虽然作家塑造这类形象的主旨并不单是倡导顺从美德,更多的则是通过"小人物"的不幸遭遇揭露黑暗的社会对人性的压抑和扭曲。但是,倡导顺从美德的审美指向却是客观存在的。如陀思妥耶夫斯基的成名作《穷人》,就是一个典型事例。主人公杰武什金生活极端困难,寅吃卯粮,朝不保夕。可他对自己的地位和处境毫无怨言,他所操心的是如何接济、帮助那个可怜的姑娘。显然,作者是把主人公顺从命运、热心助人的行为作为美德来倡导和歌颂的,我们阅读这部作品时也能深切地感受到这一点。

妇女形象是俄国文学中的一类突出形象。虽不成系列,但从不间断。仔

---

① [俄]陀思妥耶夫斯基:《陀思妥耶夫斯基通信集》(第1卷),莫斯科—列宁格勒,1928年,第142页。

细剖析这类形象,我们深感,由于作家的审美指向的不同,妇女形象既有对顺从美德的倡导和歌颂,也有对反抗精神的肯定和赞扬,前者是褒扬俄罗斯传统文化的具体体现,后者则是认同西方文化的客观存在。在众多的妇女形象中,我们试举普希金笔下的达吉亚娜(《叶甫盖尼·奥涅金》)、陀思妥耶夫斯基笔下的索尼亚(《罪与罚》)、托尔斯泰笔下的安娜(《安娜·卡列尼娜》)来进行具体分析,即可看出作家以不同方式对顺从美德的倡导和歌颂。达吉亚娜在主动示爱遭到奥涅金拒绝之后,听凭母亲的安排,顺从命运的摆布,嫁给年老的将军。这本是一个少女的悲剧,但作者并没有渲染悲剧气氛,却构思了这样一个场景:若干年后,奥涅金跪倒在已成为贵妇人的达吉亚娜的面前求爱,达吉亚娜不被所动,俨然以贵妇人的气派和语言,对奥涅金进行了一番说教,把奥涅金说得无地自容。这番说教实质是对达吉亚娜忍受命运、恪守妇道的美德的赞扬,凡是信奉这种美德的人,每看到这里都会对达吉亚娜肃然起敬。索尼亚是个沦落风尘的不幸女性,为了养家糊口,被迫出卖肉体。但她默默地忍受这一切,"凭着心灵来生活"。而且作者有意安排她来拯救拉斯柯尔尼科夫,把对她的美德的赞颂提高到了一个更高的境界。安娜是一个反抗封建道德的叛逆女性形象,但托尔斯泰塑造她除了反映俄国的社会变动外,并不赞赏她的反抗行为。小说的题头词"申冤在我,我必报应",以及安娜卧轨自杀的悲剧,都显示出作者对安娜不遵妇道的责罚。因此,安娜这个形象实质是托尔斯泰对顺从美德的"逆向歌颂",作者意在告诉人们,凡是顺从命运、恪守妇道,就是美德,就会得到幸福(如吉提),凡不服从命运,试图反抗,就必然受到报应。在这里,作者把顺从美德与人生幸福联系了起来,进入一个更深的层次。

2. 宣扬善良为上

如果说顺从体现了人对待命运、社会和他人的态度,那么,善良则是人的道德素质的重要内涵。因此,善在社会生活中无处不在。俄罗斯传统文化由于受基督教善恶观的影响较大,故"善"在其整个文化体系中处于重要地位。俄国文学对俄罗斯文化的褒扬,离不开对善的宣扬。概览众多俄国作家的作品,我们看到,宣扬善良为上几乎是普遍存在的,其表现形式大致有三种。一是宣扬以"善"修身养性。前面所举述的《穷人》的主人公杰武什金,在自身衣食不保的情况下无私地帮助孤女瓦尔瓦拉,在作者看来亦是富有自我牺牲精神的善举。杰武什金正是在这种善举中得到快乐,完善了自己,看到了自己生命的价值和意义。陀思妥耶夫斯基的另一部作品《白夜》的主人公,同样也是在为他人排难解忧、屡行善举的过程中感到"快乐和幸福",促进自身的完善。二是主张以"善"调节人际关系。在这方面,最典型的是托尔斯泰的"勿以暴力抗恶"论。其实,托尔斯泰不仅反对"以暴力抗恶",主张"以善化恶""以善制恶",而且反对"以暴施恶",这在他的小说《舞会之后》中表现得十分明显,字里行间流露出他对上校用刑鞭打士兵的愤恨。俄国文学总是主张以"善"调节人际关系的另一方面,是主张善待穷人和"小人物"。普希金怀着深切的同情描写了驿站长没有得到善待而死去的情景;果戈理在《外套》中不仅为穷人得不到善待鸣不平,而且提出不善待穷人必将遭到报复和反抗的警告。三是鼓吹以善改良社会。这是俄国作家根据俄罗斯文化的"扬善"特性,为缓解社会阶级矛盾而采取的一种艺术宣传,客观上也是对俄罗斯文化的阐述和褒扬。果戈理、陀思妥耶夫斯基、托尔斯泰等作家都清醒地看到俄国社会客观存在的尖锐、激烈的阶级矛盾,但他们都反对革命,反对暴力,主张用抽象的"善"来缓解矛盾、调节关系。果戈理描写穷人和"小人物"不能受到善待的社会现实,在另一方面也是希望社会多一点"善",少一点"恶",多一点"和解",少一点冲突。陀思妥耶夫斯基构思拉斯柯尔尼科夫杀人后精神受到"罚",最后在索尼亚的善心和爱心拯救下得到了解脱,更是力图公开打出"勿以暴力抗恶"的思想旗帜。他塑造的一系列乐善好施的形象,无非也是想寻找一条不用暴力、靠行善来改造社会的道路。事实表明,俄国作家为鼓吹以"善"改良社会费尽心机,这是俄国文学中不可忽视的一种文化现象。

3. 弘扬群体主义精神

在西方文化中,对自由的追求使人们在专制制度下反抗现实、积极奋斗,个人主义和叛逆精神成为追求自由的人们的思想标志。而在俄罗斯传统文化中,与西方文化相对立的群体主义精神则普遍存在。这主要源于俄国村社制度。村社中人们和睦相处,类似兄弟关系。斯拉夫派作家对此曾大加赞扬,把它称为"人类精神的巨大成功"。但俄国文学中对群体主义精神的弘扬,并不限于歌颂俄国村社中的"兄弟关系",同时还体现在一些形象的思想内涵上。例如,普希金笔下的阿乐哥(《茨冈》),厌倦上流社会的空虚生活,走进吉卜赛人的行列,寻求精神寄托,寻找新的生活,除了体现返璞归真、回归自然的思想内涵外,也在一定程度上歌颂了群体主义精神。阿乐哥看不惯上流社会的钩心斗角、互相倾轧,决心在吉卜赛人中过略带原始风味的群体生活,这体现出他对群体主义价值观的认同和追求。虽然他并不能真正"合群",但作者对这种精神的弘扬是显然可见的。再如,车尔尼雪夫斯基在《怎么办》中塑造的薇拉等四位"普通新人",除了体现作者吸取西方的空想社会主义思想之外,也从另一角度歌颂了群体主义的精神。薇拉所向往的没有剥削、没有压迫、同工同酬、平等相待的人际关系,实际也就类似村社的"兄弟关系",只不过这种更高境界的群体主义,在俄国还不是现实的存在,而只是理想的追求,但作为精神,已得到艺术的弘扬。

(三) 对宗教文化的颂扬和思考

俄罗斯传统文化深含凝重的宗教文化。作为宗教文化的物质体现,最常见的是圣像和教堂;而作为精神体现,其早已融入人们的思想情操和道德素质等各个方面。因此,俄国文学颂扬宗教文化,并思考它给人们生活带来的影响和作用,不仅非常普遍,而且纷呈异彩。作家们各有各的写法,竞相显露,各不示弱。其中成就最高、影响最大并且最有代表性的当推陀思妥耶夫斯基和托尔斯泰。

陀思妥耶夫斯基在 1864 年 4 月 16 日曾写道:"自从基督作为肉身的人的理想出现之后,一清二楚的是,个性最高最终的发展,正是要达到使人发现、认识,并且以自己的天性的全部力量相信,人从自己的个性里,从自己这个'我'的最完整的发展中可以引出的最高用处,仿佛在于消灭'我',把它全部无偿地贡献给大众,这是最伟大的幸福。这样,'我'的法则与人道主义的法则就结合在一起,在结合中,两方面,即'我'与'大众',看来是两个相对立而自我消灭,同时又各自达到自我发展的最高目标,这就是基督的天堂。人类的历史,包括每个人的历史,就是发展、斗争、追求和达到这个目标。"① 这段话表明,陀思妥耶夫斯基的宗教思想是和人道主义思想相关联的。在他看来,最完美的人是基督,一个奉行人道主义法则的人,就应该像基督那样,具有博爱思想,把自己奉献给大众。他的这一思想在他的创作中表现得也比较明显。我们仍以《罪与罚》中的索尼亚为例。索尼亚是陀思妥耶夫斯基为了拯救拉斯柯尔尼科夫的灵魂而塑造的一个体现基督精神的形象。索尼亚笃信上帝,在上帝的关怀下,她甘愿牺牲一切去换取对人类的爱。她出卖肉体是为了爱她的家人,她不厌其烦地开导拉斯柯尔尼科夫,是为了在道德上和精神上使拉斯柯尔尼科夫复活,归根结底也是由于爱他。所以,拉斯柯尔尼科夫最后对索尼亚说,"我不是向你膜拜,我是向人类一切痛苦膜拜","因为你有伟大的受苦精神"。这其实已把索尼亚当作基督的化身。难怪纪德说:"如果说西欧文学所注重的是人与人的相互关系,那么

---

① [俄] 陀思妥耶夫斯基:《陀思妥耶夫斯基通信集》(第 1 卷),莫斯科—列宁格勒,1928年,第142页。

陀思妥耶夫斯基所处理的是人与其自身或人与上帝的关系。"①

托尔斯泰的宗教思想是个矛盾的综合体。他真诚信仰基督，但他心中的基督只是道德先师，而不是神灵和救世主。他对宗教教义常存怀疑态度，不相信"在上帝的意愿中能得到宁静"，因而竭尽全力寻求"哲学的解脱"。可以说，他对宗教思想已不仅仅是信仰，而是进行深刻的思考，力图得到最后的确证。所有这一切，在他的文学作品中均有所反映。例如，他在《安娜·卡列尼娜》中所塑造的列文形象，以及《复活》中的聂赫留朵夫形象，最后都把宗教作为自己的人生归宿，在宗教教义中悟出了人生真谛。可他又同时在《复活》中对宗教的虚伪进行了猛烈的抨击，以至于教会要开除他的教籍。但我们同时还看到，托尔斯泰对宗教的博爱思想又是一贯宣扬的。他不仅在《安娜·卡列尼娜》《复活》中鼓吹用爱和宽恕来解决矛盾，在其他一些作品中也都直接或间接地宣扬博爱思想。这表明，托尔斯泰对宗教教义有自己的选择和思考。而他的晚年离家出走，正是他寻求哲学解脱不能如愿、选择和思考均感到茫然的表现。但不管怎么说，托尔斯泰对宗教文化的颂扬是客观存在的。他自己也直言不讳地写道："基督教的艺术，即现代的艺术，应该是普遍的，换言之，应该是世界性的……""艺术的使命是把……目前的暴力的统治代之以上帝的统治……"②

三、非凡的文学传统

俄国文学在发展进程中直接受到西欧文学的影响，艺术手法、思想内涵及文化底蕴均显示出外来文化与俄罗斯民族特色相融合的特点。在此基础上形成的俄国文学传统，也显示出同一特点，即既有"国粹"，也有"洋货"，从中既可看到西欧文学传统的痕迹，也可发现俄国文学传统的独特风格，而且后者是最主要的。从艺术特色和思想文化内涵的综合意义上来看，俄国文学传统集中体现在以下三个方面。

（一）把社会环境和人性深度作为形象塑造的参照系

这一传统由普希金和果戈理开创，经过"自然派"的发扬光大，为俄国

---

① ［俄］陀思妥耶夫斯基：《陀思妥耶夫斯基通信集》（第1卷），莫斯科—列宁格勒，1928年，第142页。

② ［俄］列夫·托尔斯泰：《艺术论》，丰陈宝译，人民出版社1958年版，第160、202页。

作家所普遍遵循。其突出表现是：①从人与环境的关系角度塑造人物形象。俄国文学中的"小人物""妇女""新人"这三类人物形象，都是一定的社会环境的产物，他们不仅显示出各个不同时期民众生存的社会环境，而且展现了人与环境的关系、人的社会地位，反映了社会发展进程中人的变化和人的变化过程，把艺术的时代特征和人的时代特征巧妙地融合在一起，见人如见社会，见人如见时代。②写出特定环境下人的思想深度和人性内涵，既"研究人的一般本性"，同时又"研究在每个时代历史地发生了变化的人的本性"（马克思语）。俄国文学中无论哪一类人物形象，均显示特定社会环境下人的思想特征和精神境界，反映出社会环境对人性变化的影响。如"小人物"的人性扭曲，"多余人"的游戏人生，平民知识分子的激昂奋发，妇女的自怨自艾与追求解放，无一不是特定社会环境下人的思想起伏和人性变化的反映。俄国社会如不出现"一切都翻了个个儿，一切都刚刚开始安排"的社会震荡，就不会有安娜这样的叛逆女性；平民知识分子若不继贵族先进分子之后登上历史舞台，也就不会有英沙罗夫、拉赫美朵夫这样的"新人"出现。

（二）通过强化悲剧意识来体现艺术真实

艺术真实是俄国作家普遍遵循的艺术法则，尤其在如何体现艺术真实方面，更有其特色鲜明的表现方式。这就是通过强化悲剧意识来体现艺术真实。作为俄国文学传统的一个方面，这是贯穿始终、普遍存在的。从19世纪二三十年代到19世纪90年代，从普希金到托尔斯泰、契诃夫，均可看到这一特色。但由于作家的社会政治观点和审美理想的不同，在具体表现形式方面具有不同的个性特征。普希金、莱蒙托夫较多地是通过性格的悲剧特征来表现形象塑造的艺术真实性；果戈理则是通过"含泪的笑"让人们看到形象的悲剧意义及反映社会的艺术真实；陀思妥耶夫斯基常常通过形象的悲剧命运艺术地表现社会环境对人性的压抑和扭曲，体现出更深层次的艺术真实；托尔斯泰则往往把形象的悲剧性格和悲剧命运综合展现，既表现悲剧性格形成的环境因素和人性因素，又揭示导致悲剧命运的性格因素和社会因素（如安娜·卡列尼娜），从而真实地反映了社会历史进程中人的心灵震荡。

（三）在表现群体反省的过程中体现艺术的时代特征

笔者在另一篇文章中曾谈到，俄国文学在某种意义上是"俄国贵族阶级先进分子和平民知识分子群体反省"的艺术反映。俄国作家既是"群体反省"的主体，也是"群体反省"的客体。说其是主体，是因为他们在创作中展现了贵族先进分子和平民知识分子反省的内容和过程；说其是客体，是因为他们在作品中反省的内容，有的就是他们自己的切身体会和感受。值得我们注意的是，俄国作家表现"群体反省"，不是向我们展示一条"反省形象"的画廊，而是在表现"群体反省"的过程中体现艺术的时代特征。例如，在俄国文学中，贵族阶级先进分子的"群体反省"主要由"多余人"系列形象来集中体现。无论是19世纪二三十年代"多余人"的愤世嫉俗、玩世不恭，还是40年代"多余人"的言行不一、无所作为，或者是五六十年代"多余人"的消沉衰退、一蹶不振，都是该时代基本特征的客观反映，显示出贵族阶级先进分子正在衰退、平民知识分子即将崛起的社会发展趋势。鉴于此，仅从"多余人"这一类型的时代特征作为文学传统的一个方面，我们就不能不为之赞赏，为之钦佩。这或许就是俄国文学的非凡传统能长期对苏联文学乃至中国及其他国别文学产生重大影响的原因之一吧！

（1991年）

俄国自然派小说的形象体系

　　自然派是19世纪40年代在果戈理的创作和别林斯基的理论影响下逐渐形成、发展和衰落的俄国文学流派。其成员既有后来享誉世界的屠格涅夫、冈察洛夫、陀思妥耶夫斯基等著名作家，也有在俄国文学史上留下重大影响的赫尔岑、格里戈罗维奇、巴纳耶夫等文坛俊杰。自然派的创作在一定程度上标志着俄国文学进入一个特殊阶段，在俄国文学史上占有重要地位。长期以来，苏联的专家、学者一直比较重视对自然派的研究。相比之下，我国对自然派的研究还比较少。主要表现在研究者大多注重自然派的代表作家和代表作品的单一研究，而对自然派进行宏观的总体研究则还很不够。迄今为止，尚无论述自然派的专著问世，论文也为数不多。因此，加强对自然派的宏观总体研究，较全面地揭示自然派创作的内部和外部规律，确定自然派在俄国小说史乃至整个俄国文学史上的地位，对于我们全面地认识俄国文学的发展历程，具有十分重要的意义。

　　自然派的创作有小说、诗歌，也有戏剧，而以小说为其主要创作体裁。小说作为概括社会历史内容最为丰富的文学样式，所描写的就是人在特定的社会历史条件下的盛衰沉浮、悲欢离合、喜怒哀乐等。因此，研究自然派的小说创作，应该从研究自然派小说中的人物形象入手。我们注意到，前人对自然派小说形象的研究，大都是同一类型的纵向研究（如对"小人物"形象、"多余人"形象的研究）；而把作为文学发展的特定历史阶段的自然派小说中的各类人物形象综合起来，作为一个体系，并放在俄国小说发展史的长河中进行系统研究和历史比较研究的则并不多见，因而未能全面地揭示这些形象产生的艺术规律，更未能说明这些形象融合而成的形象体系在俄国小说史乃至整个俄国文学史上的地位和意义。

　　本文采用综合研究和系统分析、历史比较分析相结合的方法，从社会历史背景、作家的社会政治观和文艺美学观、俄国文学的传统，以及西欧文学的影响等方面，对自然派小说的形象体系进行全面分析。

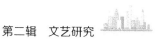

一、形象体系的结构与成因

自然派小说中的人物形象涉及各个社会阶层，归纳一下，主要有七类，即穷人和"小人物"形象、地主形象、农民形象、追求解放的妇女形象、"多余人"形象、平民知识分子形象、官僚资产者形象。可以看出，自然派小说的形象体系是个多层次的系统结构。形象体系本身作为一个大系统是第一层次，这个体系中的每一类形象是一个分系统是第二层次，而每一类形象所包含的众多具有不同个性特征的形象就是第三层次。这三个层次的融会交合，就构成了一个完整的艺术体系。

在短短的十年左右的时间内，自然派的小说创作为什么能形成这样一个具有丰富内涵的形象体系？其原因究竟何在？从总体来看，这是由自然派作家的审美理想和审美追求的一致性所决定的。自然派作家的社会政治观和文艺美学观虽然并不完全一致，但他们都团结在别林斯基周围，在果戈理的创作实践和别林斯基的文学理论的影响与指导下，真实、准确地把握那个历史时代，在审美理想和审美追求的指向上具有很大的一致性。作家对反动的农奴制的不满和憎恨，以及对下层人民的深切同情，使他们的作品都带有强烈的揭露和批判倾向，渗透着浓厚的人道主义精神，而对俄国的光明未来的坚信和希望，又使他们的作品都把揭露和批判与歌颂和赞美有机地统一起来，把反映现实和展现理想糅合在一起。因此，他们小说中的人物形象尽管类型各异，但其思想内容和艺术特色却有许多共同性，存在着有规律的内在统一性，组合成一个多侧面、多层次的形象体系。在内容上，这个形象体系具有一致的反农奴制倾向，使我们从中可以看到农奴制衰亡的必然趋势，预感到新时代的曙光。在艺术上，它亦有明显的一致性。作家遵循的都是现实主义的创作原则，坚持"真实性"和"典型化"的有机结合，把人与社会、人与环境的关系，作为形象塑造的艺术参照系。

具体地说，形象体系的形成主要有以下三个方面的原因。

（一）俄国文学传统的影响

"文学传统是个非常广泛、综合和深刻的概念。继承文学传统并不是某些微不足道的成分，而是主要的东西：艺术方法学，社会美学观，生活观念和人的性格的观念。离开这些,即使同前辈作家有联系,也不能说继承了传统。"① 俄国文学传统对自然派小说形象体系的形成所产生的影响,主要体现在艺术方法学和社会美学观方面,也就是说体现在现实主义方法和批判否定倾向的继承与发展上。

别林斯基认为,"自然派的根源"可追溯到18世纪的讽刺作家康捷米尔。赫尔岑也曾明确指出"新学派(即自然派——笔者注)的否定精神"是与"康捷米尔的讽刺""冯维津的喜剧""格里鲍耶陀夫的辛辣的笑""果戈理的无慈悲的讽刺"一脉相承的。但真正对自然派小说形象体系的形成产生较大影响的是普希金、莱蒙托夫和果戈理的创作。苏联评论家认为,"普希金、莱蒙托夫、果戈理的艺术原则在根本上具有明显的一致性,他们的这种一致性同后来的俄国文学,同40年代形成的现实主义流派(即自然派——笔者注)是密切相连的"②,自然派作家冈察洛夫也曾明确说过:"普希金、莱蒙托夫和果戈理的创造力的特征一直渗透到我们的骨血中,就像祖先的骨血遗传给后代一样。"③ 自然派的创作实践表明:普希金为自然派作家在小说创作中按照现实主义原则选择题材、塑造各类形象提供了经验,树立了楷模。自然派小说的人物形象无论在形象类别还是在塑造方法上,都可以看到其深受普希金的影响。莱蒙托夫重视剖析人物形象的内心世界,加强了作品的批判倾向,从思想性和艺术性这两个侧面为自然派小说中的各类形象奠定了基调。果戈理对自然派有着直接的影响,主要表现在观照和反映现实的视角与形象塑造的典型化原则方面。果戈理作为"社会诗人",把视角对准社会下层,反映日常生活,描写凡人小事,对社会进行无情的解剖,同时又在平庸中展现理想,激起人们对现实的不满和对未来的展望。与此相适应,他确立了讽刺和抒情相结合的典型化原则,把否定与肯定、喜剧与悲剧有机地结合起来。所有这一切,对自然派小说的题材选择和形象塑造产生了极大的影响。自然派受到果戈理的影响,深化了果戈理描写过的"小人物"、地主、官吏等社会典型形象。概括地说,普希金、莱蒙托夫、果戈理与自然派的这种"遗传关系",决定了自然派所塑造的各类形象在许多方面有着相似性。这种相似性的根本点在于从各个不同侧面真实地反映并抨击俄国社会

---

① [苏] 普鲁茨柯夫:《文艺作品的历史比较分析》,(列宁格勒)科学出版社1974年版,第18-19页。

② [苏] 普鲁茨柯夫:《文艺作品的历史比较分析》,(列宁格勒)科学出版社1974年版,第6页。

③ [苏] 普鲁茨柯夫:《文艺作品的历史比较分析》,(列宁格勒)科学出版社1974年版,第9-10页。

现实。相似性决定了各类形象在内容和形式上的统一性，从而在一定程度上促进了自然派小说形象体系的形成。

（二）进步的社会政治思想和文艺思想的影响

自然派创作的鼎盛时期是在19世纪40年代后半期。这一时期正是俄国农奴制改革的前夕，社会政治思想十分活跃。以别林斯基为代表的革命民主派坚决反对斯拉夫派和西欧派的复古与改良主张，号召同农奴制进行斗争，并最终废除农奴制。此外，西欧的空想社会主义思想在俄国也很风行，"到处都在学习和讨论乔治·桑、傅立叶和其他空想社会主义思想代表的著作"。所有这一切，都对自然派作家的创作产生很大的影响。他们"如饥似渴地寻求正确的革命理论"（列宁语），不仅"空想"和憧憬理想的社会制度，而且也在一定程度上认识到反对农奴制度的重要性。这促使他们在创作中偏重文学的社会历史作用，关心社会问题，选择最能反映社会现实的形象加以塑造，因而在一定程度上促进了自然派小说形象类型的形成，成为形象体系形成的重要因素之一。

自然派所受到的进步文艺思想的影响主要是别林斯基的理论。别林斯基通过综述俄国文学的发展，评论现实主义作家的创作，以及对"纯艺术论"的批判，提出了"现在一切伟大诗人……应该同时是思想家"的观点，主张文学要表现社会中人民的生活，尤其是下层人民的生活，从而为自然派的创作指明了方向，确定了创作原则和美学规范。在别林斯基的引导和影响下，自然派作家站在"俄国文学的最前沿"，寻找和表现反映新的时代特征的题材，塑造了一系列反映专制农奴制的腐败和黑暗的人物形象。这一系列形象虽然类型各异，但他们的思想内涵在本质上是一致的，即都在一定程度上对农奴制进行解剖和揭露。这种思想内涵上的一致性，在一定程度上促进了形象体系的形成。

（三）西欧文学的影响

从比较文学的角度来看，"任何一种伟大的民族文学都不能在排除与其他民族文学之间的积极而富于创造性的相互关系的情况下得到发展"①。俄国

---

① 北京师范大学中文系比较文学研究组选编：《比较文学研究资料》，北京师范大学出版社1986年版，第103页。

文学发展的历史证明，西欧文学是影响俄国文学发展的重要因素之一。自然派作为俄国文学发展特定历史时期的文学流派，他们的创作也不可避免地受到西欧文学的影响。

欧洲文学发展的历史证明，国与国之间文学的相互影响，起作用的常常是表达新的社会意识、创立艺术的新流派的艺术个性，即有世界影响的大作家，如拜伦对浪漫主义时代欧洲文学的影响，乔治·桑对欧洲文学的影响，等等。从自然派的创作实践来看，他们所受到的西欧文学的影响，主要是被恩格斯誉为"时代的旗帜"的"新流派"——欧仁·苏、乔治·桑、狄更斯的影响（其中包括在一定程度上被这些作家的创作所体现的西欧社会政治思想和思潮的影响）。正是这个"新流派"对自然派作家所产生的影响，在一定程度上促进了自然派小说形象体系的形成。

首先，从作家塑造人物形象所遵循的艺术原则来看，自然派按照忠实于生活的现实主义原则，通过小说的形象体系来反映"十足的生活真实"，在一定程度上受到欧仁·苏和狄更斯的影响。欧仁·苏在《巴黎的秘密》中通过一系列人物形象描绘了资本主义工业化后城市下层人民的悲惨生活，改变了过去的小说中总将国王和王子作为主人公的现象，被恩格斯誉为小说性质方面的"一个彻底的革命"。这个"彻底的革命"在狄更斯的小说中也有所表现。狄更斯在《雾都孤儿》等一系列作品中，塑造了流浪者、流氓无产者、仆役、店员、职员等形形色色的下层人物形象，无情地揭露了资本主义繁荣外表下所掩盖的社会现实。同时我们看到，这个"彻底的革命"在自然派作家的小说中也是明显的存在。自然派塑造了一系列穷人和"小人物"形象，并且把农民形象引进文学，这被别林斯基称为带有根本意义的"转变"。正是有了这个"转变"，自然派扩充了小说的形象类型，为形象体系的形成准备了条件。

其次，从形象的思想内涵来看，自然派小说形象体系的各类形象融会了民主主义、空想社会主义、人道主义等多种思想层次。在这种思想内涵里，我们明显地看到欧仁·苏、乔治·桑的空想社会主义思想和狄更斯的人道主义思想的渗透和再现。自然派小说的形象体系对资本主义社会的揭露和批判，对理想的人际关系的歌颂和向往，以及惩恶扬善、以善除恶的思想倾向，都生动地说明了这一点。

总之，"新流派"的影响是自然派小说形象体系的又一个成因。但我们必须看到，自然派接受西欧文学带来的影响，并不是机械地模仿和照搬。他们的创作植根于俄国社会生活的土壤，在吸收和借鉴西欧文学的先进经验的同时，形成自己的民族特色。在形象塑造方面，即使是表现同样的思想内涵，思想深度和艺术手法也均不相同。从这个意义上说，西欧文学的影响对自然派小说形象体系的形成只是起了"催化剂"的作用。

二、形象体系的社会内容

我们从上述已经看到，自然派小说形象体系的七类形象，每一类都不是同类形象的简单罗列，而是分别由各种不同的性格特征的形象组成的。通过对各类形象的具体阐述，我们就可以充分地认识形象体系类型结构的本质联系，认识形象体系的统一的社会内容。

从俄国小说发展的历史过程来看，"多余人"、穷人和"小人物"、妇女、地主这四类形象在自然派出现以前就已经在俄国小说中出现。自然派的创作深化了这四类形象，同时扩充了农民、平民知识分子和官僚资产者这三类形象，从而丰富和扩展了俄国小说的形象画廊，展示了更广泛、更深刻的社会内容。

"多余人"形象在自然派以前已由普希金、莱蒙托夫等作家分别描写过。如果说，19世纪20～30年代普希金、莱蒙托夫所描写的奥涅金、毕巧林这一类"多余人"还有一些朝气和锐气，那么19世纪40年代自然派笔下的"多余人"则已经逐步褪色，成为"过渡性"典型。他们反映了贵族先进分子在解放运动中的地位被平民知识分子所替代的过程。自然派笔下的具有过渡性特征的"多余人"形象具体表现为两种类型。一种是无可奈何的"多余人"。他们有的仍努力想干一番事业，但最终一无所成（如《谁之罪》中的别里托夫）；有的每天耽于空想，靠思想生活（如巴纳耶夫的《亲属》中的伊凡·格里高利）。"多余人"的另一种类型表现为病态地自怨自艾，沉湎于反省和反思中。其中最突出的是丘尔卡图林（屠格涅夫《多余人日记》）。丘尔卡图林在临终前对自己的一生进行回顾和反省，哀叹自己"在这个世界上是一个完全多余的人"。他的反省是病态的，不是从社会需要和人生价值的高度总结评价自己的一生，给人以启发和鼓舞，而是一个劲地哀叹自己的多余，使人感到沉闷和压抑。由此可进一步看出，曾经风云一时的"多余人"到了19世纪40年代已经明显地在退化，它不仅反映了时代特征，而且预示着50～60年代"多余人"的进一步退化，罗亭和奥勃洛摩夫这一类人物的出现将是历史的必然。

穷人和"小人物"形象是自然派小说中最普遍、最突出的形象。在自然派以前，描写穷人和"小人物"有两种主要倾向，一是把他们当作不幸的人来描写（如《驿站长》），二是把他们当作可悲可笑的人来描写（如《外套》

等)。这两种倾向虽然反映了"小人物"受剥削、受压迫的社会地位,但未能充分揭示"小人物"的丰富的内心世界。自然派丰富了"小人物"形象的性格特征,不仅描写了"小人物"的不幸和可悲,而且写出了"小人物"的高尚和卑下,揭示了他们复杂的内心世界,反映出他们对社会和自身的不同认识,从而使"小人物"形象有了新的深化。这尤以陀思妥耶夫斯基笔下的"小人物"形象最为突出。杰武什金(《穷人》)在衣食不保、债台高筑的情况下,无私地帮助孤女瓦尔瓦拉;孤独的幻想者(《白夜》)为了使自己心爱的人和她意中人终成眷属,把自己的感情珍藏在心底,热心地为她排难解忧,来回奔走。他们在贫穷和不幸中始终保持着善良本性与高尚情操,即"人身上的人"。陀思妥耶夫斯基笔下还有另一类"小人物",他们的心理状态十分复杂,既有内心的创伤,又有微弱的反抗本能;既胆怯焦虑,惶惶不安,又趋炎附势,丧失人格。现实的老戈利亚德金(《双重人格》)的虚荣、胆怯和自尊、反抗,与虚幻的小戈利亚德金的欺上凌下、巧于钻营,就是生动的例证。总之,自然派笔下的"小人物"是多姿多彩的,有的可亲可敬,有的可恨可鄙,有的使人怜悯,有的使人厌恶。自然派对他们的态度是既同情又批判,既哀其不幸,又恨其不争。这样,通过自然派的艺术深化,"小人物"形象有了较深刻的社会内容;"小人物"不仅在政治上受压迫、经济上受剥削,而且在人性上受压抑、人格上受欺辱。他们的高尚情操和美好心灵反映出社会对他们的不人道,他们内心世界的复杂活动和卑劣成分是黑暗的社会现实毒化和污染的直接结果,而他们对社会和自身的强烈的自我认识,以及他们渴望尊重、追求平等的具体行动,既反映出他们对社会的不满和抗争,也体现了他们思想的觉醒和升华。

  妇女形象在俄国文学中出现较早,但普希金以前的妇女形象都很少体现出追求解放的倾向,在普希金和莱蒙托夫的作品中,妇女解放题材也只是处于萌芽状态。塔吉亚娜(《叶甫盖尼·奥涅金》)和维拉(《当代英雄》)虽都有按自己的意愿追求纯真爱情的思想,但毕竟是软弱的,终究未能摆脱现实的束缚,而且她们所提出和反映的社会问题的深度也是有限的,只是一个婚姻自主问题。自然派在别林斯基的关于"为妇女的平等和精神解放而斗争"的思想影响下,将妇女解放题材提到一个新的高度,提出了妇女在社会和家庭中的地位、妇女的个性自由、妇女教育等一系列重大问题,从而深刻地揭示限制妇女自由、导致妇女不幸的社会原因,加强了对社会现实的批判力量。富有艺术天才的农奴女演员为了维护人格尊严被班主迫害致死的悲惨命运(《偷东西的喜鹊》),亚历山德罗芙娜在家中所处的听任丈夫摆布的精神奴隶的地位(《平凡的故事》),克鲁采费尔斯卡娅(《谁之罪》)追求真正爱情的勇气与悲剧，波林卡（《波林卡·萨克斯》）被丈夫欺骗抑郁而死的不幸遭遇，都生动地说明了这些。当然，自然派笔下追求解放的妇女形象并不止这些，但由此就可以看出，自然派作家是从揭露性的高度来写这一题材的，把妇女解放问题同对整个农奴制度的批判紧密联系起来了。

地主形象在自然派以前的作品中亦已有出现。果戈理在《两个伊凡吵架的故事》《死魂灵》等小说中，生动地刻画了多种类型的外省地主形象，反映出他们的庸俗、吝啬、奸诈等方面的特征，绘画出一幅外省地主的"群丑图"。但是，随着社会的发展，果戈理笔下的外省地主形象已不能完整地反映出农奴制社会特征。19世纪40年代，外省地主的特征已发生了某些变化，他们已开始敏感地感受到越来越深的农奴制危机，有的加紧对农民的剥削和压迫；有的向往都市生活，渴望到城里干一番事业，逐渐向资产阶级转化；有的成为斯拉夫主义者，希望俄国返旧复古……自然派敏感地察觉到这些变化，并及时地将其反映出来。屠格涅夫、格里戈罗维奇等作家，通过尼基塔·菲尧多累奇（《苦命人安东》）、慈费尔科夫（《叶尔莫莱和磨坊主妇》）等形象，表现了地主的阶级性特征；冈察洛夫、索洛古勃等作家则通过阿杜耶夫（《平凡的故事》）、伊凡·瓦西里耶维奇（《四轮马车》）等形象，反映了地主在社会变革过程中所发生的变化，揭示了地主的社会性特征。总之，自然派笔下的地主形象的思想内涵较之于果戈理笔下的要深刻、丰富得多，社会批判意义也更大。

农民形象进入小说是自然派的杰出贡献。自然派把专制制度下的农村体现在高度艺术化的农民形象中，这是自然派真正的伟大成就。他们在继承俄国现实主义文学传统的基础上，充分认识俄国文学所面临的新任务，开始深入到俄国社会的根部，即能较完整地体现农奴制的本质的农村，重新思考俄国社会生活的整个体系，把农民题材提到了决定性的地位。在自然派之前，纳列日内依等作家曾先后写过农民，普希金也在《上尉的女儿》中描写了农民起义领袖普加乔夫，但都不能代表农民形象真正进入文学，因为他们都未能反映农民的普遍性的本质特征。自然派塑造农民形象有两种基本倾向，一是通过描写农民的不幸遭遇，揭露地主对农民的残酷剥削和压迫；二是揭示农民的丰富的精神世界和卓越的才能，反衬地主的庸俗和愚蠢、农奴制对农民的非人道的压抑和扼杀。前者以格里戈罗维奇为代表，后者以屠格涅夫为代表。格里戈罗维奇在《乡村》和《苦命人安东》中集中塑造了阿库琳娜和安东这两个受尽欺凌、剥削和压迫的农民形象，引起人们对地主的愤恨和对农民的深切同情。屠格涅夫在《猎人笔记》中突出描写农民的思想和创造才能，揭示农民的丰富的精神世界（如霍尔的聪明、卡里内奇的多才多艺等),激起人们对农民由衷的赞美。总之,自然派把农民形象引进小说,使俄国文学与现实联系得更加密切。正如瞿秋白同志曾指出的,农民形象促使人们加深"对于农奴制度的内容"的了解,"可以说揭开了几十重黑幕……显然地证实农奴制的不可不废"。①

平民知识分子形象是19世纪40年代俄国社会生活的客观反映。自然派敏感地察觉到"多余人"逐渐退化、平民知识分子正在崛起并将在解放运动中逐步代替贵族的社会趋势,及时地塑造了生气勃勃的平民知识分子形象。以对社会现象敏感而著称的屠格涅夫,以思想见长的赫尔岑,以及具有明确的民主思想倾向的谢德林等自然派作家,分别从不同的角度塑造了一系列具有丰富的个性特征的平民知识分子形象。如正直有为、坦荡无私的科洛索夫(《安得烈·科洛索夫》),清醒冷峻、富有批判精神的克鲁波夫(《克鲁波夫医生》),积极呐喊、敢于斗争的米丘林(《错综复杂的事件》)等。这些平民知识分子具有积极的生活态度、深刻的思想认识,有的已经带有明显的革命民主主义的思想倾向,他们生动地表明,在俄国解放运动中由平民知识分子来代替曾经作为贵族阶级的先进人物的"多余人"已经是大势所趋了。

官僚资产者形象进入文学是自然派对俄国现实主义文学发展的又一贡献,具体说是冈察洛夫的一大贡献。在自然派以前,俄国文学中已出现过资产者的形象,如普希金的《黑桃皇后》中的赫尔曼,莱蒙托夫的《假面舞会》中的阿尔毕宁等。但这些形象只是反映了新生资产者的贪婪,还不能全面地反映在资本主义生产关系不断发展的条件下一部分贵族逐渐资产阶级化的社会现实。冈察洛夫准确地把握了19世纪40年代俄国资产阶级的典型特征,塑造了"担任某种职务"的官员彼得·阿杜耶夫这个官僚资产者形象。阿杜耶夫虽然在专制农奴制社会中仕途亨通,是专制农奴制度的直接受益者,然而他却实实在在地完全资产阶级化了。他把自己的地位和财富看作他"努力工作"、长期奋斗的结果;他对贵族的浪漫激情不屑一顾,认为人生的目的就是"升官发财";他现实得令人吃惊,对一切都要"盘算掂量"……总之,彼得·阿杜耶夫具有鲜明的时代特征和阶级特征。这个人物形象一方面表明,俄国身居要位的官员也看到了资本主义生产方式的进步,并开始向资产阶级转化,封建农奴制的根基已经动摇,它的寿命不会长了;另一方面,这个人物形象生动地说明,资产阶级的贪婪、利己、无情的本性,从它诞生的第一天起,就充分地显示出来了。

---

① 转引自戈宝权《屠格涅夫和中国文学》,见高文风编译《屠格涅夫论》,辽宁人民出版社1986年版,第15页。

上述可见，自然派小说的形象体系作为一个整体，宛如一幅色彩斑斓、构思复杂的俄国社会平面图，较全面地反映了俄国社会结构的各个部分，以及由这种社会结构所决定的各种社会人物关系。从中我们既可以看到尖锐的阶级矛盾和阶级对立，感受到阶级压迫、阶级剥削和阶级斗争的强烈气息，又可以测听到不断变化着的社会人物关系的幕幛下社会深层结构发生变动的潜流声。自然派作家深刻、历史地理解和把握19世纪40年代的俄国社会现实，在社会历史发展的广阔背景下展开艺术思维，把反动的专制农奴制下所存在的不同阶级、不同阶层，以及具有不同思想倾向的人物之间的矛盾和斗争转化为各种人物关系自身的冲突和演变，使人们看到的社会阶级关系不是抽象的政治概念，而是活生生的具体内容。

形象体系的结构既是横向的，也是纵向的。纵向结构的三个不同层次，即体系—类型—个性这三级递进的层次对社会生活的反映和揭示，一层比一层更深刻。形象体系中的各类、各个形象都是不可分割的一部分。如果说属于第一层次的形象体系使我们对俄国的社会结构和各种社会人物关系形成了一个表层的总体概念，那么，属于第二层次的各类形象则把我们的认识引向中层，形成明确、具体的"类"的概念，即清楚地看到各类人物的不同的社会政治地位和经济地位、不同的命运和遭遇，七类形象不仅反映和代表了七个不同的社会阶层，而且从各个不同角度分别反映了地理概念上的城市和乡村、社会结构的上层和下层、政治力量的上升与衰退，以及社会思想上的进步与保守，等等。总之，通过这七类形象，我们认识到俄国社会既是综合的，又是具体的，既明朗，又清晰。在此基础上，形象体系的第三层次，即一个个具体可感的人物形象，又把我们的认识引向深层，我们感受到的已不仅仅是整体和类的概念，而是活生生的社会内容。形象体系中的每一个人物都是一个世界。人物性格的多侧面，同类关系中人物形象的个性特征及不同的内涵侧重，使形象体系具有立体感，反映了五光十色的社会生活，组成了俄国社会的大千世界。通过一个个栩栩如生的人物形象，我们仿佛看到地主的丑恶嘴脸和农民的痛苦神情，听到平民知识分子的呼唤和"多余人"的哀叹，感受到穷人和"小人物"与命运的抗争，以及妇女的幽怨哀诉和执着追求……尤其是，作家通过对各种特定环境中人的情感特征、心理活动的描写，把社会的发展变化融进人的内心世界里，使我们更深刻地认识到俄国的专制农奴制度已经病入膏肓。地主的残忍、狠毒的本性，官僚资产者的贪得无厌的欲望，农民和穷人、"小人物"的反抗意识，平民知识分子的进步思想和社会行动，"多余人"的消极颓化，妇女追求解放的强烈意愿，正在从各个方面动摇着农奴制度的根基，农奴制的末日就要来临了。

三、形象体系的艺术创新及其对俄国小说发展的深远影响

自然派小说的形象体系作为一个艺术体系，有其自身的艺术特征。如果我们把这种艺术特征放在俄国小说发展的长河中进行历史比较，就可看到，它具体表现为在继承前人的传统基础上的艺术创新，以及对后来俄国小说发展的深远影响。

19世纪初期，俄国小说创作经历了古典主义、感伤主义、浪漫主义，开始向现实主义过渡。普希金的《叶甫盖尼·奥涅金》是过渡的重要标志。莱蒙托夫的心理描写和果戈理所描写的"十足的人生真实"，加强了现实主义的批判精神。但普希金、莱蒙托夫和果戈理作为俄国现实主义的奠基人和开拓者，还没有使现实主义最终形成。批判现实主义作为一种创作方法虽然已经确立，但还没有得到巩固，这突出地表现为艺术的典型化原则还不完善，还没有能够广泛、深刻地反映社会生活的本质。因此，别林斯基把普希金、莱蒙托夫、果戈理的创作称为"批判现实主义的第一阶段"。19世纪40年代初，果戈理在写完《死魂灵》第一卷之后，长期居住在国外，很少有作品问世。"纯艺术论"观点喧嚣一时，俄国小说面临着向什么方向发展的问题。这时，自然派起到了承上启下的作用，一方面，继承俄国文学的现实主义传统；另一方面，在别林斯基和果戈理的旗帜下，遵循共同的艺术原则，在艺术上努力创新，使现实主义的典型化原则逐渐完善，批判现实主义得到了巩固和发展。

形象体系所体现的自然派的艺术创新，包括共性特征和个性特征这两个层次。共性特征表现为自然派作家在学习和借鉴普希金、果戈理从人与环境的关系的角度塑造人物形象的传统手法的基础上，以新的观点看待人与社会的关系问题，把人与社会的关系作为塑造形象的艺术参照系，不仅研究社会环境对人物的影响，而且研究在特定社会条件下的人的命运，从而丰富了现实主义的艺术原则。自然派把人看作社会发展的现象，既通过人的命运来看社会，又通过社会环境和社会制度来解释人的不同命运和不同行为。如果说早在19世纪20～30年代格里鲍耶陀夫、普希金就通过恰茨基和奥涅金这两个"多余人"描写了个人与社会的冲突，反映出社会环境对先进人物的束缚与扼杀，那么，自然派小说形象体系所表现的就不仅是个人与社会的冲突，而是侧重描写在特定社会环境中的人的命运，即由社会制度所造成的人的不同的社会地位、不同的生活待遇，以及人在社会发展进程中所发生的不同变化。如前所述，"多余人"、"小人物"、地主、妇女这四类形象早在自然派

以前的文学作品中就已经出现。但在自然派的笔下，这四类形象都得到了深化，自然派不仅写出了"多余人"在社会发展进程中所受到的影响和所发生的变化，写出了"小人物"维护自尊和追求平等的社会地位的勇气，同时还写出了19世纪40年代地主向资产阶级的转化，以及妇女对平等的社会地位和精神自由解放的追求，将"旧"形象写出了新深度，使文学与社会生活结合得更加紧密。与此同时，自然派密切注视俄国社会的发展变化，从人与社会的关系入手，及时塑造出新的形象类型，提出和解答新的社会问题。他们把最能反映俄国农奴制度的农民形象引进文学，从农奴制的根基上来揭示和反映俄国社会；他们面对平民知识分子正在崛起的社会现实，把时代的主角进行易位，在表现"多余人"的衰退的同时，塑造出新的正面人物——平民知识分子形象，使文学同俄国解放运动紧密结合起来，既扩大了艺术描写的范围，又增强了文学的时代精神。总之，形象体系中"旧"形象的深化和新形象的描绘，正是自然派艺术创新的共性特征的具体表现。

形象体系艺术创新的个性特征表现为具有不同艺术风格的作家从审美上掌握生活的手段不同，从前人没有描写过的不同侧面和不同深度塑造人物形象，完善了典型化原则，在"写什么"和"怎么写"上都有所创新。自然派同其他文学流派一样，每个作家都具有独特的艺术风格。艺术风格不同的作家各自发出"自己的声音"（屠格涅夫语）。自然派作家在形象塑造时各自的侧重面、方法及兴趣均不相同。我们通过对这些不同点的具体分析，就可看出自然派艺术创新的个性特征。为了叙述简便，我们选择自然派中有代表性的赫尔岑、陀思妥耶夫斯基、屠格涅夫、冈察洛夫这四位一流作家的创作来进行分析（其他作家的创作与他们均有某种程度的相似，在此不做详述）。

赫尔岑是一位以思想见长的作家。他的集思想家与艺术家于一身的双重气质，使他在选择题材和塑造形象时，兴趣中心始终在能否体现他力图表达的思想上。他塑造形象的侧重面在于写出人的思想深度。他笔下的形象，无论是"多余人"，还是平民知识分子和妇女，都充满哲理，有着深刻的思想内涵。例如，他通过别里托夫、克鲁采费尔斯基和克鲁采费尔斯卡娅这三人的爱情与友谊交织在一起的复杂关系，以及这种关系的悲剧性的结果，不但提出了"谁之罪"这样重大的社会政治问题，而且提出了爱情与友谊的关系、理解与爱情，以及妇女的个性解放和精神自由这样一些具体而又现实的问题。作者描写三个人的侧重点虽不相同，但三人都有相当的思想深度。此外，赫尔岑笔下的其他一些形象也都有较深的内涵。可以毫不夸张地说，赫尔岑塑造的艺术形象在思想深度上远远超出他的前人和同时代人作品中的人物形象,从而从一个方面丰富了形象体系的思想内涵。

陀思妥耶夫斯基是被高尔基誉为在艺术描写方面只有莎士比亚才能与之媲美的作家,在自然派中独具一格。他注重描写的是人的内心世界,是"人心深处的全部奥秘"。他塑造形象的侧重点在于写出人的人性深度和自我意识。在他看来,人的复杂的内心世界不仅受到现实的制约,并且反映和汇集着各种矛盾。只有揭示人物内心世界的丰富性和复杂性,创造出有血有肉的人物形象,才能深刻地反映现实。他手下的杰武什金、戈里亚德金是自然派小说形象体系中"小人物"形象的代表,他们所表现的不是"他是谁""生活在怎样的环境里",而是"他怎样去认识自己,怎样去认识现实"。杰武什金在帮助瓦尔瓦拉前后两个不同阶段的不同的自我意识,充分展示了他作为"小人物"的善良人性和美好心灵。戈利亚德金的性格的双重性,不仅显示了"小人物"暴露在外的自尊、胆怯、不甘受辱的一面,还显示了"小人物"潜在的、在一定条件下会暴露和表现出来的阿谀奉承、拍马钻营的一面。总之,陀氏笔下的"小人物"与他们的"前辈们"相比,以全新的面目出现,在很大程度上增强了形象体系的创新因素。

屠格涅夫善于描写人的社会心理。他对社会历史的发展十分敏感,能准确地把握时代的脉搏,及时地抓住重大社会问题,并在作品中艺术地加以表现。他塑造形象的侧重点在于写出人的时代特征和丰富的精神世界。因此,他笔下的人物形象既具备时代感又富有诗意。他笔下的安德烈·科洛索夫是俄国文学中第一个平民知识分子形象,既反映出平民知识分子即将崛起的社会特征,又体现出平民知识分子的早期性格特征。同时,屠格涅夫"从在此之前任何人不曾走过的方面走向了人民大众"[①],以抒情的笔调写出农民的丰富的内心世界和富有诗意的性格特征。他笔下的霍尔和卡里内奇等农民形象聪明能干、充满朝气,使人们坚信农民终将为自己的自由和解放而起来斗争。总之,屠格涅夫在形象塑造上的艺术特征,大大加强了形象体系反映和体现时代精神的及时性与准确性,成为形象体系艺术创新的重要因素。

冈察洛夫在自然派中占有特殊地位,被别林斯基誉为"为自然派的创作做出杰出贡献"的作家。他塑造形象的重点在于写出社会发展进程中人的变化过程,既"研究人的一般本性",同时又"研究在每个时代历史地发生了变化的人的本性"[②](马克思语)。他的创作题材并不典型,关注的不是地主

---

① 高文风编译:《屠格涅夫论》,辽宁人民出版社1986年版,第7-8页。
② 中共中央马克思恩格斯列宁斯大林著作编译局译:《马克思恩格斯全集》(第23卷),人民出版社1972年版,第669页。

农民的阶级对立，也不是城市下层人民的生活图景，而是在俄国社会的发展进程中所谓"有教养"的阶层的思想发展和精神道德的变化。因此，他笔下的形象在自然派小说形象体系中有着明显的"内容特性"。无论是亚历山大·阿杜耶夫从浪漫到求实的转变，还是彼得·阿杜耶夫从官员到官僚资产者的转变，都反映出作者对贵族地主和资产阶级所表现的新的社会特征的评价，反映出农奴制演变和解体的趋势。这对于自然派小说的形象体系，乃至于整个自然派的创作，都是一个特殊贡献。

以上我们着重从"写什么"这个角度论述自然派小说的形象体系所体现的自然派艺术创新的个性特征。下面我们再看看在"怎样写"上他们有哪些不同，又是怎样体现创新的。

我们注意到，赫尔岑和冈察洛夫虽然风格不同，但在形象塑造的方法上，尤其在表现形象的思想内涵时，有一个很明显的相似之处，那就是通过人物形象之间的对话冲突来表现思想。在《谁之罪》中，赫尔岑通过克鲁波夫和别里托夫的一系列的对话冲突，展现出他们两人对"应如何在社会现实中表现自己"的不同理解。而在《平凡的故事》中，冈察洛夫在表现彼得·阿杜耶夫和亚历山大·阿杜耶夫这叔侄两人的不同观点时，也是通过叔侄两人的多次对话来表现。通过对话冲突，展现出叔侄两人对爱情的不同理解，体现出两人不同的思想、性格特征。这种用对话冲突表现思想的手法，在形象塑造方面具有十分明显的创新意义。

陀思妥耶夫斯基是被苏联评论家誉为"心理诗人"的艺术大师。他在形象塑造上的艺术创新具体表现为深刻的心理分析。陀氏笔下的每一个"小人物"形象都给读者揭示了一个丰富复杂的世界。陀氏借助于"幻想"这一具体手法，在想象的天地里任意驰骋，既细致入微地表现人的正常心理，也荒诞不经地描写人的变态心理，从而把"人心深处的全部奥秘"都展示了出来，使人们看到人的内心世界的每一块天地，每一个角落。如果说莱蒙托夫的心理描写主要是从道德角度出发，单向地展示人的"心灵史"，那么，陀思妥耶夫斯基的心理描写则是从人性角度出发，不但单向地表现人的一般心理活动，而且双向地剖析人的性格的"二重组合"。前后相比，陀氏在艺术上的创新是显而易见的。

综述自然派小说的形象体系所体现的自然派艺术创新的共性与个性特征，我们清楚地看到，这种创新一方面丰富和完善了现实主义的典型化原则，使批判现实主义在19世纪40年代逐步确定和巩固，另一方面对50～60年代乃至整个19世纪下半叶的俄国小说的发展也产生了深远影响。

这种影响主要表现为宏观和微观这两个不同层次。宏观影响集中体现在两个方面：一是对大作家本身的中后期创作的影响。屠格涅夫、陀思妥耶夫斯基、冈察洛夫这些早期属于自然派的大作家，在19世纪50～60年代以至以后的创作中，一直把人与社会的关系作为形象塑造的艺术参照系。正因为这样，在屠格涅夫笔下，"从安德烈到巴扎罗夫仿佛有一条线连着"，冈察洛夫才会说出"《平凡的故事》《奥勃洛摩夫》《悬崖》不是三部作品，而是一部，全部由共同的主线和思想所联系"的话，陀思妥耶夫斯基也才能把发掘人性的深度坚持始终。如此种种，不一一列举。二是对19世纪50～60年代及以后的小说创作的题材和形象选择的影响。如果说屠格涅夫在50～60年代描写新的正面人物，塑造新人形象，是保留了自然派塑造平民知识分子的遗风，并在此基础上加以发展的结果，那么，车尔尼雪夫斯基塑造出具有新的思想高度的"普通新人"和"特殊新人"，除了他的革命民主主义思想的指导因素外，不能排斥自然派艺术创新的历史影响。此外，"多余人""小人物"和农民题材在自然派以后的小说创作中经久不衰，与自然派形象体系的历史影响亦密切相关。从微观角度看，自然派塑造形象时所运用的对话冲突、对比手法、抒情笔调和幻想手法等具体的艺术手段，对后来俄国小说创作的影响也相当大。不仅早先的自然派作家在后来长期沿用，而且后来的一些著名作家也借鉴运用。如车尔尼雪夫斯基在小说《怎么办》中，塑造了"普通新人"和"特殊新人"，就是通过对比手法表现他们在思想层次上的差别，同时以抒情的笔调歌颂"特殊新人"拉赫梅朵夫的精神。总之，自然派虽然只有短短的十来年历史，但自然派小说的形象体系及其艺术创新，对俄国小说的发展有着不可低估的影响和作用。

（1987年）

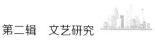

关于文学鉴赏理论建构的思考

长期以来，文学鉴赏是作为文艺学的一个分支而存在的。据笔者了解，迄今为止，除上海教育出版社1991年出版过一本张炳隅的《文学鉴赏学》和中国文史出版社1996年出版过一本林文和主编的《文学鉴赏》之外，从理论上系统论述文学鉴赏的专著很少，我国文学鉴赏学的理论体系还很不健全。然而，无论从传统的文艺学角度，还是从接受美学的角度来看，文学鉴赏的内涵已足以构成一门独立的学科，形成既与文艺学理论、美学理论密切关联，同时又相对独立的理论体系。今试说之。

一、文学鉴赏学的理论体系

文学鉴赏学是在文艺学和接受美学的理论基础上，运用综合的方法对文学鉴赏的本质、作用、特点、规律、类型、方法等进行整体的思考和探究，其着眼点是文学鉴赏的审美活动。研究对象决定文学鉴赏学理论体系的基本框架，大致可分为四个部分。

（一）本质论

本质论主要解决"什么是文学鉴赏"的问题，具体可从以下两个层面分述。

1. 文学鉴赏的科学定义

定义是内涵与特征的浓缩和概括，是本质的理性显现。文学鉴赏的科学定义，首先要分清欣赏与鉴赏的区别（客观存在着欣赏与鉴赏的概念混用或通用的现象），表明鉴赏在内涵上要大于欣赏的客观事实；其次，要界定文学鉴赏、文学欣赏与文学批评之间的内在联系，指明文学鉴赏是文学欣赏和文学批评的总和。

2. 文学鉴赏本质的构成

文学鉴赏是对文学艺术的审美活动，一要感受，二要评判，两者都加入了情感因素。因此，文学鉴赏的本质构成主要有三方面。

一是审美本质。阅读欣赏文学作品的过程，也就是审美的过程。在这过程中，鉴赏者会被文学作品的内涵意蕴所打动，产生美感愉悦，使自己的思想和精神境界得到提升和升华，获得审美的享受。与此同时，鉴赏者会不自觉地对作品提供的艺术世界进行审美再创造，以致会产生混同的感觉，仿佛"他所欣赏的那种艺术作品并不是其他什么人所创造的，而是他自己创造的"①。

二是评判性质。文学鉴赏者在获得审美享受时，必然会进行融感受和理解为一体的评判。这在很大程度上是一种具有个性特色的主观评判，是以鉴赏者的文学修养和人生体验为基础的。评判的主要对象是作品中的人物形象、作品的内涵意蕴、作品的艺术形式，乃至作家的审美倾向等。评判既是鉴赏对作品的认识和理解的综合体现，也是对作品的内涵揭示和整体把握。

三是情感特质。鉴赏是审美活动，审美必然有情感体验。文学鉴赏过程中情感体验尤其强烈，甚至会有如痴如醉的"痴迷"状态。因此，情感特质是文学鉴赏本质构成的一个独具特色的部分，集中表现为文学作品的情感力量和鉴赏者的情感力量使作品提供的艺术世界生动、真实、多姿多彩。鉴赏者为情所动，为情所化，情不自禁地把自己摆进去，充当其中的某个情感角色。

（二）规律论

特点和规律，既可分又不可分；特点正是规律的具体的显现。文学鉴赏的审美活动具有一定的内在规律，集中表现为文学鉴赏的共性与个性特征。具体可以从四个方面分述。

1. 文学鉴赏的普遍性

文学是"人学"，要写芸芸众生，人间百态，反映人的七情六欲。文学艺术的本质特征决定了文学鉴赏的普遍性。

2. 文学鉴赏的差异性与共同性

文学鉴赏是个性化的审美活动，而且鉴赏本身是一个个体活动过程，这

---

① ［俄］列夫·托尔斯泰：《什么是艺术》，见伍蠡甫等编《西方文论选》（下卷），上海译文出版社1988年版，第447页。

就决定了它必然具备个体差异性特征。因此，不同时代，读者对一部作品有不同的理解；不同时期，同一个人对同一部作品有不同的理解；同一部作品，不同的人有不同的感受和理解。同时，文学鉴赏的客观规律又决定了文学鉴赏具有共同性特征，即鉴赏的过程基本相同，鉴赏的心理活动基本相同。这些异同，是研究文学鉴赏的重要环节。

3. 文学鉴赏的主观性

由于鉴赏者的人生阅历、文学修养等不同，鉴赏难免带有受这些因素影响的主观特征。这种主观性的形成，一般取决于两个因素，一是文化因素，二是心理因素。它们常常有多种表现形式，其中一个突出的表现就是，在鉴赏文学作品时有好恶和偏爱。偏爱的消极作用十分明显，常常导致文学鉴赏中审美判断的片面性，造成对不同风格的文学作品的排斥，实为文学鉴赏之大忌。

4. 文学鉴赏的创造性

文学鉴赏不是消极被动的过程，鉴赏者在阅读、赏析、评鉴作品的同时，必然会发挥自己的想象力，按自己的喜好和理解，对作品提供的艺术世界进行艺术的再创造。这种再创造的对象往往是作品中具有"不确定性"特征的人物事件，或是人物形象的外观风貌、心理活动、内涵意蕴，或是具体事物的起因、变化及后果，既有程度的扩展，也有性质的改变。但这种再创造必须建立在理解原作的基础上，需要主观与客观的和谐统一。如果随心所欲地背离原作的审美价值取向，则是不可取的。

（三）方法论

方法论主要解决和回答"如何掌握和运用文学鉴赏的科学方法，提高鉴赏水平"的问题。

1. 原则方法

这主要包含两层意思。一是要有审美静观的鉴赏态度。即鉴赏者要有良好的心境，强化审美意识，排除一切"非审美"的因素，真正进入鉴赏的审美状态。在鉴赏过程中及时调整自己的心理距离、思想情绪，保持心态平和，真正达到神思同游、入情入境的鉴赏境界。二是要懂得鉴赏的层次结构。文学鉴赏是一个由浅入深的渐进或突进过程。鉴赏者必须善于把握各个层面的不同美感和整体的美感意蕴，从形式把握与形象感受，逐渐深入到内容理解与情感体验，然后再深入到意蕴探究，达到情感体验与理性意识相融合，既"入乎其内"又"出乎其外"的审美境界。

2. 具体方法

鉴赏者必须掌握科学的方法，方能领略和感受作品的内涵意蕴。鉴赏的具体方法可归纳为以下三点。

（1）整体直观。即鉴赏者对作为审美对象的文学作品，要把握和感受它的整体美，要胸有全局，通观全篇，感受作品的整体形象，从而获得完整的审美经验。鉴赏者要依据自己的审美价值取向，选定一个宏观把握作品的出发点，进而全面思考这部作品特别动人、特别感人的突出之处是什么，作家是如何表现这突出之处的，这在当代社会中具有何种审美价值和意义等一系列问题，并寻找这些问题的答案。

（2）分层深入。即在文学鉴赏的过程中，鉴赏者既要较好地把握从低级到高级的发展和逐步深入的心理运动过程，又要善于对文学作品的蕴涵和魅力进行由表及里、由浅入深的层层探索。首先，要确定鉴赏的方法、原则，即审美的取向，为后续的分析和评价定下基调和方向；其次，逐渐接近鉴赏的具体对象（如人物、作品技巧等），并从各个不同方面来考察对象，揭示对象外部联系的意义；最后，要通过综合概括把对鉴赏对象的认识，回到鉴赏出发点上来，引申出关于对象意义的更深邃的见解，结合作品的意义做出完整的解释。

（3）各有侧重。即要善于认识和区分不同体裁作品的不同特征，在鉴赏过程中因"体"制宜，各有侧重。小说鉴赏要充分认识情节、结构、人物形象、艺术环境、风格这五个审美要素，重情节，重结构，重形象，重技巧，从总体上把握作品的内涵意蕴和艺术特色。诗歌鉴赏要充分领略诗歌的滋味和神韵，重意象，重意境，感诗情，入诗境，达到超然入化的美感境界。戏剧鉴赏要充分认识戏剧文学的综合性、程式化、虚拟性等审美特征，重形象刻画，重情节安排，重语言表述，充分感受戏剧形象的真实之美、形态之美和戏剧语言的魅力，从而获得读剧本如观戏的美感享受。散文鉴赏要全面认识散文"形散而神不散"的表现形式，察"形散"之奥妙，悟"神聚"之功力，充分感受散文的形美、理美、思美。

（四）主体论

文学鉴赏的主体是读者。读者的文化修养、人生阅历、审美趣味和审美经验，直接关系到文学鉴赏的美感享受、蕴涵理解和理性判断。分析、研究鉴赏主体是文学鉴赏中一个不可或缺的重要部分，可从三个方面展开。

1. 主体的审美趣味

鉴赏主体须有两种禀赋，一是对美的敏锐感知，一是对美的情感体验，而这两种禀赋的总和,就是通常所说的"趣味"。鉴赏者的审美趣味,除了一些先天因素外,主要在于后天的培养。而这种"培养"应是一个有着强烈的自觉意识的发展过程。要求鉴赏者首先要认识培养审美趣味的重要意义,由趣味促进修养的提高;其次要明确审美趣味的内涵和表现,培养影响审美选择和审美感受的良好心理素质,形成正确的审美判断意识,逐步加深审美的情感体验,增强审美感知的敏悟性。

2. 主体的鉴赏能力

主体的鉴赏能力是鉴赏者对文学作品的感知、理解和判断能力,是知性、悟性与理性的综合和统一。这一能力的高低,直接关系和影响鉴赏能力的高低和审美层次的不同。作为审美主体的鉴赏者,首先必须明确鉴赏能力的表现形式,增加对敏锐感知、深入理解和正确判断的理性认识,找差距、定目标,激发提高鉴赏能力的自觉性;其次必须明确培养和提高鉴赏能力的具体途径,注意从善于读书、增加阅历、加深体验等方面下一番功夫,努力做到读书入门道,感悟入真理,理解有深度,体验高境界。逐步达到敏锐的审美知觉、深刻的审美感受和正确的审美判断的完美统一。

3. 主体的文化修养

文化修养在某种意义上既是审美趣味和鉴赏能力的体现,又是它们的源头,表现为多元的知识结构、正确的文化价值取向和高雅的文化品位。鉴赏主体的文化修养的提高是一个逐步积累、不断变化的过程。鉴赏者要努力掌握基本的文艺学知识、美学和心理学知识,以及哲学及史学等门类的知识,并将其融会贯通,灵活运用,形成较丰厚的知识修养。其次,鉴赏者要敢于选择和坚持正确的审美标准,保持独立的见解。

二、文学鉴赏与相关学科的关系

文学鉴赏作为一门新兴学科,从文艺学和接受美学的"母体"中分离出来,它与相关学科的关系就是与"子与母"的关系,集中表现在与文学理论和文学批评这两个层面上。

传统的文艺学理论体系包含着文学鉴赏理论。如今让文学鉴赏理论分离出来,这种分离是不彻底的,因此,文学鉴赏理论与文艺学理论体系是我中有你、你中有我的关系,文学鉴赏理论的独立有相对性。从文学鉴赏理论的建立和建构来看,关键是两点:一是不能求纯,不能绝对划分与"母体"的界限,要容许某些理论观点在两个体系中的客观存在;二是努力求新,既要努力避免使用原有的话语,又要在建构新体系的同时,寻找原有理论观念的新的表现形式,要使人感觉到,文学鉴赏的理论架构并不是老材料的重新拼凑,而是全新的材料、全新的结构、全新的形象。

由于文学鉴赏是文学欣赏与文学批评的总和,因此,文学鉴赏理论与文学批评理论有着密切关系。首先,文学批评寓于文学鉴赏之中。文学鉴赏有赏也有鉴,既有感性的赏析,也有理性的评判。对此,钱歌川先生曾有"以鉴赏为主的批评方法"一说。鉴赏是一种再创造活动,包含着对原作品的修正,修正则必须在批评的基础上进行,即必须通过评价、判断和舍取。从这个意义上讲,鉴赏和批评相互交融,很难决然区分。其次,"鉴赏是批评的第一阶段"——这是夏征农先生提出的概念。批评虽寓于鉴赏之中,但在鉴赏过程中有程度差别,着重体现在鉴赏的后一阶段。这两个阶段并不是截然可分的:鉴赏为批评做好准备,鉴赏过程中的感受和体验可以纠正批评过程中的主观偏见,成为批评活动的可靠依托。由此可见,文学鉴赏包含文学批评,文学批评也包含文学鉴赏的成分。这是就文学鉴赏与文学批评的实践而言的。从学科角度来看,文学鉴赏学只能包含某些文学批评理论观念,但不能包含文学批评的理论体系,反之,文学批评理论体系中,客观存在着文学鉴赏的某些理论观念,但某些理论观念的重合不能表明两者等同,两者之间仍有很大差别。

由于文学接受和文学鉴赏的某些规律客观存在着相似性,这使文学鉴赏学与接受美学的关系十分密切,但两者不能等同。文学接受的内涵大于文学鉴赏,前者可以包容后者,但后者不能包容前者。此外,接受美学作为美学的一个门类,虽然在探讨作品与读者的审美关系方面,与文学鉴赏有很大的相似性,但前者运用的主要是美学话语,后者运用的则主要是文艺学话语,在话语结构上两者有很大的区别。此外,在理论架构方面,接受美学突出的是文本、读者的接受心理和艺术视野,侧重的是文本与读者的关系,而文学鉴赏则是作品与读者并重,既谈两者的关系,更谈作品的美感特征和鉴赏者的鉴赏能力与整体修养。如果说接受美学是通过文本与读者的关系来阐明文学接受理论的,那么,文学鉴赏则是通过对作品和鉴赏者的分别、透彻的论述来表现出两者的关系,阐明文学鉴赏理论的本质与内涵。认清文学鉴赏与接受美学这种既相似又相异,既相互渗透又各自独立的关系,可以在一定程度上澄清一些内涵不明、归属不定的理论观念,使文学鉴赏学在建立、建设和发展进程中,真正独立起来,以全新的面貌跻身于与其相关的学科体系之林。

(1998 年)

文学鉴赏类型分析

文学鉴赏是读者或批评家作为审美主体的审美活动,由于审美主体客观存在着修养和目的的差异,因此文学鉴赏就具有不同的类型,主要有四种。

一、以欣赏为主的鉴赏

歌德曾划分出艺术欣赏(在这里"欣赏"同"鉴赏"——笔者注)中的三种态度:一是不假思索地享受美;二是只做判断不享受;三是在享受的同时做判断,在判断的同时进行享受。按照歌德的意见,正是那些持最后一种欣赏态度的人才能再现作品的精髓。① 以欣赏为主的鉴赏正是第一种鉴赏态度的表现。欣赏是美感的享受,判断是理性的批评。以欣赏为主即是以美的享受为主。就其内涵而言,欣赏并不完全排斥判断,或者说在美感享受的同时,会有意无意地夹带一定程度的判断。

那么,"以欣赏为主的鉴赏"在理论和实践上究竟怎样界定呢?

首先,这是一种自发的鉴赏。其主要特征是情之所动,不带功利。具体来讲,鉴赏者是出于自身的情感需要,没有任何功利感,也不存在"谁让他这样""为什么要这样"的问题。当鉴赏者面对具体的文学作品时,在心理动因和情感需要的驱使下,很自然地进入鉴赏过程。或捧起一部小说津津有味地读起来,或挑选一首诗声情并茂地吟诵,从中获得美感和愉悦,根本无须考虑作家、诗人为什么这样写,作品会产生何种社会影响等问题。鉴赏者是用感情去感受、接受作品,而不是用理性判断、接受作品。

其次,这是一种寻美的鉴赏。其主要特征是寻求美感,享受愉悦。鉴赏者既享受美的快感,也创造美的世界。促使鉴赏者进入鉴赏过程的是其自身的审美需要。或希望借助美感调适身心、丰富生活;或希望通过"寻美"提升自己,充实人生;一句话,是希望在文学鉴赏的审美活动中获得充分的美

---

① 参见[苏]鲍列夫著《美学》,乔修业、常谢枫译,中国文联出版公司1986年版,第322页。

感享受，舍此，别无他求。因此，鉴赏者以寻求和享受美感为唯一需要，不考虑政治的、道德的和其他实际、功利的因素。不但在出发点和动机上排除了那些"非审美"因素，而且在鉴赏过程中也不受这些"非审美"因素的干扰。有的鉴赏者甚至十分执着于此。当别人把文学作品的某些词语和形象东拉西扯地牵强附会时，他们会表现出不满和愤慨。"文革"中"四人帮"搞"阴谋文艺"，古诗今文随意曲解，受到正直的文学艺术家和文学爱好者的抵制和反对，就是一个十分有力的例证。

至此，还必须阐明，"以欣赏为主的鉴赏"，这"为主"两字在鉴赏实践和审美活动中又是怎样体现的呢？

丰子恺先生曾谈到鉴赏的顺序："第一诉于感觉，第二发生感情，第三感情移入，第四美的判断，第五美的批评。"① 这里所讲的五步顺序，"以欣赏为主的鉴赏"主要在"前三步"停留的时间较长，第四、第五步往往是一晃而过，有的甚至连"起步"的意识也没有。换句话说，以欣赏为主的鉴赏者，他们面对具体的文学作品会先感知，后动情，继而融入自己的情感和体验，进入作品展示的艺术境界，感受到快乐和愉悦。值得指出的是，由于他们是"欣赏为主"，并无其他的目的，因此，他们就会"乐在其中"，而不去考虑（或很少考虑）如何跳出情感体验，对作品做理性的判断和批评。他们缺乏评判作品的理性意识，甚至也没有产生这种意识的愿望。如果说他们对作品也有一定程度的评判的话，那也是感觉层面的评判，常常表现为因喜欢、感动就评为好，因厌恶、反感就斥之为差。从严格意义上讲，这还不是真正的评判。或者说，他们只是"发现了一个空中楼阁"（郭沫若语），并在其中流连忘返，不时地指点赞赏一番，但并不想分析楼阁的结构，也不想细究楼阁壮美的原因。

二、以批评为主的鉴赏

朱光潜先生曾谈到持"批评的态度"的读书方法，他认为："所谓持'批评的态度'去读书，就是说不要'尽信书'，要自己去分判书中何者为真，何者为伪，何者为美，何者为丑。"② 笔者认为，这里所说的持"批评的态度"去读书，实质也就是持批评的态度去鉴赏，或称之为批评为主的鉴

---

① 丰子恺：《艺术的鉴赏》，见龙协涛编《鉴赏文存》，人民文学出版社1984年版，第128页。
② 朱光潜：《"灵魂在杰作中的冒险"——考证、批评与欣赏》，见龙协涛编《鉴赏文存》，人民文学出版社1984年版，第115页。

赏。它是歌德所说的第二种鉴赏态度的表现。这种鉴赏类型在理论和实践上又应怎样界定呢？

首先，这是一种理性的鉴赏。其主要特征是以理念作指导，以评判为目的。集中表现为鉴赏者在鉴赏的审美活动中虽然也会动情，但始终理智地抓住情感的缰绳，不让其"任意驰骋"。他们的态度始终是冷静的，时刻不忘评判作品高下真伪的具体目的。在鉴赏过程中他们虽然有时也会不自觉地融入自己的情感体验，但这种短暂的情感冲动很快就会被理性意识压下去，并转化为对"为什么会冲动"的原因探究；他们步入艺术世界的"空中楼阁"后，顾不得"流连忘返，指点赞赏"，就忙于解析楼阁的结构和其之所以壮美的原因；他们不但要"知其然"，而且要"知其所以然"，因而不满足、不相信直觉的提示，不满足、不相信别人的感受和批判，一定要"刨根究底"，说出个 A、B、C、D；在他们看来，"批评需要最终忘掉作品的客观面，将自己提高，以便直接地把握一种没有对象的主体性"①，因而他们往往会运用多种方法从多种角度去剖析、挖掘作品形象的思想内涵、力图说出与众不同的话语。上述所有这一切说明，"以批判为主的鉴赏"在很大程度上是某种理念指导下的"预定"的鉴赏，而不是情之所动的自发行为（虽然也不免为情所动）。如果用前面所说的"鉴赏的五步顺序"来对照，前三步他们只是匆匆而过，后两步才是他们的目的所在。为了使后两步"走"得准确，"走"得出色，"走"得与众不同，他们搬用各种理论、各种方法、各种标准，并在条分缕析中获得一种精神满足（但不是本来意义上的美感享受）。

其次，这是一种实用的鉴赏。其主要特征是以探究为出发点，以结论为目的。驱动鉴赏者的鉴赏过程的是探究文学作品的形式和内容的主观需要。鉴赏者的目的是通过探究得出某种结论，而不在乎自己能否得到或得到多少美感。因此，面对具体的文学作品，无论自己喜欢与否，不管合不合自己的审美趣味，只要有探究的价值，只要能说出与众不同的话语，得出与众不同的结论，就会"违心"和"背情"地投入进去，开始寻找结论的历程。从审美角度来看，这是一种实用、"功利"的审美。为了得出某种结论，鉴赏者在审美领域内进行着其实并无多少美感的审美活动，他们的"探究"和"寻求结论"，虽然被称为"美的判断""美的批评"，但是大部分只是理论意义上的"美"，而不是在情感上实际感受到的美。"实用"使鉴赏者无暇去领略、感受情感层面的美，有时甚至违心地去排斥这种美。在一部优秀的

---

① ［比利时］乔治·布莱著：《批评意识》，郭宏安译，百花洲文艺出版社1993年版，第274页。

文学作品面前，他们不是被作家所塑造的生动的艺术形象或引起形象效果的生动描写所吸引，而是匆忙地寻找某种概念，求证某种结论，因而就没有充分的心灵共振和情感共鸣。这种鉴赏方式实质是"用阅读科学著作的方法读文学作品"，对作品的主题只着眼于是否正确，而不去考察表现如何；对于作品描写的人物，只看行为如何，做思想行为的优缺点的鉴定；对于作品中所写的生活，只从道理上去看是否正确，是否全面，而不去察看、体会是否写出了生活的色彩、生活的气息和生活的情趣。

必须指出的是，"以批评为主的鉴赏"，突出"批评为主"，但并不是完全没有欣赏的成分。从鉴赏的顺序来看，欣赏是鉴赏的第一阶段，鉴赏者必须经过感知、动情才能进入判断和批评（虽然只是匆匆而过）；从鉴赏的审美实践来看，这类鉴赏虽然以批评为主，但也会自觉或不自觉地带来一定程度的欣赏，纯粹无情或者毫不动情的批评，实际上是不存在的。

三、欣赏、批评融合并重的鉴赏

朱光潜先生曾以对比方式论述欣赏与批评。他认为："'批评的态度'和'欣赏的态度'（就是美感的态度）是相反的。批评的态度是冷静的，不杂情感的……欣赏的态度则注重我的情感和物的姿态的交流。批评的态度须用反省的理解，欣赏的态度则全凭直觉。批评的态度预存有一种美丑的标准，把我放在作品之外去评判它的美丑；欣赏的态度则忌杂有任何成见，把我放在作品里面去分享它的生命。"[①] 笔者认为，"欣赏、批评融合并重的鉴赏"就是持欣赏和批评两种态度的鉴赏，是歌德所说的第三种鉴赏态度的完美体现。那么，这种鉴赏类型在理论和实践上又该怎样界定呢？

首先，这是一种清醒、自觉的鉴赏。其主要特征是审美意识和审美指向明确，既发乎于情，又晓之以理。鉴赏者在鉴赏过程中，具有较强的分寸感和距离感。既动情会心，又保持理智和静观；既不排斥直觉，又注重反省和反思；既"入乎其内"，把自己摆进去，又"出乎其外"，"脱净束缚"跳出来；既是一个清醒的动情者，又是一个动情的思考者。也就是说，鉴赏者有比较自觉、明确的审美意识和审美指向，较好地把欣赏和批评融于一体。他的审美需要和审美目的，既是自发的、寻美的，也是理性的、功用的。他既能像一个一般的文学爱好者那样，融入自己的情感体验和人生体验，尽情地

---

① 朱光潜：《"灵魂在杰作中的冒险"——考证、批评与欣赏》，见龙协涛编《鉴赏文存》，人民文学出版社1984年版，第116页。

享受美感，也能像一个专业评论家那样，驾驭情感的波澜，进行理性的思索，避免陷入美感的"痴迷"境地，从而在鉴赏的审美活动中较好地达到了既陶冶情操、提升人生的艺术境界，又探究奥秘、揭示作品的美感意蕴的双重目的。

其次，这是一种完美无憾的鉴赏。其主要特征是主体的美感享受与客体的美学意蕴基本接近和一致，再现了作品的精髓。鉴赏者持欣赏和批评两种态度，从容地"走"完鉴赏的"五步顺序"，完成了由低级向高级发展的心理运动过程。既有对作品形式的把握与形象的感受，又有对作品内容的理解与体验，也有对作品意蕴的探究；既避免了"以欣赏为主"所带来的美感享受有限、美学底蕴挖掘不深的欠缺，又避免了"以批评为主"所带来的对客观存在的情感体验不深、审美感觉较弱的不足，基本达到了鉴赏者的审美感受与作品的美学意蕴比较接近、趋于一致的境界。正如乔治·布莱所说，这时鉴赏者的"批评成为一种精神之流"，与他"在阅读中跟随的精神之流平行、相像；使他人的思想和我的思想结合，仿佛顺着同一个斜坡流动的同一条河的两条支流"①。如果说"以欣赏为主"和"以批评为主"都是有一定缺憾的鉴赏，那么，相对而言，欣赏、批评融合并重的鉴赏，基本上是完美无憾的鉴赏。虽然这与"艺术创作和艺术鉴赏难以完美无憾"的习惯说法是相悖的，但笔者在此着重和强调的是相对意义上的"完美无憾"。这一结论在一定程度上反映了笔者对"欣赏、批评融合并重"这一鉴赏类型和鉴赏方式的偏爱，但从根本上来说，则是三种鉴赏类型相比较而存在的客观反映，是否科学和正确，尚有待于进一步分析论证。

四、文学鉴赏类型的比较分析

"以欣赏为主"和"以批评为主"，以及"欣赏、批评融合并重"，是客观存在的三种文学鉴赏类型。从鉴赏实践和鉴赏效果来看，前两种类型各有利弊，关键在于鉴赏者的审美需要和审美目的。后一种类型较为完美，但它对鉴赏者的文化修养和鉴赏方法都有较高的要求。

"以欣赏为主的鉴赏"是鉴赏者在不带任何功利因素的心态下尽情地享受文学艺术的美感，经受的是真正审美的情感体验，得到的是愉悦和升华，既在一定程度上弥补了人生的某种缺憾，又在客观上推进了人生艺术化的进程。正因为此，大部分文学鉴赏者都可以划入这一类型。但这种类型的鉴赏

---

① ［比利时］乔治·布莱著：《批评意识》，郭宏安译，百花洲文艺出版社1993年版，第277页。

并不是完美无缺的。在某种意义上说，只有充分完成了前面所说的"五步顺序"的鉴赏，才是完全的、高水平的鉴赏。"以欣赏为主的鉴赏"由于在判断和批评"这两步"匆匆而过，因而就不是充分、完整的鉴赏。鉴赏者所获得的美感只是有限度的感受，而不是展示的全部美感，甚至可以说只是初级的审美活动和浅层的美感享受。以阅读、鉴赏中国古典文学名著《红楼梦》为例。文化层次较低或无意对作品进行综合评论的一般读者，虽然也能从宝黛爱情悲剧及其他一系列人物形象、故事情节中获得美感，但这种美感大多是浅层的，诸如"有情人难成眷属""爱情自由的可贵""要敢说、敢爱、敢为"这样的美感认识，却无法领会和感受小说艺术构思、人物、布局、象征意义、美学底蕴这样一些深层次的美。

"以批评为主的鉴赏"是鉴赏者在理性意识指导下的审美活动，很大程度上可以避免审美的"心理距离"太近的不良现象，可以避免因个人情感的感性认识的偏执而导致的对文学作品的"误读"。既能理智地获得一定程度的情感体验，又能较深刻、较全面地领略作品的美学底蕴。在某种意义上说，这是一种与作品的"心理距离"较远，与作者的"认识距离"较近的鉴赏。可以划入这一类的鉴赏者大多是作家、评论家，或有分析探究某一文学作品的具体任务的读者。但这种类型的鉴赏，从文学的感化功能和审美功能来看，则是一种"有遗憾的审美"。如果说具体的作品是一个特定的"艺术殿堂"，那么，这类鉴赏者虽然在这个"殿堂"中入门入景，但在情感和心理上未能充分地感受这个"殿堂"的美，缺少那种如同"由茅屋进华厦"的情感体验和审美愉悦。理性分析所得出的概念和结论，只是对这一"殿堂"结构和特征的描绘，虽然也会有一定程度的心理满足和美感享受，但和那种乐而忘返、如痴如醉的审美感受和情感体验相比，就显露出明显的缺憾。上述可见，"以欣赏为主的鉴赏"和"以批评为主的鉴赏"，是各有利弊的两种鉴赏类型。但笔者分析这种利弊时主要还是从一个文学爱好者的立场出发，因而在很大程度上偏重于文学鉴赏的情感体验和美感享受。所以，从一个文学艺术工作者和职业评论家的角度来看，这两种鉴赏类型的利弊在比重上就得调整，甚至会有差距很大，或者完全不同的表述。从这个意义上说，这两种鉴赏类型的比较分析，取决于鉴赏者的主观认识和主观感受，同时也与鉴赏者的审美需要和审美目的密切相关。以寻求美感、享受美感为主要目的的一般读者，自然会归入第一种鉴赏类型（即以欣赏为主）。这类鉴赏者大可不必因获得的是"浅层美感"而遗憾。因为这里所说的"浅层"，是相对于作品的内涵而言，就你自己的主观感受来说，则并不是浅层，甚至是非常深刻的感受和体验。此外，也不必因这类鉴赏划入"初级审美活动"

而自惭不如。其实,初级与高级始终是特定标准下的相对概念。从对作品美学意蕴的充分挖掘来说,这类鉴赏属"初级",但从审美的美感程度来看,则属"高级"。朱光潜、王朝闻等著名美学家都高度重视并充分肯定"以欣赏为主的鉴赏"。朱光潜认为,对待客观事物有"实用的、科学的、美感的"三种态度,美感的态度是获得愉悦、促进人生艺术化的态度。王朝闻则认为,欣赏"是文艺批评的基础,它自身也就具备文艺批评的性质。它比文艺批评更带情感因素,在某种意义上说也是一种创作"①。

"欣赏、批评融合并重的鉴赏",作为一种鉴赏类型,相对于前两种而言,是较为完美、较少缺憾的审美。这种鉴赏的核心是"并重",即既不偏重欣赏,也不偏重批评,而是两者结合,自然融合。但这种鉴赏要求鉴赏者有较高的文化艺术修养、较深厚的情感体验和人生体验,还要善于掌握和运用各种不同的鉴赏方法,能够多角度、多侧面地对作品进行综合的审美,方能达到"欣赏、批评融合并重"的境界。否则,"融合"没有基础,"并重"难以体现,就会不自觉地退到"欣赏为主",或偏重"批评为主"。从这个意义上说,这是一种高标准、高要求的鉴赏。达到标准,符合要求,就可达到较高的审美境界,获得充分的美感享受,反之,就会"心想事不成",留下心愿难遂的遗憾。

综上所述,鉴赏者归入何种鉴赏类型,在一定程度上受到客观要求或主观条件的制约,是不以鉴赏者的主观意志为转移的。从这个意义上说,职业评论家在多数情况下,只能充当"以批评为主"的鉴赏者,一般文学爱好者大多也是潇洒地"以欣赏为主",只有那些既有欣赏的审美需要又有批评的理念和功力,而且能排除"实用"因素干扰的人,才能进入"欣赏、批评融合并重"的境地。

(1998年)

---

① 王朝闻:《自己做主(代序)》,见龙协涛编《鉴赏文存》,人民文学出版社1984年版,第1页。

文学鉴赏的主体介入

文学鉴赏是人们感受、理解和评判文学艺术作品的审美活动和过程，是感性活动和理性活动的协调统一，是欣赏和批评的综合。鉴赏者作为审美主体，在鉴赏过程中，必然要依据自身的思想感情、人生体验、艺术观和审美观，进行形象的再创造。在这个意义上可以说，文学鉴赏中的主体介入，是一个不容置疑的客观存在。但是，主体介入的缘起究竟是作品（文本）的因素，还是读者的因素，或者是两者的统一？鉴赏过程中主体究竟是怎样介入，是有限的还是无限的？这样一些根本性的问题仍需要我们从文学鉴赏这个独特的理论角度，做进一步的深入研究和探讨。

一、"召唤结构"与"合法偏见"——主体介入的客观必然性

德国著名美学家伊瑟尔在论述文学接受的主客体关系时，曾提出了一个形象、生动的理论概念——"召唤结构"。他认为，文学作品作为鉴赏的客体，由于其意义的"不确定性"和留下的"空白"，在客观上召唤着读者（鉴赏者）"去寻找作品的意义"，"参与作品意义的构成"。[①] 而读者作为鉴赏主体，则必然会回应作品的"召唤"，在想象中发掘、充实作品的内涵意蕴，按自己的理解确定意义，填补空白，实现对作品的形象体系的再创造。笔者以为，伊瑟尔的"召唤结构"理论，实质是从作品与读者的关系角度，阐明了鉴赏过程中主体介入的客观必然性。这里包含着两层意思：一是从作品意义的不确定性来看，主体介入是客观必然的。所谓客观，是指作品意义的"不确定"和"空白"，是不以读者意志为转移的客观存在，是由文学创作的内在规律所决定的。所谓必然，是指读者所面对的文学作品，绝大多数必然是意义不确定和留有空白的，而这样的作品结构，必然会激发读者的创造欲望，使其进行审美的再创造。二是从读者（鉴赏者）的"受动效应"

---

① 转引自朱立元《文艺鉴赏的主体性》，载《上海文学》1986年第5期，第90-91页。

来看，主体介入是客观必然的。在这个层面上，所谓客观是指具有明确的审美意识和一定的鉴赏能力的读者，面对意义不确定和留有空白的作品，不可能无动于衷，毫无反应，这在一定程度上也是不以读者的意志为转移的客观存在。所谓必然，是指被作品的"召唤结构"所激活的创造欲望，必然会转化为具体的创造行动，开始再创造的过程。

如果说，伊瑟尔的"召唤结构"理论主要是从客体（作品）方面揭示了文学鉴赏过程中主体介入的客观必然性，那么，伽达默尔的"合法偏见"理论则主要是从主体（读者）方面阐明了主体介入的客观必然性，正好与"召唤结构"理论形成了对应和互补，有助于我们更全面、更深刻地认识文学鉴赏中的主体介入。

伽达默尔认为，人总是生存在历史之中，而"存在的历史性产生着偏见，它实实在在地构成我们全部体验能力的最初直接性。偏见即我们向世界洞开的倾向性"，这种偏见是不可避免的"合法的偏见"。① 笔者认为，伽达默尔的这一理论，清晰地从读者视角阐明了文学鉴赏过程中主体介入的客观必然性。首先，它表明，人由于生活在特定的历史阶段和特定的历史条件下，必然会受到其所处时代的社会文化价值观念的影响，形成与时代相适应的艺术观和审美观，而这就决定了其在作为文学鉴赏的主体时，面对历史流传下来或现时的作品，早就有了一种带有偏见的"预定"（其中包括作品的选择和对作品内容的理解）。这在很大程度上是鉴赏主体的共性特征，是不以作者和读者的意志为转移的客观存在。接受美学把这称为接受者的"期待视野"。而从鉴赏的角度来看，这实质上是一种鉴赏主体的"前介入"，即阅读前的审美意识介入。其次，"合法偏见"理论还表明，偏见既是共性的，也是个性的，而当其表现为个性形式时，必然坦白地表明自己的倾向，显示个体的"偏爱"（郁达夫语）。表现为选择作品时，或独好某一种文学样式，或独爱某一种文学风格，或一味崇尚新奇，追求刺激，或片面划定阅读范围，自己限定自己。所有这一切，都是客观存在的必然现象，成为鉴赏主体"前介入"的生动情景。需要指出的是，伽达默尔是把"合法偏见"看作读者理解、认识作品的潜在基础，是理性的肯定。笔者则以为，这种"合法偏见"是利弊并存的，利在于可以激活鉴赏者的心理动因，唤起再创造的愿望和活力；弊则在于会在某种程度上导致主体在鉴赏过程中陷入主观随意性，受个人情意的偏好所支配，脱离作品的客观实际，失去对作品的"理智的评定"。对此，我们必须有充分的认识。

---

① 转引自朱立元《文艺鉴赏的主体性》，载《上海文学》1986 年第 5 期，第 87-88 页。

上述可见，在文学鉴赏过程中，鉴赏主体的"前介入"（或称介入的缘起），既有作为客体的作品内在结构的"召唤"因素，也有作为主体的读者的"主动参与"因素，两者统一于"召唤"与"回应"的对应关系中。这就引出了另一个话题，即主体在回应客体召唤时如何发挥主观能动性的问题。

二、"视界融合"与"化身入书"——主体介入的主观能动性

文学鉴赏活动的审美实践表明，鉴赏主体（读者）并不是简单地回应客体（作品）的"召唤"，而是要充分发挥主观能动性，凭借作品发挥想象，充实和深化作品的内涵意蕴，实行艺术的再创造，读出自己的"味"来。那么，主体的主观能动性究竟是怎样发挥，再创造又是怎样实现的呢？对此，伽达默尔的"视界融合"与梁启超先生的"化身入书"理论，做了比较准确而又形象的表述。

伽达默尔认为，"实际上文学就是一种精神性保存和流传的功能，而且它因此就把隐匿的历史带到了每一个现时之中"[1]，因而读者在阅读、理解文学作品时，面对的是历史和现实这样两种新旧视界，而对文学作品的"理解总是这些我们假定它们独立存在的视界的融合过程"[2]。笔者认为，伽达默尔的"视界融合"理论，从主体介入的角度来认识，有两层基本含意。一是在文学阅读中，要扬弃时间和空间，使历史和现实融为一体，从历史中看到现实，从现实中反证历史，进而在历史与现实两种视界融合的过程中实现再创造。例如，俄国著名作家、诗人普希金的短篇小说《驿站长》，前人对它的理解，局限于单一的历史视界，认为作品是对俄国底层小官吏不幸遭遇的艺术反映。而苏联当代作家格拉宁把历史与现实两种视界融为一体，超越时空，深化内涵，提出了"作品反映的是父爱与情爱的矛盾"的新观点，既符合作品实际，又令人耳目一新。二是读者在理解文学作品时，对作品中的"空白"和"不确定"领域，要紧紧把握"填补"和"阐释"的主动权，超越作品所展现的时空，既不受历史的限制，也不受现实的制约。例如，诵读唐代大诗人陈子昂的《登幽州台歌》，既不能仅从历史的角度去感受诗人对前无圣贤、后无明主的悲叹，也不宜只从现实的角度去牵强附会，而要超越时空，俯仰古今，以自己的人生体验去深入领会诗歌的弦外之音：古往今

---

[1] ［德］伽达默尔著：《真理与方法》，王才勇译，辽宁人民出版社1987年版，第237页。
[2] 转引自朱立元《文艺鉴赏的主体性》，载《上海文学》1986年第5期，第93页。

来，圣贤不乏，英雄无数，又有多少人能适逢其时，幸遇伯乐。一个人如果把希望寄托在他人的赏识和知遇上，把命运交给他人来掌握，难免会落个"壮志未酬空悲叹"的结局。这种弦外之音，只有在"视界融合"的情况下，主体才能充分地感受到。

如果说，伽达默尔的"视界融合"理论是给鉴赏主体提供了把握时空的理性意识，使主体在鉴赏过程中达到"一种最大限度的非制约性和灵活性"①，那么，我国梁启超先生的"化身入书"理论，则是为鉴赏主体的介入提供了一种科学、具体的方法。

梁启超先生曾讲到："凡读小说者，必常若自化其身焉，入于书中，而为其书之主人翁……夫既化其身以入书矣，则当其读此书时，此身已非我有，截然去此界以入于彼界……"②这里所说的"化身入书"，虽然是就小说阅读而言，但亦可推广到各种类型的文学作品。它表明，当读者具备了再创造的主体意识后，必须进入作者通过作品所提供的艺术世界，离现实之境，入书中之境。具体讲，有三层含意。一是主人公认同（主要表现在阅读小说时）。即鉴赏主体把自己置身于作品所提供的艺术世界，化身为书中之主人公，站在主人公的角度设身处地地体验作品的思想情感。正如苏联美学家鲍列夫所说的，在艺术鉴赏过程中，鉴赏者把作品中的形象和情节"移植"到自己的个人生活境遇中来，使主人公与"自我"同一化，③既以自身之体验深化作品的内涵，又以作品之内涵促进"自我"的升华。二是进入角色。即鉴赏主体"去此界"，进入作品假定的艺术世界，调适自身的心理需求，感受作品内在的情感和思想脉搏，领悟作者的艺术匠心，与作品的潜在音符产生共鸣，实现审美主体与审美对象的谐调统一，获得"众里寻他千百度"，"蓦然回首，那人却在灯火阑珊处"的心理满足，实现思想的洗礼和精神的升华。三是出入自如。即鉴赏者"化身入书"既能"入"又能"出"，"入"能领悟作品意蕴，倾听作者心声，"出"能超越作品"假定"，登上更新境界；"入"时思想、情感同时驱动，"出"时理解、体验均入佳境。

上述可见，无论是"视界融合"还是"化身入书"，都要求鉴赏主体必须具有良好的文化艺术修养、丰富的审美经验和深刻的人生体验，要善于与鉴赏的审美对象进行"理智的交融"，使"自己置身于对象之内，以便与其

---

① ［德］伽达默尔著：《真理与方法》，王才勇译，辽宁人民出版社1987年版，第237页。
② 梁启超：《论小说与群治之关系》，见郭绍虞主编《中国历代文论选》（一卷本），上海古籍出版社1979年版，第410页。
③ 参见［苏］鲍列夫著《美学》，乔修业、常谢枫译，中国文联出版公司1986年版。

中独特的、从而是无法表达的东西相符合"①；要善于把情感体验上升为观念观照，进行超时空的审美透视和整体把握；要正确认识作者、作品与读者之间的关系，追寻作者而不盲从作者，依赖作品而不固守作品，积极创造而不主观随意，从而在遵循艺术规律的前提下，充分发挥主体介入的主观能动性，达到既接近作品又超越作品的鉴赏境界。

三、文本制约与适度介入——主体介入的相对有限性

文学鉴赏是理解性的阅读，又是融合、领悟型的再创造。就这个意义而言，鉴赏过程中的主体介入常处于受制与超越的矛盾统一状态，呈现出一定的相对有限性。既不可避免地会在一定程度上受到文本的制约，又要科学地摆脱制约，实行合乎规律的介入。如何准确、适度地认识和把握好这种相对有限性，是鉴赏主体艺术修养和鉴赏水平的重要标志。

文学鉴赏过程中的文本制约是相对于鉴赏主体再创造的"非制约性和灵活性"而言的。换言之，就主体创造的客观必然性而言，是"非制约"和"灵活"的，但就再创造过程中对作品的理解和解释而言，则是有制约的。具体讲，文本制约主要体现在两个层面：一是阅读和理解，要从作品的存在方式出发。伽达默尔指出，对文学作品的"理解归属于和艺术作品的接触，因而只有从艺术作品的存在方式出发，才能搞清楚这个归属"②。笔者认为，所谓从作品的存在方式出发，就是要切合作品的形式和内容实际，在此基础上进行艺术的再创造。例如，小说、诗歌、散文等不同类型的文学作品，具有不同的语言系统，鉴赏者必须在理解和掌握各种语言系统的前提下，进行相应的阐释，否则，就会出现"关公战秦琼"似的胡评乱析现象。再如，小说《红楼梦》中宝黛的爱情悲剧虽具有反抗封建道德的内涵，但如把宝黛二人说成是反抗封建道德、追求自由恋爱的先驱，那就脱离了作品的内容实际，也就不是从作品的存在方式出发了。二是鉴赏文学作品要以文学的眼光，不能拘泥于生活真实。这是文学作品作为一种特殊的客体，对鉴赏主体的一种规范性要求，是无形的制约。如果鉴赏主体不是以文学的眼光来观照作品，把生活中的情景作为衡量、对照作品的标准，就会步入曲解作品的歧途。例如，面对"春江水暖鸭先知"和"燕山雪花大如席"这样的诗句，不是艺术地去感受和把握诗歌的意象，而是纠

---

① ［法］柏格森著：《形而上学导言》，刘放桐译，商务印书馆1963年版，第3-4页。
② ［德］伽达默尔著：《真理与方法》，王才勇译，辽宁人民出版社1987年版，第145页。

缠于"是鹅先知还是鸭先知""雪花能否大如席"这样的问题，那就不是以文学的眼光，而是以生活化的求实眼光来理解文学作品了。总之，从作品的存在方式出发和以文学的眼光来观照，是两种不同的文本制约方式。前者可称之为"内制约"，即作品作为一个客观存在，它的内在结构（形式、内容等）就在一定程度上限定了主体想象空间，规定了主体介入的相对有限性。后者可称之为"外制约"，即作品的"召唤"所发出的是特定的文学艺术信息符号，它要求来自主体方面的"回应"，也必须具有文学性和艺术性，这就在一定程度上限定主体介入必须"在文学艺术的笼子里飞动"，而不能随意翱翔。内外两种制约方式相互关联，从整体上决定了文学鉴赏过程中主体介入的相对有限性。

必须阐明的是，主体介入的文本制约虽然是一个客观存在，但主体毕竟是有为而不是无为的。制约条件下的"有为"，就是适度介入，或者说，就是在有限度的前提下进行积极的再创造。具体说，所谓"适度"，就是要做到两个统一，即主观与客观的统一、主体与文本的统一。读者每读完一部作品，要使体现自己个性特征的主观感受基本符合作品的客观实际，既不"离题太远"，又有鲜明的个性色彩，绝不能出现主观感受与作品实际内涵大相径庭的现象。此外，读者必须依据文本进行再创造，努力做到主体评价与文本内涵的接近或一致，达到吴宓先生在《文学与人生》一书中所说的"这应当如此；我将使之如此"的境界。① 也就是说，作品的内涵和意蕴体现出作者把"本来如此"的生活上升到他认为"应当如此"的境界，而鉴赏者则又在此基础上进行再创造，达到其自身认为的"应当如此"的境界，即"使之如此"，这样就较好地实现了主体与文本的统一。

上述的两个统一，在某种意义上可以说是主体适度介入的原则把握。在具体方法上，则要努力做到既体现共性，又突出个性。使主体介入既在一定程度上认同和体现审美的共性特征，避免别出心裁地标新立异，又要在依据文本的前提下，充分体现审美的个性特色，说出与众不同的话语。此外，还要把握好"随机性"，注重"相对稳定"。鉴赏者要把握好因阅历、经验和人生体验等方面的影响造成的在不同时间、不同情况下理解作品的"随机性"，避免在"化身入书"时用自己的阅历、经验和人生体验，乃至一时的情绪，去简单地观照作品，偏离作者所设定的精神领域。要努力从狭小的"自我"中走出来，在自己的认识水平上，"相对稳定"地感受和领悟作品的内涵和意义。与此同时，还要学会化解矛盾，积累经验。鉴赏者要正确认

---

① 参见吴宓著《文学与人生》，王岷源译，清华大学出版社1993年版。

识在鉴赏过程中所出现的主观看法与作品蕴涵相矛盾的现象，认清产生矛盾的原因相当程度上在于自身阅历、经验和人生体验的肤浅与不足，从而激发"发展意识"，积累和丰富自己的阅历、经验和人生体验，在"介入"过程中，自觉摒弃僵硬的理解、片面的认识和功利性的判断，逐步化解主观看法和作品蕴涵的矛盾，进入化于作品、高于作品的全新境界。

(1999年)

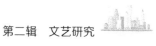

试论文学鉴赏的创造性

文学艺术作品的感染力和魅力在很大程度上是通过艺术形象来体现的。艺术形象是艺术家感受生活的结果，对于鉴赏者来说，是一种客观对象。这种客观对象的内涵决定了作家、艺术家感受生活的深刻程度及其反映生活的审美理想和审美指向。因而，艺术形象总是不十分定型，其稳定性也是相对而言的。鉴赏者可因此把自己在实际生活里所见所闻的印象，或累积下来的感受和体验，按自己的喜好和理解，对文学作品的艺术形象进行主观的"再创造"。这种现象是一种客观存在，具体可从以下角度和层面分述。

一、文学作品形象的"不确定性"与鉴赏者的再创造

文学作品描绘的每一个对象、人物、事件等，都包含着许多不确定的因素。国外学者把这些不确定的因素称为"不定点"。形成这些"不定点"的原因在于作品所描绘的人物形象及事件过程的不完整性。一般说来，作品中所描绘的人物形象，外貌是简略的文学描绘，内在的性格、心理是有选择的表现，而作品中所描绘的人物的生活都要经历、持续一段完整的时间，但它没有明确地表现出来。所以，这些人物的形象乃至变化的特征就是不确定的。我们通过文本只知道作品人物形象的存在，但不知道他活动的具体过程，这就留下了很大的可填补空间。这些不定点通常综合表现在作品形象的两个层面：第一是作品形象的外观风貌。因为文学作品中用语言"砌"成的人物形象毕竟不能像雕塑、绘画那样让人物形象以直观的形式呈现在读者面前，总是有着某种程度的不确定性。例如，作品简略地描绘了一个人的身体、五官、手势等外部特征，但这种描写并不能构成一个可以视觉感知的完整图像，读者通过想象，可以自己在脑海中重新创造出人物的形象来。所以鲁迅先生说，优秀的文学作品的人物对话，可以"使读者的心目中也形成了这人物的模样"。但是，读者的主观情况是千差万别的，同一形象在读者心目中也各不相同，并且也"不一定和作者所设想的相同"，因而，鲁迅认为，

"巴尔扎克的小胡须的清瘦老人,到了高尔基的头里,也许变了粗蛮壮大的络腮胡子"。光绪八年出版的《红楼梦图咏》里林黛玉的画像,只"是那时的读者的心目中的林黛玉",如果"我们看《红楼梦》,从文字上推见了林黛玉这一个人",那么,"恐怕会想到剪头发,穿印度绸衫,消瘦,寂寞的摩登女郎"了。① 上述表明,作品形象外貌的不确定性,给读者的再创造留下了很大的余地。在这方面,比较突出的事例是文学作品的插图。画家所画的插图,表现出他对作品形象外貌的认识和确定。例如,俄国作家果戈理的长篇小说《死魂灵》中乞乞科夫的形象。有的插图把他画成一个微胖的男人,有的却画成不但胖,而且是鼻子朝上翻的形象。这些插图,既有作家果戈理在语言文字的描述中所赋予它的东西,也有画家作为再创造的鉴赏者所赋予它的东西。

"不定点"表现在作品形象上的第二个层面是人物的性格与心理的变化特征。例如,艺术大师莎士比亚笔下的哈姆莱特形象,有一个十分突出的性格特征:优柔寡断,犹豫不决。对此,读者的理解和评论就各不相同:有的认为是潜在的宗教思想阻碍了他的复仇行动,有的说是过分注重名誉的虚荣心影响了他,还有的则认为是生存还是毁灭的矛盾困扰着他……几百年来,仁者见仁,智者见智,众说纷纭,莫衷一是,以致人们常说,"一千个读者,一千个哈姆莱特"。这表明,文学作品中人物形象性格、心理特征的变化,无论是某个变化过程的空缺,还是变化因素的多样性,都会导致形象内涵的不确定,给读者留下广阔的想象空间和填补余地。

综上所述,文学作品形象的不确定性,允许并促使读者做出确定性的努力。这种努力实质上就是一种再创造。读者之所以做出这样的再创造,主要有两个方面的原因。一是受作品暗示的影响。作品客观留下的想象空间和填补余地,启发和诱导读者去进行再创造。二是受自然倾向的影响。人们常常习惯于把具体的事物和人看作是完全确定的,凡发现有不确定的,就以审美的眼光理解文学作品的主观倾向,利用从许多可能的或可允许的要素中选择出来的要素,主动地借助想象来填补许多"不定点",从而完成自己的再创造。

必须指出的是,因作品形象的不确定性而形成的鉴赏者的再创造,对作品的正确理解是利弊并存的。其有利之处在于丰富了作品的形象,深化了作品的思想内涵,扩大了作品的审美效果和社会影响。其弊端在于,由于再创

---

① 鲁迅:《看书琐记》,见鲁迅著,鲁迅先生纪念委员会编纂《鲁迅全集》(第5卷),人民文学出版社1973年版,第588页。

造活动的发生取决于作品本身的特殊性,也取决于读者当时的状态和态度,所以,对同一部作品的再创造可以有重大的区别,甚至由同一个读者在不同的阅读中完成的再创造也是不同的。这种情况给正确地理解文学作品,以及对文学作品的忠实地审美理解带来了危险,有悖于认识和理解文学作品的正确性和客观性。鉴此,对于因作品形象的不确定性而激发的再创造活动,必须强调以下几点。

一是对不确定的"填补"要保持某种节制,再创造活动必须建立在恰如其分的理解原作的基础上。

二是对"不确定"的"填补"虽然在鉴赏中是被允许的,但并非都是合乎需要的。如果通过"填补"的方式把新的审美价值因素带进作品的形象内涵,使高大变成平庸,正确变成谬误,光耀变成暗淡,完全背离了原作的审美价值取向,则是不可取的。

三是再创造活动取决于对时代的文化氛围的依赖,以及对这种氛围的依赖程度。因此,作品在历史进程中,虽有其延续性和同一性,但不同文化修养的读者在不同的文化环境中所进行的再创造活动,其方式和结果必然各不相同。读者的再创造应以原作为基础,不宜过多地受前人的再创造方式和创造结果的影响,应有自己的独特见解。

二、想象与再创造

前面讲到,鉴赏者借助想象,才能填补作品的"不定点",进行艺术的再创造。那么,想象与再创造的这种内在联系,其必然性究竟体现在哪里呢?这可以从宏观和微观这两个层面来看。

(一)从宏观上看

1. 没有想象也就没有艺术的鉴赏

俄国大文豪高尔基曾写道:"文学家的工作究竟是什么呢?他想象自己的观察、印象、思想和自己的生活经验——把它们放进形象、画面、性格里去。只有当读者象(像)亲眼看到文学家向他表明的一切,当文学家使读者也能根据自己个人的经验,根据读者自己的印象和知识的累积,来'想象'——补充、增加——文学家所提供的画面、形象、姿态、性格的时候,文学家的作品才能对读者发生或多或少强烈的作用。由于文学家的经验和读者的经验的结合、一致,才有艺术的真实——语言艺术的特殊的说服力,而文学影响人们的力量，也正来自这种说服力。"① 高尔基的这段话表明，艺术家根据自己对现实的体检、感受和理解，借助于想象而创造出艺术形象；鉴赏者根据自己对作品的体验、感受和理解，借助于想象而再创造出他心中的形象。在某种意义上可以说，读者（鉴赏者）是用想象去领略作者想象的记录，领略作者的生活经验的记录，有了这种想象和领略，才能达到"文学家的经验和读者的经验的结合、一致"，才能达到"作者得于心，览者会以意"的效果，才能发挥文学作品的作用。由此可见，想象是鉴赏的重要条件，没有想象，也就没有鉴赏，没有文学作品的影响和说服力。

2. 想象是审美的重要心理要素

鉴赏者"填补"作品的"不定点"而进行的再创造活动，实际上是一种审美的心理活动，而想象则是审美的心理要素。美学家们通常把审美的心理要素类分为感知、想象、情感、理解这四个方面。在这四大要素中，想象处于关键的地位。感知触发想象，情感驱动想象，理解制动想象，但无论是"触发""驱动"，还是"制动"，都只能作用于想象，让想象去完成"再创造"的使命。所以，如果说感知的作用是为进入审美世界打开了大门，理解的作用是为进入审美世界确定、把握了方向，那么，想象就是为进入这个世界插上了翅膀。

（二）从微观上看

1. 借助想象才能进入鉴赏境界

文学鉴赏的最高境界是对文学作品所描写的内容，产生如临其境、如历其事、如触其物、如其见人、如闻其声的感受。这种感受是进行艺术的再创造的必要条件。而鉴赏者要产生这种感受，达到这种境界，就必须借助于想象。

萧统在《文选序》中写道："历观文囿，泛览辞林，未尝不心游目想，移晷忘倦。"② 其意是说，广泛浏览艺苑名篇，未尝不心思目游，时间过去而忘记疲劳。旨在表明，文学鉴赏者只有心游其中，目想其形，让形象在脑际浮现，才能获得忘却疲劳的美感，进入鉴赏的境界。而这"心思目游"实际就是想象的另一种表述。此外，对于借助想象进入鉴赏境界还有另一句更形

---

① ［苏］高尔基：《给初学写作者的信》，见《论文学》，孟昌、曹葆华、戈宝权译，人民文学出版社1978年版，第225－226页。
② ［南朝梁］萧统：《文选序》，见郭绍虞主编《中国历代文论选》（第1册），上海古籍出版社1979年版，第330页。

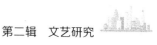

象的名言:"诗家之景,如蓝田日暖,良玉生烟,可望而不可置于眉睫之前也。"① 意思是,诗歌的意境,犹如遥望的景物,很难置于眼前具体地视察和触觉。其言外之意是必须借助想象,才能进入诗歌的意境。

上述表明,鉴赏者的想象,就是使自己对艺术形象感觉的有限性通向形象的广阔性,就是充实、扩充形象所诉诸感觉的有限性,从而使自己潜入作者敞开的门户,探索境之美,遍猎事之奇,触摸物之象,窥探人之心,聆听人之声,真正进入鉴赏的美感境界。

2. 依靠想象才能充实艺术形象

文学鉴赏是一种积极的、富于创造性的审美活动,这种"再创造"的一个重要方面,就是依靠想象,对文学作品的形象进行丰富和充实。

鉴赏者充实艺术形象的"再创造",大致有三种情况。

一是鉴赏者根据自己的生活体验同作品中的人物形象相比较,或是结合自己的生活阅历去充实艺术形象。这种情况离不开想象的作用,换言之,必须依靠想象才能调动生活体验,追忆生活阅历。例如,现实生活中的A是一个经历过爱情的高峰体验的中年男人。他在阅读《廊桥遗梦》并在艺术审美的过程中,联系自身的生活体验和爱情阅历,对小说男主人公罗伯特·金凯这一艺术形象进行丰富和充实:通过想象,在自己心目中把罗伯特·金凯重塑成懂得爱的艺术,追求爱情的最高境界的现代人形象。显然,A心目中的罗伯特·金凯形象,与作品中的形象已经不一样,原因就在于A本人就有学习爱的艺术、追求爱情的最高境界的人生体验和生活阅历,他在充实形象时,通过想象把这两方面都调动起来,并融进重塑的罗伯特·金凯,完成了他的再创造活动。

二是鉴赏者通过想象揭示作品形象所引发的意蕴,并以此充实艺术形象。这种情况表现为,许多优秀的作品都能以有限的形象表现出无限的深意,给人启发,耐人寻味。而高明的鉴赏者,也能依靠想象"超以象外,得其环中",与作者心灵相通,并进一步挖掘形象的意蕴。如宋朝大诗人苏轼有一首禅诗名为《琴诗》,诗曰:

若言琴上有琴声,放在匣中何不鸣?
若言声在指头上,何不于君指上听?

这首诗的含意旨在表明世间万物必须因缘和合,才能生起,就像琴声必

---

① 转引自周振甫《诗词例话》,中国青年出版社1962年版,第26页。

须琴弦、指头彼此和合，才能发声一样。但这首诗的深刻哲理内涵也给鉴赏者留下了广阔的想象和引申空间。有一当代年轻人，他在欣赏这首诗时，除体会到上述道理之外，还通过想象、琢磨，体会到另一种道理：人世间一切事物都是相互依存的，琴因指而发声，指因琴而奏乐，山因水而清，水因山而秀，人在互帮互助中生存发展……显然，这位年轻人的理解已经大大充实了原诗的形象内涵。他既不脱离原诗的艺术形象，又不执着于原诗的表面形象，而是依靠想象，深入开拓审美领域，揭示艺术形象所引发的意蕴，从而达到了鉴赏的高层次。

三是鉴赏者驱动想象逐步深化鉴赏的美感认识。鉴赏文学作品的美感享受通常并不是一次穷尽的，而是在不同时间、不同条件下，反复阅读，驱动想象，逐步进入更深的美感层次。这就是有的书能使人常读常新的原因所在。《文心雕龙·知音》篇写道："知音其难哉！音实难知，知实难逢，逢其知音，千载其一乎！"其意表明，真正达到和作者经验一致、想象一致的读者（即知音）是很少的。言外之意，大部分人对文学作品的感受和评论，都是隔靴搔痒，不是不在点上，就是力度不够。事实上，我们常常对一些名著的欣赏难以深化，其中一个重要原因，就在于它们那些生动而又含蓄的艺术形象渗透着哲理的探求，闪耀着思想的光辉，单凭一般的想象是无济于事的。因此，鉴赏者要得到真正、完整的美感享受，成为作者的知音，对意蕴深厚的作品，就必须在反复阅读的基础上，驱动想象，做进一步的探求，逐步深入作品的深远意境，感受到其弦外音，境外意。列宁阅读车尔尼雪夫斯基的小说《怎么办》的感受，就是一个生动的事例。他说："每一次都在这个作品里发现一些新的令人激动的思想。"[1]

综上所述，想象与"再创造"有着密不可分的必然联系，想象力不发达，鉴赏力也就无法发达。但鉴赏者的想象，作为一种心理活动，并不是完全主观和随意的，它必须遵循客观规律，受到一定的制约和影响。换言之，鉴赏者如何进行想象，仍是一个值得探讨的问题。笔者认为，必须强调以下七个方面。

（1）作品基础。鉴赏者的想象活动往往是不自觉的，是被作者提供的形象所诱发，并且是受作品的引导和制约的。鉴赏者的想象不能完全脱离作品，必须符合作品所提供的形象的具体特征。如潘金莲这个人物形象，作品所提供的是一个毒害丈夫、与人通奸的淫妇形象。而鉴赏者则从潘金莲的身世，想象到她的被迫和无奈，发出"千古悲剧人物"的感叹。倘若没有作品

---

[1] ［德］蔡特金：《回忆列宁》，人民出版社1985年版。

所提供的潘金莲的不幸身世,这一感叹就不合逻辑,没有基础。由此可见,想象是有条件、受制约的心理活动、不可像脱缰的野马任意驰骋。

(2) 审美意图。文学作品的鉴赏一般都有较明确的审美意图,或愉悦怡情,或感悟人生,或猎奇求刺激,或对照求印证……而鉴赏者的想象活动在很大程度上是依循审美意图的轨迹而展开的。例如,同是鉴赏唐诗《登黄鹤楼》,由于审美意图的不同,想象的空间也就大不一样。抱着愉悦怡情目的的鉴赏者,想象的是落日晚霞、余光万道的美妙景象;而为感悟人生而欣赏此诗者,想象的则是"人生奋斗无止境,更上层楼前程远"的人生哲理。再如,同是巴尔扎克笔下的拉斯蒂涅形象(《高老头》),猎奇求刺激者想象的是拉斯蒂涅勾引女性的心理动态;而对照求印证的女性,想象的则是女人被勾引、被利用的心理状态……这表明,鉴赏者的审美意图直接制约想象的心理活动,限定想象的空间。

(3) 生活体验。文学鉴赏在很大程度上是调动鉴赏者自身的生活体验,并把它融入作品所提供的形象中,进行艺术的再创造。因此,鉴赏者的想象活动与其自身的生活体验密切相关。在很大程度上想象的结果也就是生活体验的调动和再现的结果。例如,同是鉴赏宋之问的《渡汉江》:

> 岭外音书断,经冬复历春。
> 近乡情更怯,不敢问来人。

有离乡背井、久居他乡的人生经历和生活体验的人可以想象"音书断"的期盼,想象"经冬复历春"的焦虑和苦恼,而无这种经历和体验的人,就很难想象受思乡之情煎熬的情景。由此可见,鉴赏者的想象离不开生活体验,经历不同、体验不同的人,其想象的结果必然也各不相同。

(4) 表象积累。美学家们通常把想象分为"再建"的、"记忆"的和"创造"的三种。亚里士多德说:"一切可以想象的东西本质上都是记忆里的东西。"① 还有人直接称想象是一种"追忆形象的机能"。上述这些说法和分法,都突出了想象与记忆的关系,表明想象不能脱离记忆而存在。而记忆也就是鉴赏者脑中的表象积累,鉴赏文学作品,展开想象活动时,在脑中或眼前浮动的一切形象都是从长期积累的"仓库"中所放出来的表象,没有这种积累,想象就成了无本之木,无源之水,也就很难无中生有。如托尔斯泰

---

① 中国社会科学院外国文学研究所外国文学研究资料丛刊编辑委员会编:《外国理论家、作家论形象思维》,中国社会科学出版社 1979 年版,第 8 页。

笔下的安娜·卡列尼娜，有过"红杏出墙"或抗婚、私奔、出走经历的女人，在欣赏这一形象时，会想象到女人婚姻不幸的种种感受，并使之融入对安娜这个形象的认识和理解，因为她们的脑中有种种类似的记忆积累。反之，其他缺乏这种记忆的人，她们的想象就难以进入这样的层次。

（5）情感驱动。文学鉴赏活动的基本条件是受到了感动。人们在生活实践中培养起来的感情，在文学鉴赏中起着极其重要的作用。刘勰在《文心雕龙·知音》篇中写道："缀文者情动而辞发，观文者披文以入情。"这里所说的"入情"是指鉴赏者以自己之情去体验作家的情感活动，如果鉴赏者自己无动于衷，又怎能做到这一点呢？那么，鉴赏者的情感与其想象活动又是怎样联系在一起，或者说是怎样影响想象活动的呢？通常表现为两种情况：一是情感伴随着想象力而编造出一些假象，使鉴赏者信以为真，入痴入迷。如《红楼梦》中贾宝玉、林黛玉修改悼念晴雯的文稿，宝玉把"茜纱窗下公子多情，黄土垅中女儿薄命"改为"黄土垅中卿何薄命"，林黛玉读后马上伤感变色。原因就在于林黛玉潜意识中认为她和贾宝玉有结为夫妻的情感，当宝玉改为"卿何薄命"时，她就立即"对号入座"，想象成是宝玉在对她诉说，感到吃不消了。二是情感伴随着想象力，使鉴赏者入情、入微、入境。有人说，想象是情感活跃的状态，或称之为"动情状态"。鉴赏者只有入情才能入微，入微才能入境，入境才能会心。这是非常有道理的。例如，有一位与丈夫长期分居的少妇读王昌龄的《闺怨》诗，当读到"忽见陌头杨柳色，悔教夫婿觅封侯"时，情不自禁地走到阳台，凝望庭院中绿叶葱葱的树木，潸然泪下，继而泣不成声。这是文学鉴赏中情感伴随想象的典型事例。少妇被诗所感动，进入作品境界，体会诗中怨妇的情感，进而牵动自己的情思，顿时伤感而流泪。可见她对这首诗的领会是极为深刻的了。上述表明，我们必须充分认识情感对想象所起的作用，甚至可以说，在很多情况下，想象只有得到感情的滋养，才会具有威力。

（6）理性参与。文学鉴赏活动，在其初级阶段，情感伴随想象起了十分重要的作用。但就其整体而言，想象这一心理活动，必然也会受到理性的参与。一般来说，非专业性的鉴赏者，不会有意地用理性意识去压抑情感，但会不自觉地渗入理性意识。这主要表现为鉴赏者的人生体验、个人阅历，以及对文学作品的感受方式，已经融合成一种审美习惯。这种审美习惯包含着他感受、分析、判断作品形象的理性意识，必然会直接影响到他的想象活动。例如，有的人凡阅读爱情题材的作品，必然会想到道德，于是就想象男女主人公遵从或背离特定条件下道德标准的体验和感受。这对他们来说已经是一种习惯，而并非有意识地进行道德的评判。至于那些专业性的鉴赏者，他们的鉴赏活动大多表现在批评层面,注重的是形式、方法和结论,他们的想象也大多是逻辑的推理,理性参与就更是必不可少的了。

(7)思维方式。文学鉴赏和文学创作相似,主要是一种形象思维活动,它具有一般形象思维的方式和规律。集中表现为以文学作品所创造的具体形象为依据,思维的过程,就是概括和感知的过程,而想象则是这种概括和感知的组织形式。其内在联系可从形象思维的根本特征来看。美学家们通常认为,人们通过描绘个别的东西的特征来表现一般的东西,在个别中揭示出一般的东西,这就是形象思维。由此可见,形象思维的核心是从个别到一般。对于具体的鉴赏者来说,当他欣赏和分析作品所提供的个别形象时,正是通过想象,把它认定为一个具有一般意义的形象。例如,鉴赏者依据巴尔扎克笔下的葛朗台,经过联想,想象出各种各样的葛朗台。从这一个别形象身上,看到了吝啬鬼、守财奴的普遍特征。在这个意义上可以说,想象是形象思维的组织形式,形象思维是想象的思维方式,想象必然采用形象思维,没有形象思维也就无所谓想象,想象的结果也就是形象思维的结果。

三、通感、距离在"再创造"过程中的作用

(一)"通感"与"再创造"

艺术通感是艺术创作和艺术鉴赏过程中的一种积极的、由自发到自觉的心理活动,即"有感于物,有悟于心"。钱钟书曾对此做过十分形象的描述:"在日常经验里,视觉、听觉、触觉、嗅觉、味觉往往可以彼此打通或交通,眼、耳、舌、鼻、身各个官能的领域可以不分界限。颜色似乎会有温度,声音似乎会有形象,冷暖似乎会有重量,气味似乎会有体质。"[①] 就文学艺术的鉴赏而言,通感表现为鉴赏者对文学作品的艺术美的审美感知过程,其对于鉴赏者进行艺术的再创造的具体作用,可落实到两项心理活动上来分析。

一是感觉转移。感觉转移是一种自发的心理活动,是感觉之间的"彼此互相引起",在心理学上称为"联觉",即两种感觉分析器官在生活经验中建立了特殊联系。如听觉向味觉转移(嗓音真甜)、视觉向感觉转移等(红是暖色,青是冷色)。这种感觉转移可以出现在一切正常人身上,具有很大的普遍性。但对于一个积累了丰富的生活经验,具有较高的文化艺术修养的鉴赏者来说,这种感觉转移必然伴随和渗入了审美意识,并直接作用于艺术

---

① 钱钟书:《通感》,见《七缀集》,上海古籍出版社1994年版,第65页。

的"再创造"。

如阅读晚唐诗人皇甫松的七言绝句《采莲子》：

> 船动湖光滟滟秋，贪看年少信船流。
> 无端隔水抛莲子，遥被人知半日羞。

有一位鉴赏者写下了这样一段解释："清秋，和煦的阳光照在开阔的湖面上，一叶扁舟漂过，激起朵朵金色的浪花，船上的少女用热辣辣的目光凝视着相距不远的一位少年，以至于忘记采莲，信船漂流，并情不自禁地隔水把莲子向那位少年抛去，未料到这一切都被别人远远地看在眼里，羞得这位少女脸红得像红柿子似的，半天缓不过劲来。"这一段解释中的"热辣辣的目光"就是十分明显的"感觉转移"，原诗中只有"贪看"二字，表明姑娘的心理状态。少女看人的神态，对鉴赏者来说，也只是一种"视觉"状态。而"热辣辣"则使"视觉"转移到"味觉"，从而使这位少女贪看少年的形象更加生动、逼真。鉴赏者若未体验过少女初恋目光，决然写不出这样的句子。

感觉转移还有另一种情况，即在比喻的运用中体现"转移"，有人称为"通感的比喻"。如小说《红楼梦》中香菱论诗，谈到王维"日落江湖白，潮来天地青"中的"白""青"二字时，竟说"念在嘴里倒像有几千斤重的一个橄榄似的"。香菱的这一比喻把视觉状态下的"白""青"两种色彩，转化为一种形象化的感觉，从而使诗歌的意象更加深刻，也加深了鉴赏者自身对诗歌的艺术美的感受。

二是感觉概括。也称为"美感概括"和"感觉经验的概括"。表现为用一种感觉器官去反映一种事物，而能产生某种相似或相通的感受。如有人能从天风海涛听到雄强的怒吼，从风叶流泉听到幽咽的凄语，实质上就是感觉经验中的表象积累被调动起来，对被反映的事物进行相似的概括。这是一种自觉的心理活动，需要发挥主观能动性。表现在文学鉴赏方面，这种感觉概括有助于加深对文学艺术的美学价值的感受，有助于鉴赏者进行"再创造"活动，如苏联意象派诗人叶赛宁有这样一首诗：

> 在白菜地的畦垄上，
> 流动着红色的水浪，
> 那是小小的枫树苗儿，
> 正吸吮着母亲绿色的乳房。

这首诗，从创作角度来看，是运用"通感"很纯熟的好诗。诗人从红色的枫树苗儿在菜畦垄上的排列，联想到红色的水浪，从隆起的绿色菜畦，联想到母亲绿色的乳房。显然，水浪不可能是红色，乳房不可能是绿色，但诗人采用通感，却使这两者都形象可信。那么，从鉴赏角度来看，势必也需要相应的通感想象，方能真正感受这首诗的形象美。这就需要调动鉴赏者感觉经验中关于水浪、乳房的表象积累，通过形象思维、感觉联想，把"红色的水浪""绿色的乳房"幻化成眼前的景物，那样，眼前就会呈现出一幅红色枫树苗镶嵌在绿色菜畦中的田园风景图，假如鉴赏者是画家，就可以画出这样一幅图景：绿色的菜畦起伏有致，红色的枫树苗稀疏地布满菜畦，远望像红色的水浪在波动。

综上所述，通感对文学鉴赏的作用，若换种角度来谈，又可归纳为两点：第一，是使鉴赏者的感受更为丰富而深入；第二，可以产生"一通百通"与"百通一通"之效。但艺术通感会受到鉴赏者的美学趣味、文化修养、个性特征等因素的制约。鉴赏者要扩大艺术通感的能力，就要广泛地接触各种艺术，在审美活动中执着用心，仔细玩味琢磨，努力做一个有心人，找到"点子"和"门道"，只有这样，才能真正跨入通感的门径。

（二）"距离"与"再创造"

"审美距离说"是"移情论美学"的一个分支。其创造人是瑞士心理学家和美学家布洛。这一学说认为，审美的根本因素在主体方面，在于人在观照时的主观态度和心理状态。审美主体与客体之间必须保持适当的心理距离。因为距离一方面能够切断人与对象的功利关系，另一方面又能将情感移入对象，赋予客体事物以特征。不过，这种距离要适中，不能太近，也不能太远：太近就会出现"差距"，鉴赏者会被事物的功用蒙住眼睛；太远则会出现"超距"，使审美主体或者对客体无动于衷，漠不关心，或者走向纯客观的科学态度。这一理论运用到文学鉴赏的审美活动中，具有十分重要的意义，尤其是对于鉴赏者的"再创造"活动，有着直接的指导作用。

朱光潜先生曾说："艺术一方面是人生的返照，一方面也是人生隔着一层透视镜而现出的返照。艺术家必了解人情世故，可是他能不落到人情世故的圈套里。欣赏者也是如此，一方面要拿实际经验来印证作品，一方面又要脱净实际经验的束缚。无论是创造或是欣赏，这'距离'都顶难调配得恰到好处。太远了，结果是不能了解；太近了，结果是不免让实际人生的联想压倒美感……艺术的理想是距离适当，不太远，所以观者能以切身的经验印证作品；不太近，所以观者不以应付实际人生的态度去应付它，只把它当作一幅图画摆在眼前去欣赏。"① 这一段话就是包括文学艺术在内的艺术总体而言，但在其本质上对于文学艺术的鉴赏仍有指导意义。沿用到文学鉴赏的审美实践中，它启示我们必须明确两点。

（1）文学鉴赏犹如文学创作，既要调动人生体验，又要超越人生体验。既要"拿实际经验来印证"，又要"脱净实际经验的束缚"。我们可以简要地把辩证的两个侧面称之为"实"与"虚"。在审美活动中既要务"实"又要务"虚"。务"实"不能太实，务"虚"不能过虚，要恰到好处。太实了，就要陷于简单的"对号入座"，把文学作品等同于现实生活；过虚了就会"离题万里"，背离或扭曲文学作品的实际美感。这种对"虚"与"实"的把握，实际上就是与文学作品保持适当的"心理距离"，既不太近，也不太远。

（2）文学鉴赏的"心理距离"可分为"客观存在的"和"人为的"两种。所谓"客观存在"，是指文学艺术与实际人生之间本来就有一种距离，这是文学创作源于生活、高于生活的客观规律所决定的，反映到鉴赏的审美活动中，主要表现为鉴赏者对距离当代时间久远的文学作品，能比较客观地进行理解和评析（或称之为比较超然的远距离的评析）。如古代文学作品中描写的卓文君不守寡，与司马相如私奔的故事，在当时的人看来，卓文君失节是一件秽行丑迹，不能赞赏，而现代人则把这段情史传为佳话。这种差异，除了道德观念的变化外，很重要的一个原因就是现代人与这个文学故事客观上存在着心理距离，现代人已经超越了故事所反映的当时的现实世界，因而十分理解和赞赏"才子配才女"的理想组合。

所谓"人为"，是指"心理距离"的确定需要一个"调配"过程，是一种主观意识，同时也是一种审美经验。这种经验和意识可转而指导鉴赏的审美活动。据此，鉴赏者可以分辨出什么是与现实距离太近的写实主义作品，什么是与现实距离太远的理想主义作品；可以超出实践关系和实用目的的领域之外，获得独特的审美愉悦；可以把文学鉴赏的审美活动作为一个调配心理距离的动态过程，时而走近一些，时而离远一些，体会和比较不同距离下不同的审美感受，从而更接近作品，更接近作家的创作意图和想象世界。例如，对长篇小说《废都》的鉴赏。如果鉴赏者的心理距离定得过近，就会关

---

① 朱光潜：《从"距离说"辩护中国艺术》，见龙协涛编《鉴赏文存》，人民文学出版社1984年版，第341页。

注小说中的顺口溜与现实的对照，关注小说中的人物群像在现实生活中是否存在这样一些"实用世界"的问题，或斥之为"不真实"，或认同为现实生活的写照，不能准确地领悟小说的内涵和美感；如果心理距离定得太远，无限地扩大想象的空间，则又会脱离作品的客观实际，得出诸如"作者与魂共舞""当代的《金瓶梅》"这样一些错误结论；只有把心理距离定得适中，才能既看到小说反映现实的一面，又看到小说反思现实、超越现实、启迪人们深思的一面，才能感受和领会到，作品剖析变革时期的社会现状，旨在引发人们思考当代人"应怎样生活？何处寄托灵魂？"这样一些带有根本性的问题，从而真正领悟作品的意蕴美和哲理美。

上述可见，在文学鉴赏的审美活动中"距离"的把握至关重要。表现在鉴赏者的"再创造"过程中，其连接点是想象这一心理活动。心理距离把握得适中，想象就能既合乎情理，又超越常规，推动"再创造"的完美实现。反之，心理距离定得或近或远，想象也就会像脱缰的野马，或在"实用世界"的围栏内左奔右突，或在漫无边际的原野上任意驰骋。无论是哪一种情况，都会使文学鉴赏的"再创造"偏离正确的方向，陷入片面或极端的思想误区。

（1997 年）

让批评走近作者
——关于文学批评多解性的思考

作品解读的多解,是文学批评过程中的客观存在。如何认识文学批评的多解性,专家学者们看法各异。有的认为,"多解"与批评方法有关,方法不同,解释亦不同。① 有的认为,"多解"体现了读者(或批评家)与作者之间或近或远的距离差异,反映出对作品内涵和作者意图认识的不同。这就提出了一系列值得深思的问题:文学作品的"多解"是"走近"还是"背离"作者?文学批评应怎样"走近"作者?批评主体的介入与创造是有限还是无限的?本文试就这些问题进行初步的探讨。

一、"多解"是"走近"还是"背离"作者

人们常说,一千个读者,一千个哈姆莱特,那么,究竟哪一个是莎士比亚心中的哈姆莱特?读者(包括批评家)心中的艺术形象与作者心中的艺术形象相距究竟有多远,有无重合的可能?搞清楚这一问题,对文学欣赏和文学批评具有不可忽视的实践意义。

从批评的目的和功能来看,"多解"是一种客观存在,文学批评距离作者必然是有近也有远。俄国批评家杜勃罗留波夫认为,批评的目的在于"说明从作品中所抽取出来的一般结论"②。而法国美学家米盖尔·杜夫海纳则明确指出:"作品的真理总是在意义的说明之中。因此,批评的基本任务似乎就在于解释这种意义。"③ 两者表述虽不相同,但都强调批评在于解释作品的意义。既然批评是解释意义,"多解"也就在所难免。除了批评家的审美感知能力和批评方法的不同等方面因素外,"多解"的另一个重要原因就在于

---

① 参见曹亚军《霍桑及其〈红字〉之一:批评略史》,载《深圳大学学报(人文社会科学版)》1999年第1期。
② [俄]杜勃罗留波夫著:《文学论文选》,辛未艾译,上海译文出版社1984年版,第4页。
③ [法]米盖尔·杜夫海纳著:《美学与哲学》,孙非译,中国社会科学出版社1985年版,第163页。

批评家在解读作品过程中对文本和作者的整体把握。批评不仅要诠释文本，透彻地分析作者通过文本"说了什么"，而且要经由文本了解作者"想说什么"（杜勃罗留波夫语）。如果说批评家作为特殊读者，在分析作品"说了什么"时，允许其有自己的创见，无须顾虑是"走近"还是"背离"作者，那么，在了解作者"想说什么"时，则必须最大限度地"走近"作者。比利时批评家乔治·布莱曾非常形象地指出，批评的开始和终结都是批评者和创作者的精神的遇合，批评的目的是探寻作者的"我思"。因此，批评的全过程乃是一个主体经由客体（作品）达至另一个主体。"发现一位作家的'我思'，批评家的任务就完成了大半。"① 文学批评的具体实践表明，批评家对作家"我思"的发现始终是相对的，真正能够达到"精神遇合"的为数不多。也正是在这个意义上可以说，虽然批评家都力图"走近"作者，但距离必然是有近有远。在这方面比较成功的例子当数杜勃罗留波夫对长篇小说《奥勃洛摩夫》的评论。杜勃罗留波夫对于那个成日躺着，不论友谊还是爱情都不能惊醒他、使他振作起来的奥勃洛摩夫形象，用一个十分精辟的新词"奥勃洛摩夫性格"来高度概括，从根本上发现了作者冈察洛夫的"我思"，准确地解释了作品揭露一代多余人"彻头彻尾的惰性"的意义，从而使"奥勃洛摩夫性格"成为一个富有象征意义的名词而经久流传。从文学批评的实践来看，批评家们中有不少人做过"走近"作者、发现"我思"的努力，甚至有的可能已经在一定程度上发现了作者的"我思"。但是，那些认为作者因其"内心有不快之事"而借助作品"一吐为快"的判断，那种以个人好恶判定作者的创作是否失误的人，显然是与作者相距甚远的。由此可见，"多解"一方面符合文学批评的客观规律，显示出批评的差异性和背离性特征，在一定程度上表明批评家常以不同形式、从不同角度"走近"作者；另一方面也说明，批评家"走近"作者、发现作者的"我思"必然是有距离的，虽然很难简单地判定谁"近"谁"远"，但距离作者的"远""近"差别是一种客观存在。在这个意义上可以说，"多解"不仅是作品的"神秘与魅力"所在，而且也是批评的规律所在。

二、批评怎样"走近"作者

在讨论批评怎样"走近"作者之前，有必要对"走近"的内涵做进一步的阐明。如前所述，批评"走近"作者是发现作者的"我思"，达到与作

---

① ［比利时］乔治·布莱著：《批评意识》，郭宏安译，百花洲文艺出版社1993年版，第284页。

者的"精神遇合"。但对"我思"和"精神遇合"不能只从作者角度做单一、狭隘的理解。米歇尔·比托尔曾说:"写作的意图总是为了被人阅读。我写作时总有某个视角,也许这是我自己的主观视角。但写作活动本身已经包括了读者大众。"① 这表明,作者在创作过程中已考虑到读者(含批评者)的阅读兴趣和审美需要等因素,读者是以一种理念的存在形式,存在于作者的意识或潜意识之中的。因此,从某种意义上可以说,作者的"我思"已经包含了部分读者(作者心目中的读者群)的"我思"。如果作为批评家的读者恰巧类属于作者心目中的读者群,那么,批评家的"我思"(包括主体意识的介入及对文本的创造性解读)实质上就与作者的"我思""精神遇合"了。从这个意义上讲,作者的"我思"是"想说什么"和"说了什么"的综合,既包括作者渗透在作品中的主观意识,也包括作品在被阅读、批评时所产生的某些印象和结论。鉴于此,批评家"走近"作者不仅要"走近"作者的主观意识,而且还要"走近"作者所期望的某些创作效果,这才是真正、全面的"精神遇合"。

阐明上述前提之后,批评家怎样"走近"作者呢?这可以从四个层面分别剖析。

首先,要发掘文本(作品)潜能。威尔纳·保尔曾说:"文本中包含着实在的和潜藏的意义因素,它们为读者提供对作品文本作不同的、但并非毫无限制的反应和'具体化'的可能性。"② 伊瑟尔则说得更加清楚:"文学作品有两极,我们可以称之为艺术极和审美极。艺术极是作者写出来的文本,而审美极则是读者对文本的实现。"③ 两位美学家的表述异曲同工,都表明文本仅仅包含了作品所固有的潜能,只有当它被读者(含批评者)所发掘、所接受,并产生了影响,它才能实现自身的存在,即把作者的"我思"转化为现实的审美效果。换言之,读者(或批评者)也只有经由文本,发掘文本潜能,才能"走近"作者,完成一个主体经由客体(作品)达至另一个主体的全过程。必须指出的是,文本的全部潜能决不会在阅读(或批评)过程中一次被完全实现,每一次具体的阅读只能发掘出文本的部分潜能。因此,批评者对文本潜能的发掘不能企图一次穷尽,因将其视为一个过程,在发掘过

---

① 转引自[德]瑙曼等著,范大灿编《作品、文学史与读者》,文化艺术出版社1997年版,第127-128页。

② 转引自[荷兰]佛克马、易布思著《二十世纪文学理论》,林书武等译,生活·读书·新知三联书店1988年版,第175页。

③ 转引自郭宏安、章国锋、王逢振《二十世纪西方文论研究》,中国社会科学出版社1997年版,第329页。

程中加深理解,逐步地"走近"作者。

其次,要避免对文本意义的简单外化认同。西方一些批评家认为:"文学作品不是某种先在典型的复制或模仿,而是人的创造意识的结晶,是其内在人格的外化。作为创造主体的人与作为社会主体的人并不等同,也就是说,批评家不能把作为创造者的作家和社会生活中的作家混为一谈。""作品是作者的意识的纯粹体现,而不是作者实际生活经历的再现。所以,批评家要对作家潜藏在作品中的意识行为给予特别的关注,而不应把注意力集中于作者的生平、作品产生的实际历史环境等等外在情况。"① 应该说,这一观点对于批评家正确地解读作品和"走近"作者是不无裨益的。以美国作家霍桑的《红字》评析为例,不少批评家在评析《红字》时,过多地把目光停驻在"社会生活中"的霍桑身上,揣测他的内心有什么"不快之事",过多地关注作者的生活经历,不无牵强地在作者生平与《红字》创作之间寻找和编织内在联系,这样的批评方式势必导致对《红字》意义的简单外化认同,即忽视作家的创造,忽视作家"潜藏在作品中的意识行为",从作家的现实心态和"作品产生的实际历史环境"出发,在外在的背景材料中寻找和阐发《红字》的意义。这种批评方式的偏差和缺陷,必须引起批评家们的高度重视,尤其在用社会学批评方法评析作品时更要特别注意。

再次,要坚持批评的文学性。文学批评要发现作者的"我思",必须从文学作品的存在方式出发。因为,对文学作品的"理解归属于和艺术作品的接触,因而只有从艺术作品的存在方式出发,才能搞清楚这个归属"②。这里包含着两层意思,一是批评要切合对象——作品的形式和内容实际,对小说、诗歌、散文等不同类型的文学作品,要分别理解和掌握它们不同的语言系统,进行相应的阐释,否则,就会出现"关公战秦琼"似的胡评乱析现象;二是要以文学的眼光去审视和解读作品,不能拘泥于生活的真实。这也是文学批评的一种规范性要求。如果批评者不是以文学的眼光来观照作品,把生活中的情景作为衡量、对照作品的标准,就会步入曲解作品的歧途。

最后,要善于回应作者的"引发"。伊瑟尔曾说:"文学文本与其说实际地提供了意义,不如说引发了意义的'发生',它的审美特性恰恰寓于这种'发生'结构之中。"③ 他认为,"作者切不可把作品的意向过于明白地表

---

① 郭宏安:《〈批评意识〉述要》,见[比利时]乔治·布莱著《批评意识》,郭宏安译,百花洲文艺出版社 1993 年版,第 3、4 页。
② [德]伽达默尔著:《真理与方法》,王才勇译,辽宁人民出版社 1987 年版,第 145 页。
③ 转引自郭宏安、章国锋、王逢振《二十世纪西方文论研究》,中国社会科学出版社 1997 年版,第 330 页。

达出来，而应在文本中为读者留下思考的余地和想象的空间。只有这样，阅读活动才会成为真正的享受"①。由此可见，批评者能否领悟作者的"引发"，能否发现作者留下的"余地"和"空间"，并创造性地加以回应，是其能否"走近"作者的关键所在。鉴此，批评者必须在两个方面切实下一番功夫。第一，要善于与作者"对话"。前面谈到，作者在创作过程中会考虑到读者的理念和意识的存在，与此相对应，批评者在评析作品时，应与作者"心有灵犀一点通"，进行无声的对话，在作者的"我思"中找到他的出发点，并把其作为探索作家内心世界的"指示标"，从而"在自我的内心深处重新开始一位作家或一位哲学家的我思"②。在作者留下的"余地"和"空间"中，进行创造性的再创作，使作品的意义真正得到"发生"。第二，要努力体验和把握作者的经验。作家的经验不是实际的阅历和体验，而是表现为创作风格和艺术特色的主观意识在作品中的体现，因而是非常个性化的经验模式，"批评家掌握了这种模式，也就掌握了作家生活在他所创造的世界中的方式"③。具体说，批评家要准确地把握作家的"经验模式"，并把此作为理解作家、深入作家内心世界的媒介，把批评建立在由文本（作品）而感受作者、体验作者的基础上，以与作者相同的方式，在作者"所创造的世界中"，进行批评的"再创造"。

三、"创造性背离"及其相对有限性

文学批评在某种意义上是一个"走近"和"背离"作者的不间断的往返过程。所谓"背离"，特指批评家在评析作品"说了什么"时所进行的未必是作者本意的创造性解读，意大利接受美学家墨尔加把这称为"创造性背离"④。我国古代文评家把这概述为"作者之用心未必然，而读者之用心何必不然"⑤。

---

① 转引自郭宏安、章国锋、王逢振《二十世纪西方文论研究》，中国社会科学出版社1997年版，第328页。

② [比利时]乔治·布莱著：《批评意识》，郭宏安译，百花洲文艺出版社1993年版，第280页。

③ 转引自郭宏安、章国锋、王逢振《二十世纪西方文论研究》，中国社会科学出版社1997年版，第119页。

④ 转引自《从文本之潜能与读者之诠释谈词的美感特质》，载《新华文摘》1997年第5期，第121页。

⑤ 转引自《从文本之潜能与读者之诠释谈词的美感特质》，载《新华文摘》1997年第5期，第122页。

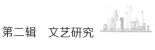

接受美学理论认为,"文艺作品的历史的和现实的生命没有接受者能动的参与是不可想象的"①。这里所说的"能动的参与"也就是批评家在评析作品意义时所出现的"创造性背离"现象。其核心是不受作品的"原始存在状况"所束缚,而是按自己的理解,使作品发生不同程度的"变形",使作品的意义有所"增值"。现在的问题是,批评家能在多大程度上对作品实施"变形"和"增值"?"创造性背离"是有限还是无限的?这关系到对文学批评客观规律的全面认识,也是关系到作品解读时会否出现"误读"的一个根本问题。

前文谈到,德国美学家威尔纳·保尔在《作品文本与接受》一书中曾明确指出:"原始文本中包含着实在的和潜藏的意义因素,它们为读者提供对作品文本作不同的、但并非毫无限制的反应和'具体化'的可能性。读者对作品的一切'活化'过程,都必须在作品结构所提供的意义框架内进行。"②这里所说的"活化"即是"创造性背离",而"活化"是有限制的。从文学批评的具体实践来看,一旦批评者超越了作品所提供的"意义框架",就会导致其进行随心所欲、不切实际的妄评乱评。看起来似乎不无道理,但实质已离题万里,甚至会出现自相矛盾的现象。以王国维说词为例。他说:"古今成大事业、大学问者,必经过三种境界:'昨夜西风凋碧树,独上高楼,望尽天涯路'此第一境地;'衣带渐宽终不悔,为伊消得人憔悴'此第二境也;'众里寻他千百度,蓦然回首,那人却在灯火阑珊处'此第三境也。"王国维把爱情小词说成是成大事业、大学问的三种境界,显然已超越了原作的"意义框架",所以他不得不解释,"此等语皆非大词人不能道",即明确表示这是自己的诠释,而非作者的原意。③后人虽欣赏他对做学问境界的形象表述,但对他如此诠释词,大多则不以为然。非常有趣的是,王国维后来的解释又与此相矛盾。把"昨夜西风凋碧树,独上高楼,望尽天涯路"说成是"诗人之忧也"。前后两解,大相迥异,随意之处,显然可见。再以《红字》评析为例。一些批评家从新批评主义的角度考虑《红字》中比喻和象征的意义,认为"在霍桑的作品中发现了四种生存状态:一种亚人(自然)状态,两种凡人状态,一种超人(神灵)状态",并得出结论:"没有自然

---

① 转引自郭宏安、章国锋、王逢振《二十世纪西方文论研究》,中国社会科学出版社1997年版,第304页。
② 转引自[荷兰]佛克马、易布思著《二十世纪文学理论》,林书武等译,生活·读书·新知三联书店1988年版,第175页。
③ 转引自《从文本之潜能与读者之诠释谈词的美感特质》,载《新华文摘》1997年第5期,第122页。

界的抚摸,人生将太凄凉悲哀……而如无神义注入人间,生命亦将比禽兽不如。"① 方法虽然新颖,结论也与众不同,但显然已超越了作品"意义框架"的限制,说的已完全是另一回事了。

必须阐明的是,批评家的"创造性背离"虽然受到作品提供的"意义框架"的限制,但批评家毕竟是有为而不是无为的。他们在对作品的"活化"过程中,可以"对作品文本作不同的反应",实现对作品意义"具体化"的种种"可能性",实现作品意义的"增值"。此中的关键是要准确地把握作者所提供的"如何取向的信号"②,尽可能"按照作者希望的方式同作品进行交往"③,在文本制约的条件下适度介入,或者说在有限制的前提下进行积极的再创造。具体说,要做到两个统一,即主观与客观的统一、主体与文本的统一。批评家每评析一部作品,要使体现自己个性特征的主观感受,基本符合作品的客观实际,既不离题太远,又有独特的创见,绝不能出现主观感受与作品实际内涵大相径庭的现象。此外,批评家必须依据文本进行再创造,努力做到主体评价与文本内涵的接近或一致,使自己对作品"说了什么"的解读,既是"本来如此"的(即作品所蕴含的),又是"应当如此"的(即作品意义的"增值"是合乎规律、合乎逻辑的,是令人可信的)。

上述这两个统一,在某种意义上可以说是批评家对"创造性背离"的原则把握。在批评实践中,则要努力做到在突出个性,说出与众不同的话语的同时,避免别出心裁地标新立异,避免用自己的阅历、经验和人生体验,乃至一时的情绪,去简单地观照作品,越出作品所提供的"意义框架"。批评家要努力从狭小的"自我"中走出来,自觉摒弃片面的理解和功利性的判断,逐步达到"作者'我思'乃我思,'活化'新意无人同"的全新境界。

(2000年)

---

① 转引自曹亚军《霍桑及其〈红字〉之一:批评略史》,载《深圳大学学报(人文社会科学版)》1999年第1期,第45页。

② [德]瑙罗著:《作者——收件人——读者》,倪诚恩译,见[德]瑙曼等著,范大灿编《作品、文学史与读者》,文化艺术出版社1997年版,第131页。

③ [德]瑙罗著:《作者——收件人——读者》,倪诚恩译,见[德]瑙曼等著,范大灿编《作品、文学史与读者》,文化艺术出版社1997年版,第130页。

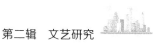

第二辑 文艺研究

埃科小说研究的创新呈现
——从《埃科小说研究》说开去[①]

意大利著名作家翁贝托·埃科,是欧洲乃至世界文学史上罕见的奇才,集小说家、符号学家、哲学家、历史学家于一身,既是公认的"学术大咖",又是特色鲜明的"文学顽童"。西方的埃科研究起步很早,论著较多。我国从20世纪80年代初才开始译介、研究埃科的作品,大多集中在著述译介、理论探讨、小说研究等几个方面,研究历史不长,研究成果亦有限,至今尚无一部系统研究埃科全部小说的论著问世。从这个意义上说,于晓峰等著的这部《埃科小说研究》,不仅填补了空白,而且详细论述了埃科小说的艺术特征,具有不可忽视的创新意义。

法国著名文学批评家阿尔贝·蒂博代曾把文学批评分为三种类型,即自发的批评、职业的批评、大师的批评。在他看来,"自发的批评"是一种读者的批评,侧重于阅读感受和阅读体验;而"职业的批评"是教授的批评或者是专家的批评,偏重于引经据典和理论考证;至于"大师的批评",是指那些公认的大作家(诗人、小说家、剧作家等)的批评,他们热衷于在美学和文学的重大问题上表明看法。[②] 对照以上这三种批评类型,于晓峰等著的《埃科小说研究》,显然属于"职业的批评"。这既取决于埃科小说的"百科全书特征",也与作者于晓峰等长期从事埃科文艺思想研究密切相关。

首先,埃科的小说需要"职业的批评"。正如《埃科小说研究》的作者所言:"埃科的小说创作深受其学术理论研究的影响和启发……充满了各种符号及其对符号的诠释,小说叙述在符号语言之间穿梭,留下种种悬疑和痕迹,留待读者去诠释和填充,使得小说意义呈现各种可能。"显然,要对这样的小说进行研究,若无符号学和文本诠释理论方面的修养,那就只能"隔靴搔痒",很难得其意义内涵及创作手法之精髓。作者于晓峰等有符号学研

[①] 本文为《埃科小说研究》的序言,该书尚未出版。
[②] 参见[法]蒂博代著《六说文学批评》,赵坚译,郭宏安校,生活·读书·新知三联书店2002年版。

· 163 ·

究的理论基础,于晓峰本人又曾把埃科文艺思想作为博士论文的研究对象,出版过专著《诠释的张力:埃科文本诠释理论研究》。因此,他们对埃科小说的研究,就很自然地有一种"内行看门道"的优势。鉴于此,在作者的视野中,小说《玫瑰的名字》是"从符号学理论向符号学小说的转化","充分体现了作为小说家的埃科与理论家的埃科的统一性"。而《傅科摆》《昨日之岛》《波多里诺》《罗安娜女王的神秘火焰》《布拉格墓园》《试刊号》等埃科的其他小说,也无一不是埃科小说叙事模式的生动体现。作品意义的不确定性,留给读者很大的想象和阐述空间;采用"后设叙述""对话现象""双重符码化""互文反讽"等叙事策略,都表明只有作为理论家的埃科才能创作出这样的小说。由此亦可推论,对埃科的这种与理论互证的小说,若无一定的文艺理论专业修养,又怎敢对其进行妄评。也正是在这个意义上,可以说,于晓峰等的《埃科小说研究》真正做到了"书对版,人对路",适得其所,恰到好处。

其次,"职业的批评"侧重的是小说"怎样写"而不是小说"写什么"。通览《埃科小说研究》就会发现,七部小说的分析研究,几乎都是以研究埃科"怎样写"和"为什么这样写"为重点,而对作品"写什么"只是点到为止,着笔不多。这既是于晓峰等作者的研究风格,也是由埃科小说的艺术特征所决定的。既然埃科小说是埃科符号诠释理论的形象体现和生动例证,那就必须以专业的眼光,透视出埃科是如何把符号学理论体现在他的小说创作实践中的,到底有多少亮点,有哪些过人之处。于晓峰等对此心领神会,并在《埃科小说研究》中很好地做到了这一点。作者在对《玫瑰的名字》的分析研究中,敏锐地发现"玫瑰"只是一个具有象征意义的符号,并无确定的含义,"暗示了对该小说的诠释存在不确定性和多样性",这是埃科把"开放的文本"理论用于小说创作的生动例证。而小说《傅科摆》在作者们看来,这是埃科"实现其符号诠释理论与小说创作相结合的成功典范"。作品通过"洗衣单"这个符号,讽刺学者们自以为是的"知识阐释"和其他一些人的"过度阐释",从而提出了作品阐释的科学性与合理性问题。与上述两部小说的分析评判相类似,作者在《昨日之岛》《波多里诺》《罗安娜女王的神秘火焰》《布拉格墓园》《试刊号》这五部小说中,同样发现和揭示了埃科把符号诠释理论融于创作实践的叙事策略。例如,鲜明的巴洛克叙事风格,对历史的虚伪与谎言的隐喻,用符号的多样性体现作品的开放性,符号系统在小说中的形象体现,等等。而对于埃科为什么这样写,于晓峰等也做了非常专业的解答:"作为学者型的小说家,埃科能够在学者与作家双重身份间自由切换,使小说创作与理论研究交错行进,依托理论基础为小说创作提供指导和借鉴，小说创作又为理论研究提供实践与证明。因此，埃科的小说作品……是埃科借以表现自己学说理论的文学载体。"

此外，作者的理论修养能够较好地驾驭"职业的批评"，形成特色，展现亮点。综观《埃科小说研究》，除"导论"外，全书共八章，七章分论七部作品，另有一章阐明"埃科小说的主题及叙事模式"，是规范的学术著作的架构。再细观七章分论，从标题到内涵，论述的几乎都是符号学叙事理论在小说中的实践和运用。因此，仅从形式上就可看出作者对符号学理论的深入了解和运用自如。作者深谙"职业的批评"的理论套路，且是这种批评方式的主动选择者和自觉实践者。

埃科的七部小说，从宏观上看，"叙事场域主要集中在符号和历史两个维度"，"形成了符号学理论与小说创作的互动诠释和相互回证"；而从微观上看，七部小说的分别研究，涉及符号象征、符号隐喻、符号诠释、文本的开放与封闭、复调结构与双重读者、合理诠释与过度诠释、语言特征与美学风格等众多理论概念。这就要求埃科小说研究者有清晰的理论逻辑和准确的理论表述，既不能停留在概念解读，也不能随意地"对号入座"。于晓峰等《埃科小说研究》的作者，具有较好的文艺理论修养和对埃科文艺思想研究的经验，在七部小说的分论中能够驾轻就熟地表达自己的学术观点，对符号学理论及其在小说中的运用，也能做到深入浅出，有理有据，不给人以"搬弄概念、生拉硬扯、故弄玄虚、艰涩难懂"之感，体现出较高的研究水平和学术修养。尤为可贵的是，作者在分析研究中巧妙地运用比较分析的方法，在分析论证《玫瑰的名字》时，将其与美国作家丹·布朗的小说《天使与魔鬼》进行比较，从而揭示出埃科的学者小说与通俗小说的差异，也显示出作者研究方法的灵活性和多样性。

于晓峰作为《埃科小说研究》的主要作者，无疑对这本著作的构思与呈现起着引领和主导作用。我与晓峰结识较早，他是我所带的硕士研究生群体中的"大师兄"。晓峰为人诚实厚道，治学严谨勤奋，从博士论文写作到埃科文艺思想的系统研究，他为之投入和奋斗了十几年。这本《埃科小说研究》显然是他学术道路上的又一个成功标志。

（2020 年）

外国文学经典形象的文化阐释
——从嘉尔曼形象说开去

19世纪法国作家梅里美的中篇小说《嘉尔曼》发表已逾一个半世纪了,但对嘉尔曼形象文化内涵的理解和挖掘,仍大有文章可做。从"文学是人学"的角度来看,嘉尔曼形象涉及了生与死、性格与命运、爱情与自由等永恒的人生命题,具有相当丰富的文化内涵,充满深刻的人生哲理。本文试图探究和阐释嘉尔曼形象的文化底蕴,进而从新的角度展现嘉尔曼形象的艺术魅力与警世作用。

一

嘉尔曼作为一个艺术形象,之所以能长期受到读者的钟爱,原因在于她的悲剧内涵引起了人们的深刻思考,人们从中观照和联想到人生和人的命运的一些根本问题。嘉尔曼的悲剧源于她拥有作为一个波希米亚姑娘的独特性格。她的倔强、直率、任性、宁死不屈的野性性格令读者耳目一新,而与性格直接相关的悲剧命运又使读者获得十分深刻的审美感受。嘉尔曼的悲剧命运在震撼读者心灵的同时,也给读者留下超越文学形象本身的广阔的思维空间,激发读者去仔细体味人物命运深刻而丰富的悲剧内涵。

(一) 性格就是命运

人物性格对人物命运的影响和决定作用,这点一直为文学评论家们所关注,而嘉尔曼形象正是涉及了这一命题。嘉尔曼的性格充满了野悍、机敏、狡黠的成分。但人物的性格是一个整体,各种性格因素的排列组合总以一种主导的性格特征为核心。对嘉尔曼而言,她的性格的主导特征在于酷爱自由与坚持个性。这一性格特征给读者留下了不可磨灭的印象,为此她被评论家誉为"自由的精灵"。可是我们在感受嘉尔曼性格魅力的同时,还应该看到,恰恰正是嘉尔曼的这种性格特征直接导致了她"毁灭"的命运。

　　一种性格往往意味着一种追求、一种执着，嘉尔曼对自由的追求和执着源于她对自由的热爱。对波希米亚人来说，"自由比什么都宝贵，为了少坐一天牢，他们会把整个城市都放火烧了的"①。嘉尔曼更是如此。她放荡不羁，我行我素，一切依照个人的意愿与独立的天性行事，凡是束缚了她独立自由的东西，她都猛烈地去攻击它、嘲笑它，现行的社会秩序、法律和伦理道德她都无所顾忌，以至当唐·若瑟千方百计干涉她个性的自由发展时，她毫不客气地向唐·若瑟提出警告："我不愿意人家找我麻烦，尤其是命令我。我要自由，爱怎么就怎么。"② 嘉尔曼在冷酷无情的环境中狂热地追求着她所企盼的绝对自由。但是，追求自由是脱离不了现实环境的，如果人物的个性追求不能和谐地融入客观环境，那么严酷现实的反馈力量只会令这种追求走向痛苦的深渊，导致悲剧性的结果。当嘉尔曼眼见自己与唐·若瑟的爱情悲剧已成定局时，不管唐·若瑟使用多么动听的言辞劝诱、采用何等恶狠的手段威胁，她依然坚持自己的个性而绝不放弃："你是我的罗姆，有权杀死你的罗米；可是嘉尔曼永远是自由的。她生来是加里，死了也是加里。"③ 终于，桀骜不驯的嘉尔曼以生命的代价来坚持她的自由。她把自由当作一切，生是为了自由，死也是为了自由，这全是由她性格所决定的。命运的安排常常是悖理的，追求自由本是合乎人性的基本追求，但她疯狂地追求不受任何束缚的自由，则注定要走向毁灭，毁灭实质上又是她性格表现的必然结果。当我们为嘉尔曼的悲剧命运扼腕而叹之余，也领悟到了"性格就是命运"的启示。

（二）爱情与自由极难统一

　　法国著名作家萨特有这样一句名言："爱情是冲突的。"爱情的本质是活生生的个性情感显现，依赖于恋爱双方的个性和谐，它在一定条件下不可避免地会与个性的自由发生冲突。嘉尔曼的悲剧命运又揭示了这样一点——在现实生活中，爱情与自由极难统一。

---

　　① ［法］梅里美著：《嘉尔曼》，傅雷译，见《法国中篇小说选》（下），人民文学出版社1988年版，第304页。

　　② ［法］梅里美著：《嘉尔曼》，傅雷译，见《法国中篇小说选》（下），人民文学出版社1988年版，第327－328页。

　　③ ［法］梅里美著：《嘉尔曼》，傅雷译，见《法国中篇小说选》（下），人民文学出版社1988年版，第334页。

嘉尔曼与唐·若瑟的决裂在很大程度上是源于爱情与自由的冲突。不可否认，嘉尔曼对唐·若瑟的爱情自一开始便是真挚坦率的。当嘉尔曼倾心于唐·若瑟时，她挺身而出，患难与共；当唐·若瑟为她放荡的作风而恼火时，她又表露心迹："啊！你还吃醋呢！真是活该。你怎么这样傻呀？你没看出我爱你吗，我从来没向你要过钱。"① 显然，嘉尔曼认为爱情是以坦率真诚和不妨碍各自的自由为基础的，容不得半点强迫与虚假。但同时，酷爱自由的嘉尔曼对自由与爱情的内在冲突却缺乏一定认识，她理想的幸福爱情是各自独立，各自享有充分的自由。对于唐·若瑟"要独自一人占有她"，限制她的自由，她是不能忍受的。她的思想观念和行为方式与信奉妻子的一切为丈夫所主宰，决不能任其自行其是的唐·若瑟恰好是对立的。她向欲独占她的唐·若瑟回敬："自从你正式做了我的罗姆以后，我就不像你做我情人的时候那么喜欢你了。""我不愿意人家找我麻烦，尤其是命令我。"② 当唐·若瑟无法忍受，想带着嘉尔曼去美洲"安安分分过日子"时，不愿受任何束缚的嘉尔曼以三个"不"断然相拒。这时，爱情与自由的矛盾不可避免地激化了，在爱情与自由的冲突中，嘉尔曼坚定不移地维护自由，不惜放弃爱情，乃至生命。

对嘉尔曼这样一个激情如火的波希米亚女郎来讲，她信奉的是拥有充分自由的爱情准则。但生活有其自身的规范，这种以自由为宗旨的爱情是很难存在于现实之中的。爱情并不是纯粹的感情组合，其本身即意味着必须为所爱的人承担某种责任、某种义务，因而也必然会在一定程度上削弱人的个性的自由。嘉尔曼的爱情观深受波希米亚人那种原始状态的婚姻习俗的影响，她在爱着唐·若瑟的同时，仍然我行我素，继续从事她的"埃及买卖"，过着独立不羁的生活。尽管这是嘉尔曼出自本性的"越轨"，但是要求嘉尔曼恪守"妇道"的唐·若瑟却无法忍受。终如嘉尔曼所言，"狼与狗的同居不会长久"，两人的爱情在不可调和的冲突中共同走向了毁灭。现实生活是严酷的，充分独立的个性自由与蕴含责任义务的爱情必然会相悖而难于融合。要取得自由与爱情的统一，终究是人的情感与个性发展进程中难以逾越的一个障碍。

---

① [法] 梅里美著：《嘉尔曼》，傅雷译，见《法国中篇小说选》（下），人民文学出版社 1988 年版，第 315 页。

② [法] 梅里美著：《嘉尔曼》，傅雷译，见《法国中篇小说选》（下），人民文学出版社 1988 年版，第 327、327-328 页。

（三）自由的极致就是毁灭

自由作为人生幸福的最高体现，人们从未停止对它的追求。在人类文明进程的发展史上，曾有多少伟哲为自由而歌唱，为自由而献身，嘉尔曼这一艺术形象一直被誉为"自由始终是她的至高原则"。为了自由，金钱诱惑不了她，死亡威胁不了她；为了自由，她不惜牺牲一切。嘉尔曼形象所体现出的是一种对自由顽强不息、不屈不挠的追求精神，嘉尔曼的悲剧也是一曲追求个性自由的颂歌。但如果从嘉尔曼的自由观及追求自由的方式来审视，我们又会领悟到一种关于"自由的极致就是毁灭"的警世意蕴。

嘉尔曼所企盼的"绝对自由"，其实质是不受任何约束的极端自由。正如她对唐·若瑟所说："我要自由，爱怎么就怎么。"她为了自由而为所欲为，把抢劫、诈骗、走私、贩毒等所有这些"埃及买卖"都作为她反抗社会规范束缚的手段。这种不择手段的反抗使嘉尔曼在力图捣毁"是卖烂橙子的骗子商贩的国家"的同时，也使自己走向了毁灭的道路。因为在现实生活中，嘉尔曼所追求的不受任何约束的极端自由是无法实现的。"人的本质并不是单个人所固有的抽象物。在其现实性上，它是一切社会关系的总和。"①实现人的个性的自由发展，需要许多的社会物质和精神基础，并只有在与其他人的自由发展取得高度和谐时才能完满实现。这是一个漫长的历程，人类还需为此做出许多努力。不顾现实社会环境，任性而为之，就必然要受到众多因素的对抗和制约，在力量对比失衡的情况下，就会遭遇毁灭的命运。尽管嘉尔曼坚强自尊，勇于反抗，誓死也要做一个自由人，但这一切在许多情况下不合社会常情，与绝大多数社会成员的观念意识相违背，与社会运作的客观规律相违背，她的反抗、她的自尊，在其他人眼中是不可思议的"病态"和扭曲，她得不到理解，也得不到同情和支持，执意孤行，就必然走向绝路。

嘉尔曼追求自由的方式充其量只能算是在理想光辉闪耀下的畸形抗争。虽然一百多年后的我们不应该苛求当时的作者，但"自由的极致便是毁灭"仍是我们在感悟嘉尔曼悲剧内涵时所不容忽视的重要因素。

---

① 中共中央马克思恩格斯列宁斯大林著作编译局编：《马克思恩格斯选集》（第1卷），人民出版社1972年版，第18页。

二

文学形象是作家思想的凝结。作家对人物形象的塑造，往往体现出他的审美指向。梅里美在其为数不多的作品中塑造了一系列与文明社会相对立，具有原始动力和独特个性的强悍人物形象，如嘉尔曼、高龙巴、马特奥、法尔科讷、塔曼戈，这些形象都共同体现了梅里美独特的审美指向，即用非道德的艺术审视眼光，来发掘未经现代文明洗礼的原始状态，力图呼唤人性的觉醒，建立一种独立自由人格。嘉尔曼这一艺术形象最为突出地反映了这一特色，展现出独特的形象意义。

（一）个性解放与独立人格的艺术赞颂

梅里美塑造嘉尔曼这一形象，绝非因为欣赏或批判嘉尔曼狂放不羁的行为，他的真正审美指向是透过嘉尔曼的种种不经之举来揭示她身上的那种人性的淳朴和独立的人格，以及通过野蛮形式表现出来的强烈的生命意识。嘉尔曼是一个具有十足"野性"的典型波希米亚女子，她敢作敢为和狂放不羁的性格特点使她放射出原始"人性"的光彩。对于嘉尔曼，世俗社会的法律和道德规范丝毫不起作用，她只按波希米亚民族的方式和她的自然本性行事。她认为社会制度束缚她，便肆意破坏，偷盗、杀人、走私、诈骗，一切天马行空，全然无视社会规范。她宣称："人家要干涉我作什么事，我马上就作。"①"我要自由，爱怎么就怎么。"最后，她为了坚持个性自由而勇敢地舍弃生命。此外，嘉尔曼原始人性的本色还表现为毫不矫情、爱时即爱、恨时即恨，绝不曲意奉迎，委曲求全。当她不爱唐·若瑟时，即使面临死亡的威胁，也决不违心求生，她大喊："你的要求，我办不到。我已经不爱你了。""我还能对你扯谎，哄你一下；可是我不愿意费事了。"②

从某种程度上讲，嘉尔曼充满原始气息的"野性"形象表现了人格的尊严和自由、自主之可贵。在这个近乎远离人类文明的人物形象身上最充分地体现了人的价值。嘉尔曼虽然言语粗俗，行为野蛮，但较之资本主义社会中循规蹈矩、温文尔雅的伪君子而言，更多地闪耀出人性的光芒。她真诚无伪

---

① ［法］梅里美著：《嘉尔曼》，傅雷译，见《法国中篇小说选》（下），人民文学出版社1988年版，第329页。

② ［法］梅里美著：《嘉尔曼》，傅雷译，见《法国中篇小说选》（下），人民文学出版社1988年版，第334页。

地作为一个"人"生存于世,尽一己之力去实现自己的目的,维护自己的意志自由。所以,梅里美塑造嘉尔曼这一形象,显然不是作家猎奇式地寻找刺激,而是对人的个性解放及独立人格的一种张扬。嘉尔曼那种饱蕴蛮荒气息的生命存在状态,使人们真切地感受到一种人性的威严,一种生命的庄严和无拘无束。与那些在资本主义道德压抑下,生命力变得日益萎缩的人相比,嘉尔曼显然是一股强健而富于冲击性的活力。正是在这一意义上,嘉尔曼形象才显出超凡脱俗的魅力。

（二）对非道德化的自由主义人生观的艺术审视

嘉尔曼形象出现在 19 世纪上半叶。当时,欧美许多文学家面对世态炎凉、人欲横流的社会现状,从社会进步、个性解放,乃至审美需求的角度,对世俗道德及社会秩序进行了深刻的反思,而梅里美则如哲学家罗素所言,"发展了一种对于原始事物的爱慕,以及一种对于比当时道德所裁可的生活方式更为本能的、更加热烈的生活方式的热望"[①]。他在诸多作品中均流露出这种思想意识:文明的发展所带来的道德秩序日趋苛细,必然会构成对"人性"更强的束缚。因此,要摆脱这种束缚,就要以道德规范在一定程度上的废弃作代价。正是这种思想意识,使他从非道德化的自由主义人生观的艺术角度,塑造了嘉尔曼这一带有野性的艺术形象。

嘉尔曼充满了原始的生命色彩,她的思想性格,所作所为,是全然无法用世俗伦理道德衡量的。她不满社会现实,就走私贩毒、刀丛觅生;她因口角中人家的一句"魔鬼的门徒",便不假思索地用刀行凶;她为了报恩,可以像馈赠一份礼物那样奉献肉体;为了骗取富商大贾的钱财,她又以色诱人而不以为耻;她顺手牵羊偷走萍水相逢者的金表,千方百计地捉弄那些色鬼,无一点愧意;最后,为了自由而不惜牺牲自己。所以,对嘉尔曼而言,任何世俗的道德规范和法律条文都不能将之约束,她只按"自然之性"来决定自己的行为。嘉尔曼这种"自我意识"的顽强显露,这种无政府主义的行为方式,在本质上都是和社会道德规范相悖的。也正是在这个意义上,我们说嘉尔曼体现了作者非道德化的自由主义人生观的艺术审视。

梅里美在塑造嘉尔曼这一形象时,虽然巧妙地隐瞒自己的主观倾向,但他着力描写嘉尔曼的近乎原始形态的行为方式,并将她的形象写得光怪陆

---

① ［英］罗素著:《西方哲学史》（上卷）,何兆武、李约瑟译,商务印书馆 1963 年版,第 38 页。

离、风采动人，其真正的审美意向仍是不难体会的。梅里美认为被金钱毒化了的"道德"是套在"人性"身上的枷锁，是与人的生命活力、个性自由相对立的异己力量，这种观点不无道理。事实上，资本主义道德秩序的虚假与苛细和金钱腐蚀的商品化趋向，确实已经对"人性"与人的"生命力"构成严重的束缚。从这个意义上可以说，梅里美以嘉尔曼来呼唤独立的人格和自由的个性，确实是对当时道德规范的一种鞭挞与冲击。遗憾的是，梅里美在塑造这一形象时，对社会道德的认识产生了偏颇，否认了社会道德存在的客观必要性。从嘉尔曼追求自由的方式来看，似乎只有废弃道德规范，扫荡道德秩序才是实现"个性自由"的唯一途径。这带有明显的片面性，违背了历史发展的客观规律。

道德对自然的"人"来讲，虽然构成了一种外在的约束力，但它也是"人"的生存所不可缺少的。道德是随着生产力发展，作为协调群体内部各种关系，并确保个体在群体中进行自我发展和自我肯定的需要而逐渐产生的。它是人类由"兽"变成"人"，由"自然人"变成"社会人"，由野蛮进入文明的重要条件和标志。所以，道德的存在是不能也不可废弃的。正如英国学者约翰·密尔在《论自由》中所说的："个人的自由必须约制在这样一个界限上，就是必须不使自己成为他人的妨碍。"[1]"人"的存在离不开社会群体。如果群体中的每一个成员，都像嘉尔曼一般，无视任何道德规范的约束，无限制地追求"自由"，扩张"个性"，那么，彻底摆脱一切道德秩序约束的"人性"将会以疯狂的"兽性"形态出现。所以，人的"个性"的彻底解放，始终应该是一个有条件的相对概念。当然，我们不能因此而否认嘉尔曼的形象意义。毕竟她为个性解放与人格独立发出了强烈的呼声。至于要找到一个既能协调个人与群体的关系，又能保证个体在群体中自我肯定和自我发展的道德约束力的"平衡点"，这绝非梅里美个人所能完成的，它将是人类长期为之求索的艰巨过程。

上述可见，嘉尔曼实际上是从不同角度揭示了人类文明史上一个古老而常新的问题——人的自由问题，由此又引发了人们对自由本质的思考以及对自由追求方式的探索。而嘉尔曼形象的全部艺术魅力与警世作用也就在于此。

"生命诚可贵，爱情价更高。若为自由故，二者皆可抛。"裴多菲的著名诗句可以说是对嘉尔曼追求自由的生动写照。而人类对自由的渴求又何尝不是如诗所示。对人类来讲，自由始终是人类幸福的最高体现，人类"文化上

---

[1] [英]约翰·密尔著：《论自由》，程崇华译，商务印书馆1959版，第59页。

的每一个进步,都是迈向自由的一步"①。人类正是在创造文化的过程中实现自身的自由。自由,只有实现了自由,人才成为真正的人。而人的价值,人的地位,人的发展,这些问题都是人的自由问题在不同侧面的具体体现。自由的乐土就是幸福的伊甸园,人实现了自由,也就从根本上达到了幸福。

必须指出的是,人类认识真理的过程就是人类认识自由和达到自由的过程,这个过程无疑是漫长而曲折的。所以,对于人类,自由贵在追求。人类由憧憬自由到追求自由,结果或成功或失败,但人类就是在这种不断追求的大循环中矛盾运动,发展进步。人类在追求自由的道路上,虽然失败与毁灭不可避免,但是对自由积极追求探索的执着精神是永远不可缺少的。正是这种精神才使人类不断超越自我,走向新生。

嘉尔曼的悲剧固然是感伤的,但却是人类走向进步的必要过程。嘉尔曼形象的文化内涵,及其所客观产生的警世作用,将永远激励人类不屈不挠地走向自由王国的灿烂明天。

(1999 年)

---

① 中共中央马克思恩格斯列宁斯大林著作编译局编:《马克思恩格斯选集》(第 3 卷),人民出版社 1972 年版,第 154 页。

经济特区社会变革的艺术观照
——深圳经济特区早期文学发展进程的回顾与思考

中外文学史上,关于文学发展的历史原因,有两种截然不同的观点,一为"太平盛世说",一为"社会动荡说"。前者认为,中国古代文学的繁荣发展是波浪式前进的,每当出现"文景之治"这样的"太平盛世",文学就繁荣、发展;而后者则认为,19世纪的俄国文学之所以能在短短的不到100年的时间内赶上和超过欧洲其他国家的文学,出现一个文豪林立、群星灿烂的奇特景象,是因为动荡不安的俄国社会迫使文人贤士用文学作品的形式探索"谁之罪"和"怎么办"的问题,从而促进文学的繁荣。如果说这两种观点均不无道理,那么,深圳经济特区十年文学的发展动因,则可用"社会变革说"来概括。经济特区的开创、初建和发展,每一阶段都是一场深刻的社会变革,其中有社会规范的变革、生活方式的变革,也有思想观念的变革。这一系列的变革,伴随着经济特区发展的进程,波及和深入每一个人的行为方式和内心世界,由此引起人们的价值观念、伦理道德、人际关系、生存意识等均发生深刻的变化。人们在开创、建造、完善经济特区这个新世界的同时,也在构造和丰富一个新的内心世界。社会的变革带动人的变革,经济特区人在社会现代化的过程中,正逐步形成有现代气息的全新的文化心态,朝着人的现代化迈进。文学是社会生活的反映,如此广阔和深刻的社会变革,必然要在文学作品中得到充分的反映。亲身感受经济特区社会变革的深圳作家群,以其开放的文化心态和独特的现代审美意识,及时、敏锐地把握社会生活的脉搏,写出了一大批反映经济特区社会变革进程的艺术作品。这些作品体现经济特区社会生活的不同层面,表现不同发展阶段经济特区社会变革的不同层次,既有广度,又有深度,在一定程度上成为经济特区社会变革的艺术观照。由此,我们可以感受到经济特区社会发展的奔腾气息,也可以看到经济特区人努力实现自身现代化的步步足迹。

一、面对一个新世界的痛苦和怅惘

诗人艾青于 20 世纪 80 年代初考察深圳时，曾写下热情洋溢的诗句："我歌颂一个新的世界。"确实，把毗邻香港、处于两种社会制度交接口的深圳建成经济特区，作为改革开放的"试验场"和"窗口"，不啻建造一个新的世界。面对这个新世界的诞生，有的人赞颂党中央的英明决策，有的人憧憬美好的未来，有的人则经历了痛苦和怅惘。经济特区开创伊始，许多习惯于在旧观念的框架内生活，对创建经济特区缺乏足够思想准备的人，在划定经济特区边界、征用土地这样一些新事物面前，被思辨不清的烦恼和难以割舍过去的痛苦缠绕着，经受着经济特区社会变革初期的种种阵痛。这是经济特区社会变革的第一步，也是关键的一步。只有迈出这一步，才能登上创建和发展经济特区的通途。经济特区的作家们以其敏锐的观察力和感受力，准确、细腻地反映了新世界诞生前夕的"心路历程"。

老根伯（朱崇山《萋萋青草地》）当年曾是武工队的堡垒户，他无法理解在渗透着烈士鲜血的土地上用铁丝网划定经济特区边界的现实，更不愿看到"尖尖的烈士纪念碑沦落成街边凉亭"，内心承受着阵阵的刺痛。这些"老革命"所遇到的"新问题"该如何解决，作者没有做正面回答，而是留给读者去思索。作者相信，读者一定能从老根伯不无幽怨的神情和言语中，感受到划定经济特区边界线在一部分人心中所引起的强烈反响，从而感受到社会变革的艰难和震荡。然而，社会要进步，就必须变革，这是不可避免的。这种不可避免性在李建国的短篇小说《最后一次收获》中所展现的是另一种震荡。长期守着祖先开垦的土地过活的老大妈，面对着平地建起新城的巨大变革，内心充溢着不可言状的痛苦。她难以接受"再也不能耕耘，再也无须收获"的现实，虽然明知未来的发展"是件值得开心的好事"，可仍禁不住"心里一阵发酸，眼泪差点儿又流出来"。这是一位传统农民在经济特区步入现代化前夕所必然产生的内心痛苦。她长期信奉的"没有田的农民不地道"的传统观念，这势必导致她对土地的依恋，对"最后一次收获"的深情不忘。作者准确地反映了经济特区创建初期征用土地对传统农民心灵撞击的一个侧面，而另一个侧面，即在土地被征用后农民所面临的何去何从的怅惘和抉择，则在叶明镜的短篇小说《五百万》中得到了集中表现。

市征地办公室给田贝村补偿了 500 万元征地费（《五百万》），田贝村的农民因此经受了一场两种思想意识的激烈交锋。面对着 500 万元，富有现代观念意识的支部书记兼村委会主任张若水，思考着"农村向城市转移"的方案，计划用这笔钱作为基础，引进外资办厂；可是，以前任党支部书记张立人为代表的一部分农民，受小农意识的影响，主张把征地费瓜分。两种思想意识交锋、斗争的结果是，张若水的"农村向城市转移"的方案终于获得通过。这场交锋，使农民经受了教育，逐渐摆脱了小农意识，实现了脱胎换骨的改造和升华，为进入工业化社会打下坚实的思想基础。

《五百万》给我们展示的是一个值得欣喜的结局，表明经济特区人能够自己走出新世界诞生前夕的短暂迷惘。作者希望我们在思考中认识到：一个新世界诞生前夕，一些人感到怅惘和痛苦是不可避免的，不能因此对社会变革产生模糊认识，更不能因此附和指责，增添忧虑。必须站在时代前进的高度，全面看待社会变革所产生的心灵震荡，明确这痛苦、怅惘的产生和解脱，在某种意义上也正是经济特区社会不断变革的动力。在经济特区建立11年后的今天，我们欣喜地看到作者的希望正在实现，经济特区正在变革中前进！

二、初进一个新世界的困惑和奋起

经济特区的建立诞生了一个新的世界，它给人以希望，也给人以新的考验。初进这个新世界的人，感到一切都那么新鲜，又那么陌生。如何适应这个新世界，是经济特区发展初期摆在每个经济特区人面前的紧迫而又现实的问题。这既需要豪迈的创业精神和开放的文化心态，也需要理性的思维和情感的升华，还要有否定旧的自我的勇气和忍受孤独、寂寞的毅力，在生活方式、行为方式、思维方式乃至情感特征方面都需要经历一次裂变。在这个裂变过程中，困惑和奋起常常是一对孪生兄弟，或相伴而来，或接踵而至。这是经济特区人在社会变革阶段的又一段"心路历程"。经济特区的作家们及时感受或亲自走过了这一段"心路"，敏捷而又深刻地揭示了这段"心路"的各个层面，艺术地记载了经济特区社会变革的新里程。

经济特区建设引进外资，吸引外商来深圳招工办厂，随即出现新的劳资关系，这是经济特区初期社会变革的重要体现，也是引起初进这个新世界的人们发生心理更新和冲突痛苦的重要原因。陈荣光的短篇小说《老板·女工们》中的肖娟的爸爸，作为老一辈的代表，对"搞了30年社会主义，今朝却恭候老板进来开店办厂，堂堂正正地剥削"，怎么也想不通。他不无哀怨地感叹"辛辛苦苦30年，一朝回到解放前"。这反映出在旧社会饱受资本家剥削的老一代人，无法理解经济特区改革开放进程中引进外资为何是必不可少的一步。他们对新的劳资关系，有源自朴素的阶级感情的情绪抵触，也有对改革开放缺少全面认识的理性排斥:前者使他们烦恼不安,后者则使他们痛苦和焦虑。他们怀着极不情愿、十分矛盾的心情,步入经济特区这个新世界。但是,同样面对新的劳资关系,新一代青年则在新奇、困惑乃至痛苦的过程中,实现了观念的变革和保持了人格的独立。肖娟(《老板·女工们》)本着"有所失才会有所得"的想法进外资厂,在亲身感受到老板对工人的苛刻和无情后,不惜冒着被老板开除的危险,挺身而出维护工人的利益,既保持了自身的人格尊严,又在一定程度感动和教育了老板;吕振中(丹圣《小姐同志》)虽然对合资企业的劳资关系和人事纠葛感到陌生和困惑,甚至把"小姐"和"同志"合在一起称呼,但他在盛气凌人的董事长小姐面前,不放弃原则,不丧失人格,而是以自己的出色工作赢得对方的尊重和爱戴;李建国的《公方厂长与私方厂长》中的"我",面对私方厂长的辱骂,以压倒对方的气势,喊出"这里是深圳,我们的工人,不允许你们任意侮辱"的心声,继而断然拒绝对方的贿赂……作家描绘的这一切表明,经济特区引进外资,产生新的劳资关系,作为经济特区社会变革的一个举措,虽然会给人们带来不同程度的困惑和苦恼,但它无损于社会主义的人际关系,亦不能从根本上改变人们的价值观念。相反,它促使人们在交了一笔"学费"、经历了短暂的困惑乃至痛苦后,实现观念的更新和精神的奋起,达到一个全新的境界。

如果说劳资关系引起的心理嬗变,只是表现了人们对这一具体事物的认识和看法,那么,经济特区建立初期创新与缺憾并存的社会文化环境,对初入经济特区这个新世界的人们的影响,则是全面而又深刻的。人们被迫对自己的行为方式、思维方式和思想观念进行自觉或不自觉的调适和更新。有的赞赏"这里是一片沃土",如鱼得水,弄潮于风口浪尖;有的感叹这是"别人的城市",挥泪而去,寻找新的归宿。"在深圳的天空下"出现一幅社会变迁、适者生存的壮丽图景。其中的风风雨雨,痛苦和困惑,激昂和奋起,亦在经济特区文学作品中得到生动的反映。

报社总编辑秦雷(李兰妮《夜,在深圳……》),从行为到思想,均是一个十分矛盾的人物,然而也正是他的种种矛盾,展示了他变革行为方式和思想观念变化的轨迹。他忍受着夫妻分居的感情饥渴,可他在饥渴中理智地抵御了许圆圆的感情攻势。尽管许圆圆对他办好报纸至关重要,并且,他作为一个"标准的男子汉",对女人怀有天生的保护之心,可他为了办好报纸,硬着心肠把不适合报社工作但又恋着报社的卢莎调出报社。他在爱情、道德和事业成功的天平上,时而倾向前者,时而倾向后者。前者显示出他在特殊情况下的完美人格,后者反映出他开创事业的坚毅和执着。他在奋起中潜藏着困惑的阴影，在困惑中隐含着奋起的力量，矛盾的综合体现是特殊环境下的特殊产物。由此，我们看到一个主动适应新世界的强者的身影。

某建筑工程公司的干部职工（刘树德《在深圳的天空下》），原是一支打大仗、打硬仗的队伍，立过赫赫战功，被军委命名为"英雄团"。但是，全团复员到深圳后，技术、能力、水平不达标，拿不下重点工程，干不了高层建筑，公司陷入困境，以至于"公司内百分之八十的青年都面临着找媳妇难的问题"。他们对经济特区这个新世界的适应，不仅要承受在新的条件下自己的过去被否定的痛苦，而且要走过变革和完善自身的艰难历程。他们不愿意接受感情的施舍，更不甘在新的征程上垮掉，但他们也决不抱残守缺，在流淌出不轻弹的男儿泪后，终于迈出寻找新的适应方式和新的位置的关键一步，走向充满希望的明天……这是一大批经济特区建设者在社会变革过程中所进行的一场悲壮的自我革命。谁能说他们不是英雄？谁能说他们不是真正的男子汉？

林坚的《别人的城市》给我们展示的是初入新世界的人们经历困惑和奋起的另一种图景。齐欢和齐乐这姐妹俩同处经济特区，姐姐把经济特区称为"别人的城市"，把自己喻为"客人"，而妹妹则游刃有余，如鱼得水。关键在于姐姐齐欢对这个城市的文化特征缺少足够的理性认识，对一些丑恶的社会现象缺乏正确的估计，但她又在匆匆地寻觅爱情和幸福。认识的不足导致行为的盲目和偏差，行为的不良后果，又使认识带上更多的感情色彩、距离实际更远，终于在"别人的城市"中悲惨地结束了自己的生命。而妹妹齐乐却与姐姐相反，她采取积极的方式适应这个新世界。虽也不无困惑，但从不多愁善感，始终奉行务实、乐观的人生态度，因而潇洒自如，奋发有为，成为生活中的强者。至于行为方式和情感特征酷似齐欢的段志，在离开"别人的城市"后的重新复归，又从另一个侧面告诉人们：当你步入一个新的世界，唯一的选择是积极地适应，逃避是不行的，逃避必将带来新的空虚。

三、完善一个新世界的思索和超越

经济特区新城市经过数年发展，以全新的面貌展现在人们面前，外来文化、本土文化和移民文化相交汇的多元文化结构，以及经过变革的现代城市文化氛围，从各个不同侧面向人们散发着诱人的光彩。但是，经济特区的历史毕竟还不长，作为一个新世界，它还并不完美，在许多方面仍不无缺憾，还必须展开更深层次的社会变革，尤其要加速协调城市现代化与人的现代化的关系，塑造出了解现代城市文明、适应城市现代化进程的一代新人。从这个意义上说,经济特区发展新阶段的社会变革,更突出表现为人的深层变革。人们要完善这个新世界,同时也要完善自身,要在思索社会、超越自我的过程中进入一个新的境界。经济特区作家对完善新世界的深层次变革,感受深、反应快,及时地在文学作品中表现了出来。

调整、形成新的人际关系,以适应经济特区发展新阶段的社会实际,是经济特区人思索社会、超越自我的重要方面,集中表现在人才选用、共事交往等社会生活层面上。龙口工业区董事长张弓(朱崇山《淡绿色的窗幔》)为了集装箱厂的建造与发展,亲自把有真才实学的工程师曹白从北京请到龙口,工作上信任、支持,生活上关心、照顾,乐意给曹白当跑腿,为曹白调技术骨干,调爱人,劳碌奔波,关怀备至。这种求贤若渴的精神,这种豁达、可贵的领导风格,若没有对经济特区发展急需人才的思索和认识,没有变革传统干群关系的胆识和气魄,没有甘为人梯的奉献精神,是难以形成的。而曹白不负张弓所望的出色表现,更是充分证明合理选用人才、形成新的干群关系,是经济特区发展新阶段带有根本性的变革,对完善经济特区、促进经济特区的进一步发展具有重要的意义和作用。然而,调整人际关系既然是一场变革,就不可能诸事顺利,必然也要经受痛苦和困惑,甚至还可能会付出代价。刘鼎同样是一位富有开拓精神的老干部(杨燮仪《蒿蓬代柱》),同样爱惜人才。但由于他在人才使用和处理人际关系方面仍带有旧的思想观念的痕迹,不能扬弃有害于事业发展的"人情味",错用怀着野心投奔他的余惊天,致使他惨淡经营数载,并导致曾经卓越成效的风华工贸公司这艘巨轮面临即将沉没的危险。刘鼎错用人造成负面社会效果的惨痛教训,从反面告诉我们:调整、形成新型的经济特区人际关系必须同旧的观念意识彻底决裂,若是守着旧观念去谋求新关系,不但不能取得预期的理想效果,而且还可能损害事业的发展。也正是因为此,这才称得上是一场变革。

在经济特区发展进程中,全面而又正确地认识自我、表现自我和超越自我,把自身现代化融汇于社会现代化的进程中,以人的现代化促进社会的现代化,是经济特区社会深层次变革的重要表现,也是经济特区人通过自身完善这个新世界的又一个重要方面。对此,《他们要干什么》(李兰妮)、《每当变幻时》(刘学强)、《你不可改变我》(刘西鸿),以及《下一站》(张伟明)这几篇小说,分别从不同角度进行了集中而又深刻的表现。

沈小桔(《他们要干什么》)没有大学文凭,没有大把钞票,只身来到深圳某报社工作。她工作不顺心,生活不如意,爱情、事业无不坎坷曲折,困难重重。潜在的自卑表现为极度的自尊,强烈的竞争意识促使她在寻找自己的位置的过程中,常常感情用事。然而,人是环境的产物,现实使她认识到"深圳不相信眼泪",明确了在良性竞争中显示真正自我的道理,努力寻找和把握"人与人之间的适当距离以及适当位置",终于塑造出一个敢做、敢爱的全新的自我,完成了人生的一大超越。经济特区这个新世界造就了她,她也为这个新世界增添了光彩。

李江、涓涓、阿龙和嘟嘟(《每当变幻时》)象征着经济特区社会生活中青年的分化。弥漫着浓厚的商品经济气息的经济特区社会,对青年散发出五光十色的诱惑,使青年编织着各种各样的梦、面临着奉行实用主义还是理想主义或兼而有之的选择。李江为了不因知识贫乏而被日新月异的经济特区生活所淘汰,不惜辞去报酬优厚的工作到职大攻读英语,追求知识的价值;阿龙靠伸手向父母要钱挥霍度日,生活在虚假的满足和实际的空虚之中;嘟嘟在感受了生活的艰辛之后,价值的天平倾向金钱,过着物质上乞怜于别人、精神上极端贫困的生活;涓涓一度被贫困所扭曲,在幻想金钱满足的同时,放弃了对理想和知识的追求,但她在李江的影响下,终于被知识所唤醒,明确了"追求本身就是否定"的道理,敢于否定自己,建树新的自我,迎接理想的召唤。这几位青年"在追求中对比、淘汰、更新"的事例,表明经济特区社会生活的变幻直接影响着青年人生的变幻,而青年在变幻中"追求物质与精神的完善平衡"的具体行动,正是对经济特区这个新世界和他们的主观世界的最好的完善。

孔令凯(《你不可改变我》)虽只是个16岁的少女,却已经具备强烈的自主意识。她懂得"人应该及时展示并且发挥自己的长处",不失时机地选择自己的事业发展道路。她不被别人左右,即使是面对自己最信赖的朋友,也毅然喊出"你不可改变我"的心声。她是经济特区青年表现和超越自我的具象和概括,是个性意识和自主意识觉醒的典型,对现时和未来的青年都会产生很大的影响。具有这种自主意识的青年愈多,社会进步就愈快,经济特区这个新世界也就愈完善、愈美好。

《下一站》中的"我"和他的伙伴们在对待失业问题上所表现出来的勇气和潇洒,在表现经济特区青年思索社会、超越自我方面,具有更深的含意。它表明,经济特区青年对经济特区新的社会特征,已从被动适应发展到自觉认同,在职业观和人生观方面,正在实现新的超越,经济特区现代化所要求的一代新人已在社会变革进程中逐步塑造和涌现出来。

特区变革,牵动神州,震撼世界。特区文学,洋洋大观,气势不凡。这是文学与社会关系的又一生动例证。鲁迅先生曾指出:"文学与社会之关系,

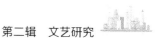

先是它敏感的描写社会,倘有力,便又一转而影响社会,使有变革。"① 事实表明,特区文学不仅生动、形象地反映社会变革,而且以其艺术的感染力,影响和促进经济特区社会的变革。作家在展现经济特区社会变革的表象的同时,着眼于表现变革所带来的心态、感情、观念、性格等方面的变化,让人们认识到经济特区社会变革的深层轨迹和心路历程,促使人们更深刻地思索社会和人生,并进而以自身现代化的具体行动,促进社会的现代化进程。在经济特区,"你不可改变我""深圳不相信眼泪"等文学语言成为人们的习惯用语,这便是文学影响和促进社会变革的有力例证。

英国作家高尔斯华绥说得好:"文学不是在土地上,而是在时间的流沙上留下足迹。"② 特区文学给我们留下的是经济特区社会变革的足迹,亦是特区人加速实现自身现代化的足迹。透过这步步足迹,我们感觉到经济特区的热闹生活,看到经济特区发展的美好前景。我们深信,特区文学将把这足迹一步步延伸下去,走向更加光辉灿烂的未来。

(1992 年)

---

① 鲁迅:《答徐懋庸》(1933 年),见《鲁迅全集》(第 10 卷),人民文学出版社 1956 年版,第 197 页。

② [英]高尔斯华绥:《文学与生活》,刘保端译,见王春元、钱中文主编《英国作家论文学》,汪培基等译,生活·读书·新知三联书店 1985 年版,第 399 页。

"文艺深军"：深圳文化创新的艺术亮点
——深圳文艺发展40年概述

"文艺深军"是对深圳广大文艺工作者的形象表述，也是深圳文化创新的艺术亮点。深圳经济特区建立40年来，在市委、市政府的方向引领和政策保障下，"文艺深军"不断发展壮大，成为我国文艺战线一支特色鲜明的生力军，为弘扬经济特区人文精神，塑造深圳文化形象，发挥了不可替代的独特作用，充分显示出讴歌改革创新时代精神，提升城市文化软实力的文化功能。

一、"文艺深军"在深圳改革开放与文化创新的时代背景下逐渐形成

40年来，深圳持续推进的一系列文化创新，使深圳这座城市形成了敢闯敢试、开放包容的现代文化氛围，涌现出"时间就是金钱，效率就是生命"等全新的文化观念，提出了实施"文化立市"战略、建设区域文化中心城市等发展理念和发展目标，以一种全新的文化姿态，从经济特区和广东走向了全国，进入了中国文化创新发展的"第一方阵"。所有这一切，为"文艺深军"形成和发展奠定了重要的文化基因。在深圳文化创新的大背景下，深圳的文艺家们怀着高度的历史使命感和社会责任感，积极回应时代的召唤，主动担当历史使命，以创新的姿态满怀激情地表现这个伟大时代，及时地用作品为改革开放鼓与呼，为社会变革和文化变迁做记录、立存照，创作出一大批体现深圳新观念、担当时代新使命、展现改革新内涵的文艺精品，涌现出胡经之、但昭义、王之武、董晓明等一批文艺名家，杨黎光、杨争光、彭名燕、张俊彪、李兰妮、吴启泰、陈秉安、邓一光、南翔、曹征路、途俏、从容、梅毅、郁秀、庞贝、盛可以、吴君、秦锦屏等一批在全国有影响力的作家和诗人，以及高建平、章必功、杨宏海、钱超英、陈继会、周思明、唐小林、于爱成、李健、王素霞、汤奇云、安裴智等一批国内学界公认的文艺评论家，还有一批在文艺界有影响力的画家、书法家、摄影家等，他们是"文

艺深军"的重要标志。

二、"文艺深军"在中共深圳市委、市政府的方向引领和政策保障下发展壮大

如何把深圳的文艺发展纳入深圳文化创新与文化发展的整体布局，使深圳文艺沿着正确方向发展，形成出精品、出人才的大好局面，推进"文艺深军"不断发展壮大，这是深圳40年来始终面临的一个现实问题。中共深圳市委、市政府自觉提升对文艺发展重要性的认识，从三个层面不失时机地做好方向引领和政策保障工作，取得了明显的成效。

一是营造文艺发展的良好氛围，为文艺发展指方向、鼓干劲。每次文代会，市领导都到会发表热情洋溢、充满号召力的讲话，极大地鼓舞了文艺工作者的积极性和创造性，增强了他们的历史使命感和社会责任感。

二是制定规范性文件，明确具体要求，强化政策保障。深圳实施"文化立市"战略以来，推出了一系列促进和保障文艺发展的规范性文件，明确具体的部署和要求，让各级党委和政府真正把文艺工作摆到文化建设的重要议事日程，高度重视，服务到位。如《中共深圳市委关于进一步繁荣和发展文学艺术事业的意见》（2004年），以及启动文艺精品创作工程，对改革开放以来的"文学工程""音乐工程""影视工程"提出具体实施意见等。这些指导性意见，体现出党和政府领导文艺的严格要求和对深圳文艺发展方向的明确指引，极大地促进了"文艺深军"的创新和发展。

三是强化精品意识，实施精品工程。把推出文艺精品作为推进文化创新、形成文化品牌、扩大文化影响、提高城市地位和城市文化软实力的重要举措，使文艺精品成为国际化、创新型、高品位文化城市的形象标志。

三、"文艺深军"的艺术创新与精品效应

"文艺深军"紧跟深圳文化创新的前进步伐，适应新时代，歌颂新事物，揭示新问题，拓宽文艺创作题材，创新文艺表现方式，形成了深圳文艺百花齐放、万紫千红的崭新气象。从文学现象看，有打工文学、青春文学、新都市文学、网络文学等多种文学现象；从文艺创作题材看，有反腐败、精神家园建设、历史反思、科技创新、城市文化思考等多种题材并存；从文艺门类来看，有文学、戏剧、音乐等多个方面；从文艺形式看，深圳的文艺家们不拘陈规，不落俗套，不断尝试和创造新的文艺形式。在文学方面，有纪实超

文本文学、抒情文化散文、人物访谈、工作札记等多种文学形式竞相呈现；在戏剧方面，多次举办"创意剧场·创意读剧""中国诗剧场"活动，涌现出音乐剧、小剧场话剧、舞剧、"戏剧·诗朗诵晚会"等多种戏剧类型；在音乐方面，创造了大型原创交响乐、大型梵呗交响乐诗等全新的音乐形式。此外，舞蹈、影视、美术等文艺类型也都有不同层面的形式创新。这些艺术创新成为深圳文化创新的艺术亮点，涌现出一批艺术精品。例如，一批青年作家创作的反映打工生活的"打工文学"作品，著名作家杨黎光、李兰妮、彭名燕、邓一光、吴启泰、南翔、曹征路、庞贝等创作的反映社会变革进程中人生洗礼的代表作品，以及一批抒情散文、纪实随笔和戏剧、影视、音乐作品等。这些作品体现社会生活的不同层面，表现社会变革的不同层次，既有广度，又有深度，散发出社会变革发展的奔腾气息，反映社会变革条件下人的现代化的步步足迹。

四、"文艺深军"的文化功能与文化形象

"文艺深军"植根于深圳改革开放的热土，感受深圳改革创新的时代精神，主动承担讴歌改革开放、推进改革创新的历史使命，从两个方面充分发挥了文艺创作特有的文化功能。

一是展现改革开放的风云巨变，讴歌改革创新的时代精神。深圳的文艺家们以敏锐的目光透视深圳的改革开放，以创新的精神表现深圳人的改革探索，艺术地呈现出经济特区改革开放的生动画卷。例如，长篇报告文学《深圳的斯芬克思之谜》，全方位地展现了深圳经济特区的创立与发展，将深圳经济特区的实践置于我国改革开放的大背景下进行历史的审视和思考，豪迈地向世人宣告：在社会主义制度下，不仅社会生产力能够充分发展，而且能够创造出比资本主义国家毫不逊色甚至超而过之的经济增长速度。这也成为深圳早期改革开放的全景展示和胜利宣言。再如，歌曲《春天的故事》《走进新时代》和《走向复兴》，以歌声回顾和见证改革开放的历史巨变，唱出了改革开放的时代最强音，艺术地展现了改革开放总设计师的高瞻远瞩，赞颂了党中央改革开放的英明决策，宣告了中国改革开放伟大事业将在一代又一代人的接力中，不断走向新的辉煌，实现中华民族的伟大复兴。还有，报告文学《袁庚传》，站在深圳改革开放的历史现场，生动地表现出中国改革开放的重要探索者袁庚，如何以大无畏的改革创新精神，冲破思想牢笼，响亮地提出"时间就是金钱，效率就是生命"的全新观念，披荆斩棘，奋不顾身，在蛇口实施了一系列影响全国的改革举措，为中国改革开放史谱写了光

芒四射、不可或缺的一章。还有，长篇电视剧《命运》，长篇小说《涛声依旧》《岭南风云》等作品，形象地展现出深圳改革开放的先行者和领导者，为了推进改革开放事业与深圳这块热土同生死共命运的决心，他们克服重重阻力，呕心沥血地开拓创新，重现了深圳早年改革开放激情燃烧的岁月。小说形象生动地反映了经济特区建设者的沧桑历变和奉献精神，向世人展现了深圳经济特区社会变革与人的现代化同步迈进的壮丽景象。

二是扩大深圳城市文化的影响力和辐射力，提升城市文化软实力。深圳的文艺家们不负厚望，应运而生，应势而发，创作出一大批文艺精品，充分发挥了展现文化深度和文化韵味、扩大文化影响力和辐射力、提升文化软实力的文化功能。文艺作品获奖数额在广东乃至全国大中城市中名列前茅，文艺精品集聚成深圳文艺的规模效应。仅在2005年至2014年这10年间，深圳就获得国家级和省级文艺专业奖1935项，国际（境外）文艺专业奖425项，平均每年200多项，最多的一年达到400多项。通过这些奖项可以看出，深圳文艺的艺术水准和精品效应已经达到了相当高的境界，不仅产生了一批可以载入中国文艺发展史册的精品力作，而且影响和形成了深圳这座城市的文化个性，彰显了深圳国际化城市的文化形象。尤其在2021年防控新冠肺炎疫情中，"文艺深军"用歌舞、书画、影像等多种艺术形式，描绘深圳众志成城全民抗疫的生动画卷，产生了突出的文化宣传效应。此外，深圳文艺发展的成就和"文艺深军"的逐渐形成，使深圳成为中国文艺界目光集聚的地方。一系列重大文艺工程和文艺活动先后在深圳举办。深圳在全国性重大文化活动中显示出特有的风采。

综上所述，深圳文化创新为"文艺深军"的形成与发展营造了文化氛围，奠定了文化基因。深圳文艺发展所取得的成就，与深圳这座城市的文化创意和"文艺深军"的创新意识、创新能力密不可分。纵观40年来的深圳文艺发展历程，深圳文艺的发展成就已使深圳这座城市能以"文艺深军"的特色和亮点进入世人的视野，极大地丰富和提升了深圳的城市文化形象，显示出经济特区城市应有的文化品位和文化魅力。

（2020年）

第三辑

文化研究

现代化进程中的深圳文化变迁

20世纪70年代末,我国的现代化进入了改革开放、以经济建设为中心的新的历史阶段。深圳经济特区,作为改革开放的"窗口"和"试验场",其现代化进程具有不同于其他地区的明显特色。除了经济的超常、快速发展外,还集中表现为超越传统、催生新文化形态的文化变迁。如果说改革开放初期,人们对深圳经济特区功能的认识,主要着眼于改革经济体制、加速经济发展的"试验"和探索作用,那么,今天海内外有识之士已广泛关注到深圳文化变迁的种种现象,开始注重深圳作为开放型经济中心城市的文化功能。因此,分析、研究现代化进程中深圳文化变迁的表现、特征及动因,认清深圳在建设中国特色社会主义文化过程中的地位和作用,具有十分重要的理论意义和实践意义。

一、深圳文化变迁的突出表现

深圳文化变迁是伴随着现代化进程而发生的,因而与现代化的内涵有着密切关系,突出表现在社会现代化和人的现代化这两个层面,即在促进社会的全面进步和人的全面发展过程中所出现的种种新的文化现象。具体可从以下三个方面分述。

(一) 文化价值从单一价值主体向多元价值主体转化

现代化的一个重要方面就是以文化价值为核心的现代精神文化的变革。深圳现代化进程中的文化变迁,在文化价值观方面的表现就是人们普遍从单一价值主体向多元价值主体转化。西方学者曾把社会文明进步的标志概述为社会成员崇尚什么、追求什么、人际关系是否宽松这三个方面。[①] 援用这一

---

① 参见 [英] 克莱夫·贝尔著《文明》,张静清、姚晓玲译,商务印书馆1990年版。

观点来对照深圳,深圳人既有对金钱的看重,更有对事业成功者和各种类型能人的崇拜(实质是一种"英雄崇拜",即崇尚"英雄"所体现的创造精神);既注重物质利益,更追求知识的优化和完善;既关注他人的发展和变化,又尊重他人的隐私权,不侵入他人的自由空间。种种难以统一的观念意识,和谐地统一在同一主体上,表明深圳人从单一价值主体向多元价值主体转化已是不争的事实。值得关注和可喜的是,对创造精神的崇拜、对知识完善的追求、人际的宽容等现代观念意识,在多元价值中已处于主导地位。在传统文化价值观和现代文化价值观共处共存的观念形态中,现代文化价值观已处于上升的优势地位。它表明,深圳人在超越传统的自身现代化进程中,虽尚有对传统文化价值观割舍不断的留恋,但已经以开放的心态,积极、自觉地给现代文化观念腾出了"一席之地",让其生根落户,开花结果,并不断地收获其果实,用其滋润自己,促进自身的现代化。

(二) 文化结构呈现出实用文化与理想文化的动态组合

文化变迁的基本内涵是文化内容或结构的变化。人们习惯于把文化结构类分为大众文化和精英文化两大部类的组合,并常常把大众文化和当下的商业文化混同或等同起来,把大众文化理解为大众的文化,把精英文化解释为精英的文化。这就在客观上把文化类分和群体类分混为一谈。如按这种类分法剖析深圳的文化结构,就无法解释深圳精英云集而商业文化氛围浓重的现象。我认为,深圳文化变迁的一个突出表现,是体现现实生活意义的实用文化和体现理想生活意义的理想文化的动态组合。所谓动态,主要是指实用文化的广面覆盖和理想文化的积极提升,既同时并存,又在文化活动层面交替展现。在深圳,无论是文化层次较低的"大众",还是文化水平较高的"精英",一方面重商、务实,不避功利,为物质生活的丰富和生活质量的提高而忙碌;另一方面又不放弃精神追求,甚至牺牲物质利益去提升自己的精神境界,体现出崇高的浪漫情怀和理想色彩(如不计报酬当义工,放弃优裕的工作和生活条件到边远贫穷地区支教,把挣钱的时间用来务虚,为经济特区社会发展进言立说,等等)。这既使日常的现实活动具有实用和理想的双重意义,又使浓重的商业文化氛围多了一层理想的色彩,展现出社会文化品位和人的文化品位提升的美好前景。

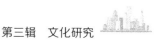

(三)新生文化形态呼之欲出,充满生机和活力

深圳经济的快速发展,社会变革的深层激发,以及文化建设的不断创新,正在逐渐催生着一种全新的文化形态。这种文化形态目前虽尚未展现全景,但已经初露端倪,呼之欲出,充满着生机和活力。表现在文化管理方面,是"市场之手"和"政府之手"的合力控制和推动,一种新的文化管理机制初步形成。表现在文化观念方面,是人们的政治观、道德观、审美观及人生价值观的普遍更新,各种新观念、新思想层出不穷。表现在文化选择方面,是人们面对形形色色的思想观念,选择的自觉意识和主体意识逐步增强,人云亦云、盲目从众的现象不断减少。表现在文化态度方面,是务实与浪漫的有机统一。一方面对文化生活和文化活动持实际态度,常常以获取各种信息和放松休息、调适情志为目的;另一方面又以相当浪漫的文化心态评说深圳文化现状,展现深圳文化前景,涌现出"呼唤深圳文化学派""创建现代文化名城"等富有浪漫情怀和理想色彩的言论和口号。表现在文化功能方面,是文化创新的先导性作用日益明显。如何改变现代化进程中文化发展相对滞后的现象,如何塑造城市的文化形象,如何提升人们的文化品位、削减商业文化的负面影响,这一系列非常现实和迫切的问题,都可在深圳文化建设和发展的进程中,不同程度地得到启示性的答案。

二、深圳文化变迁的主要特征

深圳作为改革开放的"窗口"和"试验场",其现代化进程担负着探索中国特色的现代化模式的重任,既有对发达国家和地区现代化道路的借鉴和参照,又在很大程度上超越它们的现代化模式。因此,在深圳现代化进程中所发生的文化变迁,有着与其他地方不同的明显特征。

(一)文化冲突并不突出

深圳人大多是来自五湖四海的新移民,他们各自带着本土文化的痕迹来到深圳,使深圳成为京味文化、海派文化、关东文化、中原文化、岭南文化等地域文化的荟萃之地。与此同时,经过香港媒体和文化交流活动等形式传播到深圳的各种外来文化观念,在深圳也都已"生根落户"。文化的冲突和抗拒本是不可避免的。但值得注意的是,深圳的文化冲突虽不无存在,却并不突出，无论是在社会文化生活中，还是在人们的文化心理上，都没有形成明显的排斥和抗拒。人们处在五光十色的观念文化氛围中，既没有执着本土文化的优越，也没有排斥外来文化的超前；既没有因崇尚传统而被斥之为保守和落伍，也没有因追求现代而被讥讽为忘本求洋。多元并存的文化观念，影响和塑造出具有宽容意识和开放心态的现代深圳人。

（二）文化特质呈现类型性

深圳是经济特区，不是文化特区，在文化建设和发展上不可能有特殊政策。但经济建设和文化建设，在某种意义上又是现代化进程中密不可分的两翼。市场经济的快速发展对深圳社会的深层影响，已使深圳文化形成了与内地文化不同的特质。有鉴于此，"特区文化"作为一个沿用已久、约定俗成的概念，已被人们所广泛接受。有学者认为，"'特区文化'是一个包含有地域文化成分的类型文化概念，而不是一般意义上的地域文化概念"，"特区文化的特质主要不在于本地祖先的那些遗产，而在于它别于一般城市的超前性、外向性与创新性"。[①]

笔者以为，深圳文化的类型性特质，在另一个意义上，又是深圳文化变迁的标志性特征。人们常说"万变不离其宗"，而深圳文化变迁在很大程度上则已经"离其宗"，也就是说已超越了传统文化的体系和框架。因此，深圳文化的类型性特质集中体现在内涵和趋势这两个方面。从内涵上看，文化的物质层面的建设和发展，借助经济发展的优势，呈现出超常和超前性。短期内许多一流的文化设施相继出现，构建出富有现代特色的文化景观，形成了"文化设施区域性快速发展现象"。而文化的精神层面的建设和发展，则显现出创新和重建的明显特色。一个融主流意识形态和先进的外来文化观念及本土文化观念于一体的现代观念文化体系正在形成；一个有别于海外及内陆各地的新文化形态，已如躁动在腹中的婴儿，呼之欲出。从趋势上看，深圳文化的先导性作用将越来越明显。它不仅以自身发展的实例为前文谈到的"现代化进程中文化发展相对滞后"等一系列问题提供启示性答案，而且还将为如何促进社会全面进步和人的全面发展，协调与平衡物质文明与精神文明建设的关系，探索出成功的经验。深圳将在从整体上赶超中国香港和新加坡的过程中，成为一个政通、人和、自由、开放、品高、景美的现代化国际性城市。

---

① 白采：《中国经济特区的文化使命与发展路向》，载《学术研究》1998年第10期，第93页。

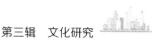

（三）文化整合自然、和谐

深圳是外来文化、本土文化、移民文化交汇的地方，文化整合势在必行。在深圳文化变迁过程中，文化整合没有导致各种文化成分的互为排斥，而是呈现出自然、和谐的态势。首先，主流文化与民众文化心理自然契合。建设中国特色社会主义文化所必需的主流文化，在深圳社会文化中处于主导地位，但并不人为地排斥和干预人们对其他文化成分的选择和接受。政府通过制定文化规范来引导人们的文化选择和行为适应（如制定《深圳市民行为道德规范》等），很少采用强制性措施。而民众在宽松的社会文化氛围中，也很少有文化抗拒心理，崇尚什么、追求什么，大多是坦白表露，毫不掩饰。他们按自己的方式生活，较少受到外在的控制和干预。其次，物质文化与精神文化平衡协调。随着深圳经济的快速发展，以及人们物质生活水平的普遍提高，深圳人从自身现代化的内在需要出发，积极致力于精神境界的提升，追求精神与物质的和谐。值得注意的是，他们并没有惊叹精神家园的失落，也没有对人文精神大讨论表现出浓厚的兴趣，而是以高昂的生活热情，积极、现实的生活态度，在火热的生活中提高生活质量，提升人生境界，在物质文明的沃土中，培育灿烂的精神文明之花。例如，深圳蛇口人在改革开放的不同阶段，先后喊出"时间就是金钱，效率就是生命""空谈误国，实干兴邦""社会呼唤良知，人类需要正义"等具有不同内涵的响亮口号，这就是深圳人努力实现物质和精神高度和谐的生动例证。

三、深圳文化变迁的基本动因

深圳作为一个由边陲小镇发展起来的现代化新兴城市，它毗邻香港的特殊地理位置，经济快速发展对社会进步的推动，以及社会变革所引起的人的思想观念的更新，都可能成为深圳文化变迁的动因。

（一）外来文化的影响

苏联文化理论家贡恰连科在《精神文化》一书中谈及文化影响时曾指出："文化的相互影响和相互丰富是按纵向（继承性）发展，也是按横向（相互交流）发展的。按纵向发展即是借用过去的，按横向发展即是借用同时并存的当代文化。文化发展的速度在很大程度上决定于这两种泉源起作用的强烈程度。"① 从深圳文化变迁的发展进程来看，由于边陲小镇的历史文化积淀不够丰富，因而纵向的"泉源作用"并不强烈。但深圳作为中国改革开放的"窗口"，它的特殊地位和作用，则决定了它所受到的横向"泉源作用"，即受外来文化的影响是相当强烈的。细分类析，起因有三：一是政府政策的鼓励和宽容。经济特区成立伊始，中央和地方政府就鼓励经济特区开拓者要敢于学习和借鉴资本主义的一切文明成果。政府不仅出面组织指导吸收外来优秀文化的各种活动，而且对外来文化持开放和宽容的态度，一方面坚持和强调原则，另一方面又不人为地去阻拦什么，而是让人民群众去自主地鉴别和选择。这就使来自四面八方、改革开放前长期处于传统观念束缚下的经济特区开拓者和建设者，有一种"旧貌变新颜"的宽松和自由感，焕发出敢闯敢试的全新精神风貌。二是外来文化的诱惑力催化出接受的"饥渴"和迫切。西方学者认为："国家的地理位置，某种文化产生的时间，对这一文化是否充分感受到其他文化的影响或这一文化自身是否给予其他文化以这种影响，都起过极大的作用。"② 在特殊的历史背景下，担负着改革开放"试验"重任的深圳，从它建经济特区的第一天起，无论是决策者还是执行者，眼光很自然地盯向近在咫尺、发展迅速的香港，对香港资本主义制度下的新内涵怀有极大的兴趣。全方位地学习、全方位地借鉴，争取把深圳建成"社会主义香港"，几乎成为社会成员的普遍心态。这种被香港这颗"东方明珠"所催化出来的学习、借鉴的"饥渴"和"迫切"，既是经济意义上的，也是文化意义上的，自然而然地演变成接受外来文化影响的开放心态，形成包容中西各种文化成分的广博胸怀。三是建构新文化形态的热切愿望成为接受外来文化影响的又一内因。随着深圳经济的快速发展，各种新的文化现象在深圳不断涌现。面对这一切，先后来到深圳的一大批文化人，或文化意识较强的深圳人，在内地一些文化名人来深讲学的激发和鼓舞下，萌生起建设新型的深圳特区文化的良好心愿。他们挥笔著文，激昂高呼，希望深圳成为"中国新文化形态的生长点"。这种十分可贵、不无浪漫的文化心态，激发出借鉴、接受外来文化的热情和活力，有的从理论上论证中西文化在深圳融合的现实和前景；有的收集、整理在外来文化影响下形成的新说法、新观念（如"深圳没有流行色""深圳不相信眼泪"等）；有的甚至很自信地断言：中西文化的融合，必将使深圳成为中国文化的"亮点"，预示中国文

---

① [苏] 尼·瓦·贡恰连科著：《精神文化：进步的源泉和动力》，戴世吉等译，求实出版社1988年版，第56页。
② [苏] 尼·瓦·贡恰连科著：《精神文化：进步的源泉和动力》，戴世吉等译，求实出版社1988年版，第59页。

化的发展方向。

（二）经济快速发展的客观推动

深圳在将近20年的时间内，由一个边陲小镇一跃成为新兴的现代化城市，其经济发展的速度已成为世界近现代经济发展史上一个突出的事例。经济的快速发展，客观上对文化变迁起了推动和促进作用。集中表现在两个层面。第一，深圳经济快速发展与较早探索和形成市场经济体制的框架有关，而市场经济的内在规律和运作方式，必然引起人们的观念更新。因此，深圳人普遍形成的具有现代意识的价值观、人生观、审美观和道德观等观念文化体系，在很大程度上就是市场经济催化的结果。第二，政府出于两个文明建设一起抓的基本动机，在抓好经济建设、加速经济发展的同时，对文化建设和发展伸出了积极的"干预之手"。表现为文化设施建设的高额投资，市民行为公约的研究制订，文化发展战略规划的组织策划，等等。因此，"政府之手"是推动深圳文化变迁的"无形之手"和"潜力之手"。也正是在这个意义上，经济优先发展战略客观上促进和推动了深圳文化的变迁。

（三）人的现代化的内在需要

深圳的社会现代化进程，有力地带动了人的现代化。率先进入小康并处在富有现代气息的社会文化环境中的深圳人，加速自身现代化的愿望十分迫切。他们不满足自身的存在状态，努力走向更高的层次，寻求更高级的需要；他们不断地调整自己，在适应社会发展需要的同时，努力实现人的全面、自由和充分的发展；他们欣然面对并积极参与社会变革，乐意接受各种新思想和新观念，具有高度的独立自主意识和个人效能感；他们在新的社会网络中逐渐成为新的变革型社会角色，观念更新迅速扩大到各个层面。在社会政治生活、经济活动、个人发展、消费方式、休闲娱乐等方面均表现出现代观念意识。观念更新的广度和力度也大大超过其他地区。所有这一切，一方面证实了社会"需要一种全新的人，并将创造出这种新人来"[①] 的深刻道理，另一方面又生动地表明"人的现代性建立过程实际就是文化变迁过

---

① ［德］恩格斯：《共产主义原理》，见中共中央马克思恩格斯列宁斯大林著作编译局编《马克思恩格斯全集》（第4卷），人民出版社1958年版，第370页。

程"①。深圳人实现自身现代化的精神动力,有力地促进了深圳文化变迁,成为深圳精神文化发展、更新的源头活水。他们既是社会创造出来的新人,反过来,又承载和托起一个全新的社会。

综上所述,现代化进程中的深圳文化变迁,给我们以多方面的启示和思考。首先,经济发展对文化发展的带动和促进,不仅体现在为文化建设提供"财力",创造必要的物质条件,更体现在对人们观念更新的激发和促进,促使人们在新的高度上实现新的精神追求目标。其次,文化变迁的核心是精神文化的变革和创新。文化创新既需要有开放心态和务实态度,也需要浪漫情怀和理想色彩,唯有如此,才能充分体现文化创新的超前性和先导性。最后,在现代化进程中,文化发展的相对滞后虽是客观存在的,但并不是一成不变的,对此,应持积极的态度和发展的眼光,无须忧心忡忡,更不应横加指责。深圳在文化建设方面的某些成功经验,生动地表明,在建设中国特色社会主义文化的历史进程中,经济建设与文化建设,物质文明与精神文明,一定能够协调、平衡地发展。我们的明天一定更美好。

(2000年)

---

① 景怀斌、郑晨、肖海鹏:《人的文化素质与现代化——中国城市居民文化素质研究报告》,人民出版社1995年版,第56页。

深圳文化发展理念的历史沿革

深圳经济特区建立20多年来，不仅创造了经济快速发展的"罕见奇迹"，而且也创造了文化超常发展的"罕见奇迹"，实现了从所谓的"文化沙漠"到名副其实的"文化绿洲"的历史巨变，以崭新的文化形象屹立在神州大地，以文化的青春活力享誉世界。

深圳文化超常发展的原因是多方面的，其中最重要、最根本的原因是文化发展理念不断更新，符合先进文化的前进方向，符合深圳文化的发展实际，指明了深圳文化的发展方向和发展途径。回顾、反思深圳文化发展理念的历史演变过程，对于我们进一步深刻认识深圳经济特区的文化创新功能，认识深圳在社会主义先进文化建设中的示范作用，具有十分重要的意义。

一、深圳经济特区建立初期至20世纪80年代末的文化发展理念

从深圳经济特区创建至20世纪80年代末，是深圳经济特区初创奠基和基本成型阶段。这一阶段，深圳经济特区初创伊始，百废待兴。邓小平同志视察深圳，肯定中央创办经济特区的政策是正确的，对经济特区的建设和发展提出了明确要求；这一阶段，如何贯彻中央意图，把深圳经济特区又快又好地建设起来，如何使深圳两个文明协调发展，塑造和维护深圳经济特区的良好政治形象，是中共深圳市委、市政府必须考虑的首要问题。为此，中共深圳市委、市政府先后召开了一系列重要会议，配合省委、省政府制定了《关于深圳特区思想文化建设的初步意见》，研究制定了《深圳经济特区社会经济发展规划大纲》《深圳特区精神文明建设大纲》等一系列重要文件。这些会议和文件，对深圳精神文明建设和文化建设的发展方向和具体路径做出了明确规定，体现出当时社会历史条件下全新的文化发展理念和战略思想。归纳一下，可做如下集中表述。

遵循邓小平同志关于"我们建立经济特区，实行开放政策，有个指导思

想要明确,就是不是收,而是放"① 的讲话精神,遵照时任中共中央总书记胡耀邦同志关于"特事特办,新事新办,立场不变,方法全新"② 的重要指示,坚持改革开放的指导方针,确立物质文明与精神文明两个文明一起抓的指导思想,正确处理好引进与抵制的关系,坚定不移地采取"有所引进,有所抵制"和"排污不排外"的方针,大胆引进,认真学习、借鉴、消化和吸收国外及港澳台地区的一切先进的科学技术、管理经验和人类文明的优秀成果,积极探索经济特区精神文明建设和思想文化建设的新思路、新方法和新途径。兴建"八大文化实施",打下深圳文化发展的"硬件"基础;总结、概括并提出了"时间就是金钱,效率就是生命""空谈误国,实干兴邦"等一系列影响全国的新思想、新观念。

上述文化发展理念是与经济社会整体发展的战略思路交织在一起的,其核心思想是坚决执行改革开放的指导方针,敢于创新,不陋陈规,特事特办,新事新办。这既符合深圳当时的社会历史背景和文化建设的实际需要,又与中央对经济特区建设的指导方针相一致。其突出的创新举措是创造性地制定了全国第一个关于社会主义精神文明建设的总体规划性文件,为探索社会主义精神文明建设和文化建设开辟了一条新的途径,为1986年9月中央制定《关于社会主义精神文明建设指导方针的决议》提供了一份重要资料。

二、20世纪90年代初期至世纪之交的文化发展理念

20世纪90年代初期至世纪之交,深圳进入发展提高的新阶段。这一阶段,邓小平同志视察深圳等地,发表重要的"南方谈话",肯定经济特区姓"社"不姓"资",称赞"深圳的重要经验就是敢闯",明确指示"要坚持两手抓","两只手都要硬";江泽民同志先后两次来深圳,阐明中央关于经济特区的"三个不变",明确指出"在新的历史条件下,经济特区要认真总结成功经验,抓紧解决存在的问题……努力形成和发展经济特区的中国特色、中国风格、中国气派"③,要求深圳经济特区"增创新优势,更上一层楼";胡锦涛同志视察深圳,充分肯定深圳的发展成就,对深圳的进一步发展提出

---

① 邓小平:《办好经济特区,增加对外开放城市》,见《邓小平文选》(第3卷),人民出版社1993年版,第51页。
② 《国务院关于批转〈沿海部分城市座谈会纪要〉的通知》,见全国人大常委会法制工作委员会审定《沿海沿江沿边开放法律法规及规范性文件汇编》,法律出版社1992年版,第303页。
③ 江泽民:《在深圳经济特区建立二十周年庆祝大会上的讲话》,载《人民日报》2000年11月15日。

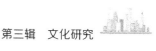

希望和要求。这一阶段，中共深圳市委、市政府提出了"第二次创业"的响亮口号，先后召开了中共深圳市第一次代表大会、第二次代表大会、第三次代表大会、全市教育工作会议、全市文化工作会议等一系列重要会议，制定了《深圳精神文明建设"八五"规划》《深圳精神文明建设"九五"规划》《深圳市文化事业发展（1998—2000）三年规划及2010年远景目标》《中共深圳市委深圳市人民政府关于加快实施科教兴市战略推进教育现代化的决定》等一系列重要文件。中央领导同志的重要讲话及指示精神，为深圳经济特区新阶段的精神文明建设与文化建设指明了方向。深圳市各类会议的战略部署和各类文件的具体规划，集中体现了深圳经济特区在发展提高新阶段的文化发展理念和战略思路，主要表现为以下三个层面。

一是明确深圳经济特区不仅是发展外向型经济的经济特区，而且是经济文化共同发展、社会全面进步的综合性经济特区，其发展目标是建设多功能、现代化的国际性城市，为探索建设中国特色社会主义道路做贡献。

二是进一步发扬邓小平同志肯定的"敢闯"精神，遵照江泽民同志关于"增创精神文明建设新优势"的指示，积极探索社会主义精神文明建设的新思路，努力把"把深圳建设成为富裕、民主、文明"的社会主义精神文明建设"示范区"。

三是增创文化优势，创造有深圳特点的社会主义文化，实施"科教兴市"战略和文化建设工程，计划并开始增建"新八大"和"新六大"文化实施，努力把深圳建成现代文化名城。

上述深圳在发展提高阶段的文化发展理念和战略思路，与深圳在20世纪80年代初创奠基阶段的理念和思路相比已有明显的调整和不同。如果说80年代深圳的精神文明建设和文化建设，主要是从深圳改革发展的角度，立足于奠定经济特区发展的基础，确定经济特区发展的正确方向，维护经济特区的良好政治形象，探索经济特区精神文明建设的特殊性和新方法。那么，90年代初期至世纪之交的深圳精神文明建设和文化建设，则更多的是从国家改革发展的高度，把深圳的改革发展作为探索中国特色社会主义道路的具体实践，侧重于从经济特区功能的新定位、经济特区发展的新目标、经济特区作用的新发挥、经济特区形象的新塑造来加以考虑。例如，明确深圳经济特区的发展目标是多功能、现代化国际性城市，题中之意就是要加深对深圳经济特区的功能、地位的认识，要从单一的经济发展思维中跳出来，多考虑经济特区的多功能和综合性特征，加强文化建设，塑造文化形象，以符合现代化国际性城市的应有内涵。再如，提出增创深圳文化优势，建设现代文化名城，已在思维习惯上把文化建设从精神文明建设中单列出来，致力于创建有深圳特点的社会主义文化。

深圳在发展提高新阶段对文化发展理念和战略思路进行的更新和调整，对于深圳的整体发展和文化建设，有着十分重要的意义。第一，把深圳由一个以发展外向型经济为主的经济特区，提升到探索中国特色社会主义道路的多功能、国际性城市的高度，强化了经济特区的综合性特征和深圳作为一个新兴城市的文化内涵，促进了深圳的跨越式发展；第二，首次提出"增创文化优势，建设现代文化名城"的战略思路，把塑造深圳文化形象的新理念展现在世人面前，使深圳人逐步形成了关注、参与和促进深圳文化建设的"文化情怀"，为深圳文化的加速发展奠定了社会思想基础和群众基础。

三、进入 21 世纪以来的文化发展理念

进入 21 世纪以来，深圳进入了一个以贯彻落实科学发展观为主要特征的全新发展阶段。在全国普遍改革开放的新形势下，深圳前有标兵后有追兵，既有来自民间的"深圳你被谁抛弃"的忧思，也有来自国人的"特区还要不要特"的疑问，深圳的自身发展也面临土地、能源资源、人口、生态环境这"四个难以为继"的制约。这一阶段，胡锦涛总书记再次视察深圳，考察了南岭村等精神文明建设先进单位，希望深圳进一步增创新优势，做出新贡献；温家宝总理在深圳经济特区建立 25 周年之际视察深圳，并在经济特区工作座谈会上的讲话中明确指出，"经济特区不仅要继续办下去，还要办得更好"，"毫无疑义特区还要'特'"。"经济特区要在率先基本实现现代化过程中，积极探索发挥自己功能和作用的新形式、新举措，进一步扩大特区的功能空间。"① 中共深圳市委、市政府认真学习领会中央领导同志的指示精神，认真落实科学发展观，审时度势，锐意创新，决心"以特别之为，立特区之位"，树立"特别能改革，特别能开放，特别能创新"的经济特区新形象，建设"和谐深圳，效益深圳"，再创新的辉煌。市委、市政府先后召开了中共深圳市委三届六次全会、三届八次全会、三届十一次全会，以及中共深圳市第四次代表大会、实施"文化立市"战略工作会议、文化产业工作会议等一系列重要会议，制定了《深圳市文化发展规划纲要（2005 年—2010 年）》《深圳市实施文化立市战略配套经济政策》《中共深圳市委深圳市人民政府关于大力发展文化产业的决定》《深圳市进一步完善公共文化服务

---

① 温家宝：《顺应新形势 办出新特色 继续发挥经济特区作用》，载《人民日报》2005 年 9 月 20 日。

体系实施方案》《深圳市文化事业发展"十一五"规划》等一系列重要文件。这一系列重要的会议和文件精神,把经济特区发展、城市发展和文化发展有机地统一起来,体现出在新的历史条件下深圳经济特区扩大特区功能空间的整体发展思路,展现出全新的文化发展理念。主要表现为以下七个层面。

一是构建"和谐深圳,效益深圳",转变经济增长方式和发展模式,加大文化建设力度,促进深圳经济社会的全面协调发展。

二是实施"文化立市"战略,建设高品位国际化文化城市,把城市发展战略和文化发展战略有机地统一起来。

三是建设"两城一都一基地"(即"图书馆之城""钢琴之城""设计之都"和"动漫基地"),把"文化立市"战略落到实处。

四是努力实现公民的文化权利,不断满足市民日益增长的精神文化需求。

五是构建公共文化服务体系,创造实现公民文化权利的实施条件。

六是大力发展文化产业,把文化产业与高新技术产业、金融业、现代物流业并列为四大支柱产业。

七是加强城市人文精神建设,进一步弘扬以改革创新为核心的"深圳精神"。

21世纪以来深圳文化发展理念,较之于前两个阶段,有一个明显的不同,那就是经过多年的逐步完善,已形成了一个科学、先进的思想体系,体现出更加鲜明的创新特色。不仅各种口号、提法和规定之间具有内在的逻辑联系,相互关联,互相依存,而且系统地体现出建设社会主义先进文化和现代城市文化的新思路、新举措。

构建"和谐深圳,效益深圳",既是为了适应深圳经济社会发展的现实需要,转变经济增长方式和发展模式,又在客观上成为深圳进入21世纪以来各种文化发展理念的"总纲",统率并影响着其他各种思想文化理念的提出与实施。

"文化立市"战略是深圳在新形势下的"全方位综合战略",目的是要"把深圳真正建设成为高品位的国际化文化城市"。"文化立市"战略既是深圳转换发展模式、构建和谐深圳的一大创新,也是创造性地贯彻落实科学发展观,体现"以人为本"思想的重大举措。

建设"两城一都一基地",是依据深圳文化发展的现有优势和基本条件,对深圳未来文化发展所做出的具有本土特色的战略选择,也是实施"文化立市"战略,建设高品位文化城市的具体途径。它使"文化立市"战略有了可感、可见的具体发展目标，有了可供判定和评估的具体对象。

努力促进公民文化权利的实现，是深圳在我国社会主义先进文化建设进程中率先提出的新理念。该理念充分体现出决策者的战略眼光和思想高度，既为构建和谐深圳添上了精彩一笔，又把"文化立市"和"文化立人"统一到一起，成为深圳贯彻落实科学发展观的又一个创新举措。

构建公共文化服务体系，是党中央要求全国普遍开展的文化建设工程。深圳的可贵和创新，在于较早地提出构建公共文化服务体系这一新思路，并把它作为实现公民文化权利的必要社会条件，因而成为深圳文化发展理念思想体系中的重要组成部分。

把文化产业确定为深圳四大支柱产业之一，这是深圳落实"文化立市"战略的重大步骤，也是站在世界产业发展的高度，把调整产业格局和增强城市文化竞争力有机统一起来的重大决策，是十分明智、非常有远见的战略抉择。

加强城市人文精神建设，是深圳在新形势下为提高城市核心竞争力而做出的重大决策，也是贯彻落实社会主义核心价值体系的创新举措。尤其是其立足于深圳实际，坚持以改革创新为核心的"深圳精神"为基础，突出体现"五崇尚、五富于"的精神，使深圳人文精神真正体现出鲜明的深圳特色，焕发蓬勃的生命力。

四、启迪与思考

回顾深圳文化发展理念的历史演变过程，给我们留下了不少关于文化建设与文化发展的启迪与思考。

首先，一个地区，一座城市，能否形成既符合文化发展实际，又具有一定的文化超前意识的文化发展理念，取决于该地区、该城市的党政领导，是否具有深厚的文化素养，是否具有指导文化建设、推进文化发展的战略眼光，是否能把中央的战略意图和本地的实际情况结合起来，制定出切实可行的文化发展战略。深圳历届市委、市政府，有着清醒的文化自觉意识和推进文化发展的战略意识，牢记经济特区的使命和任务，不失时机地抓好文化建设，创造性地扩大经济特区的功能空间，形成了与各个历史时期相适应的先进的文化发展理念，制定并延续、更新了具有超前意识和地方特色的文化发展战略，有效地促进了深圳文化的发展。

其次，深圳文化之所以能超常快速发展，在根本上取决于深圳各个历史阶段的文化发展理念都有明显的创新特色。例如，20世纪90年代初至世纪之交，创造性地提出要把深圳建设成综合性经济特区，发展成为多功能、现代化的国际性城市，为经济特区的经济社会和文化发展开创了一条新思路。再如，进入21世纪以来，深圳市委主要领导充分领会中央关于继续兴办经济特区的战略意图，与时俱进，锐意创新，赋予经济特区新的内涵，创造性地提出了"以特别之为，立特区之位"，创造新形势下"特别能改革，特别能创新，特别能开放"的新经济特区的发展理念，以积极自信的态度回应了"特区还要不要特"的争议，消除了"深圳你被谁抛弃"的忧虑，极大地鼓舞和激发了深圳市民的创新精神，把深圳的经济社会和文化发展推进了一个新的阶段。历史雄辩地证明，决策者的文化意识强，文化就兴旺；文化理念新，文化就发展。

（本文与研究生党凯合作撰写，2008年初稿，2010年修改）

深圳经济特区凸显文化创新功能

经济特区是改革开放的产物，经济特区的基本功能定位，是探索对外开放条件下经济发展和经济体制改革的新路径，为发展社会主义市场经济提供成功经验。文化创新功能在某种意义上是对经济特区基本功能的延伸，也是对创办经济特区初衷的一种超越。然而，在深圳经济特区，这种"延伸"和"超越"，不仅已形成气候，产生影响，成为一种值得关注和研究的文化现象，而且符合党中央领导同志关于深圳要"积极推进文化创新，为建设创新型国家作出贡献"的发展要求，印证了专家学者们提出的关于"深圳可在文化创新方面继续发挥排头兵作用"的观点。深圳的文化创新功能虽然目前还没有完全成型，但已经显示出良好的发展趋势，体现出新形势下经济特区的新使命、新地位与新作用。

一、深圳经济特区文化创新功能的具体体现

（一）文化观念创新

文化观念创新突出表现为文化发展理念创新和文化观念更新。中共深圳市委、市政府做出了实施"文化立市"战略的重大决策，把城市发展战略和文化发展战略有机地统一起来，以建设高品位文化城市为发展目标，提出了"努力实现市民的文化权利""构建公共文化服务体系"和"建设两城一都"（即钢琴之城、图书馆之城和设计之都）等文化发展理念，充分体现出以人为本的科学发展观，代表了先进文化的前进方向。与此同时，深圳人的价值观念、时效观念、审美观念在深圳社会发展进程中普遍更新，"时间就是金钱，效率就是生命""无约不访，有约守时""你不可改变我""深圳不相信眼泪""深圳没有流行色"等形象的说法，成为深圳人文化观念更新的生动例证。

（二）文化形式创新

自 20 世纪 90 年代后期以来，深圳大力创新文化活动形式，使之成为构建公共文化服务体系、实现公民文化权利的具体途径。几年来，深圳创办了"读书月"、"社会科学普及周"、"文博会"（深圳国际文化产业博览交易会）、"市民文化大讲堂"等一系列全新的文化活动形式。这些新颖的文化形式，为市民提供了参与文化创造、享受文化成果的具体途径，营造了深圳的文化形象和文化氛围，扩大了深圳的文化影响，增强了深圳的文化辐射力和文化吸引力，成为深圳文化创新的生动载体和明显标志，展现出深圳文化的现代气息和精神活力。

（三）文化产业创新

中共深圳市委、市政府把文化产业确定为与高新技术产业、金融业、现代物流业并重的第四支柱产业，坚持文化产业发展的市场化原则。政府"有形之手"积极推动，出台了《中共深圳市委 深圳市人民政府关于大力促进文化产业发展的决定》等一系列文件，为文化产业发展提供政策和制度保障。与此同时，努力建立"企业示范基地""孵化基地""教学和培训基地"这三类文化产业基地，大力推进"创意产业园区""文化产业园区"的建设，积极引进推动文化产业发展的高层次人才，初步形成了以文化产业集团为龙头，多种所有制文化企业共同发展，体系完备、结构合理、市场繁荣、效益显著的文化产业发展格局。

（四）文化体制创新

深圳是全国文化体制改革八大试点城市之一，较早进行文化体制改革的探索与创新，具有明确的指导思想与改革目标。深圳的文化体制改革，着力于建立与社会主义市场经济体制相适应、与社会主义政治体制相协调、与社会主义精神文明建设要求相符合的文化管理体制和文化产品生产经营机制，形成有利于文化发展的社会环境。为了把文化体制改革落到实处，深圳把转变政府职能视为关键，努力实现"三个转变"，即政府从以办文化为主逐步向以管文化为主转变，从以管理政府文化服务机构和文化设施为主逐步向管理全社会文化为主转变，从以行政手段为主逐步向以经济和法律手段为主转变。如今,深圳文化体制改革已从计划经济体制下形成的传统文化发展观中解放了出来,树立了与社会主义市场经济相适应的新的文化发展观,实现了文化的意识形态属性与产业属性的统一、公益性文化事业与经营性文化产业的统一,具有鲜明的创新特色。

二、深圳经济特区文化创新功能的生成与发展

深圳经济特区的文化创新,由"创新现象"逐步发展成"创新功能",原因是多方面的,有经济特区历史使命的推动,也有外来文化观念的影响,有经济快速发展的带动,也有文化自强意识的激发,归根到底,是社会变革和文化变迁导致了深圳经济特区文化创新功能的生成与发展。

首先,深圳经济的快速发展带动了深圳文化创新。深圳经济特区建立30年来,创造了经济快速发展的奇迹,取得了巨大的成就,受到党和国家领导人的充分肯定和高度评价。经济的快速发展为文化发展和文化创新提供了雄厚的物质基础,导致人们生活水平的提高和生活方式的改变,为思想观念的更新和文化修养的提升提供了必要的物质条件,同时也激发了市民的创新意识和创新活力,在很大程度上带动了深圳文化创新。

其次,外来文化观念催化深圳文化创新。深圳是改革开放的前沿阵地,市民普遍具有求新求异的文化心态,受外来文化影响较大;深圳又是移民城市,各地移民来到深圳,带来了他们的本土文化的成分。这样,外来文化、移民文化和深圳所在的广东本土文化,就形成了多元文化结构。文化的多元融合,必然在一定程度上催化文化创新,其中,外来文化影响是带有根本性的催化因素。在这方面,深圳历届市委、市政府始终保持清醒的文化自觉意识和文化安全意识,对外来文化既吸取其精华,又抵制、排斥其糟粕,从而保证了深圳文化创新始终朝着健康、文明的方向发展。

需要指出的是,深圳经济特区的文化创新有一个从不自觉到自觉的过程。经济特区创办初期,由于缺乏历史文化积淀,经济发展的任务又相对突出和迫切,客观存在着文化建设滞后于经济发展的状况。再加上有一部分人对创办经济特区持怀疑和不认同的态度,常常有意夸大和渲染深圳文化的弱势,"深圳是文化沙漠""深圳是一个畸形发展的城市"等说法时有出现。外在的压力激发了深圳人的文化自强意识,当时的市委、市政府为了维护经济特区的"窗口"形象,在财政实力还不强的情况下,拨出专款建设深圳大学、深圳图书馆等公益性文化设施,甚至发出"哪怕砸锅卖铁也要办好深圳大学"的豪言壮语。这种壮举虽然在某种意义上是被"逼"出来的,但仍

显示出深圳经济特区领导人的远见卓识和宏大气魄。

后来，随着深圳经济的快速发展和城市规模的不断扩大，人们的物质生活水平不断提高，对精神文化的需求也越来越高。如何使深圳的经济文化平衡发展，尽量满足市民日益增长的精神文化需求，就成为一个突出的问题。在这种情况下，中共深圳市委、市政府进一步提高了对加快文化发展重要性的认识，制定了深圳文化发展战略，在继续加大文化设施建设投入的同时，注重公共文化活动的组织和文化产品的开发，不断推进公益性文化事业和经营性文化产业的发展，深圳的文化条件越来越好，文化氛围也越来越浓。在这个过程中已开始出现文化创新的苗头，但文化创新的自觉意识还不强。20世纪90年代末，尤其是进入21世纪后，城市的发展与竞争由"拼经济"开始转向"拼文化"，深圳更存在着提升城市综合竞争力和如何"以特别之为，立特区之位"的双重问题。中共深圳市委、市政府在新的形势下，加深了对经济特区新使命的认识，自觉增强了文化创新意识，向着"特别能创新、特别能改革、特别能开放"的目标迈进，做出了实施"文化立市"战略的重大决策，提出了建设高品位文化城市、实现公民的文化权利、建设"两城一都"、构建公共文化服务体系等一系列新的文化发展理念。自此，深圳的文化创新进入了一个新的阶段，上升到一个新的水平。

三、深圳经济特区文化创新的现实意义与深远影响

深圳经济特区的文化创新作为一种新兴的文化现象，应该引起我们的高度重视和密切关注。广大专家学者更应该把它作为我国经济社会发展进程中文化创新的典型个案，进行深入研究。

首先，要从理论上把深圳经济特区的文化创新现象提升到文化创新功能的高度来认识，深入认识新形势下深圳经济特区所担负的新使命的文化内涵，在一定程度上回答经济发展是否必然带动文化发展、社会变革是否必然引起文化变迁、文化多元能否趋于文化融合和文化重建等一系列值得研究和探讨的学术理论问题。

其次，要充分认识到，研究深圳经济特区的文化创新功能，实质也是从文化角度对新形势下"特区还要不要特？还能不能特？"的问题进行理论阐述，这在一定程度上是开辟了经济特区研究的新视角，深化了经济特区研究的理论内涵，把经济特区研究推向了一个新的高度，具有明显的理论创新和学术创新意义。

此外，把深圳作为个案，从理论上深入探讨全球化背景下当代中国的文

化选择和文化发展路径问题,这对于我们探索全球化背景下中外文化"和而不同,融汇创新"的实践途径,创造和试验新的文化模式,具有重要的学术探索和学术引导作用。

深圳经济特区的文化创新,除了具有重要的理论探索意义,还有着重要的实践意义。主要表现为以下三个方面。

第一,有利于阐明和揭示深圳经济特区在我国建设创新型国家和创新型城市的发展进程中,所具有的文化先导和文化示范作用,引导人们从更新、更高的角度认识深圳经济特区在新形势下的地位与使命。

第二,有利于从理论和实践的结合上阐明深圳经济特区所担当的新世纪我国新文化模式的试验角色,为全球化背景下我国的文化选择和文化追求,提供一个成功范例,展现出一条多元融合、彰显特色的实践途径。

第三,把深圳文化创新的观念意识和具体做法进行条分缕析,有利于其他地区和城市的学习与借鉴,使深圳文化创新由朦胧的概念和印象变为具体的可感可学的实例,从而推动全国的文化创新。

(2010年)

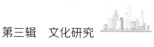

"深圳学派"建设与城市文化软实力的提升

城市文化软实力是城市的精神与文化力量,包括城市政治、文化、教育、市民素质、人文环境、体制机制与对外影响力等,具有鲜明的地方特点和文化特色。学术文化是城市文化之塔的"塔尖",也是城市文化软实力的重要指标。因此,深圳高度重视学术文化建设,把建设"深圳学派"作为加强学术文化建设的重要举措,努力提升城市文化软实力。

一、"深圳学派"建设由文化畅想转为政府决策和创新实践

深圳确定了建设国际文化创意先锋城市和全球标杆城市的发展目标,努力建设高品位文化城市。学术文化是衡量城市文化品位不可或缺的重要标志。学术思想的导向决定城市文化发展的方向,学术文化的深度决定城市文化的厚度与力度。一座城市如果没有高层次的学术文化,就没有与国际先进城市平等对话的资格,也很难称得上是真正意义上的高品位文化城市。正是在这个意义上,深圳把建设"深圳学派"作为提升城市文化软实力的必由路径,大力推进,初见成效。

如果说20世纪90年代提出建设"深圳学派",只是体现深圳学人文化自觉的文化畅想,或者说是学者层面的学术探讨,那么,如今的"深圳学派"建设,已成为实实在在的政策引导和创新实践。

2003年年初,中共深圳市委、市政府提出"文化立市"战略,构建"深圳学派"成为"文化立市"战略的题中之意。

2009年,深圳文化学者艺衡主编的《学派的天空——人类文明史上的思想群落》一书,由广西师范大学出版社出版。该书对学术流派的出现、理论主张、流变脉络等进行全面的介绍,阐明了学派的产生、存在、发展的特点与规律,为推进"深圳学派"建设提供了学术参照,奠定了理论基础。

2012年,深圳市召开"深入实施文化立市战略,建设文化强市"工作会议,明确提出"深圳要大力繁荣发展哲学社会科学,打造'深圳学派',

形成具有全球视野、中国气派、深圳特色的研究群体",决定以政府之力推进"深圳学派"建设,并阐明了"深圳学派"建设的文化内涵和学术方向。自此,建设"深圳学派"由学人的文化畅想提升为政府的重要决策,形成了推进"深圳学派"建设的指导性文件。

二、"深圳学派"建设的创新举措与文化效应

"深圳学派"建设由文化畅想转为政府决策,是一个不断推进的过程。在此期间,深圳实施了一系列推进学派建设的创新举措,产生了明显的文化效应,在很大程度上提升了城市文化软实力。

(一) 实施"深圳学派"培育工程

2010年8月17日,深圳市社会科学院在《中国社会科学报》发表文章,提出实施"深圳学派"培育工程,决定选择和重点培养已具有一定基础或发展潜力的若干优长学科,打造深圳哲学社会科学的"拳头产品",为构建"深圳学派"奠定基础。由此,建设"深圳学派"的学术追求成为全国关注的文化现象。深圳这座城市因学术而形成了新的形象标志。

(二) 推出构建"深圳学派"专栏

2012年4月初,《深圳特区报》联合深圳市社会科学院推出"繁荣社会科学,构建深圳学派"专栏,邀请专家学者就如何打造"深圳学派"、推进深圳学术文化建设献言献策,在全社会形成了关注、支持"深圳学派"建设的文化氛围。学术文化成为深圳文化的热点。

(三) 宣讲"深圳学派"建设的文化意义

2012年4月28日,深圳市社会科学联合会邀请专家到深圳市民文化大讲堂做"城市文化品位与深圳学派建设"专题讲座,宣讲建设"深圳学派"的文化意义与必要举措,让"深圳学派"这只学术文化殿堂的"堂前燕",飞进了"寻常百姓家",在市民群体中引起了广泛的反响和关注。谈学术,论学派,成为老百姓关注的热门话题。

（四）推出"深圳学派建设丛书"

2013年，在市委领导同志的指导和支持下，深圳市社会科学联合会组织推出"深圳学派建设丛书"和"深圳改革创新丛书"，展现深圳学者学术研究的个性和原创性，促进形成"成一家之言，当学术先锋"的文化氛围。丛书目前已出版9集，共100部。内容涉及法学、政治学、文化学、艺术学、经济学等多个学科，充分反映出深圳学人的文化主张和学术思想，体现出传统学科与新兴学科的学术创新和"深圳表达"。由此，"深圳学派"有了具体可感的形象载体。

（五）举办学术年会

自2009年起，深圳市社会科学联合会每年组织一次学术年会，至今已举办了11届。学术年会组织策划有影响力的大型学术活动，邀请国内外相关著名学者参加。同时，由深圳市各高校和学术研究机构申报承办相关学术活动，形成学术研究和学术文化活动的年度高潮，有效地推进了"深圳学派"建设和学术文化发展，扩大了深圳学术文化的影响力。

（六）创办《深圳社会科学》杂志

2018年，在原有内部刊物《南方论丛》的基础上，深圳市社会科学院创办了公开发行的《深圳社会科学》。刊物以"全球视野、民族立场、时代精神、深圳表达"为办刊宗旨，以开放性、时代性、前瞻性、创新性为办刊特色，致力于构筑深圳学术高地，为建设"深圳学派"提供学术平台。《深圳社会科学》和已在学术界产生较大影响的《深圳大学学报（人文社会科学版）》《特区实践与理论》等刊物构成"深圳学派"建设的重要阵地，展现"深圳学派"建设的进程和成效，使城市学术形象更加丰满。

（七）设立人文社会科学重点研究基地

自2018年起，深圳市社会科学联合会在全市高校和研究机构中挑选设立人文社会科学重点研究基地，打造"深圳学派"建设的核心团队。经过申报和评选，目前共有香港中文大学（深圳）当代中国政治经济学研究中心、深圳大学印度研究中心等人文社科重点研究基地25个，形成了深圳学术文化建设的主力部队和规模效应。《光明日报》《南方都市报》等主流媒体及时报道，扩大了深圳城市文化的影响力。

三、"深圳学派"初具雏形，领军学者率先示范

经过十多年的着力推进和规划建设，"深圳学派"已经初具雏形。主要标志是已形成若干个由著名学者带队、研究方向和研究课题相对集中的学术团队，一些领军学者的学术思想和文化主张，已在全国乃至国际学界产生较大影响，彰显出深圳学人的全球视野、民族特色和深圳表达，成为深圳城市文化软实力的重要组成部分。

深圳学术团队建设有两个成功范例。

一是由广东省优秀社会科学家、著名学者陶一桃教授领衔的深圳大学中国经济特区研究中心。该中心是教育部人文社会科学重点研究基地。陶一桃带领一批专长经济特区研究的中青年学者，先后承担多个国家社科基金重大项目，《中国经济特区史论》等研究成果被翻译介绍到国外，成为中国文化"走出去"的重要体现，产生了广泛的国际影响。尤其是陶一桃近年领衔建立的"一带一路"研究院，已在"一带一路"沿线国家产生重要影响。陶一桃本人多次应邀参加"一带一路"国际学术会议，或到"一带一路"沿线国家做专题讲座，有效地扩大了深圳学者的文化影响，成为"深圳学派"雏形初显的一个突出亮点。

二是由广东省优秀社会科学家、著名学者李凤亮教授领衔的深圳大学文化产业研究院（简称"文产院"）。文产院在我国文化产业快速发展、文化科技创新日新月异的大背景下应运而生。李凤亮带领一批中青年专家，瞄准文化产业发展和文化科技创新的前沿课题开展研究，定期发布《文化科技蓝皮书：文化科技创新发展报告》，取得了令人瞩目的研究成果。文产院很快发展成为"国家文化创新研究中心"、广东省人文社科重点研究基地，在国内学术界享有盛誉，成为"深圳学派"雏形初显的又一个突出亮点。

深圳领军学者的学术创新和学术思想，是"深圳学派"初具雏形在另一个层面的重要体现。它表明，作为学派建设核心要素的学术带头人，已在深圳本土学者中脱颖而出，其中影响最大、最有代表性的是胡经之、刘洪一、王京生三位著名学者，他们的学术思想和研究成果，对深圳学术创新和学派建设，具有明显的示范引领效应。

胡经之先生是著作等身的我国老一辈美学家。他开创了文艺美学新学

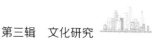

科，被学界誉为"文艺美学的教父"。20世纪80年代，他离开北京大学到深圳大学工作后，在深圳改革创新的文化氛围中，学术志向和研究方向发生了明显变化，从传统意义上的书斋学者转变为关注社会文化现象、以服务社会为使命的当代新型学者。正如他自己所言，"走出书房，面向现实"，"学术志趣渐生变化"，具有了"国际视野，深圳情怀"。

从文艺美学走向文化美学，是胡经之到深圳后学术志趣发生变化的重要标志。他在国内学术界首次提出"文化美学"概念，倡导不失时机地开展文化美学研究。他认为，对于我们生活于其中的文化世界，应该从美学的角度来审视、研究人如何按照美的规律来创造文化之美。"每个时代，都有自己的文化，文化美学应该面向自己时代的文化现象"，"关注文化发展的美学走向"，"及早对文化发展做出审美的宏观审视"。在他的视野中，文化美学应该回答三个问题：一是人间的文化创造怎样才能符合美的规律？二是人类创造的文化产品的交换价值、审美价值和符号价值等应是什么结构关系？三是文化产品成为商品后，社会应如何调节？显然，文化美学要回答的这些问题正是当下我国文化建设和文化发展中亟待研究的现实问题。这些问题立即在学术界引起积极反响。

胡经之学术志向的转变，是一个老学者在深圳文化环境中焕发学术青春的典型个案，也是深圳领军学者担当学者使命、研究现实问题的生动体现，既彰显了"深圳学派"的文化特色，又例证了学术创新"深圳表达"的现实可能和无限精彩。

刘洪一教授是享有国际声誉的犹太文化研究专家、文化哲学学者。如果说胡经之是传统学者在深圳实现学术转型的代表人物，那么，刘洪一就是深圳学者创新学术思想、讲好中国故事的杰出代表。他近年在北京商务印书馆、香港中华书局等出版的《两界书》系列著作，被海外学者誉为"世纪杰作"，不仅开辟了中外学术融通的新境界，也完美地体现了深圳学者的创新担当。

《两界书》创造性地解答了一系列人类社会发展的终极问题，成为中外学术文化史上的一个突出范例。该书以"凡人问道"的形式演绎，实质上是以文化哲学的整体观揭示人类文明史、思想史的演进轨迹和内在逻辑。《两界书》融通儒、释、道、希伯来－犹太、希腊哲学及科学理论，既聚焦世界与人类的本来（我是谁、从哪里来）和未来（往哪里去）问题，又关注人类的往来（来干什么、为什么）问题，对人类生存的现实挑战和终极命运做出历史文化的整体性根基性回应，力避自轴心时代以来人类思想多发性演化所带来的思想隔绝和认知偏斜。《两界书》以中华文化为根基，创设文明融

· 213 ·

通的中国话语体系及世界表达，展现华夏中国智慧及世界价值，揭示人类命运共同体的哲学基础和文化基石，国外学者认为"是当代文化史上的一个重大事件"。

《两界书》创造了一种全新的学术思想表达方式。全书超越历史、神话、宗教、哲学、文学、文化等传统的学科范式，创设中国气派的思想学术体系和理论话语，体现"不忘本来，吸收外来，面向未来"的文化自觉。法兰西学院院士、法国远东研究院原院长汪德迈认为"这本书是一部关于二十一世纪跨文化的重要著作，对人文主义有很重要的贡献"；著名哲学家成中英认为"《两界书》哲学是划时代的"，"这本书把世界带到中国，也把中国推向世界"。

《两界书》堪称当代中国一部特色鲜明的新经典，它出自深圳学者之手，既是深圳之幸，也是中国文化自信的绝佳例证，为建设文化强国做出了实实在在的深圳贡献。它被译成英文、日文等向国外推广，其文化意义已超越深圳，超越中国，必将在中外文明研究史上留下精彩一笔。

王京生是与以上两位学者的学术思想和学术风格截然不同的深圳本土学者。他现任国务院参事，曾担任中共深圳市委宣传部部长，具有文化官员和文化学者的双重身份。作为文化官员，他是推进深圳文化创新的决策者之一，具有让理念变为政策和实践的客观优势；作为文化学者，他结合深圳文化发展实践，提出了一系列推进深圳文化创新发展的新思想和新观念，为深圳文化创新做出了独特的理论贡献。他的理论创新和实践推进，充分体现出顶层设计和基层创新相结合的深圳文化创新路径，成为深圳话语和深圳表达的杰出代表。

他认为，破除"文化沙漠论"，提炼总结深圳"十大观念"，确立应有的文化自信，是深圳文化创新的逻辑起点，决定着深圳文化建设的眼光和格局；他提出"文化流动理论"，强化文化自信的理论基础，批判"文化积淀论"对文化创新的思想束缚，对深圳文化快速发展给了一个令人信服的理论解释；他积极推进"文化立市"战略，强化文化自觉，倡导建设"两城一都"，打造深圳城市文化发展的靓丽名片；他把"实现市民文化权利"和"维护国家文化主权"看作文化创新和文化建设的两个支柱，认为所有文化问题都围绕它们展开；他倡导建设创新型、智慧型、力量型、包容型新型文化，并把这作为实现文化自强、建设高品位文化城市的必要路径；他提出城市文化"十大愿景"，描绘了城市文化未来发展的宏伟蓝图，构建了一座现代城市文明的"理想城"；他论证"创新驱动发展，文化驱动创新"的内在逻辑关系，明确文化是创新发展的精神动力和重要支撑；他发出构建"深圳

学派"的呼唤,为推进深圳学术文化建设贡献了思想和智慧。

王京生提出和推进实践的一系列新思想和新观念,汇集于他先后出版的多本文化理论专著,几乎涵盖了深圳文化创新的各个层面,从理论和实践的结合上把"深圳学派"建设提上了议程,落到了实处,显示了成效。

四、"深圳学派"建设的缺憾和不足

经过十多年的规划和建设,"深圳学派"已经初具雏形,取得了显著成效。但从学派的内涵和影响力来看,"深圳学派"建设仍然存在明显的缺憾和不足。

(一)建设"深圳学派"的社会认同度仍待提升

目前,深圳本土和市外学者中,仍有不少人对"深圳学派"不太认同。由于建设"深圳学派"是新生事物,再加上深圳客观上存在着学术大师欠缺、高档次学术研究机构不多、学术影响力有限等现实问题,致使不少人对建设"深圳学派"不以为然,信心不足,期望值不高,认为"深圳学派"只是学术理想和追求目标,真正建成的可能性不大。对此,必须加大"深圳学派"建设成效的宣传力度,消除关于学术大师和学术成果的偏见和误解,尽快提升对"深圳学派"建设的认同度,确立"深圳学派"建设的文化自信。

(二)学术名家和重大研究成果推介不到位

深圳已有一批在国内外学术界享有盛誉的著名学者,他们实际就是当下文化环境中的"大师",是"深圳学派"建设的领军人物。但由于推介不到位,人们对他们的学术成就和学术影响缺乏应有的了解,导致形成深圳无学术大师、无一流学者的片面印象。例如,郁龙余、刘洪一、陶一桃、吕元礼、彭立勋等在国内外有一定影响的深圳学者,他们都有学界公认的学术地位和学术成果,但在深圳本土却缺乏应有的影响力和知名度。应像推广胡经之、但昭义、王之武等文艺名家那样,加大对深圳著名学者和重大研究成果的推广力度,扩大他们的文化影响,进而增强"深圳学派"建设的自信度和影响力。

（三）对"深圳学派"的文化内涵和建设路径缺乏比较一致的统一认识

"深圳学派"建设虽然已从文化畅想转变为政府决策和实践推进，但何为"深圳学派"，怎样建设"深圳学派"，能否建成"深圳学派"这样一些基本问题，至今仍是人们热议和争论的话题。必须有针对性地组织撰写专题文章，详细论述建设"深圳学派"的缘起、内涵、特色和路径。让人们明白，建设"深圳学派"是深圳发展学术文化的目标追求和现实需要，需要全体学者的积极参与和全社会的共同努力。"深圳学派"是一个动态的建设过程，着重的是深圳学人学术创新的文化自觉、学术思想的与时俱进和标新立异、学术话语的时代特色和"深圳表达"，目的是为改革开放鼓与呼，为繁荣发展中国学术文化、提升深圳城市文化软实力贡献思想和智慧。

"深圳学派"建设的实践和成效表明，发展学术文化，塑造学术形象，是提升城市文化软实力的必要路径。现在的深圳，已因"深圳学派"建设而广受关注，屡有好评。未来的深圳，必将因"深圳学派"的建成而亮点频现，大放光彩。

（2020 年）

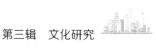

深圳文化创新面面观
——40年40个视点

文化创新是深圳的鲜明特色和一大亮点。文化创新的理念和动力，源自承担历史使命的高度文化自觉。深圳经济特区建立40年来，逐渐形成了文化创新功能，在文化发展理念、文化体制机制、公共文化服务、文化产业发展、文化品牌打造等方面进行了全方位的创新，新观念新思想层出不穷，新形态新现象屡见不鲜。笔者通过40个不同视点，对深圳40年来的文化创新进行全面的考察和梳理。

1. 观念更新，影响全国

观念更新是深圳文化创新的先导。深圳经济特区创办初期，蛇口提出的"时间就是金钱，效率就是生命"的新观念，得到邓小平同志的肯定，被誉为"冲破思想禁锢的一声春雷"，在全国产生了广泛的影响。后来，在深圳改革开放进程中逐渐形成的深圳"十大观念"，构成了一个全新的价值体系，成为社会主义核心价值观的生动体现。人民日报评论指出，"十大观念，源自深圳，属于全国"，"是中国改革开放的生动注脚"。

2. "特区文化"，别开生面

深圳本土学者根据深圳所出现的不同于内地的文化现象，在20世纪80年代中期及时提出了"特区文化"概念。这是深圳文化理论创新的"思想闪电"，标志着在中国改革开放的前沿涌现出一种新的文化类型。后来，专家学者们为了更好地彰显"建设得最好的"深圳经济特区的文化形象与文化地位，适时提出了"深圳文化"概念，实现了"特区文化"研究的概念演变，进一步推进了深圳文化理论创新。

3. 统一语言，见识非凡

20世纪80年代初期，深圳遵照时任中共广东省委书记任仲夷同志的指示，果断决定"用普通话统一深圳语言"，显示出超凡的远见卓识，建构了移民城市深圳特有的城市表象和文化形象，体现出充满现代气息的开放与包容，使来自五湖四海的移民对深圳有一种发自内心的亲切感和认同感。普通话使地处粤语方言区的深圳，显得"很深圳"，而不是"很广东"，真正做到了"深圳是全国的深圳","来了,就是深圳人"!

4. "特区精神",凝聚动力

深圳于1987年提出"特区精神",1990年更名为"深圳精神"。2002年,中共深圳市委把"深圳精神"的内涵明确为:开拓创新、诚信守法、务实高效、团结奉献。2019年8月颁布的《中共中央 国务院关于支持深圳建设中国特色社会主义先行示范区的意见》,要求深圳进一步弘扬"敢闯敢试、敢为人先、埋头苦干的特区精神",赋予"特区精神"新的时代内涵。"特区精神"是深圳改革创新先行先试和先行示范的强大精神动力。

5. 开放有度,融会中外

深圳经济特区是中国改革开放的窗口,开放是其最鲜明的特色。但开放必须有度,不能不分优劣,照单全收,把"苍蝇蚊子"都放进来。深圳遵照党中央和有关领导的指示精神,坚持"排污不排外",体现出高超的政治智慧。"排污"是对外开放的文化选择和政治把关,"不排外"是吸收外来的先进思想文化观念和人类文明的优秀成果,并把其转化成现代思想文化观念,成为改革发展的精神动力。"排污"与"不排外"两者相统一,方向明确,开放有度。

6. 一体两面,决不偏废

四项基本原则与改革开放是相互依存的一体两面,背离四项基本原则就会立国无本,不搞改革开放只能是"死路一条"。深圳始终坚持四项基本原则,坚持改革开放,一体两面,从不偏废。中共深圳市委大院的大门两侧,耸立着两块巨幅标语牌,上面分别写着"四项基本原则是立国之本""改革开放是强国之路"。这表明,深圳把"坚持四项基本原则"和"坚持改革开放"明确地写在自己的旗帜上,坚定不移,决不动摇。

7. 文化设施,高档现代

深圳精心规划和逐步增加的现代文化设施,塑造了现代化国际化创新型城市的文化形象,为构建区域文化中心城市,成为现代化强国的城市范例,打造了必不可少的"硬件"基础。20世纪80年代兴建的深圳图书馆等"八大文化设施",90年代增建的关山月艺术馆等"新八大文化设施",初步建构了经济特区城市的文化形象;21世纪初兴建的深圳音乐厅等"新六大文化设施",进入新时代后规划兴建的深圳歌剧院等"新十大文化设施",进一步增强了深圳作为现代化国际化城市的显示度。

8. "高校长子",书写传奇

1983年创办的深圳大学被称为深圳经济特区的"高校长子"。创办之初,深大就把自立、自律、自强作为人才培养的基本要求,推出了学生交费上学、毕业不包分配、鼓励勤工俭学等影响全国的改革举措，为深圳经济特区培养了一大批急需的应用人才，成为中国高教改革的先锋。进入21世纪以来，深圳大学把"高校之林，后来居上"作为改革发展的梦想和追求，狠抓学科建设和人才培养，实现了跨越式快速发展，进入了"双一流"高水平大学行列，书写了经济特区高校的改革创新传奇。

9. 主题公园，创造神话

深圳华侨城的主题公园，是借鉴欧洲一些国家的经验而建造起来的。1989年建成开放的"锦绣中华"主题公园，成为中国各地景点的缩微版，游客能够在几小时内把祖国的大好河山尽收眼底。入园参观的游客络绎不绝。开放仅一年就收回建设成本。此后，华侨城又先后创办了"民俗文化村""世界之窗""欢乐谷""东部华侨城"等主题公园，均取得成功。如今，主题公园成为华侨城的一个神话，并形成一种模式在全国推广。

10. 文化象征，深入人心

矗立在深圳莲花山顶的邓小平塑像，是深圳特有的文化象征。其象征意义在于：邓小平是创办经济特区的决策者，深圳经济特区的改革发展实践和丰富了邓小平理论。作为中国改革开放总设计师的邓小平的塑像矗立在毗邻香港的深圳经济特区，使中国的改革开放形象可感，使经济特区的建立和发展有源可溯。深圳人民对邓小平的崇敬和感恩，有着形象而生动的寄托。邓小平塑像鼓舞着深圳人民改革创新，不断奋进。

11. **高教发展，高端布局**

深圳高等教育经历了从应急办学"一枝独秀"到高端布局"群雄汇集"的发展过程，形成了"自办高校与引进办学并举、扩大规模与提升质量并重"的鲜明特色，走出了一条经济特区新兴城市高等教育跨越式发展的新路子，为深圳建设国家创新型城市和现代化经济体系发挥了不可替代的重要作用。从20世纪80年代只有深圳大学一个"高校长子"，到现在形成拥有南方科技大学、香港中文大学（深圳）等14所大学的"儿女成群"景象，再到正在布局的引进国内外名校来深办学，可谓是发展迅速、亮点纷呈。

12. **发展理念，不断更新**

深圳经济特区建立40年来，文化之所以能超常快速发展，文化发展理念和战略思路的不断更新是其中一个重要原因。从20世纪80年代提出"建设有深圳特色的社会主义文化"，到90年代提出"建设现代文化名城"，再到21世纪初决定"实施'文化立市'战略"，以及最近提出的"建设区域文化中心城市"，每一种新理念新思路都是既与时俱进，又具有一定的超前性和先导性，使深圳文化始终能够朝着正确的方向建设和发展。

13. 文化名城，名副其实

1995年，中共深圳市委、市政府采纳本土文化学者提出的创新理念，决定把建设"现代文化名城"作为深圳市的文化发展目标，并写进了文化发展规划。经过20多年的建设，"现代文化名城"已从当年那个富有想象力的创新概念变为今天光辉灿烂的现实。深圳先后获得联合国教科文组织授予的"设计之都""全球全民阅读典范城市"等荣誉称号，形成了国际知名的城市文化形象。这有力地证明，想象力和理想情怀是深圳文化创新的重要精神资源。

14. 文化立市，战略布局

"文化立市"战略是深圳文化发展战略和城市发展战略的有机统一，于2004年开始实施，旨在建设具有国际影响的高品位文化城市，提升城市文化竞争力。市委领导同志在会议报告中明确指出，"实施'文化立市'战略，建设高品位文化城市，这是我市率先基本实现社会主义现代化的重大战略选择"，"'文化立市'战略不仅是文化自身发展的战略问题，更是经济社会发展的战略全局问题"。"文化立市"战略有效地推进了深圳文化的创新发展，取得了显著的成效。

15. "两城一都"，城市名片

21世纪初，深圳本土文化学者提出的建设"两城一都"的创新理念，被市委、市政府所采纳。市委领导同志在会议报告中指出："要大胆增创深圳的文化特色，努力打造'图书馆之城''钢琴之城''设计之都'。"决策者把"两城一都"作为城市发展的建设目标，就是要充分利用现有条件，把相对优势转化为绝对优势。使之成为标志城市形象的文化名片。经过十多年的努力，"两城一都"的建设目标已经基本实现，成为深圳城市文化建设和城市品位提升的一个突出亮点。

16. 市民讲堂，惠及大众

"市民文化大讲堂"是深圳创造的一个文化品牌。它以全新的公共文化服务理念满足市民的精神文化需求，探索出了一条公益文化社会化运作的新路子。2005年，大讲堂刚一登场，就受到市民的广泛欢迎。每到周六、周日开讲时间，市民大众纷纷涌进课堂享受文化盛宴。听众形象地把这称之为"充电"。至今，市民文化大讲堂已办了1170多场，现场听众达到20多万人。而通过电视转播、移动媒体重播、互联网重播等形式听讲的听众更是不计其数。

17. "文化广场"，群星汇聚

创办于20世纪90年代的《深圳商报》的副刊《文化广场》，曾是深圳

文化理论研究的突出亮点。余秋雨、刘梦溪等著名文化学者纷纷在《文化广场》亮相,深圳本土学者也不甘落后,各类思想文化观念在"广场"上碰撞,激起一朵朵耀眼的思想火花。笔者也曾以一篇《超越参照》吸引了众多读者的眼球。据悉,港澳地区的许多图书馆都把"文化广场"前 100 期全部收藏入馆,作为珍贵文化资料留存。深圳一份报纸的副刊能有如此反响,足见文化创新的魅力有多大。

18. 文化体制,率先改革

深圳是全国文化体制改革的试点城市之一,早在 20 世纪 90 年代就率先开始文化体制改革,出台了一系列改革举措和规定,组建了报业、广电、出版三大文化集团,政府的文化管理功能实现了由办文化为主向管文化为主的转变。现已初步建立起设施比较齐全、产品比较丰富、服务质量较高、体制比较健全的公共文化服务体系和规范有序的文化管理运作机制,率先走出了具有深圳特色的文化建设和文化管理的新路子。"新华调查"称赞深圳形成了"先进文化的全民共享模式"。

19. 深港交流,文化牵线

深圳经济特区与香港特别行政区一河之隔,是两座都带"特"字的城市,共处岭南文化的大背景中。香港的特殊历史境遇使其文化形态较为多元,多了一些西方文明的要素;深圳的改革开放得天独厚,形成了融古今中外文化要素于一体的现代观念文化体系。深港文化交流加深了两地的彼此认同和相互欣赏。深圳的创新在于对香港文化始终持开放态度,既不盲目崇拜,又不简单排斥,让市民自行选择,自觉取舍。这使深圳人多了一份底气和自信。

20. 尊重人才,蔚然成风

深圳因人才而兴,始终把人才当作第一资源,成为吸引人才的强劲"磁场"。40 年来,深圳不断在人才政策、服务、环境等方面加大创新力度,提升引才聚才的质量,营造优秀人才的发展环境,增强人才推动发展的"原动力"。难能可贵的是,深圳把尊重人才落到实处,不尚空谈。为特殊人才提供政策保障房和科研启动基金,建设深圳特有的以人才命名的主题公园,创建人才研修院,充分发挥人才的潜能和创造力。著名院士、博士等高层次人才闻讯而来,大展身手。

21. 文化流动,推进创新

深圳是移民城市,文化流动是其突出的文化现象。各地移民汇集深圳,带来了不同的文化观念,形成了具有杂交优势的观念文化体系,给深圳文化创新输入了能量和活力。"文化流动理论"是深圳文化理论创新的一个突出亮点，给深圳文化快速发展提供了全新的令人信服的理论解读。无论是文化观念、文化产品的流动，或者是作为文化载体的人的流动，都给深圳文化创新增添了源源不尽的动力。文化流动理论为全面认识国家和地区的文化现象，推动文化创新与文化发展，提供了新的理论参照。

22. 特区研究，影响全国

特区研究是经济特区专家学者首选的研究课题，也是经济特区理论创新的重要方面。深圳的特区研究在全国几大经济特区中名列前茅，影响最大。深圳大学中国经济特区研究中心、深圳市特区文化研究中心、中国（深圳）综合开发研究院、深圳大学文化产业研究院等一批专门机构，是深圳特区研究的生力军。以陶一桃、李凤亮等著名专家为学术带头人的研究团队，多次承担国家社科基金、教育部等的重大研究项目，先后出版《中国经济特区史论》《中国经济特区发展报告》《经济特区与中国道路》等重要研究成果，得到国家有关部门的高度肯定。

23. 文博盛会，闻名世界

一年一度的中国（深圳）国际文化产业交易博览会（简称"文博会"），是全国唯一的国家级、国际化、综合性文化产业展会，被誉为"中国文化产业第一展"。自2004年创办以来，每年都有10万多种文化产品，6000多个文化产业投资项目在文博会这个平台进行交易。文博会已连续10年实现全国政府组团"满堂红"，31个省区市及港澳台地区全部参展，参观、参展、采纳的国家和地区已从首届的10多个增加到第15届的103个。文博会让中国文化既"走出去"又"引进来"，促进了文化与科技、金融、互联网、商业、旅游等产业的深度融合。

24. "关爱行动"，温暖鹏城

2003年，深圳组织创办了"关爱行动"，每年开办一届，至今已连续开办了17届。17年来，深圳"关爱行动"持续推出了3万多项关爱活动，惠及社会弱势群体和广大市民，为化解社会矛盾、疏导心理压力、促进社会和谐，发挥了不可低估的积极作用。关爱行动以"用爱拥抱每一天，用心感动每个人"为推广语，是深圳推进城市文明建设、构建和谐社会的一个创举，阐释了"送人玫瑰，手有余香"的价值观念，见证了深圳的现代城市文明。

25. 全民阅读，独领风骚

2013年，深圳获得联合国教科文组织授予的"全球全民阅读典范城市"荣誉称号。这标志着深圳这座新兴城市以全民阅读这个亮丽的文化符号，闻名全球，享誉世界，在中国大中城市中独领风骚。"让城市因读书而受人尊重"是2000年创办深圳"读书月"的初衷，经过20年的持续努力，尤其是通过为阅读立法等创新举措，深圳已形成书香社会，"读书月"已成为深圳的文化品牌，全民阅读已是深圳广受赞誉的文化风尚。

26. 学术文化，快速积累

学术文化是城市文化的塔尖。深圳的学术文化虽然一度曾有过相对滞后的现象，但很快奋起直追，形成加速发展之势。学者队伍群雄汇集，研究成果特色鲜明，"深圳学派"雏形初具，未来发展后劲充足，有望成为深圳文化的新亮点。涌现出深圳大学中国经济特区研究中心、深圳市经济特区文化研究中心、"一带一路"国际合作发展（深圳）研究院等一批有影响的研究机构，创办了一批有特色的学术刊物，汇集了胡经之、彭立勋、李凤亮、陶一桃、郁龙余、刘洪一、高建平、王京生等一批高水平的专家学者，呈现出学术天空群星闪耀的景象。

27. "深圳学派"，执着追求

"深圳学派"是深圳学人不无浪漫的学术追求。2012年，中共深圳市委、市政府为推进学术文化建设，做出"打造深圳学派"的决策，反映出深圳文化建设的理性和自觉。深圳官方文件给"深圳学派"的定位是：全球视野、中国气派、深圳特色。这可以说是对"深圳学派"文化形态的一种想象和预定，其实质是告诉世人："深圳学派"与传统学派有较大不同，是一个放眼世界、立足中国、彰显深圳的现代文化学派。目前，"深圳学派"建设还处于"现在进行时"，但目标一旦确定，其终将成为现实。

28. 学术期刊，特色鲜明

学术刊物是深圳学术文化建设和发展的重要标志。目前，深圳市的人文社会科学学术刊物主要有大学学报和深圳市社会科学院及相关研究机构的综合性或专题性研究刊物，累计有几十种。其中，影响最大、特色比较鲜明的是深圳大学主办的《深圳大学学报》、中共深圳市委党校主办的《特区实践与理论》、深圳市社会科学院主办的《深圳社会科学》。这几份刊物创办时间有早有晚，但都具有开放性、时代性、前瞻性、创新性的办刊特色，体现出"为改革开放立言、为中国特色社会主义探路"的学术志向。

29. 传统文化，传承有道

深圳是新兴城市，虽有"大鹏所城"等标志性历史文化遗产，但传统文化根基不深。为了建设寓古今中外文化要素于一体的当代新型文化，深圳十分重视优秀传统文化的当下传承。通过开办国学研究所、创办"国学精英班"、设置传统文化经典金句公益广告、创作原创大型交响乐《人文颂》等形式，有效地推进了传统文化的创造性传承和创新性转化，为丰富深圳文化的精神内涵，讲好中国故事，走出了一条特色鲜明的创新之路。

30. "文艺深军",精品纷呈

"文艺深军"是深圳文艺工作者的统称,也是国内文艺界对深圳文艺发展的肯定和赞誉。40年来,深圳的文艺家们怀着高度的历史使命感和社会责任感,满怀激情地创作出报告文学《深圳的斯芬克思之谜》、歌曲《春天的故事》等一大批体现深圳新观念、展现改革新内涵的文艺精品,涌现出胡经之、但昭义、王之武等一批文艺名家,以及一大批有影响力的作家、画家、音乐家、书法家、摄影家,文艺作品获奖数量在广东乃至全国大中城中名列前茅,使深圳成为中国文艺界目光集聚的地方。

31. 理论创新,不断提升

理论创新是文化创新的重要组成部分。深圳从20世纪80年代提出"特区文化"概念,到90年代明确高品位文化城市的应有内涵,再到21世纪提出"文化流动理论",揭示"文化驱动创新"的内在规律,辨析不同类型文化繁荣的正负效应,阐明城市文化的发展愿景,确定城市文化五大品牌体系,创新文明示范的实施路径等,几乎每一个新的发展阶段都有新的理论概念和新的理论观点的产生,充分显示出理论创新与时俱进、文化创新理论先行的鲜明特征。

32. 文化产业,勇当"头羊"

深圳文化产业创新发展,成效显著,被国家领导人誉为当今中国文化产业发展的"领头羊"。早在20世纪90年代,深圳就把文化产业作为四大支柱产业之一。政府推动并明确文化产业发展目标,先后出台《关于大力促进文化产业发展的决定》等一系列指导性文件。与此同时,加强文化产业基地建设,建立了企业示范基地、孵化基地和教学培训基地这三类文化产业基地,形成了文化+科技、文化+金融、文化+旅游、文化+创意等先进的文化产业发展模式,被《人民日报》称为应该认真研究的文化产业发展"标本"。

33. 文稿拍卖,开创先河

1993年发生在深圳的文稿拍卖是中国文化史上石破天惊的第一回,轰动全国,影响深远。从此,文人开始"下海",知识分子的价值明显提升,"《十五的月亮》16元稿费"的现象彻底改变,文化产品的市场化和产业化开始形成。文稿拍卖之所以能在深圳发生,源自深圳要"为文人造个海"的强烈愿望,得益于中共深圳市委、市政府的大力支持,其目的是推进中国文化市场的尽快形成和扩大。文稿拍卖的顺利进行和巨大影响,充分显示出深圳文化创新的气魄和魅力。

34. 文化创意,常出常新

深圳是世人心目中的"创意之都",文化创意持续不断,常出常新。无

论是更新文化观念的创意,还是创新文化活动的创意,都给人们留下了深刻的印象。从深圳十大观念评选,到创办读书月、市民文化大讲堂、创意十二月、时装设计大赛等新的文化活动形式,再到推出"周末晚八点""美丽星期天"等实现市民文化权利的特殊活动,无不显示出浓浓的创意。持续不断的创意,使社会充满活力,让市民乐在其中,更使深圳呈现出"创意之都"的特有风采。

35. 女性沙龙,别开生面

创办于2013年的深圳女性文化沙龙,是深圳文化创新的又一亮点。女性在深圳打拼、发展,需要心灵的慰藉和素质的提升。女性文化沙龙适应深圳经济特区女性生存与发展的实际需要,应时而生,办出特色,成为靓丽的文化品牌。至今女性文化沙龙已办了数百场,参加人员数以万计。许多专家学者和成功人士登台演讲,现身说法。参加人员踊跃提问,展开讨论。话题涉及女性角色定位和价值取向、女性创造力提升、女性人生智慧等多个方面,具有很大的感染力和影响力。

36. 社科普及,以文化人

创办于2003年的深圳社会科学普及周,是深圳创新公共文化服务的又一个范例。创办社会科学普及周的目的是让社会科学从书斋中走出来,走向社会,服务社会,满足市民的精神文化需求,引导市民增强文化自觉意识,追求生活和人生的高境界。社会科学普及周集中在一周内进行各类社科知识普及讲座,开展各类应用型知识咨询活动,举办生动可感的社会科学普及展览,让市民真切地感受到社科知识的应用价值,激发出运用社科知识改变人生的精神动力。

37. 文化菜单,成为品牌

"城市文化菜单"是深圳创新公共文化服务体系的一个亮点,也是深圳城市文化建设的一个品牌。它对于提升城市文化形象,增强城市文化竞争力和影响力,具有不可低估的创新意义。2016年发布的《深圳文化创新发展2020(实施方案)》首次提出"建立城市文化菜单",从2017年起每年都发布文化菜单。目的是形成"月月有主题,全年都精彩"的文化新局面。纵观已经发布的2017—2019年这三年的文化菜单,可以称得上是对标国际一流城市的文化品牌,也是精心打造送给市民的"文化民生大礼包"。

38. 公园文化,大众受益

深圳是全国公园数量最多的城市,有三个公园被列为国家重点公园。目前有各类公园1090个,比原计划提前一年建成"千园之城"。公园文化是深圳文化创新的一个亮点。早在2006年就创办了"公园文化节",从2018年开始正式命名为"公园文化季"。莲花山公园、深圳湾公园等 7 个市属公园和 22 个区属公园，是每年举行"公园文化季"的主要场所。公园文化季期间所进行的音乐会、航模比赛等文化活动，让公园＋文化成为一种生活方式。公园不仅是市民节假日休闲的好去处，更是接受文化熏陶的好地方。

39. 文化权利，保障市民

深圳在全国率先提出"实现市民的文化权利"这一文化理念，成为深圳文化创新与文化发展的重要指导思想。这一文化理念改变了宣传文化工作偏重主流意识形态，忽视公民文化权利的传统思维，增强了文化行政官员实现公民文化权利的意识。文化权利包括四个基本内涵：享受文化成果的权利，参与文化活动的权利，开展文化创造的权利，保护知识产权的权利。深圳的创新与可贵，不仅在于率先提出实现市民文化权利，更在于把实现市民文化权利真正落到实处，为民所得。

40. 文化愿景，文明之光

深圳学者提出城市文化"十大愿景"，富有想象力地描绘了一幅城市文化发展的宏伟蓝图，构筑了一座彰显现代文明的"理想城"。"文化愿景"既是向往和追求的理想，也是奋斗和发展的目标，它反映出深圳引领时代、对标高端的文化发展理念，驱动着深圳努力成为现代化强国的城市范例。"十大愿景"涉及精神文化、物质文化、制度文化等多个层面，包含文化观念、文化主权、文化生态、文化产业、文化传播、文化人才、文化形态等众多方面，可以称得上先进城市文化的"全景图"。

（2020 年）

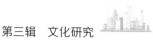

超越参照
——关于深圳文化创新的若干思考

自 1995 年 9 月 3 日《深圳商报》推出第 1 期《文化广场》以来，历时不到一年，已出刊 50 期之多。50 期《文化广场》构成一个广袤的文化空间，成为深圳重要的文化现象和令人关注的人文景观。笔者随手翻阅收集在一起的《文化广场》周刊，忽然发现一个值得深思的现象：50 期中，谈论和阐述深圳文化的文章有很多，但在这些文章中，无论是观照式的分析，还是有针对性的争论，有相当一部分均不同程度地依赖于某种参照（或与中国香港比，或与美国比，或与内地一些大城市比），并且恰恰是这种参照，使一些作者陷入某种思维误区。有鉴于此，为了正确地分析深圳文化现状，科学地选择深圳文化的发展模式和发展目标，笔者不揣浅陋，拟对"参照性文化阐述"做一番综合评说，以求教于文化界的专家和经常在《文化广场》漫步的热心读者。

一、忧思源于参照

深圳文化的优劣是许多文章分析和论争的焦点。笔者注意到，一些文章的作者，自觉或不自觉地陷入了单一的"参照性思维方式"，其结论的不同其实是源于参照对象的不同。

对深圳文化现状"不看好"或感到忧虑者，除了源于其自身的文化体验和文化感受外，很重要的一个原因就是以其他地域城市文化作为深圳文化的参照，并与之进行比较。习惯于与香港相比、把香港文化作为深圳文化的参照对象者，认为深圳与香港毗邻，其文化受香港文化影响甚大且实际是以香港文化为导向，因而与香港文化没有多大区别，同样具有商业色彩浓厚、大众文化占主导地位、高雅文化影响甚微这样一些基本特征。因此，在他们眼中，深圳是"流花溢金之地，难溢墨香"，深圳文化只不过是香港俗文化和商业文化的翻版。这很让赞同这一看法者多了些忧思和感叹。而习惯于与内地大城市相比，把北京、上海、西安、广州等地作为深圳文化的参照对象者,则觉得"深圳没有京味文化的皇家风范,没有海派文化的洒脱伶俐,也没有长安文化的悠远沧桑,甚至身居南粤也还欠缺岭南文化的务实品味"。在他们看来,深圳文化底气不足,缺乏应有的厚度,许多赞同这类看法者,同样也不乏忧思和感叹。至此,我们发现,这种参照方式,这样的比较和对照,使我们看不到深圳文化的优势和特色,看不到深圳选择文化方位、进行角色定位的特殊性,因而也必然会使我们对这种"参照性思维"的结论产生怀疑和异议。

二、选择拘于参照

深圳文化发展应该选择何种模式?这是"文化广场"讨论较多的又一个问题。

有论者说:"深圳究竟需要一种什么文化?我以为既需要以香港为示范,辟一块舞台于嬉笑打闹者,以满足浅层的、大众的文化需要,更必须延续我们祖先五千年的文化之根,让其枯树开花。"(《让"沉思"有一块天地》,《文化广场》第44期)这可谓"借鉴、继承说",其基础是参照香港。

还有论者说:"深圳特区作为对外交流的窗口,外来的(包括香港的)文化在此撞击,形成新文化得以生长的摇篮。这种文化大融合、大交汇的景象让人联想到美国文化在其成长之初常用的一个表述:Melting Pot(熔炉)。"(《为特区文化定位》,《文化广场》第13期)这可称之为"融合、交汇说",其参照是美国。

也有论者在文章标题中就明确表示,应"从纽约、上海、香港看深圳文化的模式选择",虽然论点明确,论据充分,给读者以很大启发,但其运用的仍然是"参照性思维方式",其参照的是海外和内地一些城市文化的发展历程。

上述论者关于深圳文化模式选择的观点,具有一定的代表性。其科学性和可行性如何,另当别论。但是我们注意到,产生和形成这些观点的基础是"参照",或参照中国香港,或参照美国。也许这种参照,曾在一定程度上激活作者的思路,但同时我们也可以相信这种参照必然会在一定程度上束缚作者的思路,使作者拘泥于"先例"和"范式",不再进行更开阔、更深邃的想象。

胡洪侠先生在《编读札记》(《文化广场》(第13期))也曾谈到,一位朋友的"对于深圳文化,眼下应不断地发问,不必忙着定标准答案"的观点,足足让他欣赏了半天。因此,他主张"千万次地问"。笔者认为,深圳文化模式选择同样需要"千万次地问",一旦局限于某种参照,就会问一两次就匆匆认定答案,并在这"匆匆认定"中不同程度地偏离科学,偏离客观实际。

三、超越参照——深圳文化建设的特色与使命

笔者以上的论述,似乎会给人一种反对一切"参照性思维"的印象,其实不然,"参照性思维"在许多时候确是非常有益的一种思维方式。问题的关键在于,深圳文化建设在严格意义上是没有参照的创造性行为,需要的是超越参照的"创造性思维"。离开了这个大前提,看不到这个特殊性,按照一般规律对深圳文化进行参照性的文化阐释,势必会步入误区。

"深圳文化建设必须超越参照"这一观点,并非笔者心血来潮、头脑一热后轻率提出来的,它源于深圳文化建设的现实状况,也是由深圳所担负的特殊使命决定的。深圳作为中国的经济特区之一,创办的初衷是探索开放改革和经济建设的经验,但随着深圳经济高速发展,随着全国各地全方位开放格局的形成,深圳的功能已不再局限于经济建设这一个方面,它担负着在开放改革和社会主义市场经济体制下探索和实践两个文明建设平衡发展的新思路的重要历史使命。具体讲,深圳要用实践回答和证明以下这些问题。第一,建立社会主义市场经济体制,能否有效地实现两个文明的平衡发展?会不会出现牺牲精神文明的某些方面为代价的现象?第二,在社会主义精神文明建设进程中,如何处理好借鉴与继承的关系?如何使优秀民族文化的内在精神和具有进步意义的现代文化观念,与主流意识形态倡导的文化精神,有机地融合在一起,建构一个全新的、寓古今中外文化于一炉的思想观念文化体系?第三,在外来文化影响较大、文化结构多元无序、文化观念竞相纷呈的现实背景下,如何形成突出主体文化精神,引导人们的文化选择,提高人们的文化品位?第四,在加速社会主义现代化建设、发展社会主义市场经济历史进程中,如何促进人的全面发展,提高人的整体素质,有效地防止思想腐化、道德沦丧、理想淡化、追求享受等不良倾向的发生?所有这些问题,在社会主义经济特区这一特定区域,基于"特区比内地先行一步"这个特殊关系,都具有特殊的内涵。从大文化概念来看,这些问题都与深圳文化建设密切相关,在一定程度上确定了深圳在中华文化大格局中的文化方位和文化角色。解决和回答这些问题,既没有先例,也不可能有什么参照。虽然,海外和内地一些城市在经济建设和文化建设方面的一些规律现象和经验,也可能会对深圳有所启发,但由于社会制度或区域特征等方面的不同,在根本上

仍不能作为参照。上述表明,"没有参照"和"超越参照"是深圳文化建设的特色,也是机遇和使命。既然没有参照,也就没有多少限定和束缚,唯一的选择就是进行全新的创造,或称之为"超越参照"的创造。在这一方面,《文化广场》上的一些文章,提出了很好的观点和见解。

"全新意味着深圳文化只能是形成于自身发展的历史过程中"(《深圳文化的主脉》,《文化广场》第 47 期)。

"深圳的特点和魅力就在于新""深圳文化建设的方向应是面向未来,面向世界,而不是把这位充满朝气的小伙子改造成走着四方步,满口之乎者也的儒雅君子"(《深圳的声音》,《文化广场》第 11 期)。

"深圳应成为新兴文化的试验场","如果深圳能够吸纳许许多多新兴的文化模式到那里去试验,这个文化角色也是很可爱的"(《余秋雨教授访谈录》,《文化广场》第 15 期)。

上述这些观点,从不同角度表明深圳文化建设应如何"超越参照",进行全新的创造。笔者认为,只有摆脱对深圳文化阐述的"参照性思维",奉行"超越参照"的"创造性思维",才能改变对其城市文化的片面的"追摹"态度,才能正确、全面地认识深圳的文化现状,富有想象地去选择深圳文化发展模式,高瞻远瞩地预测深圳文化发展趋势,从而也才能着眼于深圳文化的"自身发展,面向未来,面向世界",大胆地去进行"文化试验"。由此可见,"超越参照"不仅仅是思维方式和思想方法,还是一种学术境界和思想境界,它关系到深圳文化建设的指导思想和发展方向,关系到深圳所担负的特殊使命的实现和完成,意义之重大,影响之深远,非寥寥数言所能概括。正是有鉴于此,笔者草拟了这篇短文,发出一点自己的声音。

(1996 年)

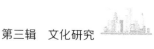

深圳:打造立体四维的文化软实力

习近平总书记指出:"文化软实力集中体现了一个国家基于文化而具有的凝聚力和生命力,以及由此产生的吸引力和影响力。"① 总书记虽然是就国家而言,但一个地区、一座城市文化软力的体现同样也是如此。

深圳是一座快速发展的现代化新兴城市,也是粤港澳大湾区"核心引擎"之一,担负着建设中国特色社会主义先行示范区的重任。中共深圳市委、市政府高度重视文化软实力建设,明确了未来五年"立足发展新阶段,跃升文化软实力"的指导思想,把"提升城市文化软实力,塑造展现社会主义文化繁荣兴盛的现代城市文明"作为"十四五"规划的主要任务之一,决定出台"行动纲要",推进"十大工程",把文化软实力建设落到实处,实现更快速度的发展、更高质量的提升。现在的问题是,必须找准抓手,明确劲往何处使,力从哪儿下,使文化软实力建设真正做到"科学规划,精准施工",产生高效率,达到高质量。

笔者以为,习近平总书记的上面这段论述,恰好提供了文化软实力建设的"四个维度",即把增强"四力"(凝聚力、生命力、吸引力、影响力)作为文化软实力建设的基本目的,从四个方面着力下功夫。这样,就能重点突出,事半功倍,打造出一个立体四维、充满创新活力的城市文化软实力。如果说,推进"十大工程"是文化软实力建设的"施工图",那么,着力"四维"、增强"四力"就是文化软实力建设的"策划书",两者融合,就能达到"科学规划,精准施工"的效果。结合深圳文化软实力跃升的具体实际,需要从以下四个维度下功夫,即以文化特色彰显文化吸引力,以价值观念增强文化凝聚力,以文化创新扩大文化影响力,以"双轨联动"增强文化竞争力(生命力)。

---

① 习近平:《在十八届中央政治局第十二次集体学习时的讲话》(2013年12月30日),转引自中共中央文献研究室编《习近平关于社会主义文化建设论述摘编》,中央文献出版社2017年版,第198页。

一、以文化特色彰显文化吸引力

特色鲜明是深圳文化的一大亮点。海内外的人来到深圳,都会明显感觉到与内地其他城市的不同。虽然并不能清楚地说明究竟有哪些不同,但这种不同的感觉非常真切。这就是深圳的特色和吸引力所在。现在我们要把这种文化特色进一步强化和彰显,使深圳人和外来人不但有感觉,而且能说清楚,进而让深圳人感到自豪,让外来人心生向往。具体可以从以下三个方面着手。

(一) 强化城市建筑的造型特色,使文化标志更鲜明

城市建筑的造型特色,是城市文化形象的鲜明标志,具有强劲的文化吸引力。例如,悉尼歌剧院的舟船造型、珠海大剧院的贝壳造型都给人留下了深刻的印象,让人有前往造访的冲动。深圳现在已经有一批特色鲜明的城市建筑,如"大鹏展翅"的市民中心,"一柱擎天"的平安金融中心,"春笋高耸"的华润大厦,等等。但作为一座现代化、国际化创意之都,仅有这些还远远不够,必须进一步加大特色建筑的比例。因此,深圳正在规划兴建的"新十大文化设施",以及未来规划建设的31个市级和51个区级大型文体设施,都必须强化建筑设计的造型特色,让每一个新建筑都能成为一个新亮点。以"新十大文化设施"的一些建筑为例,无论是深圳歌剧院、深圳海洋博物馆,还是深圳创意设计馆、深圳自然博物馆等,仅听名称就让人十分向往,如果再加上造型独特的精美设计,那会有多少人要来深圳一看究竟,文化吸引力有多大就完全可以想象了。

(二) 凸显"双区驱动"的开放特色,使文化内涵更丰富

深圳正在建设中国特色社会主义先行示范区,又是粤港澳大湾区的"核心引擎",客观上具有"双区驱动"的开放特色。现在要做的就是把客观存在的开放特色凸显得更鲜明、更充分,使之转化为城市的文化吸引力。

深圳与香港毗邻,同为粤港澳大湾区的"核心引擎",完全有理由、有条件以开放的心态,引进和参照举办一些在香港已经比较成熟的文化活动,增强深圳文化的显示度和吸引力。例如,一年一度的美食节,不定期的选美活动,文艺明星的演唱会,一年一度的"香港书展"(可在深圳办分展)

等。引进和举办这些活动并不难，关键是要解放思想，以经济特区创办初期那种"排污不排外"的开放心态，敢于在坚持主流价值观的基础上，在深圳举办香港已发展成熟的文化艺术活动，使深港文化交流有所突破，有所创新，在有形无形中增强深圳的文化吸引力。

深圳作为大湾区"核心引擎"，不但要以开放的心态面对港澳，也要以开放的心态面对大湾区其他城市。既要在大湾区新型文化建设上发挥创新引领作用，又要在文化资源利用上发挥整合集聚作用。要通过举办"大湾区文化创新论坛"，组办"大湾区特色文化精品汇展"，出版《大湾区文化精品荟萃》等形式，把湾区其他城市属于岭南文化源流和重要组成部分的广府文化、潮汕文化、客家文化等文化要素引入深圳，与特区文化要素相融合，使深圳成为大湾区优秀文化的集散地。海内外到深圳参观考察的人，到深圳如到大湾区，见一城如见九地。如此，深圳的文化吸引力势必得到增强。

（三）打造海洋城市的滨海特色，使文化形象更突出

深圳面朝大海，是典型的海洋城市，现已制订海洋城市建设发展规划。未来要把打造海洋城市的滨海特色，作为提升城市文化软实力的重要途径，充分发挥即将建成的海洋博物馆的文化展演和科学引领作用，让海洋之风吹拂整座城市。与此同时，要科学管理大梅沙、小梅沙和深圳湾海滨公园，精心规划建设大鹏滨海观光旅游度假区，以一流的环境、一流的设施和高质量的服务，吸引海内外游客到深圳观光度假。这样，既能促进文化旅游业的发展，又能把这座城市"面朝蔚蓝大海，广纳四方宾客"的文化形象和开放特色更加充分地展现出来。

二、以价值观念增强文化凝聚力

一座城市的文化凝聚力，体现为这座城市广大市民对共同信奉和遵循的价值观念的高度认同，也体现为这座城市对外展现的以价值观念为基本内核的精神风貌。回顾深圳的改革发展史，现代价值观念在很大程度上成就了今天的深圳。未来几年深圳要进一步增强文化凝聚力，必须熔铸现代价值观念体系，让观念的力量变得更强大，使其成为文化软实力的核心内涵。

(一) 熔铸新型价值观念体系，使人文意蕴更现代

社会主义核心价值观以及本质内涵与其相通的深圳十大观念，是深圳现代价值观念的集中体现。在新发展阶段，要把这些体现时代精神的价值观念融通化合，更形象、更生动、更感人地展现，从而产生更大的文化凝聚力。

首先，在话语表述上，可考虑在不影响原来十句话的语言风格和文化内涵的前途下，把十大观念的精神内核，融合提炼为"四个崇尚"：崇尚实干，反对空谈；崇尚创新，反对守旧；崇尚有为，拒绝平庸；崇尚利他，排斥自私。这样，十大观念的精神内核就更加清晰简明，朗朗上口，可感可记。

其次，在观念融合上，可把社会主义核心价值观和深圳十大观念，以及我国优秀传统文化的价值观融为一体，使优秀传统文化的内在精神和具有进步意义的现代文化观念，以及党和政府倡导的文化精神，有机地融合在一起，建构一个人文意蕴更现代、寓古今中外文化于一炉的新型观念文化体系，并使之广泛传播，深入人心，为深圳市内外的广大人民所乐意接受和自觉奉行。这样，文化的凝聚力势必更强。

(二) 融化特区精神和新时代深圳精神，使城市精神更丰厚

《中共中央 国务院关于支持深圳建设中国特色社会主义先行示范区的意见》(以下简称《意见》)把特区精神概括为"敢闯敢试、敢为人先、埋头苦干"，中共深圳市委六届十五次全会公布的新时代深圳精神，概述为"敢创敢试、开放包容、务实尚法、追求卓越"。如果说《意见》概括的特区精神，侧重的是基于先行先试和先行示范要求的敢闯、创新和实干，那么，中共深圳市委提炼归纳的新时代深圳精神，则是基于新时代现代化先锋城市整体要求的创新精神、包容意识、法治观念和英雄情怀。特区精神和新时代深圳精神的融合，必将使深圳的城市精神更加丰厚，产生更大的精神魅力和文化凝聚力。但特区精神和新时代深圳精神的融合，不是简单地将两者叠加，而是通过文化传播和文化体验把两者的精神内涵融合化通，转化成这个城市的治理者以及每一个市民的共同追求、共有品质，内化成一种集体无意识，外化成人们行而不觉、习而不察的生活方式，激发出更自觉的城市认同和文化认同。

（三）推进人的全面发展和社会全面进步，使城市文明成典范

按照马克思主义的基本观点，现代化的基本要义是人的全面发展和社会的全面进步。这"两个全面"是现代文明的根本体现。《意见》要求深圳成为现代城市文明的典范，这就势必要推进市民的全面发展和社会的全面进步。因此，深圳必须从市民素质参差不齐的实际出发，全面提升市民的文明素养，使他们的价值观念、生活方式、发展意识和理想追求都符合新时代全面发展的客观要求。要在提供公共文化服务和创建文明城市的进程中，潜移默化地对市民进行文化引领，使他们真正成为全面发展的一代新人。与此同时，要通过普法宣传、关爱行动、读书月、社会科学普及周等社会文化活动，不断丰富社会进步的内涵，提升市民对社会进步的获得感和满意度，从而使城市的文化凝聚力和文明示范效应，在市民的全面发展和社会的全面进步中更多更好地体现出来。

三、以文化创新扩大文化影响力

创新是深圳文化的特色和亮点。正是因为创新，深圳才实现了由"文化沙漠"到"文化绿洲"的"蝶变"。如今，虽然文化与科技融合创新、文化体制机制创新、文化观念创新、公共文化服务创新等众多创新，已经成为深圳的突出亮点，但跃升深圳文化软实力仍然需要通过持续不断的创新来扩大文化影响力。当下和未来几年，要切实抓好以下三个方面的创新。

（一）创办重大国际性文体活动，使城市显示度更强

有人说，三亚搞了个全球小姐选美，通过卫星转播，世界上几乎无人不晓中国海南三亚。深圳举办了一次世界大学生运动会，也让深圳的国际化程度大大增强。实践证明，重大国际性文体活动，对城市文化影响力的扩大不可估量。目前，深圳举办重大国际性文艺活动和体育比赛仍然偏少，这也是深圳文化的一个短板。近几年来，深圳陆续举办过国际钢琴比赛、国际乒乓球邀请赛、"一带一路"国际音乐季等国际性文体活动，但由于总量偏少，宣传不够，影响也有限。从深圳现有的国际地位和国际形象来看，可以考虑在新冠肺炎疫情趋好的前提下，续办和创办以下国际性文体活动：深圳国际平面设计（工业设计、动漫设计等）精品汇展、深圳国际拉丁舞大赛、深圳

国际电影周（或国别电影周）、深圳国际钢琴比赛、深圳国际乒乓球邀请赛、深圳亚洲小姐选美、深圳国际时装周、中国（深圳）国际文化产业博览交易会等。这些国际性文体活动不能为办而办，必须事先有宣传预热，事中有深度报道，事后有总结提升。就时间分布来看，每年至少要有两三项。假以时日，必将在较大程度上增强深圳的城市显示度。

（二）增强国际传播能力，让深圳真正融入世界

深圳的城市发展定位是现代化国际化城市，但目前国际化程度还不够高。除了需要时间积淀等客观因素外，国际传播能力不强也是一个重要原因。因此，要扩大深圳的文化影响力，必须采取有效措施，尽快增强国际传播能力。当前及未来几年，可考虑扎实做好以下几件事：一是拍摄《这里是深圳》专题系列视频，通过英文门户网站 EYESHENZHEN 等多种互联网形式，持续不断地向海外传播，声像并茂地介绍深圳的方方面面，反映深圳作为经济特区和中国特色社会主义先行示范区的发展成就和崭新风貌。二是编印多种文字版的专题系列读物《中国深圳》，从各个不同侧面图文并茂地介绍深圳。可在深圳举办国际性文体活动和其他外事活动时，作为礼品或文化交流资料分发给外宾和海外友人，也可专送给驻外使领馆。三是编印《外国人在深圳》专题书刊，反映在深圳工作、学习的外国人的生活状况，以及他们对深圳的真切感受。分发传播途径除专送外国专家和留学生外，可参照《中国深圳》的分发办法。这些宣传传播途径，必将在很大程度上增强深圳的国际传播能力，让深圳更加形象、更加鲜活地融入世界。

（三）推出文艺精品和社科名人，使文化深圳名副其实

深圳扩大文化影响力的举措不仅要面向海外，也要面向国内。目前深圳虽然已经成为中国南方的文化重镇，进入了中国文化的第一方阵，但文艺精品仍然偏少，社科名人影响不大，介绍文化深圳时，尚不能如数家珍地列举一大批广为人知的文艺精品和文化名人。因此，当下和未来几年，要把推出"十大文艺精品"的计划落到实处，争取在几年内逐步实现，同时，要切实解决哲学社会科学研究相对薄弱的问题，推进"深圳学派"建设，通过成果推介、人物通讯等形式，尽快推出一批以往由于宣传推介不够而隐匿光彩的深圳社科名人。例如，我国文艺美学学科的创始人胡经之教授，我国西方美学研究的领军学者彭立勋教授，获得印度总统奖的国际杰出印度学家郁龙余

教授，获得新加坡总理李显龙赞赏和推介的著名新加坡研究专家吕元礼教授，以当代学术经典《两界书》享誉国际的著名文化学者刘洪一教授……不下20人可以隆重推出。他们将让深圳的学术天空星光灿烂，让我国学界改变对深圳学术文化的认知，深圳文化影响力也必将随之增强。

四、以"双轨联动"增强文化竞争力

习近平总书记把生命力作为体现国家文化软实力的一个重要组成部分。就城市而言，生命力在很大程度上体现为城市竞争力。一座城市能够在"以文化比高低"的国际城市竞争格局中占据优势，就表明这座城市具有旺盛的生命力。文化竞争力是城市的核心竞争力，体现为文化事业和文化产业发展的质量、成就和影响。

深圳文化发展从一开始就体现出公益性文化事业与经营性文化产业双轨并行、协同发展的创新路径。从把文化产业作为深圳四大支柱产业之一，到把文化产业提升为文化创意产业，纳入六大战略性新兴产业，都体现出中共深圳市委、市政府对发展文化产业的高度重视。当下，站在跃升文化软实力的新高度，必须推进文化事业与文化创意产业"双轨联动"，从根本上提升文化竞争力。

（一）强化文化引领和文化服务，凸显城市精神气质

经过40多年的创新发展，深圳文化事业已显示出文化引领和文化服务的双重功能。文化引领集中体现为以现代价值观念和精神品格凝铸城市核心价值，提高市民文明素养，提升城市的文化品位和精神气质。文化服务主要体现为公共文化服务体系的不断完善，社会文化活动的丰富多彩。如创办读书月、社会科学普及周、市民文化大讲堂，打造"图书馆之城""千园之城"等，为市民营造良好的文化环境，满足市民不断增长的精神文化需求。当下和未来几年，为了跃升文化软实力，必须采取有效措施，进一步强化文化引领和文化服务功能，在更大程度上凸显城市精神气质，打造新时代城市之魂。具体要切实做好以下两件事。

一是通过文化引领和文化服务，进一步提升市民的整体文明素养。深圳原属"关外"的几个新区，改革开放前大多是偏远农村，居民数量占全市人口总数的一半以上。他们中有相当一部分人尚未完全完成从传统农民到现代市民的身份转变，文明素养迫切需要提升。要通过一系列行之有效的教育培

训和文明熏陶,引领他们尽快养成与现代化国际化大都市相适应的城市文明修养,切实改变深圳市民素质参差不齐,整体文明素养尚有欠缺的现象,从根本上提升文化软实力。

二是通过文化引领和文化服务,推出更多文化品牌,集聚更多文化人才。要抓住规划兴建"新十大文化设施"这个契机,招揽聚集更多的文化艺术专业人才,如歌唱家、舞蹈家等演艺人才,各类博物馆的相关专业人才,并在此基础上利用各个相关平台,创造出更多的文化品牌。如建设一流的深圳歌剧院、打造特色鲜明享誉海内外的深圳各类博物馆等,使品牌效应和人才效应进一步放大。

(二) 丰富文化创意和文化业态,发挥产业品牌优势

深圳曾被党和国家领导人誉为文化产业发展的"领头羊",文化创意产业在国内大中城市中有比较优势,在国外也有一定影响。当下和未来几年,从跃升文化软实力的实际出发,深圳必须进一步丰富文化创意和文化业态。要结合文化传播的新态势和文化消费的新需求,萌发新的文化创意,形成新的文化业态。例如,游戏软件开发可实现从娱乐型向益智型转变,产品设计可把实用需求和审美需求相融合,动漫设计可以更好地体现讲好中国故事的文化意蕴,给"文化+"和"互联网+"的文化产业新业态赋予更多"+"的内涵,等等。此外,要进一步发挥现有的"深圳品牌""深圳设计"等产业品牌优势,使之更大更强,真正成为国际文化市场上的一支新生劲旅。在此基础上形成更多的新品牌和新业态,为文化创意产业发展注入新的内涵、新的活力、新的功能。

(三) 文化事业与文化创意产业"双轨联动",增强综合竞争力

文化事业和文化创意产业都是为了满足人民群众日益增长的文化需求,都要推进文化创新,都要坚持把社会效益放在首位,因此,两者"双轨联动",既有基础又有条件,是增强文化综合竞争力的必要途径。那么,政府该如何促进两者"双轨联动"呢?

首先,要把价值引领和创新引领相统一。通过正确的价值导向,推出弘扬正能量的好作品和好产品,产生塑造灵魂、鼓舞斗志、满足需求、愉悦身心的文化效应。与此同时,通过培育创新意识和创造活力,创造出有新意有

突破的文艺作品和文化产品，满足人民群众多样化的精神文化需求和实用需求。

其次，要使市场引领和政策引领相协调。政府决策必须"一心两用"，既要制定文化事业和文化创意产业发展共同需要的相关政策，又要调查研究文化创意产业发展的市场状况。制定政策时要把价值导向、文化需求、市场容量和生存空间都考虑进去，要通过相关政策完善文化市场准入机制，打造富有竞争力的文化市场主体。同时，要从深圳"双区驱动"的实际出发，使各项政策有利于落实国家战略，有利于发挥"先行示范"和"核心引擎"的作用，真正做到既提供政策保障又营造良好的市场环境。如果说文化事业和文化产业是两艘正在航行的船，那么政府就要充分发挥"领航"和"护航"的双重作用，定方向，排险阻，直至达到理想的终点。

总之，提升深圳文化软实力是落实国家战略，完成深圳"十四五"规划所确定的战略任务的重大举措，也是塑造城市文明典范、发挥先行示范功能的必要途径，必须集全市之力和万众之智努力实现。我们坚信，有文化创新传统的新兴城市深圳，一定不会辜负党和国家的厚望，必将再次创造出令人刮目相看的"深圳奇迹"。文化深圳一定名副其实，实至名归。

（2021年）

改革开放图景中的"特区精神"

"特区精神"是在我国改革开放进程中自然形成的精神文化形态,也是经济特区改革创新精神的形象表述,体现出奋发图强、勇猛精进之势能和注重实干、不尚空谈之品格,具有清晰的"身份标识"和树立形象、凝聚人心、引领发展的功能。

一、"特区精神"的概念由深圳经济特区最早提出,与时俱进,不断完善

深圳经济特区于 1987 年首提"特区精神"的概念,并把其概括为"开拓、创新、献身"。1990 年,中共深圳市委常委会决定将"特区精神"的内涵加以扩充完善,增加了"团结"二字,把"献身"改为"奉献",同时把"特区精神"更名为"深圳精神",以增强深圳人的使命感和责任感。至此,"深圳精神"(或称有深圳特色的"特区精神")完整地概括为"开拓、创新、团结、奉献"八个大字。进入 21 世纪,中共深圳市委与时俱进,组织全市人民开展深圳精神大讨论,集思广益,凝铸共识。2002 年,中共深圳市委三届六次全会对"深圳精神"("特区精神")进行新的概括,形成了新的表述——"开拓创新、诚信守法、务实高效、团结奉献"。

二、"特区精神"在"先行示范"中升华,新概括体现新功能

2018 年 4 月 13 日,习近平总书记在庆祝海南建省办经济特区 30 周年大会上的讲话中,对"特区精神"的内涵进行了新的概括。他指出,经济特区要勇于扛起历史责任,"发扬敢闯敢试、敢为人先、埋头苦干的特区精神,始终站在改革开放最前沿"。这表明,"特区精神"是深圳、珠海、汕头、厦门、海南五大经济特区改革创新精神的整体概述。所有经济特区都要在新时代深化改革扩大开放的历史进程中,继续发扬已经形成的"特区精神",

"先行先试、大胆探索,为全国提供更多可复制可推广的经验"。①

2019年8月9日颁布的《中共中央 国务院关于支持深圳建设中国特色社会主义先行示范区的意见》,遵照习近平总书记对"特区精神"的新概括,要求深圳"进一步弘扬开放多元、兼容并蓄的城市文化和敢闯敢试、敢为人先、埋头苦干的特区精神"。该意见阐明了"特区精神"在深圳建设中国特色社会主义先行示范区过程中的作用和内涵,赋予"特区精神"在新时代的新功能。2020年10月14日,习近平总书记在深圳经济特区建立40周年庆祝大会上的讲话进一步指出,"要弘扬以爱国主义为核心的民族精神和以改革创新为核心的时代精神,继续发扬敢闯敢试、敢为人先、埋头苦干的特区精神,激励干部群众勇当新时代的'拓荒牛'"②。总书记的这段话,把特区精神和民族精神、时代精神并列,作为一个精神系列而提出来,目的是要求广大干部群众在新时代大力弘扬和继续发扬这些精神。至此,"特区精神"升华为深圳经济特区建设先行示范区的精神动力和所有经济特区奋进新时代的精神资源。

三、深圳的先行先试和先行示范是"特区精神"的生动阐释和形象例证

"深圳的重要经验就是敢闯。"敢闯的前提是思想解放,冲破旧观念旧体制的束缚,先行先试,敢为人先。深圳的改革举措数以百计,国内率先,国际闻名。有的改革促成了国家宪法的修改,有的改革促进了文化市场的形成,有的改革填补了国家法治体系的空缺,有的改革推进和完善了社会主义民主进程……所有这一系列改革,都是在"特区精神"的激励下,以大无畏的政治勇气和强烈的使命担当,一步一步闯出来、埋头苦干干出来的。

深圳建设中国特色社会主义先行示范区,是综合改革的试点,具有明确的战略定位和发展目标,目的是把深圳"建成具有全球影响力的创新创业创意之都"和"竞争力、创新力、影响力卓著的全球标杆城市",成为我国建设社会主义现代化强国的城市范例,"以一城服务全局"。"特区精神"是达到先行示范战略定位和发展目标的重要精神动力。在新时代深化改革的"新的历史关头",深圳要先行示范,必然要遇到和解决"很多前所未有的新问

---

① 习近平:《经济特区要把握好新的战略定位》,见《论坚持全面深化改革》,中央文献出版社2018年版,第469页。
② 习近平:《在深圳经济特区建立40周年庆祝大会上的讲话》,载《人民日报》2020年10月15日,第2版。

题"，必须保持"拓荒牛"的本色，继续发扬"敢闯敢试、敢为人先、埋头苦干"的精神，以大无畏的精神气概，勇往直前，所向披靡，创造出一系列可复制可推广的成功经验，影响全国，再创奇迹。为了进一步彰显"特区精神"的深圳特色，反映深圳作为先行示范区的精神风貌，深圳以庆祝深圳经济特区建立40周年为契机，以习近平总书记关于"特区精神"的新概括为指引，以"开放多元、兼容并蓄的城市文化"为基础，重新提炼概括出16个字的"新时代深圳精神"："敢闯敢试、开放包容、务实尚法、追求卓越"。"新时代深圳精神"于2020年10月9日中共深圳市委六届十五次全会期间正式发布，既与中央有关精神保持高度一致，又体现出深圳鲜明的城市特色。这可以视为"特区精神"在深圳的又一次升华。

四、"特区精神"源自深圳等经济特区，属于全国，是我国改革开放图景中特色鲜明的精神文化形态

深圳等经济特区因"特区精神"而兴，全国的改革开放孕育了"特区精神"。"特区精神"是以改革创新为主要特征的时代精神的生动展现，源自经济特区，属于改革开放的全中国，是我国改革开放的精神凝练和生动注脚，也是改革开放伟大图景中特色鲜明的精神文化形态，具有强大的传播力和影响力，必将在中国特色社会主义新时代发扬光大，结出新的硕果。

（2021年）

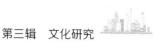

深圳文化的十大论题

深圳是经济特区，一段时间内，世人很自然地把关注的目光投向深圳的经济发展速度和发展成就，而对深圳的文化建设和文化创新则不够关注。但是，21世纪以来，深圳的文化建设与文化创新风生水起，各种新的文化理念和文化现象不时从深圳产生和传出，在媒体的关注和传播下，影响波及全国乃至世界。这时，世人开始以文化的眼光重新打量深圳，发现深圳的"文化角色非常可爱"（余秋雨语），文化形象独特新颖。于是，研究、评价、肯定深圳文化的声音越来越多，并逐渐形成气候。联合国教科文组织授予深圳"设计之都"称号；世界知识城市高峰会议在深圳召开，会议决定授予深圳"杰出的发展中的知识城市"称号；全国城市研究会经过调研，宣布深圳城市文化竞争力在全国大中城市排名第一；深圳被评为全国文化体制改革先进单位、全国文化资源共享工程示范城市。一时间，对深圳文化创新和文化成就的赞誉，似乎超过了对深圳经济发展的肯定，深圳文化由一度被忽视转而成为关注、学习和研究的对象。

回顾深圳文化30年的发展历程，纵观中共深圳市委、市政府文化发展理念和战略思路的历史沿革，审视文化学者对深圳文化研究和文化评价的褒贬不一，感受民众的文化参与和文化认同，可将深圳文化集中归纳为十个基本论题，或称十大焦点，这就是："文化沙漠"论、"底蕴不足"论、"现代文化名城"论、"文化立市"论、"高品位文化城市"论、"两城一都"论、"文化权利"论、"文化创新"论、"特色地位"论、"文化绿洲"论。剖析、解读这十大论题，可以在较大程度上了解深圳文化建设和文化发展的进程与概貌，揭示深圳文化创新的成就与经验，反思深圳文化的缺憾与不足。

一、"文化沙漠"论

"文化沙漠"论是深圳经济特区创建初期及此后一段时间评价深圳文化的一种论调。产生和形成这种论调的原因是多方面的，科学、全面地分析

"文化沙漠"论的成因，在一定程度上也是对深圳文化的重新认识和评价。

深圳大学郁龙余教授把"文化沙漠"论的成因归纳为四个方面。

1. 对深圳历史的无知或知之甚少，是"文化沙漠"论的成因之一

郁龙余在2000年发表的文章中指出："深圳已有建制历史1600多年，而且一直在经济、军事上占有重要地位。我们许多人不了解深圳的历史，以为深圳只是一个'一夜城'，只有短短20年历史。"在他们看来，"文化靠历史的积淀，没有历史就没有文化"。实际上这是因对深圳历史的无知或知之甚少而导致的对深圳文化的错误认识和错误评价。

2. 辉煌的深圳经济奇迹掩盖了深圳的历史与文化，这是"文化沙漠"论的成因之二

郁龙余认为："深圳自成立经济特区，各项建设突飞猛进，以'深圳速度'创造了当今世界的东方神话。经济总量在全国大中城市中跃居前四五位……这种经济奇迹，令许多人惊叹不已。"也正是这种经济奇迹掩盖了深圳的历史与文化，使许多人的目光只投向经济，而看不到深圳文化的历史基因和当下的文化成就。

3. 深圳文化成就与深圳经济成就相比较，不免相形见绌，这是"文化沙漠"论的成因之三

郁龙余指出："按一般规律，一个地区的崛起，通常总是经济先行，等经济有了一定的基础，才会有相应的文化。经济和文化需要协调发展。""但是，如果某一地区在某一时期，其经济得到超常规发展，其文化的发展可能会不相匹配。深圳特区就出现了这种情况。"但这种经济和文化在发展速度上的差异，并不等于文化一无成就，也不能据此就判定深圳是"文化沙漠"。

4. 重传统轻现代的思想，是"文化沙漠"论的成因之四

郁龙余认为："人们对文化的看法，总是厚古薄今，看重皇宫皇陵、宫观寺庙、文物典籍、诗书礼教等传统文化，不太看重现代文化。作为改革开放的试验场和排头兵，深圳的现代文化在许多方面在全国是领先的。""另外，深圳的观念文化也一直领先，像'时间就是金钱，效率就是生命''清谈误国，实干兴邦'等思想观念，一直引领着国人现代化的前进步伐。"但是，许多人看不到这一些，忽视深圳的现代文化内涵，从而产生了片面的看法。

显然，郁龙余教授对深圳"文化沙漠"论成因的分析是很深刻、很有见地的。但笔者以为，还有另外两个原因也值得我们重视和研究。

5. 对深圳经济特区创建初期的文化状况缺乏科学认识，形成了想象与现实的心理落差，这可以称之为"文化沙漠"论的成因之五

20世纪80年代初，深圳经济特区刚刚创建，尚处于铺摊子、打基础阶

段，党中央和全国人民对经济特区寄予厚望，希望深圳经济特区为全国的改革开放探索一条新路，摸索和积累加快经济发展的成功经验。那时的深圳虽然是一座新兴城市，但强化和发挥经济特区的功能是第一位的，深圳在客观上担负着为全国改革开放和经济发展发挥试验田、窗口和排头兵作用的历史重任。在那样的历史背景下，改革和经济建设无疑是首当其冲、重中之重，文化建设不但缺乏必要的财力，甚至在时间和精力上似乎一时也顾不上。再加上深圳原来只是一个仅有两万人口的边陲小镇，文化基础十分薄弱，不可能在短期内形成一个现代城市的文化形象。然而，深圳经济特区从开始创建之日起就成为国人关注、议论的焦点，成为改革的弄潮儿向往和投奔的地方。古人云："盛名之下，其实难副。"经济特区的"新"与"特"，很自然地会使人们对她产生一种合乎自身心理需要的想象。但新建的深圳经济特区并没有人们想象的那么完美，在文化方面还客观存在着"三无"状态，即无本地主流媒体（既无本地报纸，也无本地电台和电视台），无像样的文化设施，无大师级的文化名人。于是乎，把深圳想象得过于完美和对创建经济特区本来就有不同意见甚至不看好的人，共同发出一个声音："深圳是文化沙漠。"这个声音经过各种各样具有不同心理之人的放大和渲染，就演变成为一种评价早期深圳的论调——"文化沙漠"论。

6. 错误地评价香港的文化特征，并不切实际地将香港文化作为评价深圳文化的参照系，此为深圳"文化沙漠"论的成因之六

深圳毗邻香港，与香港的文化联系密不可分。人们通常也习惯把香港作为深圳参照和比较的对象。在许多人看来，既然香港也被称为文化沙漠，那么，紧靠香港而又后起的深圳自然也是文化沙漠了。其实，这是一个明显的认识误区。香港不但不是"文化沙漠"，而且在很大程度上已是一个"文化输出城"。曾任香港中文大学校长的金耀基教授对香港文化有独到的研究和精辟的见解。他在1997年香港回归祖国时指出："'香港是文化沙漠'的说法，在五十年代、六十年代比较流行。"然而，"按照人类学的观点来说，任何社会都有其生活形态，都有其文化，'文化沙漠'的说法根本是不能成立的。但是，如果从一般所讲的精英文化的层面上去理解，这个说法也曾经是一个事实。然而，从六十年代以后，经过七十年代、八十年代的发展，到了今天九十年代，随着香港经济的快速增长，文化也获得了空前的跃升。可以说……香港的文化表现出相当的活力，无论影响的强度，还是影响的广度，都是令人瞩目的"。"香港是一个高度现代化的城市，在它从传统的社会形态转型为现代化社会形态的过程中，文化起了巨大的作用。""在娱乐文化方面，电影、电视……是香港最有代表性的通俗文化。它不只是在技术上有水准，在制作内涵上也不乏新的创意，对东南亚乃至整个海外华人社会，都有相当大的影响……香港经过二十多年的发展，已由一个'文化输入城'逐步转变为一个'文化输出城'。"①

金耀基教授关于香港文化的这段论述，清楚地告诉我们，不但说香港是文化沙漠没有理由，而且说深圳是文化沙漠同样也是站不住脚的。因为，从政治文化、经济文化、管理文化等广义的文化层面来看，深圳在学习借鉴香港的文明成果方面确实受益匪浅，而这不但没有使深圳降低文化层次，相反还使深圳同香港一样，成为中西文化交融的标本，推进了深圳的社会文明和文化发展。

如今，"文化沙漠"论虽已成为历史，但其中引发的问题仍值得我们思考：由于深圳的特殊地位，世人对深圳的文化建设与文化发展始终有较高的要求和较高的评价标准，深圳必须一如既往地重视文化建设，不断提升城市文化品位，必须切实做好历史文化的发掘和整理工作，必须正确、全面地认识深圳与香港的文化关系，有所学习，有所借鉴，有所引进，有所抵制，不断加强和促进深港文化交流。

二、"底蕴不足"论

"底蕴不足"论是继"文化沙漠"论之后评判深圳文化的又一种说法。这种说法的影响和延续时间较长，至今仍有不少人对此表示认同。实际上，底蕴不足作为一种文化感受有其存在的合理性，因为每个人的文化感受都不一样，有一部分人感觉深圳文化底蕴不足是很正常的。但是，如果将其作为评判深圳文化的标准和结论就有失偏颇，或者说是陷入了认识误区。

笔者以为，"底蕴不足"论的形成主要有三方面的原因。

1. 对深圳历史文化缺乏全面了解，不切实际地将新兴城市深圳与历史文化名城进行比较

深圳是个移民城市，各地移民都是在我国改革开放之后才来到深圳，看到的是一个正在发展中的现代深圳，而对深圳的历史文化几乎不了解或知之甚少。在这种情况下，就会觉得"深圳没有京味文化的皇家风范，没有海派文化的洒脱伶俐，也没有长安文化的悠远沧桑，甚至身居南粤也还缺乏岭南文化的务实品位"。这种感觉既反映出其对深圳历史文化的不了解，也是其不切实际地将新兴城市深圳与历史文化名城进行比较的结果。

---

① 金耀基：《金耀基自选集》，上海教育出版社2002年版，第324、324–325、325、372页。

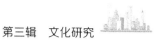

深圳建市、建经济特区的时间虽然不长，但同样具有悠久的历史文化，而且历史文化的深远影响一直绵延至今。据史料记载，早在汉武帝时，深圳南头就成为珠江东岸的经济重镇。至宋代，随着人口增长，盐业有很大发展，广东沿海共设有17个盐场，南头盐场是广东最大的盐场之一，在广东乃至全国都有重要的经济地位。如今的深圳简称"鹏城"，而鹏城与历史上的"大鹏所城"有着密不可分的史承关系。汪开国、刘中国合著的《大鹏所城——深港六百年》，以翔实的史料形象而又生动地告诉我们：深圳不但有历史、有"童年"，而且有着深厚的历史文化积淀。如果人们只知道虎门销烟，而不知大鹏所城，那是一种历史缺憾。据《大鹏所城——深港六百年》作者考证，明太祖朱元璋于公元1381年在现在的深港地区设置了大鹏守御千户所。公元1394年，广州左卫千户张斌在大鹏半岛开始兴建大鹏所城。从那时起，大鹏所城一直是明、清两代岭南海防重要军事基地，在抗击倭寇和葡萄牙等殖民者的入侵中发挥了重要作用。2001年7月，国务院公布第五批全国重点文物保护单位，大鹏所城便是全国重点文物保护单位之一。由此可见，大鹏所城不仅是古代岭南海防的重要军事基地，而且是深圳辉煌历史和爱国主义历史传统的重要见证，是深圳历史文化的崭新坐标。正如《大鹏所城——深港六百年》的作者在该书的《引子·城市与年》中所说的："由'大鹏所城'而'鹏城'，不仅仅是地名沿革时简单的约定俗成，也不应该是暴发户造家谱式的欺世愚人。恰恰相反，维系'大鹏所城'、'鹏城'深圳和'东方明珠'的，应该是一脉相承的民族精神。"① 当你读着这样的章句，你怎能说深圳没有历史文化的底蕴？由此延伸出另外一个道理：把深圳与北京、西安、上海等历史文化名城进行简单比较也是不科学的。鸦片战争之后，深圳作为岭南重镇的地位开始衰退，经济及社会文化发展也相应落后，无法也不可能产生国家首都或省会城市那样的文化规模和文化影响，但历史文化精神的延伸，是潜在的、一脉相承的，不能简单地依据文化规模或文化影响来做出判断，关键在于现代人对历史文化精神内涵的自觉汲取和深刻感受。

2. 对深圳文化的丰富内涵缺乏全面认识，过分夸大了学术文化相对滞后的负面影响

所谓文化底蕴，其实质是历史文化传统和现代文化内涵融合而成的文化精神。深圳是改革开放的产物，改革创新在客观上使深圳具有丰富的现代文化内涵。深圳的城市文化竞争力之所以能在全国大中城市中排名第一，就是

---

① 汪开国、刘中国：《大鹏所城——深港六百年》，海天出版社1997年版，第1页。

源于现代文化精神内涵的有力支撑。中国城市研究会对城市文化竞争力的调研评比主要依据四个指标体系,即价值取向、创业精神、创新氛围、交往操守。深圳在改革开放进程中所形成的敢闯经验、创新意识、竞争心理、拼搏精神、平等观念、包容心态、法制观念、协作精神等,无可争辩地成为四个指标体系的题中之义,全面展现出浓厚的现代文化氛围和丰富的现代文化内涵,理所当然地呈现出足够的城市文化竞争力,成为深圳文化底蕴的外显和展示。正如著名文化学者刘梦溪教授所指出的:"那种两眼只盯着历史文化积存,认为没有文化积存或文化积存较少,便是没有文化,便是文化沙漠的观念,该更新一下。从文化研究的角度说,越是活跃在现实生活中的文化,越能代表着未来的文化发展方向。"①

认为深圳文化底蕴不足的另一个理由就是深圳学术文化发展相对滞后,高等学校少,科研机构少,人文知识分子少,缺乏与这个城市的整体地位相匹配的学术文化氛围。诚然,这个理由具有一定的客观现实性,但仍不足以据此就判定深圳文化底蕴不足。文化底蕴是个综合的整体概念,历史文化传统、现代文化精神、通俗文化因素、精英文化内涵都包括其中,学术文化只是其中的一部分,更何况深圳的学术文化并非空白。深圳虽无足够数量的高校、科研机构和人文知识分子,但经过30年的发展和积累,已初步展现出学术文化的特色与品位,已有一批在全国有影响力的学术成果和独创的理论观点,涌现出一批能与国内一流学者平等对话的知名学者,形成了若干在国内有地位的科研基地。所有这些都表明,深圳学术文化的繁荣发展已是蓄势待发,只要假以时日,一定能乘势而上,蔚为大观。因此,笔者以为,仅凭学术文化发展相对滞后就判断深圳文化底蕴不足的论调,是片面的、有失公允的。

3. 对深圳文化的现代特色缺乏理性认识,片面地冠之以"快餐文化"的帽子

谈论、评价深圳文化,不可忽视深圳文化的现代特色。许多文化名家和著名学者都对深圳文化特色有过精辟的概括和论述。中国社会科学院李德顺教授认为,"深圳文化,就是那种海纳百川、唯实唯物、尊重多样化、追求竞争的文化";文化部原部长孙家正认为,"深圳是个有独特文化的地方,是有着生机勃勃、洋溢着时代精神的中华民族文化的地方。我们应该这样评价深圳的文化";著名文化学者刘梦溪教授认为,"深圳在经济改革上先行一

---

① 刘梦溪:《深圳,新兴的"文化开发区"》,见吴俊忠主编《深圳文化三十年:民间视野中的深圳文化读本》,商务印书馆2010年版,第585页。

步,已经为传统文化与现代文明的融合,提供了一个必要的契机。在深圳兴起的诸多文化现象中,已经包含着传统文化与市场经济相交融的成分"。① 专家们的这些论述表明,深圳文化的现代特色是深圳文化的亮点,洋溢着时代精神,在一定程度上代表着未来的文化发展方向。对深圳文化的现代特色视而不见或缺乏理性认识,看不到这是深圳文化底蕴的重要体现,匆忙地判定深圳文化底蕴不足,这是不客观的,也是不科学的。

与上述忽视深圳文化现代特色相伴随的是对深圳文化现象的浅层认识。许多人认为,深圳文化无论是文化形式还是文化活动,大多是政府文化主管部门组织策划的,虽然声势大、活动多、影响也较广,但相当一部分活动仍停留在轰轰烈烈、热热闹闹的形式层面,没能化作文化精神深入人的内心,未能起到抚慰人的心灵、提升人的精神境界的文化滋养作用,只是一种热闹一阵即过场的快餐文化,而且在许多方面还带有香港娱乐文化的商业气息。显然,这里存在着如何看待大众文化,如何注重文化感受的问题。现代意义上的大众文化并不能等同于低层次的通俗文化,而是大众创造、大众参与、大众认同、大众享受的现代新型文化,在很大程度上与精英文化是相互交融的,你中有我,我中有你。例如,市民文化大讲堂、读书月、社会科学普及周这类活动,在形式上是大众化的,实质则充满着高层次的精英文化内涵。问题的关键在于,参与这类文化活动的大众如何感受其中的文化意蕴,汲取其中的文化精华。有的市民在听完市民文化大讲堂的讲座后,曾发出这样的感慨:"我没有读过博士,但享受的却是博士的待遇,那么多博导给我们做讲座,实际是把我们引入高端文化的思想领域和精神殿堂。"这充分说明,大众文化活动的主体的文化感受是十分重要的,文化的底蕴正是通过文化感受而被主体所发掘和认同。至于有些文化活动在市场运作过程中所体现的商业文化气息,同样有一个怎么认识、怎么看待的问题。某些文化形式或文化活动的"快餐化"或"功利化",是市场经济条件下不可避免的一种文化现象,但"快餐化"只是形式特征,"功利化"仅是操作目的,其后面仍然隐含着丰富的文化内涵。金耀基教授在分析香港"快餐文化"现象时曾深刻地指出:"如果我们换一种角度,从积极的方面去看待这种文化特点,就会发现一些可能同样很有价值的东西,譬如说,在重视功利的背后,我们是否可以看到重视效率和效能的理性主义精神?在拼命追逐物质利益的背后,我们

---

① 参见吴俊忠主编《深圳文化三十年:民间视野中的深圳文化读本》,商务印书馆2010年版,第585-594页。

是否可以看到勤劳苦干、分秒必争、依法行事等等文化取向？"① 金教授的这段话对于我们全面正确地认识深圳文化的某些快餐化或功利化特征，无疑是具有指导作用的。它同时也告诉我们，对于深圳的文化底蕴需要用现代文化观念去进行深层的发掘，而不宜轻易地斥之为"底蕴不足"。

当然，我们在不认同"底蕴不足"论的同时，仍要正视深圳客观存在的人文文化氛围不浓、学术文化相对滞后的现象，要采取有效措施，加强城市人文精神建设，促进学术文化快速发展。令我们感到欣慰的是，中共深圳市委、市政府对此已予以高度重视。2007年明确提出了加强城市人文精神建设的战略思想；2008年做出了设立"鹏城学者"的战略决策，大力促进学术文化的发展；2009年，召开首届学术年会，打造学术交流平台，提升学术文化水平。与此同时，专家学者发出了构建"深圳学派"的呼唤；深圳大学开设了"经典精读"选修课；中共深圳市委党校、深圳市社会科学院也都采取了一系列有效措施，提升学术文化水平。可以预见，随着时间的推移和深圳文化品位的不断提升，深圳的人文文化氛围将会越来越浓，学术文化发展的相对滞后现象也一定会得到明显改变。对此，我们充满信心。

三、"现代文化名城"论

"现代文化名城"这一概念是深圳市的文化发展目标，于1995年由主管文化工作的市领导在深圳市文化工作会议上正式提出来的，后写进了《深圳市文化事业发展（1998—2000）三年规划及2010年远景目标》。

时至今日，已经15年过去了。"现代文化名城"也由一个创造性的概念和拟定的发展目标，变成了一个辉煌的现实。回顾"现代文化名城"概念的提出和因此引起的争议，以及建设现代文化名城的一系列创新举措，可以让我们从一个角度看到深圳文化的发展轨迹。

据资料反映，深圳提出"现代文化名城"概念缘起国家文物局和建设部命名历史文化名城的活动。

全国被命名为历史文化名城的城市数以百计。这些名城的命名依据，有的是基于丰厚的历史文化积淀，如北京、西安等；有的是源于某个文化古迹、某个历史名人，如佛山的祖庙，韩愈对潮州的历史贡献等；有的则是革命斗争的产物，如延安、遵义；有的则因具备独特的文化形态，如梅州、上海。深圳虽然有着久远的历史，但相比之下，深圳的辉煌主要不在于历史，

---

① 金耀基：《金耀基自选集》，上海教育出版社2002年版，第327页。

而在于现代。于是，深圳的一批文化人经过深入思考后，产生了建设"现代文化名城"的创意。他们认为，深圳既然不能成为历史文化名城，那么，就应该避历史之"短"，扬现代之"长"，努力建设特色鲜明的现代文化名城。当时，恰逢中共深圳市委、市政府发出"第二次创业"的号召，确立了建设多功能、国际性城市的发展战略，这就在客观上使现代文化名城的想法有了战略依托，成为国际性城市的重要内涵和显著标志。因此，"现代文化名城"的概念被决策层所采纳，在1995年召开深圳市文化工作会议时，时任深圳市副市长的李容根同志，做了题为《增创深圳文化优势，建设现代文化名城》的主题报告，明确指出："为早日把深圳建设成为现代文化名城而努力奋斗。"

"现代文化名城"这一概念从提出伊始就受到了质疑，有人斥之为"文化冒进主义"。

《深圳商报》的《文化广场》周刊曾刊载一篇题为《误区：文化冒进主义》的文章。文章在谈到深圳文化的几个概念误区时这样写道："一个误区是，一说要建设深圳文化，就急于谈如何把深圳建设成'世界文化名城'，接着便是畅谈要建设多少个文化设施。持这一观点的人，认为只要有了文化建筑这样的硬件，深圳便已是文化名城，或者至少是成为文化名城倚马可待。此等诸君又犯了'文化冒进主义'的错误。"一石激起千重浪。此文一出，对"现代文化名城"论持赞同观点的人立即予以反驳。反驳者认为："文化就是一首畅想曲，一首意境深远的抒情诗，她离不开理想主义，离不开想象力。""文化上的'冒进'主义自然是要不得……文化上的'跃进'现象却比比皆是，古今中外不乏其例。""在人类文化发展史上，所谓'文化名城'大概有两类：一类是在漫长的历史发展过程中自然而然形成的具有深厚的文化积累、鲜明的文化特色、众多的文化名人的文化名城，即历史文化名城，如法国的巴黎，德国的法兰克福，中国的北京、西安、广州等；一类是凭借雄厚的经济实力进行文化高速积累、具有雅俗共赏的艺术品种、领导文化潮流的文化名城，如美国的纽约、洛杉矶，澳大利亚的悉尼以及中国的上海等城市，即'现代文化名城'。""深圳这个年轻城市缺乏的就是时间，不能重复历史文化名城的老路"，"只能走'建设现代文化名城'的'高速公路'——利用深圳的优势，吸收人类现代文明成果，通过文化的高速积累，在不远的将来，将深圳建设成像纽约、上海等城市那样充满活力、领导文化潮流的'现代文化名城'"。

上述可见，对"现代文化名城"论质疑的焦点是，靠经济实力加快建设作为硬件的文化设施，虽然可以速成，但仅有高档次的文化设施，缺乏相应的文化内涵，仍不能称为文化名城。而文化内涵的积累是需要时间的，既不能打突击，也不能搞速成。城市文化建设没有"高速公路"可走。而反驳者则依据纽约、上海等城市文化快速发展的先例，认为完全可以依靠经济实力进行文化高速积累，可以走文化建设的"高速公路"。两种观点，泾渭分明，各有道理，都要靠事实来检验。虽然深圳今天文化发展的客观现实，证实了当年提出"现代文化名城"概念的创造性和可行性。但笔者仍以为，质疑者和反驳者各有其突出的可贵之处。质疑者的可贵在于对文化建设所保持的一份理性的清醒，提出了不能搞文化大跃进的警示，这在今天仍有积极意义。反驳者的可贵在于敢想敢试的理想主义精神和丰富的文化想象力。实践证明，文化创新必须要有理想主义情怀，也离不开文化想象力，试看今日深圳，"设计之都"从提出口号到变为现实，申办大运会从明知不易到努力争取终于成功，哪样不是敢于想象敢于创新的结果？

"现代文化名城"从提出之日起，它就不仅仅是一个口号或一个概念，而是被赋予了丰富的内涵。

李容根同志在深圳市文化工作会议的报告中对"现代文化名城"的内涵进行了具体阐述："围绕建设多功能、现代化国际性城市的目标，逐步使深圳发展成为我国中外文化交流的窗口、文化商品交易的市场、现代文化产品生产基地、文艺精品和优秀文化人才荟萃的中心，使之形成具有开放性、兼容性、先导性并充满活力的国际性都市文化。同时要营造高层次、高质量的人文环境和健康良好的文化氛围，努力把深圳建设成为现代文化名城。"这段论述表明，决策者心目中的现代文化名城是个综合概念，涉及文化交流、文化市场、文化产业、文艺精品、文化人才等多个层面，具有较高的层次和明确的标准。现在看来，后来深圳文化的发展正是沿着这个基本思路，从不同层面齐头并进、全面发展，才有了今天这样欣欣向荣的文化发展局面。

"现代文化名城"的核心要素是"现代"，一个城市只有具备明显的现代性特征才能称之为现代文化名城。

当年倡导提出"现代文化名城"概念的杨宏海等人认为，"现代"一词，是指文化设施的现代化、文化观念的现代化、艺术品种的现代化和文化管理的科技化。深圳市文化发展规划更是高屋建瓴地指出："建设现代文化名城就是建设面向现代化、面向世界、面向未来，民族的、科学的、大众的现代城市文化。"这种关于"现代"的释义和解读，是深圳人的一大创造，表明了深圳人对深圳文化发展的想象与追求。15年后的今天，当深圳已呈现出现代文化名城的基本形态之时，对照深圳的文化现状，我们深深感到，当年想象和设定的"现代"内涵，如今都有了形象的具体显现。

从深圳经济特区建立之初兴建的"老八大"文化设施,到后来增建的"新八大"和"新六大",已构成了文化设施的现代化景观。深圳图书馆新馆、深圳中心书城、深圳音乐厅、深圳少年宫、关山月艺术馆、华夏艺术中心等一批高档次文化设施,不仅提升了深圳的城市文化形象,而且散发出浓浓的现代文化气息。

从经济特区建立初期"时间就是金钱,效率就是生命"的口号震撼全国,到后来的短篇小说《你不可改变我》,再到"深圳不相信眼泪""无约不访、有约守时""深圳没有流行色""崇尚创新、宽容失败"等说法的流行,充分展现出深圳文化观念现代化的历史轨迹。

从报告文学《深圳的斯芬克思之谜》,到长篇小说《花季·雨季》《世纪贵族》,再到歌曲《春天的故事》《走进新时代》《走向复兴》,深圳一批文艺精品在全国产生重大影响;深圳拍摄的《家风》《钢铁是怎样炼成的》等电影电视作品几乎家喻户晓;深圳成功举行全国流行音乐金钟奖大赛,成为全国流行音乐的重镇。这一切充分表明,艺术品种的现代化在深圳已成为现实。

从深圳文化竞争力在全国大中城市排名第一,到获得国际认可的"设计之都""杰出的发展中知识城市"等荣誉称号,深圳以雄厚的文化实力和良好的文化形象向世人展示了面向现代化、面向世界、面向未来的现代城市文化。

如果说15年前提出建设现代文化名城,只是设定了一个富有想象力的城市文化发展目标,那么,到今天,深圳虽然尚无现代文化名城的头衔,但实际上已经全方位地展现出现代文化名城的雄姿。或者说,当年的理想在今天已变成了现实。这足以令深圳人感到欣慰和自豪。深圳再一次雄辩地证明:文化创新需要想象力,需要理想情怀。

四、"文化立市"论

2004年3月2日,深圳市实施"文化立市"战略工作会议在深圳会堂召开,时任中共广东省委副书记、深圳市委书记的黄丽满同志做了题为《大力实施"文化立市"战略,努力把深圳建设成为高品位文化城市》的报告,这标志着中共深圳市委、市政府确立的"文化立市"战略正式进入实施阶段。

"文化立市"战略的提出和确立,最早可追溯到1999年。

1999年8月,省委、省政府在深圳召开"全省经济特区和珠江三角洲改革开放工作座谈会"。会上，调研组的同志在汇报关于深圳如何建成率先基本实现社会主义现代化示范市的调研成果时，明确提出深圳"必须确立'文化立市'的战略思想"。"文化立市"战略在深圳正式确立，是在2003年1月召开的中共深圳市委三届六次全会上。这次会议根据党的十六大精神，进一步明确了深圳经济特区的目标定位和战略思路，决定确立"文化立市"战略，树立文化经济理念，把深圳建设成为高品位的文化生态城市。

"文化立市"战略的提出和确立，有着特定的文化背景。

至20世纪末和21世纪初，深圳人均GDP已超过5500美元，人民群众的精神文化需求日益增长，文化的作用日益突出，而深圳又客观存在着文化积淀不厚、文化实力不强的现实状况。此外，在世界范围内，城市之间的竞争，由拼经济、拼管理发展到拼文化，已成为客观现实和发展趋势。用时任中共深圳市委宣传部副部长的李小甘同志的话说，就是"深圳的决策者和所有的深圳人都不得不面对一个老生常谈而又历久弥新的话题——文化"。因此，如何增创文化优势，增强文化实力，就成为中共深圳市委、市政府迫切需要考虑的现实问题。大家普遍认识到，国家以文化比强弱，城市以文化论输赢。当代任何一个国家和地区要增强自己的竞争实力，就必须顺应当今世界文化与经济发展相互交融的新趋势，提出既具有超前意识和创新意识，又切实可行的文化发展战略。从这个意义上说，深圳确立和实施"文化立市"战略，既是一种顺势而行的选择，也是城市文化发展需求内在驱动的自然结果。因此，2003年年底召开的中共深圳市委三届八次全会，再次强调要坚定地实施"文化立市"战略，努力建设文化强市。

确立并实施"文化立市"战略，强调并发挥文化在城市建设和发展中的重要地位和支撑作用，也是中共深圳市委、市政府在城市发展战略上的一个重大调整，是把城市发展战略与文化发展战略有机统一起来，通盘考虑、全面部署的一个创举。

黄丽满同志在实施"文化立市"战略工作会议上的报告中明确指出："实施'文化立市'战略，建设高品位文化城市，这是我市率先基本实现社会主义现代化的重大战略选择。""如果我们不对文化给予高度重视，并采取有效措施和手段推进文化的发展，我们深圳的发展优势势必会逐步下降、弱化。""因此'文化立市'战略不仅是文化自身发展的战略问题，更是经济社会发展的战略全局问题，是环境、经济、社会、科教、文化、政治等领域，政府、社会、企业、单位、个人各层次都相关的战略问题。"

深圳实施"文化立市"战略也是与广东建设文化大省战略部署相呼应的创新举措。

2002年12月，中共广东省委九届二次全会做出关于加快建设文化大省的战略部署，通过了《广东省建设文化大省规划纲要（2003—2010年）》；2004年2月，《关于加快建设文化大省的决定》颁布。该决定要求深圳要依托对外开放和体制创新示范区的优势，加快建设文化强市。由此可见，实施"文化立市"战略在客观上成为贯彻中共广东省委、省政府建设文化大省的战略决策，建设文化强市的重要途径，同时也是更好地发挥深圳在广东建设文化大省进程中的示范和带头作用的重大创新。

"文化立市"战略具有丰富的文化内涵和明确的目标追求。

深圳市社会科学院院长乐正教授对"文化立市"战略的文化内涵概括为以下三个方面：一是努力实践以人为本、全面协调和可持续发展的科学发展观，促进人与社会的全面发展；二是加快发展深圳的文化事业和文化产业，积极推进文化体制改革，增强深圳的综合文化实力；三是努力提升深圳的城市品位，塑造具有高品位文化内涵的国际化城市形象。应该说，这一概述还是比较全面的。那么，如何把这些内涵变为深圳文化建设和文化发展的现实，使"文化立市"战略在实施过程中取得明显成效呢？黄丽满同志在报告中提出"三个坚持"的原则：一是坚持以人为本原则，明确"文化立市"在一定意义上也是"文化立人"，要从各个方面努力，全面提高全市干部群众的精神境界、道德水平和文化素质；二是坚持全面协调发展的原则，正确处理统筹好经济建设与文化发展、政治文明建设与文化发展、城市建设与文化发展、经济特区内与经济特区外、常住人口与暂住人口、硬环境文化与软环境文化、民族文化发展与吸收国际先进文化成果、政府作用与市场作用及民间社会力量这八个方面的关系；三是坚持可持续发展的原则，通过文化的发展，提升深圳经济社会的持续发展能力，实现深圳经济社会的持续发展。

"文化立市"战略实施至今已有6年时间。6年来，当年设定的文化内涵与战略目标正在逐步实现，各个方面都取得了可喜的成就。深圳城市竞争力紧随香港排名第二，文化竞争力排名第一；文化体制改革成为全国试点城市之一；公共文化服务体系建设惠及全市人民，成为全国先进典型；市民文化大讲堂等文化形式创新在全国产生很大影响；文化产业快速发展，引起国家媒体的广泛关注和集中宣传，联合国教科文组织授予深圳"设计之都"称号。实践证明，确立并实施"文化立市"战略是深圳城市文化发展理念的重大创新，在深圳文化今后的发展进程中必将产生更加广泛、更加深远的影响。

五、"高品位文化城市"论

建设高品位文化城市,是进入21世纪后深圳根据文化发展的现实要求和发展趋向而提出的一个文化发展战略目标。

2003年1月,中共深圳市委三届六次全会提出深圳建设国际化城市的五个战略目标:建设高品位的文化生态城市、高科技城市、现代物流枢纽城市、区域性金融中心城市、美丽的海滨旅游城市。同时,确定了"文化立市"战略。高品位文化城市既是国际化城市的五个战略目标之一,也是"文化立市"战略的目标追求。

深圳提出建设高品位文化城市,是把城市发展战略和文化发展战略有机地统一起来,既是城市未来发展的战略需要,也是城市文化发展的客观需求,旨在提高深圳的城市竞争力,建构特色鲜明的现代城市文化形象。

倪鹤琴博士在她的《文化致远——深圳建设高品位文化城市研究》一书中指出:"深圳建设高品位文化城市,是基于建设国际化城市的背景上,而国际化城市建设不是孤立的,必须参与全球性国际化竞争……在全球国际竞争的大舞台上,文化所扮演的角色越来越重要,越来越突出。……深圳正处在重要的历史发展机遇期,在今天的全球竞争格局中,深圳要杀出重围,不仅要拼经济、拼管理,更要'拼'文化……深圳要以文化立市战略赢得新的制高点,而文化立市战略不是空洞口号,需要一系列高瞻远瞩又切实可行、想象力与实践性并重的文化构想和举措,更需要明确的目标。建设高品位文化城市,便是一个响亮的回应。"① 倪博士的这一段论述,充分回答了深圳为什么要提出建设高品位文化城市的现实问题,阐明了建设高品位文化城市的深远意义。

究竟什么是高品位文化城市?其定义和内涵应该怎样科学界定?

彭立勋教授和尹昌龙、黄士芳两位博士在他们的论文《深圳建设高品位文化城市研究》中提出了明确的见解:"'城市品位'概念实质上是一个城市美学概念,是城市所给人的印象和感受,是城市空间、城市布局、历史文化、建筑风格、城市环境、经济支柱、文化积淀、城市景观、人文精神等要素有机结合而成的可以感受的表象和可以领会的内涵,也即对这个城市的外观和内涵、硬件和软件的印象、感受上的一种综合判断。""'城市文化品位'在广义上指的是城市的视觉系统、理念系统以及行为系统所具有的文明

---

① 倪鹤琴:《文化致远——深圳建设高品位文化城市研究》,海天出版社2007年版,第6-7页。

程度或文化含量，主要体现在市民的文明素质、城市景观的风格和内涵、社会科学成果的学术含量、文学艺术作品的美学含量、经济活动的文化含量以及社会政治活动的科学化和规范化程度等方面。""所以建设高品位城市，不是指一般意义上的城市文化发展，实质是指城市整体文化品位的提升，即城市文化由以前的数量和规模的发展上升到质量和品牌的飞跃。"

文化学者、时任深圳市文化局局长的王京生先生把高品位文化城市的"高度"归纳为七个"高"：一是市民的整体文化素养和文明程度高；二是代表城市文化的标志性设施档次高；三是文艺精品和优秀艺术人才的产量高；四是文化产业所占国民生产总值的比例高；五是市民享受文化权利的程度高；六是公共文化行政体制的运作效率高；七是在借鉴吸收世界先进文化的同时，捍卫文化主权，使中华民族的传统文化在国际上的威望高。

上述几位专家学者对高品位文化城市的定义及内涵的界定表明：高品位文化城市具有明确的高标准，深圳建设高品位文化城市必将是一个动态的全面发展过程，既不能操之过急，也不能盲目乐观、草率认定。

战略目标确定之后，如何采取有效措施，切实推进文化创新，尽快把深圳建设成为高品位文化城市，同样是一个必须高度重视、努力落到实处的现实问题。文化学者吴忠先生认为，要着重解决好经济意识与人文意识、大众文化与精英文化、实用追求与审美考量、历史传统与文化创新的认识问题，努力强化人文意识，促进大众文化与精英文化和谐发展，提升市民的审美修养与审美水平，发掘继承历史文化的优良传统，不断推进文化创新。目前最需要重视的是四个方面的问题：第一，培育城市文化精神；第二，发展学术文化；第三，提高景观文化的水准；第四，提升产业结构的文化层次和产品的文化含量。

笔者认为，提升深圳城市文化品位必须对照其应有的文化内涵，对深圳城市文化的现状进行全面的科学评估，认清优势，发现其不足，扬长避短，有针对性地进行整体提升和重点提升。

深圳现有的一系列文化优势，是建设高品位文化城市的良好基础和前提条件。深圳客观存在的文化积淀和文化韵味不足、"亚文化"纷杂无序等问题，是必须着力改变和解决的重要方面。

深圳现有的文化优势主要表现在以下七个方面。

一是文化开放和文化兼容的态势好。开放的文化心态，灵活的文化机制，多元的文化观念，形成了海纳百川、尊重多样、追求竞争的文化态势，显现出与开放城市和市场经济相适应的文化活力。

二是文化集聚和文化辐射的力度大。多元并存的移民文化，中西融合的港台文化，特征迥异的西方文化，以及本土的岭南文化等，在深圳自然融合，并通过多种形式对广东乃至全国产生着广泛的影响。

三是文化引领的先导性强。面向现代化的新颖文化观念，面向世界的开阔文化视野，面向未来的超前发展意识，充分体现出深圳文化特质的先进性和引领文化发展趋向的先导性。深圳成为全国公认的思想观念最新、发展变化最快、现代气息最浓的城市。

四是深圳的物质文化、制度文化和精神文化，各具优势，相互辉映，形成了良好的文化结构。

五是各类高档次的文化设施，显现出深圳文化发展的硬件优势，建构了具有现代特色的城市文化形象。

六是深圳市人大的地方立法权，彰显出深圳政治体制改革和社会制度完善的法制优势。

七是宽松的社会人际关系，以及市民自我实现和自我解放的现代观念意识，展现出市民素质提升的良好思想基础。

所有这些优势表明：深圳在建设高品位文化城市上具有较好的基础和条件，在此基础上实现战略目标具有明显的可行性和客观必然性。

对于如何提升深圳城市文化品位，笔者以为可采取以下六项具体对策。

一是进一步明确深圳城市发展理念和城市形象定位，要有相对科学和固定的准确表述，不宜经常变换。同时，要强化城市发展和城市形象定位的外在标志，如大鹏形象、开荒牛形象等。

二是进一步凝练和提升深圳城市精神，体现高品位、国际化城市的精神追求，如开拓创新、务实高效、开放兼容、尊重个性、科学理性、以人为本、全球意识、浪漫情怀等都可以作为深圳城市精神的概括和表述。

三是培育全面发展的现代市民群体，不断提升市民的文化素质，加强对外来劳务工的现代城市文明教育，在广大市民中提倡科学、文明、健康的生活方式和行为方式，充分发挥城市精英群体的文化影响和文明示范作用。

四是打造文化品牌，建构深圳城市文化的品牌形象。积极创办高层次文化艺术节，创建一批媒体名牌，推出一批文艺精品，建立一批名牌培训机构，全方位地塑造文化品牌形象。

五是大力发展学术文化，提升深圳文化的整体层次。搭建高层次学术平台，引进、培育一批学术名家，推出一批学术精品，建立一批重点学术研究基地，形成较浓厚的学术文化氛围。

六是加强深圳主体文化建设，强化深圳的文化特色，确定深圳的文化角色和文化地位，传播深圳文化的精神价值和文化意义，构建一个全新的、熔古今中外文化于一炉的观念文化体系,并使之广泛传播,深入人心,为深圳市民所乐意接受和自觉奉行。

建设高品位文化城市作为一个文化发展战略目标,自2003年首次提出至今已有7年时间。7年来,深圳的文化形象逐步完善,文化特色更加鲜明,文化地位不断提升,初步显示出城市文化的高品位。虽然与一个整体意义上的国际化、高品位文化城市尚有距离,但雏形已经形成,影响正在扩大。我们相信,假以时日,深圳建设高品位文化城市的战略目标一定能全面实现。

六、"两城一都"论

"两城一都"的理念最初源自深圳一些文化学者的文化畅想,后成为深圳市实施"文化立市"战略的重要内涵和目标选择之一。

2004年3月2日,深圳市实施"文化立市"战略工作会议召开。时任中共深圳市委书记的黄丽满同志在报告中指出:"要大胆增创深圳的文化特色,努力打造'图书馆之城''钢琴之城'和'设计之都'。"这表明,文化学者们关于创建深圳文化特色的设想已被决策层所采纳。

文化学者、市委宣传部部长王京生先生在他主编的《文化立市论》绪论中这样写道:"'文化立市'战略的实施,建设高品位文化城市,必须确立强有力的战略支撑点。为此,我们提出建设'两城一都',也就是把深圳建设成为'图书馆之城''钢琴之城'和'设计之都'。将图书馆事业、钢琴艺术和设计业的发展与城市今后一段时间的发展目标联系在一起,一是因为这三者都具有与世界接轨的普遍价值,体现的是对城市文化发展状态和水平进行判断的一些基本尺度。二是因为从现有的文化资源基础看,深圳在这几个方面已经有了一定的现实基础,形成了相对优势……'两城一都'建设目标的提出,就是要把我们现有的这种文化发展的相对优势转化为绝对优势,再把绝对优势变成深圳文化的特色。从更深远的意义分析,我们建设'两城一都',就是要建设一个学习型社会,探索一种艺术的表现形式和鼓励创新的能力。"[①] 王京生先生的这段论述,全面阐述了提出"两城一都"理念的基本出发点和战略思想,阐明了把"两城一都"作为"文化立市"战略支撑点的深刻原因。

城市是一个抽象的整体概念,需要形成突出的文化特色从而使其形象变得鲜明起来。如称维也纳是"音乐之城",称澳门是"赌城",都是对其鲜

---

① 王京生主编:《文化立市论》,海天出版社2005年版,"绪论"第3页。

明特色的形象表述。深圳要建设高品位文化城市，必须要强化文化特色，要有看得见、表得明，一句话就能说清楚的实实在在的东西。在高等学校或科研机构，对一个专家学者的介绍，通常都是一句话就能说清楚，如深圳大学的吕元礼教授是新加坡研究专家，深圳职业技术学院的刘洪一教授是犹太文化研究专家。如果一句话说不清楚，那就说明他没有特色或特长，啥都是，又啥都不是，城市也是如此。深圳要建成国际化城市，就不能停留在"经济特区"这一称谓上，必须形成鲜明的文化特色，让外界介绍或辨识深圳时也能一句话说得清楚。从这个意义上讲，建设"图书馆之城""钢琴之城""设计之都"就是要强化深圳在这三个方面的文化特色，使之成为深圳的三张城市名片，成为代表性的城市符号和城市象征。这个设想和目标一旦成为现实，那么，人们对深圳的评价和称谓就不仅仅是作为改革开放试验场的经济特区，而是享誉海内外的文化名城，"图书馆之城""钢琴之城""设计之都"就会成为人们耳熟能详的常用话语。到那时，深圳的文化形象和文化地位可想而知。

"图书馆之城"必须拥有相当数量的高档次的图书馆，拥有相当数量的图书馆藏，拥有畅通无阻的图书网络信息，拥有快速、便捷的图书资料检索系统，同时要有市民喜欢书、爱读书的阅读文化氛围。经过30年的建设与发展，深圳在这方面已经具备较好的基础。早在20世纪80年代，深圳决定兴建"八大文化设施"时，图书馆就是其中之一。截至2007年年底，全市拥有公共图书馆604座。其中，市级公共图书馆2座，区级公共图书馆6座，街道公共图书馆51座，达标社区图书馆536个。全市公共图书馆馆舍总面积约28.46万平方米，总藏书1225.23万册。常住人口人均拥有图书馆和藏书量远远超过全国和广东省的指标。2008年，深圳又创建了城市街区24小时自助图书馆系统，进一步提高了全民阅读的服务水平。此外，深圳图书馆还与国家图书馆等大型图书馆进行联网，扩充了图书信息资源，方便读者检索和查阅。尤其是从2000年创办读书月以来，深圳已连续举办了十届读书月，形成了全民阅读的良好氛围。国际级和国家级的高层次阅读论坛先后在深圳举办，进一步扩大了深圳推崇阅读、引领阅读的文化影响。所有这一切都表明，深圳建设"图书馆之城"，既有经济实力，又有文化基础，既有群众需求，又有政府主导，假以时日，愿望必将成为现实。

"钢琴之城"必须拥有一定数量的钢琴，钢琴艺术教育具有广泛性和普遍性，钢琴演奏艺术也达到较高的水平和成就，市民普遍显示出对钢琴艺术的理解和钟情。深圳的钢琴拥有量、教育基础、艺术成就在国内城市中处于领先水平，涌现出陈萨、张昊辰等一批在肖邦国际钢琴大赛、利兹国际钢琴大赛等世界顶级钢琴比赛中获得奖项的钢琴人才。学习钢琴演奏、欣赏钢琴艺术，在深圳也已蔚然成风。国外文化界的许多朋友对深圳的了解大多也是源自钢琴。由此可见，深圳提出建设"钢琴之城"不是浪漫主义的畅想，而是具有较好的现实基础的战略思想。它的创新意义在于，给一个商业气息比较浓厚的新兴城市设置了一个高品位的艺术象征、营造了一种浓郁的艺术氛围、激发了市民欣赏和崇尚高雅艺术的审美趣味，从而提高了城市的文化品位。可以想见，当国内外人士都把深圳与钢琴联系在一起的时候，深圳的文化品位和艺术素养也就显而可见了。

"设计之都"意味着一座城市不仅要成为设计文化之都，同时也要成为设计产业之都。构成设计之都的基本内涵是具有一批高水平的设计人才和设计作品，有一批在国内乃至国际上有相当影响的设计公司，有影响不断和辐射力广泛的设计活动，有较高的设计行业产值，有较高的设计理论研究水平，政府对设计的发展和意义有较强的文化自觉意识，市民对设计有较广泛的普遍认知和较高的鉴赏水平。归根结底一句话，要有层出不穷的文化创意。对照以上"七个有"，深圳已有陈绍华、韩家英、张达利等一批优秀的设计师和国内最先进的设计辅助产业，有崇尚设计的现代意识和对设计执着追求的设计师群体，更有政府对设计文化和设计产业发展的高度重视和大力支持。深圳提出建设"设计之都"既是现实的期待，也是努力的方向。它的创新意义在于，把设计看作物化了的精神，提升了设计的文化价值和产业价值，使之与城市发展战略和文化发展理念联系起来，从而使设计从设计师群体和设计行业中超拔出来，成为全市人民共同关注、共同支持的文化事业和文化产业，成为城市文化形象的突出标志。2008年，联合国教科文组织授予深圳"设计之都"的称号，既使深圳建设"设计之都"的愿望变成了现实，得到了国际组织的认同，也给深圳的"设计之都"建设提出了新的更高的要求，因为深圳建设"设计之都"，终究不是为了一个称号，而是要扎扎实实地充实城市的文化内涵，提升城市的文化品位。从这个意义上说，深圳建设"设计之都"仍然是刚刚起步，要走的路还很长，不能有半点懈怠。

综上所述，深圳提出的"两城一都"设想，在短短几年的时间内，已逐步由理念变为现实，"图书馆之城""钢琴之城""设计之都"建设取得了显著成效。深圳的文化特色和文化形象，已在国内外引起了广泛的关注，这既是实施"文化立市"战略的可喜成果，也是深圳城市文化品位提升的显著表现。每一个深圳人都应当为此感到欣慰和自豪。

七、"文化权利"论

深圳在全国率先提出的"实现市民的文化权利"理念引起了广泛的关注,并成为深圳文化创新与文化发展的重要指导思想。

早在 2000 年 12 月,深圳首届读书月刚刚闭幕不久,时任深圳市文化局局长的王京生先生在《深圳特区报》发表了其思考读书月的意义及影响的专题文章——《实现市民的文化权利》,这是深圳媒体最早出现"市民文化权利"的概念。王京生在这篇文章中指出:"创办深圳读书月的目的就是要从读书这一最基本的文化行为、文化权利入手,使更多的市民群众能参与到这一活动中来,享受读书的乐趣,满足求知的渴望,达到提升自我以适应社会和未来之目的。"这可以视之为王京生先生思考文化权利问题的发端。两年后,王京生在《深圳文化研究》发表了《坚持先进文化的前进方向,努力促进公民文化权利的实现》一文,从建设先进文化的高度,全面、系统地阐述了文化权利的理论内涵、文化权利的实现与先进文化建设的关系、文化权利的实现方式等问题,从理论上阐明了经济发达城市强化和重视实现市民文化权利的必要性和具体途径。此文以其思想理论创新的鲜明特色获得了文化部颁发的优秀论文奖,也为深圳正式确立"实现市民的文化权利"这一文化发展理念发挥了理论先导作用。

应该指出的是,"文化权利"这一理念并不是王京生的创造,最早可追溯到联合国于 1966 年 12 月通过、1976 年 1 月正式生效的《经济、社会及文化权利国际公约》。该公约指出:"按照世界人权宣言,只有在创造了使人可以享有其经济、社会及文化权利,正如享有其公民和政治权利一样的条件的情况下,才能实现自由人类享有免于恐惧和匮乏的自由的理想。""本公约缔约各国承认人人有权:(甲)参加文化生活;(乙)享受科学进步及其应用所产生的利益;(丙)对其本人的任何科学、文学或艺术作品所产生的精神上和物质上的利益,享受被保护之利。"目前,世界上已有 143 个国家批准或加入该公约。我国政府于 1997 年 10 月 27 日签署加入该公约,公约对我国同样生效。这表明,从国家层面看,我国早在 1997 年就认同并接受承认保障公民文化权利的理念,只是因为种种原因,尚未在全国形成广泛的思想舆论,没有成为政府文化行政的基本理念和指导思想。也正是在这个意义上,深圳率先提出和强调实现公民文化权利具有创新意义。

长期以来,我国的宣传文化工作侧重于弘扬主流意识形态,传播和推崇主体价值观,有时忽视公民文化权利的实现程度,作为政府文化行政主体的

文化官员,也很少有实现公民文化权利的思想意识。因此,深圳率先提出实现公民文化权利,并把它与政府文化行政理念和文化行政方式联合在一起,在客观上实现了宣传文化工作从侧重弘扬主流意识形态向弘扬主流意识形态与实现人的文化权利并重的转变。这一转变是历史性的,其意义和影响,怎么评价也不为过。

王京生先生担任市委常委、宣传部部长后,进一步强调政府对实现市民文化权利应尽的责任。他在其主编的《文化立市论》的绪论中明确写道:"实现市民文化权利,最根本的问题是政府要确立新的文化行政理念。政府是实现市民文化权利的主要推动力量,特别在现阶段中国,政府主要担当着对文化资源的调控。因此,如何按照市民文化权利实现这一目标要求,来确立新的政府文化行政理念,调整改革政府自身的文化行政方式,将决定着整个社会的文化权利的实现程度。""市民文化权利的实现程度又是衡量政府文化工作绩效的基本指标,如果这种权利得不到有效的实现,那就意味着政府的失职。也就是说,在文化权利问题上,市民是'主',而政府是'客',尊重、保护和实现市民文化权利不是政府的'恩赐',而是政府的'义务',不是政府主观上愿不愿意做的问题,而是客观上必须这么做,这是现代公民社会的政府必须承担的责任。"[①] 我相信,每一个深圳市民如果听到或看到这一段话,都会受到鼓舞,感到欣慰。

从理论上讲,"公民文化权利包括四个基本层面的内涵:享受文化成果的权利、参与文化活动的权利、开展文化创造的权利以及对个人进行文化艺术创造所产生的精神上和物质上的利益享受保护权","文化权利与经济权利、政治权利有着紧密联系,但它具有独立性;由于一定的历史文化原因,以往文化权利常常被忽视;马克思主义对经济、政治和文化的理解以及当今世界对三者关系的认识,决定了在公民权利问题上,经济权利是基础,政治权利是保证,文化权利是目标"。[②]

深圳的创新与可贵不仅在于率先提出要实现市民文化权利,还在于对应公民文化权利的基本内涵创造性地建构实现条件,使之真正落到实处,为民所得。

为了让市民获得享受文化成果的权利,中共深圳市委、市政府和各级文化行政部门积极构建公共文化服务体系,全方位创造文化服务条件,提高文化服务水平。深圳构建公共文化服务体系以实现市民的文化权利为目的,以

---

① 王京生主编:《文化立市论》,海天出版社2005年版,"绪论"第11页。
② 艺衡、任珺、杨立青:《文化权利:回溯与解读》,社会科学文献出版社2005年版。

服务外来劳务工、服务基层为重点，在加快公共文化设施建设、创新公共文化活动形式、加强文艺精品创作、开展文化进社区活动、加强公共文化信息服务、完善公共文化服务的保障体制等多个方面，都取得了明显的成效。创办了"美丽星期天"、深图艺苑、"戏聚星期六"、周末剧场、周末文化广场、"深圳晚八点"等有效活动形式。截至2009年，各类在建和建成的市级文化设施共有32个，全市共有群艺馆和文化馆62个，各级各类的文化广场197个，各类博物馆19个，为人民群众享受文化成果提供了方便，创造了条件。

为了让市民充分地享有参与文化活动的权利，深圳宣传文化部门创办了大家乐舞台、读书月、市民文化大讲堂、社会科学普及周等多种文化活动形式，免费给市民提供参与文化活动的机会和条件，在全国率先将市属博物馆、美术馆、画院、群艺馆、图书馆等全部免费向社会开放，让市民闲时有去处，去后有收获，使市民在参与文化活动的过程中，知识得到扩充，素养得到提升，心情得到愉悦。

为保障市民开展文化创造的权利，深圳营造良好的文艺创作环境，设立宣传文化基金，鼓励和资助文化艺术家和广大市民开展各种形式的文艺创作活动。还通过签约等形式，鼓励文艺家们出成果、出精品。正是因为有了这样的氛围和条件，才涌现出《春天的故事》《走进新时代》《走向复兴》《家风》《花季·雨季》等一批深圳创造的文艺精品；正是因为市民开展文化创造的权利在深圳得到制度层面的保障，才能出现郁秀、陈绍华、蒋开儒等一批优秀的艺术人才。

为了保护市民文化创造成果的精神和物质利益，深圳通过评奖、展览、文博会等形式，让各类文化创造成果的社会文化效益得到充分的肯定，让文化艺术产品能及时进入文化市场，物有所值地转化经济效益。与此同时，严格加强知识产权的申报和管理，确保各类文化创造成果在权益上不受到侵犯。尤其值得一提的是，深圳早在20世纪90年代初创办的文稿拍卖活动，可以说是开创了通过市场形式保护文化创造成果的精神和物质效益的先河，至今仍给我们留下了不尽的思考。

进入21世纪以后，特别是深圳构建公共文化服务体系、促进文艺精品创作的成功经验得到全国认同并获得一系列奖项之后，回头再看当年深圳提出实现公民文化权利这一创新理念的战略眼光和远见卓识，就会使深圳市民和国内外一切关注深圳文化发展的人士意识到，文化发展不仅需要有理想情怀和想象力，同时也需要有以人为本、促进人的全面发展的坚定信念。人们常说，文以化人，文化建设说到底是为了满足人民群众精神生活多方面的需要,是"以科学的理论武装人,以正确的舆论引导人,以高尚的精神塑造人,以优秀的作品鼓舞人"(江泽民语)。作为一座城市而言,就是要培育现代市民群体。也正是在这个意义上,深圳率先提出实现市民文化权利,其革新意义必将久远常存。

八、"文化创新"论

"当深圳在全国率先实行市属公益性文化场馆免费对外开放,当'深圳制造'的原创文艺精品频频走向国际国内文艺舞台,当深圳文化体制改革交出一份份满意的答卷时,人们发现,深圳文化创新的步伐越来越快,越来越有活力。"

这是记者采写深圳文化软实力建设状况时的一段感言,在一定程度上概括了深圳文化创新的成就。

深圳作为经济特区,作为一座在改革开放中诞生的新兴城市,本身就是创新的结果,创新是深圳的根与魂。改革开放初期,深圳提出"时间就是金钱,效率就是生命"的口号,可视为深圳早期文化创新的典型例证。随着深圳的快速发展,尤其是随着深圳经济实力的不断增强和市民物质生活水平的不断提高,深圳逐步增强了文化创新的自觉意识,加快了文化创新的步伐,主要表现为以下五个层面。

(一) 创新文化发展理念

早在20世纪80年代中后期,在深圳文化基础尚不雄厚,文化事业发展刚刚起步的情况下,中共深圳市委、市政府就提出了"创造有深圳特色的社会主义文化"的发展理念。这是非常有远见的战略思路,较早地赋予深圳文化建设的创新使命,奠定了深圳文化的发展方向。

90年代初,中共深圳市委、市政府根据建设国际化城市战略目标的需要,创造性地提出了增创深圳文化优势,建设现代文化名城的发展理念,描绘出深圳文化发展的宏伟蓝图。在思维习惯上把文化建设从精神文明建设中单列出来,使深圳人开始自觉地增强文化创新意识和文化发展意识,激发文化想象力,逐步形成关注、参与和促进深圳文化建设的"文化情怀"。进入21世纪以后,深圳进入了构建"和谐深圳,效益深圳"、促进经济社会文化全面协调发展的新阶段,加大文化建设力度、增强文化软实力和文化竞争力成为重要任务。中共深圳市委、市政府审时度势,创造性地提出了实施"文化立市"战略、建设高品位文化城市的发展理念、追求城市发展和文化发展的战略统一,并相应地提出建设"两城一都"、实现市民的文化权利等全新的文化理念,开创了深圳文化建设与文化发展的新阶段。

(二) 创新公共文化服务

为了创造实现市民文化权利的必要社会条件,深圳从理论与实践的结合上积极探索公共文化服务体系的建设途径,创新公共文化服务形式。进一步加大公共文化设施的规划、投入和建设力度,在全国率先实施公共文化服务设施免费向社会开放制度,建立高雅艺术补贴机制,创办丰富多样的公共文化活动形式,组织文化活动进基层、进社区,制定《深圳公共文化服务指引》,以优质的公共服务和产品完善公共文化服务体系,努力体现公共文化服务的公平性、便利性、多样性、公益性和公民参与性,创造性地推出"周末""流动""高雅艺术"等三大系列公共文化活动,受益观众达数十万人次。深圳荣获"文化资源共享工程示范城市"称号。

(三) 创新文化品牌

为了增强文化形式的吸引力和影响力,深圳致力于把文化形式做精、做细,使之发展成为文化品牌,产生品牌效应。进入21世纪以来,深圳创建了读书月、市民文化大讲堂、外来青工文化节、社会科学普及周、中国(深圳)国际钢琴协奏曲比赛、"鹏城春秋"艺术节、深圳国际文化旅游节、"青春之星电视大赛"、"大家乐"舞台、中国(深圳)国际文化产业博览交易会等十大文化品牌。这些文化品牌丰富了深圳的城市文化内涵,给市民提供了高层次的文化艺术享受,同时也扩大了深圳的文化影响。例如:中国(深圳)国际文化产业博览交易会让世界进一步了解深圳,强化了深圳的国际化城市形象;读书月已受到全国的普遍关注,荣获2008年度公共阅读文化推广奖;市民文化大讲堂被许多城市借鉴,影响遍布全国。

(四) 创新文化体制、机制

为了健全公共文化服务体系,使市民文化权利得到较充分的实现。深圳作为全国文化体制改革的试点城市之一,较早开始文化体制改革,努力创新文化体制和运作体制,出台了一系列改革和规定,组建了报业、广电、出版三大文化集团,政府的文化管理功能实现了由办文化为主向管文化为主的转变。经过多年的不懈努力,已初步建立起设施比较齐全、产品比较丰富、服务质量较高、体制比较健全的公共文化服务体系和规范有序的文化管理运作机制,在完善公共文化传播体系、提升公共文化福利、规划和完善公共文化政策等方面,率先走出了具有深圳特色的文化建设新路子。2008年4月11日,在北京召开的全国文化体制改革工作会议上,深圳构建公共文化服务体系的经验获得好评。2009年5月6日,新华社播发"新华调查",称赞深圳文化建设已融入百姓日常生活,形成了"先进文化的全民共享模式"。

(五)创新文化产业

深圳高度重视文化产业的创新与发展,把文化产业作为支柱产业之一。近年来在文化产业发展方面做出了一系列创新和探索,成效显著,硕果累累。首先,政府之手大力推动,坚持文化产业发展的规范化和制度化,先后出台《关于大力促进文化产业发展的决定》《文化产业发展"十一五"规划》等一系列指导性文件,明确文化产业发展目标,为深圳文化产业发展指明方向;其次,加强文化产业基地建设,确定建立"企业示范基地""孵化基地"和"教学和培训基地"这三类文化产业基地,命名华侨城集团、深圳报业集团、深圳职业技术学院等9个单位为"深圳文化产业示范基地",发挥它们的示范带头作用。此外,创办文化产业博览会,使之成为文化产品展示、文化项目交易和文化信息交流的三大平台。2009年3月9日,新华社播发长篇通讯《深圳文化产业成"经济寒冬"报春花》,报道深圳文化产业发展的"早春现象";3月23日,《人民日报》刊发长篇通讯《"报春花"今年别样红——深圳文化产业启示录》,认为深圳文化产业逆势飘红快速发展是一个应该认真研究的"标本"。

30年来,尤其是进入21世纪以来,深圳文化创新已逐渐由"创新现象"发展成为"创新功能",或者说文化创新已成为深圳经济特区有规律的必然现象,其突出标志是,文化创新的自觉意识增强,创新的形式趋于系统化和多样化,创新的内容与当代中国的文化选择和文化创新有了内在的一致性和统一性。这种文化创新功能既是经济特区基本功能的延伸,也是对创办经济特区初衷的一种超越。尤其在深圳经济特区,这种"延伸"与"超越"已形成气候,产生影响,成为新形势下经济特区所担负的新功能、新使命的一个重要组成部分,必将促进我国文化的大发展和大繁荣,必须高度重视,深入研究。

深圳经济特区的文化创新功能是在深圳改革开放和经济社会发展的历史进程中自然形成的，形成文化创新功能的原因是多方面的，有经济特区历史使命的推动，也有外来文化观念的影响，有经济快速发展的带动，也有文化自强意识的激发，归根结底，是社会变革和文化变迁导致了深圳文化创新功能的生成与发展。也有学者认为，深圳的文化创新已逐渐演变、催生出创新文化，并有其自身的成长机制。创新文化的基本内核是鼓励创新、宽容失败、脚踏实地、追求卓越，支撑这一基本内核的是忧患、革新、求异、竞争、先锋、开放、多元、宽容八大基本要素，政府应引导和支持创新文化成长。显然这也是一种颇有见地的观点，值得我们关注和重视。

九、"特色地位"论

文化特色是一座城市的文化个性特征的显现。深圳无论是作为改革开放"试验田"和"窗口"的经济特区，还是作为南中国的新兴城市，都有着鲜明的文化特色。特色使深圳名扬海内外，特色使深圳广受关注，因而各种议论和评价持续不断，时常翻新。

究竟什么是深圳的文化特色？理论上该怎样概括和表述？学者们众说纷纭，莫衷一是。文化大家们高屋建瓴，把深圳放在中国乃至世界文化的大空间中加以评说，对深圳文化特色的表述凸显出思想高度和理论色彩；深圳本土的文化学者，结合自身的文化感受来谈论深圳文化特色，似乎更加贴近和务实。

请看以下对深圳文化特色的表述：

深圳的文化从整体上来说，便会形成一种生机勃勃的多元状态，具备青春文化的所有特征——波荡不定，此起彼伏，接连不断，快速转移……——余秋雨（文化名家）

深圳文化就是那种海纳百川、唯实唯物、尊重多样、追求竞争的文化。——李德顺（中国社会科学院教授）

深圳是个有独特文化的地方，是有着生机勃勃、洋溢时代精神的中华民族文化的地方。——孙家正（文化部原部长）

深圳是一个移植文化区，是各地文化、各个方面文化乃至各个文化进行嫁接和移植的特殊区域，也可以说是一个新兴的"文化开发区"。——刘梦溪（著名文化学者）

深圳文化是伴随着经济的快速起飞和现代化建设的迅速推进逐步形

成的,这是一种在中国先进文化规范指导下,以市场理论为经济基础,以对外开放为现实背景,与深圳的工业化、现代化相适应的新都市文化,是一种正在焕发勃勃生机的朝阳文化。——吴忠(深圳文化学者)

以上关于深圳文化特色的表述,就其核心内涵而言,可归纳为现代、开放、青春、活力这四个关键词。

现代是指深圳文化具有现代气息、现代观念和现代氛围,它反映了现代文化世俗化、技术化、市场化和多元化的大趋势。

开放是指深圳文化的结构开放和深圳人的文化心态开放。前者体现为多元文化相容并存,各种文化成分都有其存在的合理性;后者表现为深圳人能接受、认同各种文化观念,尊重人的个性特征和文化选择,宽容大度,兼收并蓄。

青春是指这个城市年轻(建市只有30年)和市民群体年轻(平均年龄29岁),具备青春文化的所有特征,文化现象多姿多彩,文化观念变化不定,文化选择偏重感性……

活力是指这个城市不断涌现新事物、新现象、新思想和新观念,创新、求异、求变是深圳普遍存在的社会文化心理,敢闯、敢试、敢为天下先,是深圳人的共同特征,竞争意识,闯荡意识、开拓精神、创造精神是深圳人普遍具有的思想意识和精神动力。

现代、开放、青春、活力的共同点是创新,创新是深圳文化的主要精神内涵。吴忠先生在他的《论深圳文化的特色与定位》一文中,把深圳文化的精神内涵归纳为创新求异、务实致用、宽容大度、兼收并蓄、大众为先这五个方面,其对务实致用和大众为先的解读尤其有新意。他认为,深圳文化与市场和经济生活的结合度高,文化资源配置和文化产品生产都要考虑市场的需求和受众的需要,文化发展必然会形成不尚务虚、讲求实效的务实致用品格。此外,他还认为,深圳的文化消费群体主要是青年,这就使得深圳文化在品位上以通俗性、娱乐性为特色,在文化结构上以大众文化为主体。大众为先体现出深圳文化的平民色彩,正是这一特色使得深圳文化极富活力和生命力。

文化地位是一座城市文化形象的集中显现,也是城市文化竞争力的突出标志。深圳作为经济特区,在我国改革开放的历史进程中,具有无可替代的重要地位。但作为一座城市,能否取得与经济特区相匹配的文化地位,用余秋雨先生的话来说,取决于它在中国文化大空间中能发挥什么样的作用。余秋雨先生在深圳多次做讲座或接受记者采访,他对深圳的文化地位始终给予高度的肯定。他认为:"深圳的文化人,不能不对深圳文化有一种理直气壮的自信。在面对21世纪文化这一点上,年轻的深圳和中国的其他城市完全平等,没有矮人一截的地方。""如果深圳今后的文化构建对未来前景特别有想象力,而这个想象力又那么有魅力,那么便于付诸实现,因此又那么能够裹卷其他城市,那这个城市在新世纪的文化地位就非同小可了。""深圳应该争取20世纪中华文化各个领域的'结算权'。"

笔者认为,深圳的文化地位是在深圳文化软实力和文化竞争力发展到一定程度后自然形成的,既不能靠文化大家的"恩赐",也不能自封。衡量深圳文化地位的主要标志是外界对深圳文化的认同度和深圳文化的对外影响力和辐射力。经过30年的建设与发展,尤其是深圳实施"文化立市"战略以来所取得的显著成就,使国内外对深圳文化的认同度明显提升。埃及共和国驻华大使穆罕默德·阿拉姆2006年在接受记者采访时表示:"多元化和新兴化也可以形成一种文化精神,对于深圳正在兴建的图书馆、博物馆和音乐厅等众多文化基础设施,我认为这一思路是对的,先有设施,然后构成一种氛围,最后培养出独特的文化精神。"深圳文化周在德国和法国举行时,德法两国的有关领导人对深圳青少年钢琴家的演奏水平给予了高度评价,称赞深圳的音乐教育了不起。

此外,深圳获得的"设计之都""知识城市"等荣誉称号,都反映出国际社会对深圳文化的认同。从国内来看,深圳获得的一系列奖项,以及中央媒体对深圳的"文博会""读书月""市民文化大讲堂"等文化品牌的集中报道,充分说明深圳文化创新与文化发展的成就已引起了国人的普遍关注和广泛认同。

深圳文化的对外影响力和辐射力,除了深圳创建的读书月、市民文化大讲堂等文化活动形式被其他城市或地区借鉴或"克隆"外,更重要的是深圳文化创新在当代中国文化转型中发挥了先锋和导向作用。深圳革新和创建了一个有利于文化创新和文化发展的新型文化体制,逐步形成了一个把传统文化、外来文化、内地文化、本土文化和党和政府倡导的主流文化融会一体的新的观念文化体系,在客观上担当了新世纪我国新文化模式的试验角色。正是在这个意义上可以讲,深圳的文化地位由创新而得、由创新而立,从现状和趋势来看,同样具有某种程度的不可替代性,这同前面所说的深圳经济特区凸显文化创新功能具有内在的一致性。虽然许多人目前尚未认识到这一点,但已是一个不争的客观现实。

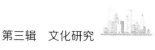

十、"文化绿洲"论

深圳提出"文化绿洲"概念，客观上是对"文化沙漠"论的对应和反驳。

可以想象，怀着满腔热情从四面八方来到深圳闯世界、干事业，并决心在深圳长期扎根的深圳人，戴着一顶"文化沙漠"的帽子对于他们来说是何等的不舒服。因此，他们的心中萌发着一种强烈的愿望：一定要甩掉"文化沙漠"的帽子，誓将"沙漠"变"绿洲"。正是这样一种社会文化心理，促使深圳的文化人早早就使用"文化绿洲"的概念，不管深圳是否已真正变成"文化绿洲"，反正"绿洲"这个词让深圳人听起来舒坦，有希望和奔头。

据《现代汉语词典》解释，"绿洲"是沙漠中有水、草的地方。据此，有学者反对"文化绿洲"的提法，他们认为，如果深圳是"绿洲"，那岂不是深圳周边的地区和城市都成了"沙漠"。事实上，"文化绿洲"只是对深圳文化发展所取得的成就和变化的形象比喻，或者说，因为以前曾有"文化沙漠"之说，所以才有人提出"文化绿洲"，是通过比较来反映深圳文化的发展和变化，大可不必太拘泥于词汇的本意。

关于深圳文化，最早提出"文化绿洲"概念的是《光明日报》驻深记者易运文和《深圳特区报》记者杨华，他们俩在20世纪90年代初发表的《给特区铸入文化的灵魂——深圳文化建设述评》一文中这样写道："仅仅是10年前，深圳一直是被戴上'文化沙漠'的帽子的。深圳人是怎样在这短短的时间内，就甩掉了这顶帽子，在文化的'沙漠'上浇灌出一片葱郁的'文化绿洲'呢？"这段话表明，这两位记者提出"文化绿洲"概念，本身就是一种对应性比较：如果说深圳以前是"文化沙漠"，那么，如今已在"沙漠"上浇灌出一片"绿洲"。这种表述侧重的是发展和变化，而不去细究内涵的成分和比例。

关于"文化绿洲"比较谨慎的提法是《人民日报》记者胡谋。2004年11月，首届中国（深圳）国际文化产业博览会在深圳开幕，在国内外引起了很大的反响。"文博会"闭幕后，《人民日报》发表了胡谋采写的长篇通讯，题目是《深圳涵养"文化绿洲"》。"涵养"这个词表明，深圳目前还不是"文化绿洲"，但正在涵养之中，呈现出良好的发展势头。

深圳文化学者胡野秋先生关于"文化绿洲"的说法比较明确、直接。

2009年4月27日,《南方都市报》发表了胡野秋在"南都公众论坛"上的演讲内容,用的标题是《深圳正在奔向"文化绿洲"》。文中写道:"深圳已然不是'文化沙漠'了,但也还未成'文化绿洲',而是正在去'文化绿洲'的路上。"很显然,胡野秋不认同深圳已是"文化绿洲"的说法,但他同样乐观地认为深圳正在奔向"文化绿洲"。这个"奔"字和上述的"涵养"两字,虽然表述不同,但异曲同工,强调的都是一个变化、发展过程,比较容易被人们所接受。

笔者认为,提出"文化绿洲"概念,对于深圳而言,既有其合理性,也有其不科学性。合理性在于,它客观、形象地展现出深圳人的文化自强心态。既然早些年别人可以针对深圳文化的某些不足武断地扣上"文化沙漠"的帽子,那么,在深圳文化建设和文化发展取得显著成就后,深圳人为什么不能自豪地比喻为"文化绿洲"呢?以"绿洲"对"沙漠",形象明确,概念清晰,对比合理,差别明显,无论从哪个角度来讲,都是言之有理、无可非议的。"文化绿洲"提法的不科学性在于,它反映出深圳文化建设缺乏一种从容不迫的心态,过于看重目标的追赶,对文化建设的客观规律认识和重视不够。古人云:盛名之下,其实难副。虽然深圳文化建设的成就有目共睹,但并不需要急于给自己贴上什么标签,冠上什么头衔。如果说外界认同和授予的"设计之都""知识城市"等称号,是对深圳文化建设成就的赞赏和鼓励,如果说深圳自身提出建设"现代文化名城""两城一都"是为了确定文化发展的目标,那么,深圳在文化建设的进程中,就要始终有一种"在路上"的心态,着力于"涵养"和"奔",而不是急于宣告已到达目的地。文化建设需要一个由少到多、由小到大的积淀、发展过程,这是文化发展的客观规律,既不能操之过急,也不能试图速成。笔者在一家文化企业做演讲时,有一位听众问我:"深圳文化什么时候才能变得有韵味、有诗意?"我的回答是:"一座城市就像一个人一样,当他不是为了追赶某个目标,达到某个目的,而是从容地按自己的意愿生活时,他就具备了韵味和诗意。"这虽然只是即兴的回答,未能做周密的理论阐述,但确是我长期思考的结果。深圳文化建设和文化发展需要有目标,但文化建设和文化生活并不是为了追赶目标,更不宜总是处于一种"赶"的状态,而是要从容地前行。

正如一位阿拉伯诗人所说的:"即便你是奔着一个远大的目标,但你千万不要忘记,你现在走的每一步都是生活。"一个人应该有这种意识,一座城市同样需要有这种意识。

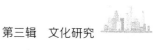

胡野秋先生在"南都公众论坛"的演讲中说:"我们的'两城一都'不应该是给人看的,而是实实在在供我们自己享受的,并且是我们自己能够消费的。""现在的文化工程重心还在硬件上,还在活动上,这也许是一种惯性。活动必须要搞,尤其是形成品牌的活动,更要下大力气推进,更多地发掘和辐射。但一个城市不可活动太多,活动太多了,城市会虚胖。"这两段话提出了一个需要我们深入思考的问题:深圳的文化建设应重在造型还是重在立魂?"造型"就是给"绿洲"着色,让它更像"绿洲",目的是给人看。"立魂"是重视文化软件建设,重视内涵建设,赋予城市文化更多的韵味和诗意,让市民去享受和体验,真正感受到"文化绿洲"内核的"绿"。毫无疑问,在"文化立市"战略已经取得显著成就的今天,立城市之魂,加强人文精神建设,已成为深圳文化建设的突出任务,这应该成为所有深圳人的共识,更应成为文化官员的文化行政理念。

深圳文化的十大论题,也是深圳文化三十年发展的十大焦点,较为全面地反映了深圳建经济特区三十年来文化建设、文化创新、文化发展、文化评价的不同层面,勾画出一幅简洁明了的"深圳文化地图"。通过评述这十大焦点,无论对深圳文化持何种评价观点的人,至少可以在以下三个方面达成共识。

第一,深圳作为改革开放的经济特区和我国现代化建设的先锋城市,担负着党和国家赋予的重要历史使命,承载着人们太多的希望和期盼。无论是贬之为"文化沙漠",还是赞之为"文化绿洲",都是源于对它的希望和期盼。深圳就像一个站在舞台上表演的演员,观众有权利要求她形象靓丽、表演出色,无论观众对她怎样评头论足,她都必须坦然面对,她唯一能做的是努力表演得更加出色,以博得观众的认同和掌声。

第二,先进的文化发展理念和雄厚的经济实力是深圳文化快速发展的根本原因。文化发展理念确立了深圳文化的发展方向和发展目标,激发起文化创新的想象力和创造力。经济实力为高档次文化设施建设和文化事业发展提供了物质基础,建构了现代城市文化形象。如果说文化发展理念是"软件",那么,"经济实力"就是"硬件",软件和硬件同时发挥作用,才使深圳文化有了今天的发展成就。

第三,时至今日,深圳文化仍客观存在着文化积淀不厚、文化韵味不足等现实问题。这些问题的存在是由文化发展的自身规律所决定的,文化积淀需要时间的延续,文化韵味源自文化内涵的丰富。深圳文化建设的决策者所能做的是正视这些问题，遵循文化发展的客观规律，切实加强城市人文精神建设，重视人文的积累，重视人文学科建设，促进学术文化的提升与发展，不断丰富精英文化的内涵，加大精英文化在深圳文化结构中的比重，使深圳真正成为具有一流文化品位的国际化大都市。

理论是灰色的，生命之树常青。我们有理由相信，已经取得显著成就的深圳文化，一定会在现有基础上取得新的更大的发展。深圳文化的明天一定更美好！

（2010年）

第四辑

随笔杂谈

从文学研究到文化研究

长期以来，文学研究的主要对象是作家作品、文学史和文学理论，因而研究的方式大多是就文学谈文学。无论是社会历史研究方法，还是审美研究和心理研究方法，除了研究的视角略有不同外，本质上还是以文学为核心对象的研究。这就导致文学研究的视野不够开阔，研究成果的影响不够广泛，虽在文学"圈"内会引起关注，但对一般社会大众的影响并不大。

20世纪80年代兴起的"文化热"，使文化成为人们热议的话题。文学研究人员受其影响，开始把文学研究与文化研究融合起来，探讨作家创作的文化背景、作品的文化内涵与文化影响，甚至把有些文学作品作为一个特定历史阶段的文化符号来看待。尤其是在一些西方文化思潮的影响下，涌现出一大批新的文学研究方法。既有以科学思维为主导的系统论、信息论、控制论研究方法，也有以人文观照为特征的符号学、现象学、精神分析等研究方法。文学研究开始以崭新的面貌呈现在世人面前，让文学"圈内"和"圈外"的人都感到耳目一新。然而，披上西方文化思潮外衣的文学研究虽然文化味浓了不少，但在总体上却是杂乱纷呈。不仅各种研究方法之间缺少内在联系，而且淡化了文学研究的一些根本关系，如社会历史背景与作家创作、作家创作意图与作品的形成、文艺作品与读者的接受等。其结果是，文学研究的"文化味"成为少数人津津乐道、细细品味的东西，而离文学应有的文化教育功能却相距甚远，与社会大众也是格格不入。

20世纪末至21世纪初，一些思想观念比较前卫的文学研究专家，提出了"文化诗学"概念，探讨文化诗学的理论特色、艺术空间和研究方法。此后，专家学者在"文化诗学"理论指导下，开始把文学作为社会文化现象来研究，出现了三个方面的明显转化：一是研究视域由语言向话语、由文本向语境的转化；二是研究空间由共时研究向历时研究的转化；三是研究对象由经典文学、传统文学向通俗文学、边缘文学，再到跨学科乃至大众文化、消费文化的转化。这三大转化反映出文学研究走向文化研究的发展趋势，其表现是具体的文学研究层面出现了两种比较突出的现象：一是对传统文学作品进行文化解读，如唐诗宋词的文化气象、四大名著的文化意蕴、明清小说中的科举制度等；二是运用文化研究方法对文学的固有论题进行研究，如俄罗斯文学中的女性形象、鲁迅小说中人物形象的文化符号意义等。与这两种现象相对应的是，文学研究人员开始跨越原有的学科专业界限，在文学研究中尝试运用历史、哲学和心理学等多种研究方法。这种跨界既是对传统的文学研究方法的超越，更是对自我的超越，从而逐步实现了由文学研究专家向文化学者的角色转换。这种跨界和超越，对于更好地发挥文学的文化教育功能、推进社会主义先进文化建设，也有着十分重要的现实意义。

我个人认为，跨界不仅包含研究方法的综合运用，而且还应包括传统治学理念的更新、研究方向的扩展和研究领域的开拓。这既体现了一个学者"专"与"博"的统一，也是担当学者文化使命的内在要求。我本人大学阶段学的是俄语，毕业后较长时间从事的是俄苏文学研究。用传统观点来看，在相当长一段时间内，我一直在"俄罗斯语言文学研究"的轨道上前行。后来，伴随着我国文化变迁的历史进程，尤其是到了改革开放的前沿深圳工作以后，我对文学研究的跨界与超越又有了新的认识。我意识到，在当下文化语境中，文学研究工作者应该既是一个有较好专业修养的文化学者，同时又是一个对社会文化现象有深度认识和发言权的社会活动家，能够担当起知识分子应尽的社会责任和文化使命。有鉴于此，我从俄苏文学研究跨界到文学鉴赏研究，又把深圳文化研究作为我的研究方向之一。这种跨界按传统观点看，可能会被视为不务正业。一个俄苏文学研究专家，不在本学科领域开拓创新，却跨界去做别人该做的事，这不是典型的"研究方向不专一"吗？而我则认为，一个学者实现从文学研究专家到文化学者的角色转换之后，应该名副其实，努力做文化学者该做的事。文学鉴赏研究既是文学研究专家的基本功，也是指导社会大众理解文学、走近文学的必要途径。这是文化学者的"分内事"，不仅要做，而且要认真做好。而深圳文化研究更是一个深圳本土文化学者应该涉及的研究领域。深圳文学所反映的新思想、新观念，深圳文化的新形态、新内涵、新趋势，已成为当今中国文化研究的前沿课题，作为一个在深圳工作与学习的文化学者，必须关注和研究深圳文化，才能增强文化自觉意识，真正担当起社会责任和文化使命。由此可见，这样的跨界势在必行，这样的超越意义深远，它不仅不是不务正业，而且是为了把正业做得更好。

古人云："仁者见仁，智者见智。"我的观点和看法是否言之成理，最终还得请专家学者和广大读者来评判。

(2016年)

让社科知识转化为生活智慧

英国哲人培根说:"史鉴使人明智,诗歌使人巧慧,数学使人精细,博物使人深沉,伦理之学使人庄重,逻辑与修辞使人善辩。"这段话表明,人类社会的各种知识,尤其是以文史哲为主体的人文社科知识,对于塑造一个睿智的智慧人生,有着深刻的影响。

智慧并不是单纯的"知识",人文社科知识也不等于生活的智慧,需要有一个转化的过程。这个过程有三种基本途径,那就是阅读、感悟和传播。

假定在我们的面前陈列着无数充满人生和生活智慧的"智慧文献",它们分别以文学、历史和哲学等各类学科的书籍呈现出来,但是我们在阅读这些"智慧文献"的过程中,看到的大多是格言、名言和警句,或者是闪发着思想火花的某些句段,与我们的人生经历和生活实践仍有着一定的距离,并不能直接成为指导人生和生活的智慧。因此,在有选择地阅读这些书籍的同时,需要思想的感悟和精神的契合。感悟是个体行为,必然与个人的人生经历和生活阅历有关,与个人对生命和人生的理解有关。这样,智慧的感悟就形成了鲜明的个性特色,体现出深浅和高下之分,也就有"大智慧"和"小智慧"之说。但无论是"大智慧"还是"小智慧",都不能由个人独享,应予以传播,惠及社会大众。于是,有一定文化素养和智慧感悟的人文社科学者,就很自然地承担起传播的使命,充当了传播者的角色。

从"知识转化为智慧"的过程而言,阅读、感悟和传播,是一个完整的系统。不阅读,感悟就缺乏激发和起点;不感悟,知识只是空洞的说教;不传播,智慧只被少数智者所拥有,不利于推动社会的文明进步。

人生丰富多彩,生活包罗万象。生活的根本内涵主要有四个层面,即处世、谋事、追求、超脱,因而相应地需要有四个方面的智慧,那就是处世的智慧、谋事的智慧、追求的智慧、超脱的智慧。那么,怎样把人文社科知识转化为这四个方面的智慧呢?关键是要把人文社科知识与分析、解决生活实践中的具体问题对应起来,形成分析和解决问题的正确理念和科学方法,产生实践的指导作用。

处世的智慧是人生和生活的大智慧，前提是正确地认识社会、认识他人、认识自己，然后，在此基础上科学地把握和掌控自己的言行。

认识社会是对"处世"的宏观背景的把握。要有历史视野和哲学思辨，既看到历史发展的规律和社会变革的趋向，又能够透过社会现象看到社会本质；还要有前瞻意识，看到社会发展的未来前景。只有这样，才能不犯逆历史潮流而动的错误，才能不被错误的社会思潮所裹挟，做出不计后果的非理性之举。在这些方面，古今中外的哲人和思想家，为我们提供了许多可供参考的知识和思想理论，需要我们去深刻领会，认真思考和感悟。

认识他人是"处世"中形成良好人际关系的关键环节。要客观全面，不带个人偏见，善于发现别人的长处和亮点，宽容别人的缺点和不足，既不盲目崇拜他人，又不轻易诋毁别人，更不以自己之长比别人之短。与人相处，要亲疏适当，进退有度。真正做到如古人所言："大着肚皮容物，立定脚跟做人。"只有这样，才能在群体中树立受人欢迎的良好形象，具有让人敬佩的人格魅力。

认识自己是"处世"的原点和起点，以己及人，方能内外圆融。认识自己要做到存自信、察不足，德识才学均有掂量，性情风格皆能自知。既不狂妄自大，又不妄自菲薄。确立正确的人生价值观，明确自己到底要什么和能够要什么。有多大本事做多大事，有多少才情显多少风流。真正做到：有真才不矜才，有实学不夸学。待人接物，张弛有度，收放自如。

谋事的智慧是生活智慧的核心内涵。古人云："谋事在人，成事在天。"这种说法虽有宿命论的色彩，但是"谋事在人"的说法，仍然肯定了人在谋事中的主体作用。智者谋事，应有选择。做什么，不做什么，均有取舍。智者谋事，必然量力。哪些能做，哪些不能做，心中有数，绝不强求。智者谋事，不急不躁。遇有急事，从容为之，凡有大事，淡定自若，真正做到如古人所言："无事时常照管此心，兢兢然若有事；有事时却放下此心，坦坦然若无事。"

追求的智慧事关人生的目标和生活的意义，是实现人生价值的大智慧。人生之追求，不外乎求知、求偶、求职、求发展这四个方面。求知要勤奋探索，持之以恒。不浅尝辄止，不食而不化；不急于求成，不贪图虚名；学以致用，不断更新。求偶要源自爱情，归于婚姻。既注重形象，又不以貌取人。情趣爱好、德性修养、价值取向，均需考量。不因情切而失察，不为讨好而作秀，不被利益所扭曲。求职要重兴趣，重美感，重价值实现。不是把职位仅仅看成谋生之途径，而是视为快乐生活、积极创造、实现价值的载体和平台。在工作岗位上达到快乐和意义的结合，实现人生的幸福。求发展要保持进取精神,挖掘潜力,不断进步,切忌"小富则安",得过且过。要处理好理想与现实的关系,既仰望星空,又脚踏实地。追求不停步,快乐每一天。

超脱的智慧是超越自我的大智慧,是把一切追求归于无求,也是求与无求的辩证统一。超脱是人生的高境界,并不一定要到"不惑"或"知天命"之年,而是贯穿于人的一生。超脱的前提是曾经拥有或者彻底看透,是经历后的彻悟。世俗意义上的超脱是手段不是目的,是过程不是终极,是引导自己或启迪他人不被名利所累、不受声色之劳,是实现人生的诗化和艺术化。

综上所述,把人文社科知识转化为生活智慧,是一个从理性到悟性的变化过程,既要找到人文社科知识在生活中的对应点和契合点,又要把对应和契合的知识提升为对生活和人生的深刻感悟,转化成观察社会、把握人生、指导生活的正确理念,使人生有目标,生活有方向,并在此基础上达到活得清醒、活得自觉、活得快乐、活得有意义的人生高境界。倘若人人皆能受此启发,努力感悟生活智慧,那我们这些"传播者"将是何等的欣慰。

(2017 年)

人生并非如梦

古人云："往事如烟，人生如梦。"而我说，人生并非如梦。

章诒和先生写了《往事并不如烟》，对她的父亲和他们家的经历，进行了真实而又艺术的展现，引起读者的广泛关注。它表明，往事并不能像烟一样飘逝，它在当事人的心中永远不能磨灭，甚至还会生根发芽，激起更多的回忆和反思。

我虽没有章诒和先生那样的才气，也没有他们家那种背景，但读完《往事并不如烟》，却着实感动了一番，并萌发出要写一本书的冲动，书名就叫《人生并非如梦》，正好与章先生的书相对应。然而，真正动手写时才感到，以我的人生经历和人生体验，要写出具有深刻哲理内涵的《人生并非如梦》一书，确非易事。但心中始终割舍不掉"人生并非如梦"那句话，仿佛有一个幽灵一直伴随着我，迫使我说出"人生并非如梦"的感受。情之所动，不吐不快，于是就有了这篇短文。

古今中外，有许多圣人贤哲谈论过人生，哲理名言，几乎无卷不有。我在这里感叹人生并非如梦，主要基于我自己有限的人生经历和人生体验，既不求"语不惊人誓不休"，也不奢望文坛扬名，只是抒发自己的个人感受，大致可归纳为三个关键词：追求、梦想、超越。

追求，就其本质而言，是实现和满足内在欲望的行为。苏洵云："欲不尽则有余贪。"这里的"贪"就是努力，就是进取和追求。人生在世，追求多多，关键是要有正确的价值观做指导，要懂得追求的辩证法。即明白应追求什么，该怎样追求，懂得"不争是争""退步原来是向前"的道理。纵观漫漫人生，不外乎五大追求，即求知、求偶、求职、求发展、求超脱。我曾就这五大追求写过专题文章。它表明，人生的追求是生活的动力，是生命的燃烧，是实实在在过日子的具体体现。这一系列追求，使我们的生活丰富多彩，使我们的生命体现价值。

我的求知历程，可谓"半途而废"，读完硕士就中止，没有读博士、博士后。但在求知过程中，我有过经济拮据的窘迫，有过年龄不称的难堪，也

有过难以适应的苦恼,硬是凭着一股毅力,把这一切都挺过来了。回首已经走过的求知道路,我并不因"半途而废"而遗憾,深深感到,人生是一步一个脚印走过来的,求知也是如此。

求偶是人之本能,亦是生存的需要。我一生中结过两次婚,自我解嘲为"两次革命,一次失败,一次成功"。但正是这一次失败,让我真正懂得了什么是爱情,什么是婚姻,知道了什么是婚姻的最高境界,学会了该怎样去爱对方。由此,我写出了一系列关于爱情和婚姻的文章,走上了深圳市民文化大讲堂,呼唤"让婚姻充满爱"。

我的求职生涯,相对而言比较顺利,但也有不知所措、哭笑不得的时候。大学毕业后,留校任教,没有找工作的辛苦和烦恼,但是好景不长,没过多久,就面临被调整的危机。无奈之下,背水一战,以35岁"大龄"报考硕士研究生。研究生毕业后到深圳找工作,自以为有不少优势,可谁知,一天跑了八个单位,一家都不要。原因是我的优势太明显,用人单位的领导担心会成为他们的竞争对手。当某个单位的人事部部长坦诚地向我说明以上原因时,我真有点哭笑不得的感觉。然而,我终究还是幸运的,被吸收到深圳大学工作。求职历程及多年来的工作让我懂得,求职不等于找工作,而是综合地锻炼自己、展现自己的过程。如果一个人的职业能与他的兴趣爱好统一起来,那是非常难能可贵的。我爱好文学,最终当了大学的外国文学教师。在这个意义上,我对人生无怨无悔。

人们常说,没有面包是不行的,但只有面包也是不行的。人有了职业,有了"饭碗",还要求发展,求事业有成。而求发展的最高境界是最后归于超脱。中年时,我把自己的事业和发展戏称为"文不像秀才,武不像兵"。虽然读了不少书,但既没有"学而优则仕",也没有成为学界名流,只是一个"教书匠"而已。到了晚年,心态平和了,对自己的发展知足多于遗憾。自感如今之"成就",不仅超出了少年时的期望,而且在同代人中也算是"佼佼者"了。由此可见,人生在世,不但"爱情"两个字好辛苦,"事业"两个字也是好辛苦,关键在于你自己如何看待,能否达到超脱的境界。

如果说追求是生活之动力,那么,梦想就是生命的希望和理念。这里所说的"梦想"和人生如梦的"梦"不是一个概念,有无梦想是生活态度和人生境界的不同,而是否把人生看作"梦",则是对人生的整体认识的不同。我以为,人生并非如梦,但人生又不能没有梦。我曾写过一篇题为《人生三梦》的小文章,阐述了自己的作家梦、大学梦和考研梦。正是因为这些梦,我从一个农家子弟成长为大学教授;正是因为这些梦,我克服了人生的艰难困苦,做到了小有所成;正是因为这些梦,我的生活动力不竭,我的生命丰富多彩。

  梦想在某种意义上也是理想。这就有一个如何摆正"做梦"和"醒梦"、理想与现实的关系问题。人不能没有梦想,但又不能长梦不醒。任何梦想都要在生命的流程中验证和调整。能成则成,不成则弃,决不能执梦不出。否则,就是把虚幻当作了现实,就会稽废时月,一事无成。我少年时曾有过作家梦,一度魂牵梦绕,但我后来还是理性地走出了这个梦。我深知自己缺才气,不是搞创作的料,也就不再执迷不悟。记得深圳有一位女性,曾在一次会议上说过一句非常有哲理的话:"我们既要在理想的高空翱翔,又要在现实的大地生存。"这是非常有智慧的见解。只有在理想的高空翱翔,才能志存高远,超凡脱俗;同样,只有在现实的大地生存,才能求真务实,面对生活。两者是相辅相成的。没有理想的人,会陷于世俗,缺乏浪漫情怀和远大抱负;而沉迷于空想的人,则会脱离实际,想入非非、好高骛远。俄国诗人莱蒙托夫有一首名为《人间与天堂》的诗,非常形象地阐明了理想与现实的关系。

> 我们爱人间怎能不胜于爱天堂?
> 天堂的幸福对我们多么渺茫;
> 纵然人间的幸福不到百分之一,
> 我们毕竟知道它是什么情状。
>
> 我们心中翻腾着一种隐秘的癖好,
> 喜欢回味往日的期待和苦恼;
> 人间希望的难期常常使我们不安,
> 悲哀的易逝叫我们哑然失笑。
>
> 未来的远景虚无缥缈,漆黑一团,
> 现在就时常令人感到心寒;
> 我们多么愿意品尝天堂的幸福,
> 却又实在舍不得辞别人间。
> 我们都是更加乐意要手中之雀,
> 虽然我们有时也在找空中之雁,
> 但在诀别的时刻我们看得更清楚,
> 手中之雀跟我们的心已紧紧相连。

莱蒙托夫诗中的"天堂"和"空中之雁",实际就是我们通常所说的"梦想"或"理想",而"人间"和"手中之雀"则是生存的现实。向往"天堂",找"空中之雁"是必要的,但看得更清、把握得更好的恰恰是"人间"的"手中之雀",因为它"跟我们的心已紧紧相连"。

超越是人生的高境界,内涵十分丰富,如超越自我、超越名利、超越现实等。无论是哪个方面的超越,就其本质而言,都是对欲望的超越。执着于自我,死守狭隘的个人信条,不善变通,不知山外青山天外天,老是自我感觉良好,根由在于对自我的盲目认定,在于有达到某种目的的潜在欲望在作祟,因此需要超越;名利心过重,恨不得揽天下财富为己有,视虚名重于生命,其根源是贪欲之心,同样需要超越;沉湎于现实的荣华富贵,醉生梦死,游戏人生,这不仅要超越,而且要认清人生价值,端正人生态度,树立正确的人生观和世界观。

超越也是一个动态变化的过程,今天能超越的事,也许明天又会变得执着起来。因此,能否超越,取决于修养和境界的高低,取决于能否保持清醒和自觉。我年轻时虽有梦想,但对仕途并不十分热衷,活得比较洒脱。但被选为"后备干部"后,本来比较平静的心开始浮动起来,老是希望能够"后备成真"。有一段时间外界议论我要升任某个职务,仿佛已到了呼之欲出的地步,我自己也就当起真来。当结果并无此事时,内心颇感失落,情绪也不免低沉。此时,佛学和禅学思想,给我提供了许多启迪。有一首禅诗这样写道:

> 尽日寻春不见春,芒鞋踏遍陇头云。
> 归来笑拈梅花嗅,春在枝头已十分。

这首诗的禅机在于提示我们,人们往往按一种臆想的概念,舍近求远地去寻求某种目标(或是名,或是利),而忽略了身边已有或已经得到的东西。其实,像我这样一个心地善良、威仪不足的书生,当一个大学教师已是"春在枝头已十分",又何必在乎"后备"能否成真呢?认识一清晰,心胸豁然开朗,原来的不快情绪也随之荡然无存。

诚然,古人所说的"人生如梦",本意不在于人生的经历是否丰富,能否过一个艺术化的人生,也不是我所说的"追求、梦想、超越"这三个概念,而是看破红尘、看透世情后对人生的一种感慨。而我所说的"人生并非如梦",从人生经历和个人感受入手,并归纳出三个概念,也不是"关公战秦琼",两股道上跑车,完全不搭界。我的本意在于说明:人生的道路是漫长的,每走一步都会留下清晰的足迹。正是这一个又一个的人生脚印,构成了生命和岁月的痕迹,构成了丰富多彩的人生。从实体意义上说,人生的脚印不会像梦一般飘逝,它将给人们留下痛苦或美好的回忆。因此,感叹"人生如梦",是一种消极的人生观。从虚拟意义上说,人生是上帝(我并非基督教徒)给我们设定的一种生存状态,痛苦与幸福都是一个过程。与其把它看作虚幻之梦,不如把它看作可以改写和重绘的人生画图,充分发挥我们的能动性,按人生艺术化和诗意栖居的标准,绘画出一幅最新最美的人生图画。

人生并非如梦!我坚信这一点。相信会有更多的人与我有同感。

(2007年)

第四辑 随笔杂谈

探寻学者人生价值的实现方式

长期以来,在高等学校和科研机构从事教学科研工作的人,通常被称为学者。但是在社会大众层面,许多人其实并不完全了解学者的角色内涵和应担使命。近几年,易中天、钱文忠等学者走上中央电视台《百家讲坛》讲解国学和传统文化,受到广泛欢迎和好评,成为我国当下的一道文化风景。再加上钱钟书、季羡林等学术大师形象的广为宣传,使人们对学者似乎加深了印象,多了一分了解。但学者与社会进步和普通人的日常生活究竟有多大关系?什么样的人才能称得上是一个真正的学者?许多人其实并不十分了解。

我在退休几年后编辑出版自己以往的著述,忽然对自己的文化身份的认同多了一层思考:我能否称得上是一个真正的学者?如果是作为学者,那我的价值又是以何种方式存在和体现的?围绕这些思考,我归纳出三个方面的心得体会,在此与读者分享。

一、努力使自己成为一个真正的学者

我是一个从事教学科研工作的高校教师,从工作内涵来看,称为学者倒也名副其实。但学者的角色内涵并不限于工作性质的学术性。德国学者费希特在《论学者的使命》中明确指出:"学者的使命主要是为社会服务,因为他是学者,所以他比任何一个阶层都更能真正通过社会而存在,为社会而存在。""学者现在应当把自己为社会而获得的知识,真正用于造福社会。"能够"用哲学眼光去研究过去时代的各种事件","把自己的目光转到自己周围发生的事情上,同时观察自己的同时代人"。由此可见,学者不仅需要有专业特长,而且还要具有研究人、研究社会的历史和现状的知识和情怀。从这个意义上说,我曾经离一个真正意义上的学者相距甚远。

我在南京大学毕业后留校当老师,后到北京师范大学读硕士研究生,硕士研究生毕业后到深圳大学工作,在相当长的时间内,一直是为提升职称而搞科研、为提高专业水平和建构学术形象而奋斗,很少考虑如何造福社会、服务社会。在很大程度上只是一个围着自己的专业打转的"教书匠",或所谓的"专家"。

当我对学者的角色内涵和责任使命有了新的认识之后,决定更新自己的治学理念,强化社会服务意识。尤其在1999年评上教授、职称压力减少以后,我开始调整研究计划,不再局限在自己的学科和专业领域,也不再仅仅是"著书立说",而是用较多的时间思考如何运用和发挥自己的专业特长与所学知识,更好地为社会服务,努力使自己成为一个真正的学者。

二、努力探寻科学合理的学者价值存在方式

学者的使命是造福社会、服务社会,学者的使命也决定了学者价值的存在方式。在某种意义上,学者的价值只有通过社会才能存在。对社会了解到何种程度,为社会做了什么,做到了何种境界,都是检验学者价值存在的重要标志。因此,学者要担负和实现自己的使命,就必须充分认识自己的社会价值,探寻一种既能实现学者使命,又切合自身实际的价值存在方式,明确自己该做什么,应做到什么程度。正如一位学者所言,"智慧而厚积的学者应当是在特定的研究主题上不断深化,但有跨学科的知识编织的外衣,从而让心灵保持开放和充满智慧,真正推动知识的创新和进步,并保持对社会的审慎思考"(参见《我们需要怎样的学术榜样》,原载《中国社会科学报》2016年2月16日)。这段话与费希特的观点有异曲同工之妙。按照这种说法,学者价值的存在方式不外乎三种类型。

(一)成为某个领域的专家

高校教师或研究机构的科研人员,一般都是某个领域的专家。但作为担负特定使命的学者,要实现自己的使命、体现自己的存在价值,就必须把"专家"这个称号与社会服务联系起来。不仅要掌握某个学科的专业知识,而且要善于用这种知识服务社会,满足社会需求,推动社会前进。从这个意义上说,专家不仅仅是专业知识的掌握者,更是用专业知识服务社会的"小智库"和"活字典"。既能向在校学生传授知识,释疑解惑,又能为社会发展和大众需求提供智力支持和信息咨询,及时解答各种疑难问题。因此,专家不能停留在课堂或实验室内,而是要走出"象牙塔",走向社会,想社会所想,急社会所急。正如费希特所指出的,"仅仅有真理感还不够,它还必须予以阐明、检验和澄清,而这正是学者的任务"。也就是说,某个领域的

专家学者，不仅要探索真理、掌握真理，而且还要到社会中去阐述真理、检验真理，让真理为更多人所掌握。只有这样，才能真正实现学者的使命。当然，少数学术大师，他们以自己的科研成果和文化思想，成为一个国家、一个民族学术文化的代表人物。他们的价值存在方式是一种特殊的高层次体现。看起来他们是某个领域的专家，但实际上已成为一个国家、一个民族的精神文化象征，因而具有一定的不可比性。我在明白这些道理之后，对自己有了比较正确的定位，不奢求成为大学问家，而是努力在"把自己所学知识服务于社会"这方面下功夫，力求做一个"研究主题不断深化"，又能"对社会保持审慎思考"的学者。

（二）做一个跨学科的文化传播者

费希特在谈及学者的使命时，着重谈道："学者特别担负着这样一个职责：优先地、充分地发展他本身的社会才能、敏感性和传授技能。""应当把自己为社会而获得的知识，真正用于造福社会。他应当使人们具有一种真正需求的感觉，并向他们介绍满足这些需求的手段。"通俗地讲，就是学者要在历史使命感和社会责任感的驱动下，敏锐地观察和研究社会，发现社会中的突出问题，预测社会的发展趋势。同时，提升社会大众的文化修养和精神境界，激发他们的精神需求，为他们释疑解惑。并通过发表文章、登台演讲等形式，向社会大众宣讲代表社会前进方向的新型文化思想和文化观念，引导社会大众追求道德风尚的高水准、生活方式的科学化和人生修养的高境界。要做到这一点，学者必须超越学科和专业的局限，拓宽文化视野，优化知识结构，善于用人类的一切优秀文化成果来丰富和提升自己，使自己成为广义上的文化学者，成为跨学科跨专业的"杂家"，进而向社会大众传播他们所需要的文化理念和文化知识，并为他们指出满足各种精神文化需求的方法和途径，真正成为社会道德风尚和社会文化思潮的引领者。这些道理深深地影响和激励了我，近十多年来，我一直在努力做一个跨学科的文化传播者，并且收获甚多，感触尤深。

（三）争当"将学术生命掌握在自己手中"的智者

学者风格各异，价值取向也不尽相同。在社会弥漫浮躁气息的文化背景下，有的学者自觉或不自觉地淡化了身份意识，忘记了应有的使命感和责任感，或为金钱所惑，或为虚名所累，忙于"行走"多，潜心学问少，更谈不上为社会服务了。这样的学者当下并不少见，他们的价值存在方式既不能称为"某个领域的专家"，也不像真正有造诣的文化学者，因而常常被人视为"教授不像教授，学者不像学者"。产生这种现象的原因，与其说是文化背景和文化氛围使然，倒不如说是学者个人的价值取向出了问题。

费希特在《论学者的使命》中明确指出："给予个人以荣誉的不是阶层本身，而是很好地坚守阶层的岗位；每个阶层只有忠于职守，完满地完成了自己的使命，才受到更大的尊敬；正因为如此，学者有理由成为最谦虚的人，因为摆在他们面前的目标往往是遥远的，因为他们应该达到一个很崇高的理想境界。""学者在一切文化方面都应当比其他阶层走在前面"，"成为他的时代道德最好的人"。这段话对学者的使命意识和人生境界，提出了很高的要求，应成为每个学者努力的方向。

综上所述，学者要真正能担负使命、尽到责任，成为"走在前面"的引领者和榜样，就必须像费希特所说的那样，"将学术生命掌握在自己手中"，经得起外界的喧嚣和诱惑，坚持自己的价值取向和道德操守，坚持自己选择的价值存在和价值体现方式，不跟风随俗，不人云亦云。即便不能成为著作等身、享誉中外的学术大师，起码也要有所作为，对得起自己的称号，被社会所认同，受大众所欢迎，为社会做出一个学者应有的贡献，使自己的学术生命发出造福社会、温暖他人的光和热。有鉴于此，我在自己的书房内挂了一副对联。上联是"经得起诱惑，喧嚣尘世自存一方净土"，下联是"耐得住寂寞，散淡人生另有一种境界"，并把它作为自己的座右铭，时常对照，严以自律。在某种意义上，这也算是我避免流俗，坚持自己的价值存在方式的一种写照。

三、积极探索和尝试实现自身价值新途径

人贵有自知之明。我作为一名大学教师，作为一名从事文学与文化研究的专业人员，虽然也算是一位不大不小的学者，但由于先天不足、后天缺失（外语系毕业，理论基础不够扎实，也未有机会到国外深造），不大可能成为大学问家。因此，我就下定决心：既然当不了大学者，那就要根据自己的主客观条件，努力把这个不大不小的学者当得有使命感和责任感，当得小有成就、名副其实，当得生动活泼、特色鲜明。于是，我在自己的学术生涯中，对自身的价值存在方式，从以下三个方面进行了积极的探索和尝试。

(一) 更新学术观念，跨越学科界限

我大学阶段学的是俄语，毕业后较长时间从事的是俄苏文学研究，用传统观念来看，就是一个俄罗斯语言文学研究专家。后来，我到了改革开放前沿的深圳大学工作，对文学与文化研究的意义有了新的认识。我意识到，在当下文化语境中，文学研究工作者应该既是一个有较好专业修养的文化学者，同时又是一个对社会文化现象有深度认识和发言权的社会活动家，能够担当起学者应尽的社会责任和历史使命。鉴于此，我从俄苏文学研究跨界到文学鉴赏研究和深圳文化研究。我以为，文学鉴赏研究既是文学研究的基本功，也是指导社会大众理解文学、走近文学的必要途径。而深圳文化研究更是一个深圳本土文化学者的"分内事"。深圳文化的新观念、新形态、新趋势，已成为当今中国文化研究的前沿课题，作为一个在深圳工作与学习的文化学者，必须关注和研究深圳文化，才能增强文化自觉意识，真正担当起社会责任和文化使命。正是在这样的治学理念指导下，多年来我先后有了一批跨学科的研究成果，内容涉及俄苏文学新论、文学鉴赏探微、深圳文化辨析等多个方面，并且择优结集出版，这也算是从一个角度实现了我的价值。

(二) 推进文化传播，适应大众需求

我国的社会变革和文化变迁推进了社会现代化和人的现代化进程，社会文明和公民文明都有了明显的提升，但也出现了一系列社会问题。社会管理任务繁重，公民的价值取向和文化观念多元并存，需要对此给予及时的引导。这正是需要人文社科学者做好文化传播工作，努力发挥作用的时候。近十多年来，我先后在社会上做各类专题演讲300多场，传播满足大众需求的文化观念和文化知识，受到社会大众的欢迎和好评。

我在实践中意识到，一个学者要做好文化传播工作，必须超越学科和专业，不能局限在自己所属的某个学科和某个专业。因为文化传播的对象是不受学科和专业限制的社会大众，无论是哪个阶层、哪个系统的公众，都需要得到文化知识的滋养。以我自己为例。我在社会上做各类演讲，所到单位既有党政机关和企事业单位，也有社会团体、各级各类学校和街道、社区等，受众对象涉及党政干部、普通公务员、企业管理人员、文艺工作者、社区居民、打工青年、大中小学学生等多个层面，内容包括婚姻与爱情、文学与人生、人际沟通艺术、党政干部素质提升与观念更新、女性主体意识等20多

个专题,如果不在原有的学科专业背景和知识结构基础上,扩大知识面,优化知识结构,与时俱进,不断更新,显然就不能满足文化传播工作的客观需要,就不能满足社会大众的实际需求。

此外,我还注意根据社会发展进程中的实际问题,有针对性地做好文化传播工作。例如,根据社会上离婚率大幅上升,无爱婚姻大量存在的实际情况,我应邀在深圳市民文化大讲堂做了"让婚姻充满爱"的专题演讲,结果受到了广泛的欢迎。再如,针对深圳市民生活节奏快、生存和发展的压力大,不少人都有一定的心理问题的客观实际,我在多个单位做了"社会文化变迁与人的自身和谐"的专题讲座,引导大家正确认识事业与生活、现状与追求、幸福与缺憾等方面的关系,同样受到了欢迎和好评,为推动社会文明建设起了较好的作用。

为了进一步扩大文化传播的社会效应,我把自己在社会上做各类专题演讲的讲稿,选编成书,正式出版,让更多的读者能够在阅读中感受到文化传播的精神魅力和思想引领。这也从一个新的角度实现了我作为一个学者的价值。

(三)读书注重文化选择,明理尽量惠及大众

我曾经给自己写了两句治学格言:读书明理,理应惠及社会大众;治学求道,道在塑造智慧人生。这两句话,在某种意义上也是对我的价值取向和价值存在方式的一种概括。无论是作为一个文化学者,还是作为一个一般意义上的文化人,读书早已成为我的生活方式,成为我一生的精神领地。读书的根本目的在于明理,但"理"不能一人独享,应惠及社会大众。凡有读书心得,都应广泛传播,让世人分享。对于一个学者来说,这也是服务社会、造福社会的重要途径。

为了使作为个人生活方式的读书,能体现既求知怡情又服务社会的价值取向,我注意加强读本的文化选择。无论是阅读经典,还是时尚阅读和应用阅读,我都尽量选择对我国当下的文化建设以及社会现代化和人的现代化有指导或引导意义的书籍来读,以体现"把自己为社会而获得的知识,真正用于造福社会"的目的。例如,我发现当今社会有许多人对人生幸福的认识有误区,把拥有物质财富的多少作为衡量是否幸福的标准,以至于终身为名利所累,于是选读了哈佛大学学者本-沙哈尔的《幸福的方法》,并结合此书的一些观点,在社会上做了《幸福的奥秘》专题讲座,同时把讲稿整理发表。让听众和读者懂得:幸福是快乐和意义的结合。快乐指向当下,意义指

向未来。人既要快快乐乐过好每一天,又要有明确的目标追求,这样才能真正感到幸福。物质财富并不能从根本上给人带来幸福感。再如,随着我国离婚率的不断上升,暴露出许多人对婚姻家庭缺乏应有的理性认识。有的年轻人甚至对婚姻产生恐惧心理,拒绝走进婚姻殿堂。据此,我选读了《开放的婚姻》《爱的艺术》等书籍,并将阅读体会写成文章发表,还应邀到公众论坛做了《现代婚姻的文明与脆弱》等专题讲座,产生了很好的社会效果。

上述表明,在读书的过程中,坚持正确的文化选择,注重阅读的后续效果的文化传播,使自己读书所明白的道理,真正惠及社会大众,就能让阅读超越个人的爱好,成为给社会大众提供正确的文化价值观念的重要途径。我在这方面的努力和尝试,收到了比较好的效果,甚至还有了较大数量的"粉丝"。这也成为我把读书心得结集出版的重要动力。

以上集中阐述了"读书明理,理应惠及社会大众"的道理,而所谓的"治学求道,道在塑造智慧人生",就是要坚持治学与做人的统一,把研究成果和学术生涯中的点滴感受,与提高人生境界,塑造审美人生联系起来,保持哲学思辨的良好习惯,形成至情至性的浪漫情怀。我以为,学问不是僵死乏味的,应该生动活泼,有血有肉。我在从事学术研究,参加社会文化活动,或旅游观光、人际交往时,凡有所体会和感悟,都立即以随笔杂谈的形式把它记录下来,择机发表,既丰富了自己的人生体验,又激励影响了他人。几十年来,不知不觉我也写了近 20 万字的随笔杂谈,有不少已正式发表过,受到读者的欢迎和好评。他们称赞我的随笔杂谈"比学术文章更有趣,更受欢迎",他们从中看到了我的多彩人生,看到了我的理性思维和情感特征,看到了我的理想情怀和人生境界,也看到了我对社会现实问题的深入思考。对于我来说,这也是"无意插柳柳成荫",是读书与思道、哲思与浪漫的良好社会反响。对此,我感到十分欣慰。

人生并非如梦,往事并不如烟。岁月有痕,岁月如歌。我的学术文化生涯并无十分突出的亮点,也无"博导""国务院特殊津贴专家"等显赫的头衔。但是,我的尽心教学、深入研究、热情传播、服务社会的人生经历和社会效应,让我对自身的价值取向和价值存在方式多了一份自我认同。常言道:每个人都是一片不可复制的绿叶。愿我这片"绿叶"也能为我国社会的文明进步和人的全面发展,增添一分光彩。若能如此,我已无憾。

(2017 年)

让人生充满诗意

记得我国著名美学家朱光潜先生曾经说人生就像是一本书，这本书可以是艺术的，也可以是非艺术的。每个人都要努力过一个艺术的人生。那么，何谓艺术人生？怎样实现人生的艺术化？古今中外，哲人雅士论述甚多，众说纷纭。我以为，所谓艺术人生，就是海德格尔所说的"诗意地栖居"。实现人生的艺术化，就是要让人生充满诗意，以审美的视界塑造一个丰富快乐、有意义、有价值的美好人生。

首先，人生的诗意离不开思想火花的激发，要努力成为一个思想者。人们常说，思想家世间少有，思想者人皆可成。深圳大学前校长章必功就曾把大学形象地比喻为"罗丹的思想者"。面对社会万象和人生经历，思想者有自己独到的见解，决不人云亦云，跟风从众。在人们的眼中，思想者的思想魅力是人生诗意的集中体现。一个人因为有思想，就有可向往可追求的诗与远方，目标明确，精神饱满；因为有思想，就有坚强的意志和毅力，任何艰难困苦都不在话下；因为有思想，就能把握自我，顺境中不会忘乎所以，逆境中照样奋发图强；因为有思想，为人处世就善于把握节奏和分寸，时时处处都能显示出智慧和风度；因为有思想，幸福不奢求，快乐常相伴，活得理性，活得自觉，活得开心。一句话，要自觉地把哲学思辨从思维方式提升为生活方式，养成理性思维的良好习惯。然而，思想者不是天生的，需要阅读，需要感悟，需要人生的历练和体验。因此，要让人生充满诗意，要使自己成为思想者，就必须增长知识，开阔眼界，善于思考，理性思维。看社会，能够透过现象看本质，针砭时弊，发现美好；看人生，懂得人生的真谛是快乐，进退有度，取舍得当，收放自如；看他人，学会欣赏、理解和宽容，不苛求，不贬抑。真正做到如古人所说的，"自处超然，处人蔼然，无事澄然，有事斩然，得意淡然，失意泰然"。倘能如此，则人生诗意尽出矣。

其次，人生诗意与文学趣味相伴相随，要努力培养文学的审美趣味。有一句话说得好，没有文学照样生活，有了文学生活大不一样。一个人有无文学修养，不在于读了多少文学名著，能背诵多少诗词名句，而在于是否具有

文学的审美趣味。趣味是对生命的彻悟和表现。生命时刻都在进展和变化，趣味也要不断更新和提升。具有文学的审美趣味的人，就多了一双寻找美、发现美的眼睛，增添了感悟美的能力；就能看山有灵气，看水有活力，看花有美感，看草有诗情；就能发现"空山新雨后，天气晚来秋"，感悟"行到水穷处，坐看云起时"。一句话，有了文学的审美趣味，就能让生活充满快乐和美感，让人生诗意盎然，丰富多彩。但文学的审美趣味不是自然生成的，需要后天的培养，需要文学阅读和审美感悟，其过程是"润物细无声"的影响和熏陶，是精神内核的接受和传承，必然体现出个体的差异和境界的高低。但每个人都应该努力接近文学，爱好文学，感受文学的审美趣味，努力在文学世界与现实世界之间搭起一座艺术的桥梁，用文学滋养心灵，丰富人生，努力创造一个充满欢乐、富有美感、多姿多彩的艺术人生。

此外，人生诗意与浪漫情怀密不可分，要努力使浪漫情怀和理想追求伴随一生。浪漫是一种秉性，也是一种情怀，不因生活条件的优劣而改变，不为人生境遇的好坏而变化。浪漫使人活泼可爱，有灵气，有活力；浪漫让生活充满欢乐，有希望，有奔头。表现在爱情婚姻方面，浪漫使爱情温馨甜蜜、历久弥新，使婚姻幸福美满、永结同心。表现在日常生活层面，浪漫让平凡变新奇，化枯燥为生动，每天的太阳都是新的；浪漫不是刻意的作秀，也不是庸俗的奉迎，而是发自内心、源于秉性的情感表露。一束鲜花，一声赞扬，一份薄礼，无不恰到好处，暖人心怀。浪漫可以琴棋书画音乐舞蹈为媒介，也可以一首诗歌、一篇美文，甚至一个动作，来表达对生活的热爱，对他人的倾心和仰慕。总之，浪漫是对生活和人生的调节和提升，它使人生的痛苦和烦恼变得不难承受，它使人际的交往变得轻松和谐，它把灰色变为暖色，把忧愁化为快乐。浪漫情怀虽然是人的秉性的自然流露，但归根结底是根源于人生的乐观和对生活的热爱。因此，只有热爱生活、享受人生的乐观主义者，才能有发自本性的浪漫，才能有"可上九天揽月，可下五洋捉鳖"的豪迈气概和理想追求，才能让人生充满诗意。

还有，人生诗意与生活态度相互渗透，要自觉养成积极向上的生活态度。人生在世，有的积极进取，奋发有为，有的消极散淡，得过且过。进取有为者，享受奋斗的过程，陶醉奋斗的成果，表现欲和成就感充溢人生的每个阶段，产生美好的人生感受，转化为人生的诗意。消极度日者，无视生活的美好，夸大生活的艰辛，缺乏追求和进取的动力，也难以感受成功的喜悦。生活对于他们来说，只是一个不断重复、缺乏美感的过程，烦恼多于快乐，失望多于满足，也就很难有诗意可言。在这个意义上可以说，要让人生充满诗意，必须要有积极向上的生活态度，要有丰富的想象力和创造力，热爱生活，热爱工作，敢于创新，乐于追求，努力做到：工作充满美感，生活丰富快乐，事业小有所成，人生无怨无悔。

常言道，说来容易做时难。诗意栖居是日常生活的审美化，是人生的诗化和艺术化。对于绝大多数人来说，这是一个不断追求和完善的过程，不可能一蹴而就，也不能急于求成。诗意栖居的实质是追求人生的诗化和艺术化。西方人有一句名言——每个人都可以提出不同的人生观点，但谁也没有资格做他人的人生导师，因为生活是高度个性化的。我的这些人生感悟和生活体验，或许会给读者一些启发，但在思想观念上一定会有时间的痕迹和个人的局限，相信广大读者一定能正确地辨别和取舍。

(2017年)

我的读书观

古往今来，中外文人雅士谈论读书的文章和言论，多不胜数。但正如红学专家周汝昌先生所言："读书不是一件容易的事，而要谈谈读书也不是一件容易的事。"就我本人对读书的认知和实践而言，我觉得，选择是第一位的问题。也就是说，读书不能"捡到篮里就是菜"，而是要在正确的文化观念指引下，有选择地去读那些有价值、有品位的书籍。这就涉及为什么读书、读什么书、怎样读书等一些根本问题。

古人云："少年读书，如隙中窥月；中年读书，如庭中望月；老年读书，如台上玩月。皆以阅历之浅深，为所得之浅深耳。"不同年龄段的人，读书的目的、兴趣、方法及收获各不相同。我退休以后，对自己读书的基本理念与基本观点，进行了一番梳理，归纳概括为"四为""四要"。"四为"是读书为用、读书为乐、读书为悟、读书为民，"四要"是读书要选、读书要杂、读书要思、读书要勤。下面分而述之。

读书为用

读书为用的"用"字包含三层意思：一是增长知识，二是指导行为，三是助力研究。

培根说："知识就是力量。"人生在世，无论是居于庙堂之上，还是处于江湖之中，都需要知识。无知识难以立足，少知识很难发展。获取知识的途径有很多，但主要的途径是读书。故渴望知识者有"宁可三日食无肉，不可一日居无书"的感慨。

每个人的生活都受环境、职业乃至专业的限制，所掌握的知识必然也带有一定的局限性。但读书可让我们超越这种局限，徜徉在无所不包的知识海洋中。我作为一名大学外国文学专业教师，正是通过读书，不仅掌握了相关专业知识，而且超越了专业局限，扩大了知识面，在我的面前展现出科技不断发展、人文与时俱进的精彩画面，也激发了创造、进取的热情与力量。如读《万物简史》（比尔·布莱森著），让我在专业领域之外，了解到宇宙起源的奥妙，懂得了科技发明的艰辛，对"我们从哪里来？我们是谁？我们到哪里去？"这一类永恒的哲学命题，有了新的理解和感悟。

常言道："书到用时方恨少。"这里所谈的"用"实际是指对行为的指导作用。为人处世，生存发展，时常有问题，处处有盲区，迫切需要通过读书来获得指导。这就是《炒股大全》《恋爱秘诀》《人际沟通技巧》这一类书得以畅销的重要原因。换言之，急用先学的书本知识，可让读者弥补经验的不足和方法技能的缺失，在实践中取得主动，占据优势，取得良好的效果。

对于专家学者而言，读书还有助力研究的特殊作用。研究需要考据推理、引经据典，但不读书何以考据，不读书焉识经典。古人云："读书破万卷，下笔如有神。"大部分研究成果都是因读书而引发的思想结晶。王国维先生的"治学三境界论"一直为后人所称道。但无论是"独上高楼，望尽天涯路"，还是"衣带渐宽终不悔，为伊消得人憔悴"，或者是"众里寻他千百度"，都隐含着勤奋读书、刻苦钻研的意思，读书是研究的必要前提。

读书为乐

快乐读书，读书有乐，是因与果、手段与目的的完美统一。如果读书只为"用"而没有"乐"，读书就成了苦差事，就很难长期坚持，也很难达到"闻到书香，尝到书味"的境界。

古人关于"读书为乐"有很多生动形象的表述，如"佳思忽来，书能下酒""雪夜闭门读禁书，人生之乐莫如此"等。我以为，要获得读书乐趣，关键要做到以下三点。

一是要摒弃功利心。不被"书中自有黄金屋，书中自有颜如玉"之类的说法所误导，努力做到"读书不为稻粱谋"，"为用不为利，践行不为名"，在阅读中享受精神的愉悦和情感的快乐。

二是要静心入境。古人云："闭门是深山，开门即世界。"这里所说的"闭门"并非一定要关起门来，而是要摆脱外界的干扰，经得起世俗的诱惑，在喧嚣尘世保留一方读书的净土，静下心来在精神世界中遨游，真正做到一卷好书在手，仿佛如拂春风、如沐春雨，无忧无虑，宠辱皆忘。

三是要尝到书味。林语堂先生曾说过，"读书须先知味"，"必先知其所好，始能读出味来"。也就是说，要尝到书味，必须先闻到书有何味，明白自己是否好此味，然后才能进入味境，享受书味。如当你激情满怀时，读到自己喜欢的壮怀激烈之书，忽有意气风发、豪情万丈之感，说明此时你已尝到了书味。

读书为悟

孔子曰："朝闻道，夕死可矣。"这"道"从何而来，大多得益于读书之悟。由此，"闻道"也可称为"悟道"。人生在世，要悟的"道"很多，生命宝贵之道，人生短暂之道，名利虚幻之道，得失权衡之道，发展之道，幸福之道，取舍之道，等等，都需要悟。而悟道的思想灵感主要来自读书。从这个意义上说，读书为悟既是读书的出发点，也是读书的终极意义。

要真正做到读有所悟，必须有较高的人格理想和人生追求。古人把"为天地立心，为生民立命，为往圣继绝学，为万世开太平"作为读书人人生追求的最高境界，凸显的是精神追求、社会责任和人生智慧的完美统一。要达到这样的高境界，不但要博览群书，阅读经典，而且要阅中有思，读中有悟，从"形而下"的世俗生活中超拔出来，在"形而上"的精神领域自由驰骋，悟出人生真谛，看透世间万象，珍爱生命，热爱生活，有所为有所不为，努力做一个真正意义上的智者。

读书为民

英国学者克莱夫·贝尔在其《文明》一书中提出了"养闲人，出思想"的观点，即一个社会要养一部分专门读书研究的"闲人"，让他们专门致力于提出新思想和新观念，并用这些新思想和新观念来引导和推进社会文明进程。虽然他提出的"闲人"的概念并不确切，但基本思想观点是可取的，即知识分子要把读书研究的思想成果奉献给社会大众，推进社会文明进步，而不能独享成果，更不能孤芳自赏。

我曾把自己的治学理念概述为：读书明理，理应惠及社会大众；治学求道，道在塑造智慧人生。并积极奉行这一理念，把自己的读书心得和研究成果，通过社会演讲的方式传播给社会大众，为他们释疑解惑，指点迷津，受到欢迎和好评。

对于读书人来说，要做到读书为民，必须要有大众情怀，不能"两耳不闻窗外事，一心只读圣贤书"。要想民众所想，急民众所急，针对社会大众关注的现实问题，适时进行读书研究，及时提出能对社会发展和民众需求产生实际影响的新思想和新观点，以实际行动体现读书为民。

如果说"四为"回答的是"为什么要读书"的问题,那么,下面所谈的"四要",则主要是回答"读什么书?怎样读书"的问题。

读书要选

我们面对的各类书籍浩如烟海,而我们能够用于读书的时间则很有限。要在有限的时间内多读书、读好书,选择是至关重要的。更何况如今出版的图书良莠不齐,其中不乏文化垃圾,如果不加选择拿来就读,不仅有可能浪费时间,甚至会受其不良影响。

西方学者把文化分为三种:科技文化、人文文化、科普文化。这三种文化包罗万象,各有其经典和代表作。因此,读书首先要选读经典。经典是指那些"传统的具有传威性的著作",它们经过时间的沉淀,带着先前解释的文化气息走向我们,背后拖着它们越过多种文化时留下的足迹,可以让我们常读常新。鉴于此,西方学者给"经典"下了这样一个定义:"经典是那些你经常听人说'我正在重读',而不是'我正在读'的书。"如中国的《红楼梦》《三国演义》等,就是可让人不断重读的文学经典。经典意味着一种文化意味的典范,具有不可置疑的价值示范作用。在这个意义上,阅读经典既是一种文化选择,也是一种文化品位。

其次,要选读心契之书。所谓心契,即这些书的品位、内涵、趣味,是与你的内心需求相契合的。书中没有你讨厌的故弄玄虚的辞藻和概念,没有板着面孔的空洞说教,没有无聊的叙述和嘈杂的声音。读这些书,你就像见到心仪的姑娘,内心激动不已;就像拜会知心的朋友,被他的话所深深打动;就像在迷途中发现一盏灯塔,充满喜悦和向往。一句话,这些都是你喜读、爱读、不忍释手的好书。你读这些书快乐无比,感到莫大的享受。

每个人因年龄、身份、爱好和文化修养的不同,读书也必然有不同的喜好和偏爱,"心契"有着鲜明的个性特征。有人爱读中国古典作品,有人喜欢西方现代小说;有人偏爱武侠,有人喜欢言情;有人痴迷诗歌,有人钟情散文。正可谓"萝卜青菜各有所爱"。但不管你爱读哪类书,只要你是真正发自内心喜欢的,你完全可以随心所欲地去选读,不用考虑别人会怎么看。在这个意义上可以说,你的阅读书单应是你自己选定的,而不是别人提供的。

读书要杂

读书虽然有所选择,但涉及面要广,不能局限于某几类书,更不能急功近利,只选实用之书,那样就会大大减少读书的乐趣。汪曾祺先生曾把读杂书的好处归纳为四点:"第一,这是很好的休息。泡一杯茶懒懒地靠在沙发里,看杂书一册,这比打扑克要舒服得多。第二,可以增长知识,认识世界……第三,可以学习语言。杂书的文字都写得比较随便,比较自然,不是正襟危坐,刻意为文,但自有情致,而且接近口语……第四,从杂书里可以悟出一些写小说、写散文的道理,尤其是书论和画论。"这段话可谓至理名言,让我们对读杂书有了更深刻的认识。

打一个不确切的比方,读书就好比吃饭,不能过分地挑食、偏食,否则,就会营养不良,知识单薄。所谓杂书,中国古代有小品、笔记、游记、书论、画论、格言联璧等多种类型,现代有杂文、对话录、博文辑编等多种形式,国外也有思想录、随笔、剧评等。读这些杂书,起初是拿来随便翻翻,翻着翻着就被吸引了,离不开了,以至于爱不释手,不忍卒读。我读《小窗幽记》《容斋随笔》《梦溪笔谈》《格言联璧》《千古小品》《历代游记选》等书,几乎都是这种状况。坦率地讲,读这些杂书的快乐,远胜于读学术理论著作,个中滋味,相信读者都会有所体会。

读书要思

中外文化名人关于读与思有众多的论述。孔子曰"学而不思则罔,思而不学则殆";孟子说"心之官则思,思则得之,不思则不得也";朱子认为,"大抵观书先须熟读,使其言皆若出于吾之口,继以精思,使其意皆若出于吾之心,然后可以有得尔"。如果说孔孟之论阐明了读与思的关系,让我们明白,只读不思是死读书,不可能真正有所得,那么,朱子之论则清晰地阐明了读书思考的规律和过程,那就是先熟读书本,继而加以思考,然后才有所得。西方人关于读书要思考的论述更加直接、具体。爱因斯坦指出:"学习知识要善于思考,思考,再思考,我就是靠这个方法成为科学家的。"西方接受美学理论的专家学者认为,读书不仅要读出"书本说了什么",而且要思考"书本对我说了什么"和"我能对书本说些什么",这才是读书的高境界。

综上所述,强调读书要思考,理由有二。

一是不思考难得要义。英国哲学家培根有一段名言："史鉴使人明智，诗歌使人巧慧，数学使人精细，博物使人深沉，伦理之学使人庄重，逻辑与修辞使人善辩。"必须指出的是，不同学科的知识使人所产生的不同感受，并非自然产生，都需要读者在阅读不同学科书籍时深入思考，方能有所悟，有所得，潜移默化地发生气质的变化。如果只读不思，也许就只能记住书中的一些情节、概念和定义，不能领悟书中之要义，也很难达到"灵魂壮游"的境界。以我自己的读书体验为例。我读陈子昂的《登幽州台歌》："前不见古人，后不见来者。念天地之悠悠，独怆然而涕下。"起初觉得这是诗人登上幽州台，追思往昔，放眼未来，发出怀才不遇的感叹。后来，经过深入思考，方悟到这首诗的深层含意：古往今来，圣贤不乏，英雄无数，又有多少人能适逢其时，幸遇伯乐，一展胸中之抱负？一个人倘若把能否有所成就寄托在是否受到他人的赏识和知遇之上，实质是把自己的命运交给他人来掌握，其结果只能落得"壮志未酬空悲叹"。此例可见，读书过程思与不思，收获大不一样。

二是不思考无以致用。读书不是为了做样子，装门面，而是为了学以致用。习近平同志的两段话从一个角度例证了这一点。他指出："今天，我们看领导干部水平高不高，不是单纯地看他读书多不多，而主要看他运用理论和知识解决实际问题的能力强不强。""领导干部要通过研读历史经典，看成败、鉴是非、知兴替，起到'温故而知新''彰往而察来'的作用；通过研读文学经典，陶冶情操、增加才情，做到'腹有诗书气自华'；通过研读哲学经典，改进思维、把握规律，增强哲学思考和思辨能力；通过研读伦理经典，知廉耻、明是非、懂荣辱、辨善恶，培养健全的道德品格。"① 这虽然是习近平同志针对领导干部读书学习提出的要求，但也适合所有的读书人。这里所强调的"研读"，就是要善于思考，要以研究的眼光读书，并把研读思考的心得体会用于指导工作实践，丰富人身修养，提高思想水平，提升精神境界。

古人把读书学习过程概括为"博学之，审问之，慎思之，明辨之，笃行之"，实质也是阐明"只有强化思考才能学以致用"的道理，其过程就是：广泛阅读—审视拷问—慎重思考—明辨是非—付诸行动。试以阅读《对我们生活的误测——为什么 GDP 增长不等于社会进步》为例。这本书是两位诺贝尔经济学奖获得者领衔的国际团队的研究成果，法国前总统萨科齐为其作

---

① 习近平：《领导干部要爱读书读好书善读书——在中央党校 2009 年春季学期第二批进修班暨专题研讨班开学典礼上的讲话》，载《学习时报》2009 年 5 月 18 日。

序。阅读这本书，深刻的论述已让我们震撼："在我们所处的时代，首要的政治问题是我们希望在何种发展模式、何种社会和文明模式下生活，我们希望把何种发展模式、何种社会和文明模式留给我们的孩子。"读完这段话我们不禁要思考和拷问：为什么有些领导干部一直唯 GDP 为重？为什么我国的环境污染、食品安全等问题依旧存在？为什么强调了多年的科学发展观，却仍不能实现真正意义上的科学发展？在全面深化改革的新形势下，怎样才能有效地解决以上问题？只有深入思考、寻找这些问题的答案，并形成科学的发展理念，那才能说明你读这本书真正学以致用了。

读书要勤

当今社会，竞争激烈，时间紧，压力大，人们生存与发展的普遍现象是几乎无人不说忙、无人不喊累。在这种情况下，要能做到多读书、读好书，并且读有所得，读有所获，确实不易。因此，提倡勤奋读书，尤为重要。

首先，必须舍得花时间。常言道："磨刀不误砍柴工。"读书虽要花时间，但读书的收获往往使你更新观念，改变方法，振奋精神，提高效率。其结果不但没有增加时间耗量，反而节省了时间。这类事例，举不胜举。

勤奋读书，还要善于挤时间。古人有如厕读书、马上读书之说，无非就是善于利用零星时间读书，积少成多。现代社会，生活节奏虽快，但利用零星时间读书的机会也更多。如旅行坐飞机、坐火车时可读书，上下班乘坐公交时可读书。总之，只要想读书，又善于安排，时间总是可以挤出来的。

勤奋读书，贵在一个"勤"字。要把读书学习当作一种生活态度，一种精神追求，养成每天读书的良好习惯，尽量减少各类应酬，不把时间浪费在一些可做可不做的事务上。要努力把"要我读"变为"我要读"，真正做到：一日不读，若有所失；两日不读，寝食不安；三日不读，心无所依。回首反思，不因未读书或少读书而遗憾。

古人云："玉不琢，不成器，人不学，不知道。"联合国教科文组织埃得加·富尔先生预言："未来的文盲不再是不识字的人，而是没有学会怎样学习的人。"愿广大读者激发读书的热情，掌握读书的艺术，享受读书的乐趣，在读书中学习成长，成为一个有思想、有品位、有境界、有追求的智慧之人。

（2014 年）

文学阅读与人的自身和谐
——关于文艺创新的若干思考

文学作为一种精神的艺术凝练,包括文学创作和文学阅读两个层面。在当下社会文化环境中,文学创作要为和谐社会建设发挥作用,要做到有所创新,作家、艺术家必须关注我国社会变革和文化变迁进程中人的生存状态和心路历程,关注社会公正、道德风尚、精神境界、文化品位等方面的问题,以艺术的形式反映当今的社会现实,激发人们思考人生、思考社会,增强和谐意识,促进社会和谐。而文学阅读的创新,主要是靠文学评论家的推动。要通过生动而又有说服力的文学批评,把人们的阅读兴趣和审美趋向,引导到阅读文学经典和阅读当下高品位文学作品的轨道上来,使人民大众自发的文学阅读,在文学作品的人文精神感召下,成为促进人的自身和谐和社会和谐的精神动力。

一、文学阅读与人的观念和谐

学术大家季羡林曾向温家宝总理建议:构建和谐社会要关注人的自身和谐。这是一位智者不同凡响的见解,理应引起全社会的关注。人的自身和谐是人际和谐与社会和谐的基础,抓和谐社会建设,必须倡导人的自身和谐。笔者以为,人的自身和谐主要体现在三个层面,即观念和谐、心理和谐与发展和谐。这三个层面的和谐,都与文学阅读有着密切的关系。先谈谈文学阅读对人的观念和谐的促进作用。

人的自身和谐的根基在于和谐的思想观念,只有真正做到了对社会、对他人、对自己都能豁达通透、安然视之,自身和谐才能真正形成。从这个意义上说,观念和谐实质是修身处世的一种修养和境界。若具体细分,观念和谐主要包括人生观和价值观的和谐。这两个层面的和谐都可以从文学阅读中受益。

首先,文学阅读可以促进人生观的和谐。人生观是人的思想观念的核心和主导。在市场经济发展的背景下,一方面,人们寻找机会、追求发展的事

业心普遍增强,成为社会发展的强大精神动力;另一方面,享乐主义、拜金主义等不良倾向也屡见不鲜。人究竟应该追求什么,人的一生究竟该怎样度过,这些人生观的核心问题时常成为人们的思想困扰。其实,古今中外的圣人贤哲和文学大师,对此早已有过许多深刻的论述。只要细心阅读和体会,就能找到上述问题的答案,就能在心中点亮一盏确定人生目标的方向灯。

人生观的问题,说白了就是要明白该怎样"生"怎样"死"。阅读中国古代思想文化经典《孟子》,得到的答案是:"生于忧患,死于安乐。"意思是,逆境可以成就一个人,顺境可以毁灭一个人。艰苦的环境能够激励人的意志,增长人的才干;而优越的环境则会消磨人的意志,使人变得平庸。孟子的这一思想,对于当下那些贪图享乐、不愿进取,不愿到艰苦的环境中生活的人来说,无疑有着极大的激励作用。

孟子是思想家,他的关于人生的思想,深刻而富有警世意义。而诗人关于人生的描述,则富有理想精神和浪漫情怀,更加具有文学的感染力。印度诗人泰戈尔曾这样描述人对待生与死的态度:"使生如夏花之绚烂,死如秋叶之静美。"我国古代女诗人李清照也写道:"生当作人杰,死亦为鬼雄。"两位诗人虽国别不同,所处时代不同,性别也不同,但他们关于生与死的看法,却如此相似。他们都倡导人生的高境界,认为人不但要活得灿烂,活得出色,活得轰轰烈烈,而且死也要死得安然或壮丽。这是多么豪迈,多么富有诗意!它表明,人的生命是有限的,但人的一生应该是奋斗的一生、追求的一生。死不仅是生的终极,而且也是生的完成,是给人生画上一个完美的句号。这样的人生观,犹如耸起一座让人们仰望的高山,激励人们去攀登,去追求人生的高境界。这就是文学的力量,这就是文学阅读的感染力。它对于当下一些甘于平庸、沉湎享受的人说,必然产生一种震撼力和推动力。

其次,文学阅读可以促进人的价值观的和谐。人生在世,成败得失不由己,但必须要有正确的价值观。当今社会,有许多人缺乏一种清晰、确定的价值观,不明确自己到底要什么和能够要什么,或好高骛远,脱离实际,或从众随流,人云亦云。对此,文学阅读可以提供不少启示。一位名为"大隐"的当代贤哲在《人生篆书》一书中认为,确立正确的价值观,关键是要牢记以下五句话:

　　　　事业无须惊天动地,有成就行;
　　　　爱情无须死去活来,温馨就行;
　　　　朋友无须如胶似漆,知心就行;

金钱无须取之不尽，够用就行；

身体无须长命百岁，健康就行。

这位"大隐"认为，做到了以上这五句话，就不虚此生，就可以实现"三无而终"，即无恨而终、无憾而终、无疾而终。笔者以为，价值观是高度个性化的，每一个人虽然都在一定程度上受到社会价值标准的影响，但仍然有自己独特的价值理念和价值追求。有的人追求崇高，认为人要扬名天下流芳百世，事业要惊天动地轰轰烈烈；有的人则追求平淡，认为轰轰烈烈是过眼云烟，平平淡淡才是真。大隐的思想观念，看起来似乎倾向于追求平淡的价值观，实质包含着价值观念要和谐的深刻思想。价值观的确定与实现，有一个度的把握。"大隐"这五句话的思想精华，正在于较好地把握了这个"度"。而这个"度"的本质就是和谐。因为这五句话的前半句，都是追求极致的高峰体验，绝大多数人是很难做到的。因此，大隐用"无须"两字对此进行反驳，提出了绝大多数人可以做到并且应该满足的"就行"。这是一种人生的智慧，也是对确立和谐价值观的一种引导。

和谐的价值观与和谐的审美观有一定的联系。有的人之所以在价值观念上追求极致的高峰体验，这与他在审美观上追求完美是有密切关系的。其实，人生许多方面，绝大多数是不能完美的。法国著名作家罗曼·罗兰曾说过："没有一个人是十全十美的，否则，那就是对上帝的大不敬了，因为据说只有上帝才是十全十美的（我可没有亲眼看见）。"这表明，人的价值定位和价值追求，必须从实际出发，尊重现实，适度把握，这样才能真正具有和谐的价值观。

二、文学阅读与人的心理和谐

心理和谐是人的自身和谐的内在调控。其基本内涵是安然面对人生的成败得失，成功时能保持清醒，失败时不丧失斗志，顺利时不忘乎所以，挫折时不一蹶不振，始终保持永不满足、不断进取的精神状态。从这个意义上说，一个人的心理状态与他的思想修养和人生境界是密切相关的。改革开放以来，伴随着社会变革和文化变迁的历史进程，我国涌现出一些新的社会阶层，由于主客观条件的不同，人与人之间的贫富差别拉大，社会地位和生活水平、生活质量都各不相同。这使那些处于相对弱势的社会群体，很自然地产生了心理不平衡的问题。他们一方面求富、求发展、求公平的心愿十分强烈，另一方面这种心愿又限于各种条件难以得到实现，于是，各种心理问题随之发生。轻者情绪不好,怨天尤人;重者出现心理或精神疾病,少数人甚至轻视生命或走上与社会对抗的犯罪道路。对于社会上一部分人客观存在的这些心理问题,文学阅读可以起到一定程度的缓解作用。我们的文学评论家在这方面应该有所作为。

《庄子》写道:"得者,时也;失者,顺也。安时而处顺,哀乐不能入也。"意思是,得到的时候,就应时而得,失去的时候,便顺命而失。安于时势而顺其自然,不会因大喜大悲而使情绪波动。诚然,这样的道理,反映的是人生的高境界,对于当下的弱势群体而言,他们迫于生存的压力,可能一时难以接受,甚至会觉得别人说这种话,是"饱汉不知饿汉饥"。但是,事在人为,境由心造。任何时候,任何社会,都会存在差别,问题是如何能够正确看待差别,在差别中保持一个良好的心态。世人应学会在文学阅读中找到一条心理平衡的道路,逐渐地做到"心无累"。

无门禅师诗云:"春有百花秋有月,夏有凉风冬有雪。若无闲事挂心头,便是人间好时节。"这是佛学的智慧,也是人生的境界。它对于促进人的心理和谐,有着重要的启迪作用。人所拥有的东西是相对的,无论穷与富,无论地位高低,每个人都有自己所独有的财富,或是物质的,或是精神的,发现并珍惜自己的"拥有",便会觉得人间都是"好时节",就会感到生活永远是美好的。

心理和谐的外在表现是生活和谐。它在日常生活中的具体表现是乐天知命,情淡气和。曾国藩曾讲过:"有福不可享尽,有势不可使尽。"在当今社会中,一些暴发户把福享尽、少数官员把势用尽的现象,就是情不淡气不和、心理不和谐的表现。与此相对应的是,一些与他人简单攀比,总觉得自己不如别人,总感到是社会亏欠了他,别人亏欠了他的人,就是未能做到"乐天知命",未能达到生活的和谐。有一首禅诗这样写道:"尽日寻春不见春,芒鞋踏遍陇头云。归来笑拈梅花嗅,春在枝头已十分。"这首诗说明,许多人常常舍近求远,本来已经拥有的东西却总是感觉不到,偏要到别处或别人那儿去寻找,这实际上是身在福中不知福,是典型的心理不和谐与生活不和谐。我们应该引导这些人多读一些好的文学作品,逐步从文学作品中受到如何实现生活和谐的启发。

三、文学阅读与人的发展和谐

发展和谐是人的自身和谐的终极体现。其基本内涵是,既能做到像诸葛亮所说的那样"志存高远",又能做到像孟子所说的那样"有所不为,而后有所为"。笔者认为，当今社会，浮躁是一种普遍现象，其本质就是发展观的不和谐。许多人对自己的主客观条件缺乏理性认识，或志大才疏，或心高力小，常常明知不可为而强为之，其结果，不是碰得头破血流，就是亏得血本无归。

苏东坡曾经说过："君子之所取者远，则必有所待；所就者大，则必有所忍。"想有大发展，想做大事业，必须要有各种条件的积累，必须做好充分的准备，必须具备相应的能力，必须经得起挫折，否则，急功近利，急于求成，势必事与愿违。尤其要做到孟子所说的"有所不为，而后有所为"，凡事量力而行，没有能力或不具备条件的绝不勉强，懂得选择，学会放弃，这样才能真正实现发展观的和谐。现在有不少人，把自己盲目的发展追求与追求理想混同起来，认为自己不切实际的做法是为了实现理想而奋斗，这实际上是陷入了一种误区，必须切实加以改进。

四、结语

在当下文化环境中，人的自身和谐的根本是加强自我完善，提高人文修养，文学阅读是其中的一个有效途径。作为文学评论家和文艺工作者，要利用各种机会，采取各种形式引导大众的文学阅读。在这方面，要有一种社会责任感，要把引导大众文学阅读当作为一项神圣的义务，用心去做，用力去做。

人的自身和谐与社会和谐是互为促进的过程，自身和谐是基础，社会和谐是氛围。文学阅读促进人的自身和谐，实质是为社会和谐做了精神文化层面的基础工作，其意义和作用必将在和谐社会建设进程中逐步地显现出来，并引起人们的高度关注。文学阅读促进人的自身和谐，主要体现在观念文化层面，因此，既要感悟传统文化，又要品鉴西方文化，要努力建构新的观念文化体系，从而使大众的文学阅读始终在正确的思想文化观念引导下，真正实现具有丰富的现代文化内涵的人的自身和谐。

（2012 年）

治学的境界

恩师蓝英年先生近年著述颇丰,影响甚广。前不久,我利用出差之便,再次去拜谒蓝先生,请教治学之道。他略为沉吟后缓缓地说:"治学风格各异,不应强求一致。但有几句话你必须牢记,那就是:深入浅出是功夫,浅入浅出是庸俗,深入深出尚为可,浅入深出最可恶。"这几句话,乍一听,似乎只涉及治学的深与浅,但仔细体会,却是对治学不同境界的精辟概括,发人深思,催人反省。

深入浅出是功夫。这"功夫"是治学的方法,也是治学的境界。只有具有严谨的治学态度和深厚的学术修养的学者,才能真正做到深入浅出。大凡功底扎实、学识敏锐者,均有超越前人的雄心和不断探究的精神,他们在其研究的学科领域,深入探讨,追根溯源,不断发掘和提出新的研究课题。这是真正意义上的深入。如果说能否深入是学者的高下之分,那么,是否浅出就既有高下之分又有真假之别了。因为浅出必须以深厚为基础。常见一些学者,学问并不怎么样,根本谈不上深厚的学术修养,却摆出一副大学问家的架势,搬弄一些自己也似懂非懂的概念来吓唬人,这就大有作假、作秀之嫌。其实是其功夫未到,不能浅出,只好以虚假的"深"来掩饰实际的"浅"。笔者五年前在《轻轻松松说红楼》一文中对学术专著《〈红楼〉讲稿》曾讲过这样一段话:"文人学者普遍认为,寻章造句,长易短难。《讲稿》又例证了另外一个道理:立论撰文,深易浅难,学术修养、境界不高者,搬弄概念词藻,论述不明不白,看似'深',实为'浅',《讲稿》所体现的'浅出'境界,其实是一种不易达到的学术境界。"前后对照,道理一脉相通。

浅入浅出是庸俗。这句话深刻透彻,入木三分。能称为境界的"浅出"是以深入为前提的。不能深入,浮在表层看问题、谈问题,这样谈出来的见解,就不是化繁为简的"浅出",而是肤浅和浅薄。这种现象被斥之为庸俗,其原因盖在于治学者缺乏实事求是的科学态度,打肿脸充胖子。这些人明知自己学识不够、修养不深,却偏偏要连篇累牍地著书立说,其结果不是抄袭别人，就是重复别人的观点，有的甚至还不知羞耻地到处兜售，可谓庸俗至极。此外，浅入浅出者，大多并非不知道自己有多少斤两，而是耐不住寂寞，试图以"浅"挤"深"，以量取胜，久而久之，习惯成自然，俨然以名家、名学者的形象出现，这就成为貌似高雅的庸俗。其实，学问深浅因人而异，本属正常。暂时的浅并不意味着永远的浅。只要正视自己，扎扎实实下几年功夫，浅也就变为深。又何必争一时之高下，乃至于流于庸俗呢？须知，治学是来不得半点虚伪的，深浅高下，明眼人一看就知。

深入深出尚为可。此话实为不无遗憾的认同。能深入深出者，大多学问较深，且治学一般也比较严谨。这也是其能被认同的原因所在。然而，不能化深为浅，则说明治学尚未至化境，大多是知其然而不知其所以然。其结果往往是自己明白，自我陶醉，却不能很好地让别人也明白，也能陶醉。就此而言，确实是不无遗憾。话又说回来，能做到深入深出，不仅治学严谨令人敬佩，而且距离深入浅出也只有一步之遥，关键在于两点。一是对自己目前所达到的治学境界要有一个正确的认识。不能孤芳自赏，更不能自我陶醉。因为治学的根本目的在于"述"，即在于将自己的研究成果准确易懂地介绍给他人，产生良好的影响和效用。如果只能深入，不能浅出，就说明治学尚处于善"作"而不善"述"的层次，还不能较好地达到治学的根本目的，必须继续努力，更上层楼。二是对学问的表现方式也要有个正确的认识。许多人总以为，只有写出来的文章让别人看不懂，才有大家气势，方显自己学问之高深。其实，这是一个认识误区。纵观学界泰斗，无论是已故的朱光潜、曹靖华，还是健在的费孝通、季羡林等，他们的文章无一不是明白易懂，文采飞扬，毫无矫揉造作、晦涩难懂之处。这是因为，他们的治学已至化境，懂得该怎样表现学问，能够适应读者的需要，挥洒自如地展示自己的学识和见解。毫无疑问，他们应成为后辈治学的借鉴和楷模。

浅入深出最可恶。这句话虽不无激愤之意，却也客观如实。浅入深出的别称实际就是故弄玄虚或故作高深。诚如前言，浅入已不可取，若再加上虚假的"深出"，岂不令人感到可恶。其实，浅入与深出本就是矛盾的两个概念，既然浅入，又何以深出呢？装腔作势、故弄玄虚也就成了必然。问题在于，浅入深出者总是自我感觉良好，并不在乎别人的看法，甚至自以为得计，有聪明唯我、傲视群雄之感。殊不知，治学是几分耕耘几分收获，岂有不善耕耘或不作耕耘就收获硕果之理。如果说浅入虽不可取，倒也可以理解，毕竟还是想有所作为，那么，在浅入基础上的"深出"，就完全是另外一回事，其实质不仅是投机取巧，而且是对学界同行和广大读者的愚弄和欺骗，其可恶之处也就在于此。值得指出的是，凡浅入深出自以为得计者，实际上也是自欺欺人,学界群雄林立,慧眼金睛,岂有不被识破之理。久而久之,养成恶习,自毁形象,到时悔之已晚。

以上笔者就蓝英年先生的四句话发了一通议论,与其说是阐发,不如说是自警和自省。我辈学人,身处市场经济社会,虽治学各异,然多少都有点浮躁心理,认真体会和回味上述这四句话,对于摆脱浮躁,攀登治学的高境界,无疑是有益的。

(2002 年)

徐新：中国犹太文化研究的开拓者

犹太文化研究是我国学术园地中的一朵奇葩，虽起步较晚、规模不大，但硕果累累，影响深远。追溯我国犹太文化研究的发展历程，南京大学犹太文化研究所所长徐新教授堪称我国犹太文化研究的开拓者。早在1988年，中国与以色列尚未建立外交关系时，徐新就开始投入犹太文化研究，成为中以建交前访问以色列并在希伯来大学发表演讲的第一位中国人。1993年，即中以建交的第二年，他主编的《犹太百科全书》及时出版，在国际国内产生了广泛的影响。季羡林教授誉之为"雪中送炭之举"，李慎之先生称之为犹太文化研究的"奠基""开路"之作。以色列前总统埃泽尔·魏茨曼高度评价《犹太百科全书》，称赞"其意义不可低估"。20多年来，徐新已以自己的学术成就成为享誉国际的犹太文化研究专家。他先后在美国和以色列多所高校做过访问学者，在美国哈佛大学、耶鲁大学、斯坦福大学、普林斯顿大学和以色列希伯来大学等国际著名高校做过300多场次专题演讲，受到美国前国务卿基辛格以及以色列6任总统和4任总理的接见。他创办的南京大学犹太文化研究所，已发展成为具有较高知名度的国际研究机构，被视为"中国犹太学研究领域的领跑者"。

华丽转身：从英美文学教研学者到犹太文化研究专家

20世纪70年代后期，徐新在南京大学外文系毕业留校后，主要从事英美文学教研工作。1986年至1988年，他在美国芝加哥州立大学做访问学者期间，结识了犹太学者詹姆斯·弗兰德，开始接触和了解犹太文化，萌发了研究犹太文化的意愿和志向，这成为他学术研究生涯的重大转折。据徐新后来回忆："在与犹太人的接触和交往中，切切实实感受到犹太文化作为一种与中华文化迥然不同的异质文化，在自己心灵和思想上造成的强有力的震撼和冲击。"他被犹太人和犹太文化深深地吸引了，开始如饥似渴地学习、了解和研究犹太文化，迈出了从事犹太文化研究的关键一步，实现了他人生道路上的华丽转身。

如果说在美国结识犹太学者、了解犹太文化,是徐新开始转向犹太文化研究的重要契机,那么,20世纪80年代中国年轻知识分子特有的使命感和责任感则是驱使他投身犹太文化研究并焕发持久激情的根本动力。80年代是中国改革开放、继往开来的起始阶段,为了尽快实现国家的现代化和繁荣富强,中国开始了大规模的派出和引进活动,派遣大批留学生出国学习进修,大量引进国外新的科学技术和发展资本。此时,徐新作为一个决心为国家振兴而奋斗的年轻知识分子,清醒地认识到要实现中华腾飞,不仅要引进技术和资本,而且要吸收、借鉴国外的先进文化,以实现思想上的激励和精神上的提升。犹太文化体现了西方文化中希伯来文化的文明传统,注重社会和个体的和谐发展,关注民生、民权、民主、自由、平等等人的生存与发展的根本方面,这对于希望通过改革开放实现现代化和民族复兴的中国,是不可或缺的重要精神资源。作为一个有条件研究犹太文化的年轻学者,义不容辞地应担当起研究、介绍犹太文化的重任,把自己了解到的希伯来传统和犹太文化与正在寻求国家振兴之道和新思想激励的国人分享,尽自己的微薄之力,促进中犹文化交流,推动中国特色社会主义新型文化的建设与发展。正是这种使命感和责任感,使他在犹太文化研究的征途中不断进取,永葆青春和活力。

搭建平台:创办中国高校第一个犹太文化研究所

徐新作为一个深谙科研之道的学者,在投入犹太文化研究之后,深深意识到,要把犹太文化研究深入持久地开展下去,不能仅凭一股热情,也不能局限于个体单干,必须组建科研机构,搭建科研平台。为此,在20世纪80年代后期,他刚从美国访学归来,就牵头成立了民间学术团体"犹太文化研究会",在中以建交的1992年,又在"犹太文化研究会"的基础上组建了"南京大学犹太文化研究中心",2001年更名为"南京大学犹太文化研究所"(2006年,为感谢有关基金会和个人的支持,又更名为"黛安/杰尔福特·格来泽犹太文化研究所")。研究所创办之初就制定了"筹集资金,扩大用房,增加编制,建立梯队,系统发展"的发展方针,确保研究所能从小到大不断发展。与此同时,徐新作为所长,给研究所确定了正确的科研理念,喊出了"不了解犹太,就不了解世界"的响亮口号,明确了研究所的宗旨:更好地增进中犹两个民族的友谊,满足中国学术界日益增长的对犹太民族和文化了解的需要,推动犹太文化研究和教学在国内特别在高校系统的进一步开展,培养这一学术领域的专门人才,以此服务于中国方兴未艾的改革开放事业，推动中国与世界的进一步融合。

研究所成立至今20年，在徐新的带领下，开设了一系列犹太文化课程，组织编写和出版了《犹太百科全书》《反犹主义解析》《犹太文化史》等10多部学术专著，多次成功举办国际学术研讨会。研究所的规模不断扩大，学术水平和学术影响迅速提升，现已发展成为学界公认的"国内高校中最早对犹太文化进行系统研究，取得丰硕成果，同时享有较高国际知名度的文科研究机构"。

着眼长远：谋划犹太文化研究的可持续发展

犹太文化研究目前在我国的整体规模还不大，相对于其他学科，犹太文化的专门研究机构和专职研究人员也不多。为了保持和促进我国犹太文化研究的可持续发展，年过花甲的徐新教授，怀着对犹太文化研究的深厚感情和促进中犹文化交流的历史使命，积极有序地谋划犹太文化研究的长期发展，进一步扩充筹集发展基金，抓紧培养学术新人，打造有利于犹太文化研究可持续发展的学术团队。进入21世纪以来，徐新教授带领研究所其他人员，积极招收和指导犹太历史、文化和犹太教研方向的硕士和博士研究生。目前已有30名研究生在犹太文化研究所学习，从该研究所获得博士学位的研究生已超过10人，大多数在国内有关高校任教，为我国犹太文化教学和研究培养了一批高水平的专门人才。与此同时，徐新千方百计地为研究所科研骨干的学术发展创造条件，送他们出国进修或讲学，带领他们参加国际学术活动，提高他们在国际学术界的知名度和认同度，拓展他们的发展空间。尤其难能可贵的是，徐新决心在退休前为研究所的进一步发展筹措更多的发展资金，确保研究所未来的教学科研有足够的经费保障。他利用自己在国际学术界的影响，成功地获得了黛安/杰尔福特·格来泽基金会、斯格堡基金会、罗斯柴尔德家族基金会、布劳夫曼基金会、列陶基金会、犹太文化纪念基金会、博曼基金会、卡明斯基金会、散居领袖基金会等多个国际基金会的资金支持。更令人感动的是，他还设立了本金超过百万元的"南京大学徐新犹太文化研究基金"。经过几年的运作，该基金的规模不断扩大，已能够满足所内每年发放奖学金、奖励科研成果和开展各类学术活动的需要。

历史的长河滚滚向前，每一朵浪花都散发出独特的光彩。在我国犹太文化研究发展史上，徐新作为开拓者的贡献和影响，无疑会激励一代又一代的犹太文化研究学者，奋发有为，不断前进。

(2015年)

附 录

媒体专访

有了文学生活大不一样
——访深圳大学文学与文化研究专家吴俊忠教授
《深圳晚报》记者　姚峥华

前言："社科周"系列讲座目录表上，十四项演讲中十三项属于社会科学范畴，唯有一项涉及人文学科——《文学与人生》。作为"社科周"系列讲座的稀有课目，讲座开始前，记者采访了主讲人、深圳大学文学与文化研究专家吴俊忠教授。在深圳大学教了16年文学课的吴教授，神采飞扬地阐述了文学在人生中的重要意义。最后，他拿出钢笔，挥洒地写下了两句对联："经得起诱惑，喧嚣尘世自存一方净土；耐得住寂寞，散淡人生另有一种境界。"吴教授说，这是他的人生格言，也希望深圳的青年人从文学与人生的领悟中历练出更加超脱的人生境界。

记者：《文学与人生》是一个很大的题目，它几乎涵盖了生活的方方面面。这么一个大题目缘起何处？

吴俊忠：这个题目是我自己提出来的。我们现在所说的社会科学是一个简略化的大概念，它包括人文科学和社会科学两大部分，深圳市首届"社科周"应该有人文科学方面的讲座。再说，现代人生活越来越匆忙了，这里边固然有多方面的原因，但其中有一条不可否认，就是现代人有相当一部分对文学艺术在某种程度上缺乏爱好和兴趣。大家可能都急着经商挣钱、供楼买车……实现越来越高的生存目标，而忽略了虽然处于边缘却怡情养性的文学阅读。要知道，文学不仅仅是文学家的事情，它实际上与我们的生活息息相关。无论是我们的视野、情感还是创造力，都需要在文学阅读中进一步扩充和提升，这是一种外力转化成的内力，可以更加丰富我们的人生。已故著名美学家朱光潜先生曾说过，人生本身就是一本书，这本书可以是艺术的，也可以是非艺术的，每个人都应该努力过一个艺术化的人生。这就需要有文学的审美趣味。趣味是对于生命的彻悟和表现，生命时时刻刻都在进展和变化，趣味也就要时时刻刻进展和变化。流水才能不腐，趣味也要时常更新。艺术和欣赏艺术的趣味都必须有创造性，都必须要时时刻刻开发新境界。因此，在深圳举办的首届"社科周"里，做"文学与人生"这么一个讲座，我想是具有一定的现实意义的。

记者：您从北师大世界文学专业硕士研究生毕业后，就执教于深圳大学。16年来不断地从事外国文学、文学理论等课程的教学和研究，积累了大量的人生和文学经验。能否谈谈您个人对文学这个大概念在当今市场经济大潮下的理解？

吴俊忠：我不管是带硕士生还是在其他场合，都常说这么一句话："在文学欣赏中感受生活的诗意。"这话听起来有点像大道理，但实际生活便是如此。为什么呢？道理很简单。第一，文学作品可以为我们展示另一个世界。不管是受过高深教育的知识分子，还是普通的平民百姓，在生活中都难免有很多局限性。这里边有地理的局限，或是性别的局限，等等。人不可能什么事都亲身经历，也不可能充当多种角色，但文学作品可以帮我们克服这些局限。通过阅读，我们可以了解到其他更加丰富精彩的人生。可以说，在这个意义上，文学是对现实生活的拓展，也是对我们的人生局限的一种补偿。第二，文学作品可以开启心灵的窗户。有一部外国短篇小说叫《窗外》，讲述的是病房里两个人的故事。靠窗的A每天把窗外发生的美好故事告诉不靠窗的病友B，B听着听着便非常羡慕A，心里不禁想，哪一天要是A不在了，他便搬到靠窗的位置上，那时，窗外的世界便可尽收眼底。终于有一天，A病逝了。B如愿移到了窗口的病床上，他欣喜地往窗外看，却发现——除了一片黄土地一无所有。B这时才明白，是A，为他带来了美好的每一天。这样的作品很震撼人的心灵，这便是文学作品的力量。第三，文学作品可以激发思想的灵光。人在日常生活中有很多非理性的行为，原因在于对人生缺乏深刻的思考和彻悟。俄国作家托尔斯泰的长篇小说《安娜·卡列尼娜》中安娜的悲剧，其根本原因就在于，安娜对爱情和人生缺乏理性的认识，没有正确认识爱情在人生中的位置，把爱情看成人生中的唯一，一旦失去了爱情，她就失去了生存的勇气。这是很值得我们现代人反思的。由此也可看出，人不能埋头生活，还要仰望理想的天空，追求高境界的精神生活。人的精神需求是多方面的，文学是满足精神需求的一个途径。没有文学可以照样生活，但有了文学我们的生活便大不一样。所以，我希望大家能重视文学阅读，在文学接受中不断提升自己的文化修养。吴宓先生说过，小说是固体人生，诗歌是蒸馏人生，戏剧是爆炸人生。那么，散文呢？我认为是稀释人生。如果我们的人生能加进以上多样的文学意义上的"人生"，能充分感受小说的形象之美、诗歌的意境之美、戏剧的极致之美和散文的情思之美，那么，生活便会变得多姿多彩，生活的天地也会更加宽广。

记者：作为深圳作协理事，您认为深圳近年文学发展态势如何？

吴俊忠：应该说，深圳的文学创作把握了时代脉搏，创作出了一批优秀的作品，反映了深圳改革开放的历史进程，展现了深圳人在经济特区建设中的心路历程，有的还在国内外引起了较大的反响。深圳可谓人才济济。肯定的一面不必多说，说点薄弱环节。几年前深圳便提出了"新都市文学"的构想，这在当时应该算比较前卫的，但到目前为止好像进展不大，力作不多，氛围也不够。我觉得，深圳作家要把视野更多地投向普通人的生活，表现普通人的生活经历和内心世界，要让文学作品成为深圳人认识深圳、认知自身的一种有效载体，要更深切地关注社会变革，从更深层次上认识深圳人在市场经济大潮中的精神状态和价值观、人生观，从而在文学作品中把深圳人的改革创新精神、思想升华和情感变化，更好地表现出来。深圳文学发展进程中存在某些不足，也是正常现象，深圳经济特区到现在毕竟才只有20多年的历史，很多事物、现象都处于不断变化中。我之所以对作家提出更高要求，是希望深圳的文学进一步繁荣，开出更美更芳香的奇葩，结出更丰厚的硕果。

记者：有一个现象很有趣，不知您发现没有？每到周末或节假日，深圳书城或其他一些书店，都是人头涌动。购书、看书的风气极盛，其中大部分是青年人。您觉得深圳青年人在此基础上应该如何更好地处理文学与生活的关系？

吴俊忠：是的，深圳人的购书爱书在全国都是闻名的。记得有一年我们举办全国书市，购书量位居全国第一。每逢休息天，到书店，都能看到摩肩接踵的人群，而付款处更是排长龙。我觉得深圳人跟文学没有太大的距离，文学已成了深圳人生活的一个重要组成部分。如果要给青年人一些建议，我认为有以下三个方面。首先，阅读是一种艺术，不管是通过纸介的书本还是电子书籍，阅读本身都是一个思考的过程。现在有些人过于沉迷肥皂剧或电子游戏，我认为应该理性地从这些文化快餐中解脱出来，回到阅读中，回到书本中。青年人要更多地通过阅读，走近文学，走进艺术化的生活领域。其次，生活有两种基本状态，一种是现实状态，一种是理想状态。文学作品可以帮我们从中找到平衡点。每个人都要牢记不让自己在现实滚打中迷失了自我，而应通过文学阅读增强自身的理想情操和浪漫情怀，这样的生活便会多些意义，便会更加富有诗意。此外，文学尽管对生活会产生积极的影响，但它不是完全意义上的生活教科书，我们不能照本宣科，照单全收，也不能完全按文学作品所描写的那样生活，而要保持一定的距离，要有冷静的头脑和清醒的判断，既要进得去，也要出得来。

总的来说，在经济快速发展的大环境下，我们在满足物质需求的同时，不能忽略精神层面上的需求。文学阅读，正是丰富我们的精神生活、提升我们的人生境界的一个最便捷最有效的途径。

（2003 年）

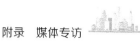

附录 媒体专访

给读者呈现一个立体的深圳

《深圳商报》首席记者 魏沛娜

"深圳经济特区建立40周年,我在深圳工作生活了33年,对深圳有深厚的感情。可以说,我的人生的成就和亮点,绝大部分都是在深圳获得和形成的。在深圳经济特区建立40周年之际,我内心有一种冲动,总想为深圳再做点什么。春节以来,在阅读相关资料时,产生了全面立体地阐述深圳的联想和灵感。于是,我怀着激情突击完成了这本《读懂深圳》。"吴俊忠教授在讲述编著这本书的缘起时,激动和兴奋溢于言表。

"我希望通过这本书,给读者呈现一个立体的深圳,让他们对深圳经济特区的创办初衷、特区精神、产业结构、文化创新、深港关系、先行示范等,有一个全面深入的了解,懂得深圳奇迹是怎样产生的,明确深圳怎样从'先行先试'到'先行示范',如何以'一城服务全局',担当'走在前列、勇当尖兵'的历史使命。"吴俊忠在接受《深圳商报》记者独家专访时开宗明义地谈了他编著《读懂深圳》的初衷和意图。

记者:您在《读懂深圳》的前言中,把深圳创造奇迹的奥秘归纳为7个关键词,对此您是如何把握的?

吴俊忠:我在深圳工作生活30多年,亲身经历了深圳的改革发展进程,并且长期从事深圳文化研究,可以说对深圳既有感性认识又有理性认识。当习近平总书记明确指出"深圳的发展是中国改革的一个代表作,是一个中国奇迹,也是一个世界奇迹"时,我就开始思考深圳奇迹产生的原因。深圳改革创新的各类壮举,就像一幅幅生动的画面,时常浮现在我的眼前。通过分析梳理和理性思考,我认识到,深圳创造奇迹之谜,就在于深圳一马当先、持续不断的改革创新。没有改革创新,深圳奇迹也就无从谈起。但深圳的改革创新是一个系统工程,体现在经济、文化、社会建设等各个层面,通过敢闯、开放、市场、人才、创新、使命、流动这7个关键词,就可以把深圳在各个方面的改革创新论述清楚,就能揭示深圳创造奇迹之谜。这样表述,既删繁就简,又一目了然。

记者：《读懂深圳》列举了40个视点，其中一半以上是关于深圳文化的论述，您这样安排结构是出于什么考虑？

吴俊忠：我这样安排结构，主要有两个方面的原因。一是为了从形式上强化给深圳经济特区40周年献礼的文化意蕴，让读者一看标题就知道这是精心筹划的献礼之作，从而突显著作的时效性；二是我长期从事深圳文化研究，有浓厚的"深圳文化情结"。我认为，深圳快速发展的根本原因就是12个字：创新驱动发展，文化驱动创新。文化精神和文化观念是深圳快速发展的源动力。我记得王京生先生在他的专著《什么驱动创新》中有这样一段表述："文化要素，在创新战略中形成一种既是起点也是终点的角色。"深圳快速发展的实践充分地证明了这一点。这也是我花较大篇幅论述深圳文化现象与文化创新的原因所在。

记者：本书的书名是《读懂深圳》，但有一章专门阐述深圳与香港的关系，您这是出于何种考虑？

吴俊忠：我在书中讲到，深圳与香港只有一河之隔。深圳是经济特区，香港是特别行政区。两个相互毗邻又都带有"特"字的城市，势必有着割不断的联系。早在2012年香港回归祖国15周年时，我就写过一篇题为《假如没有深圳》的文章，文中谈到：快速发展的深圳，使香港人形象地感受到什么是中国的改革开放，什么是中国特色社会主义，从而增强认同感，消除对香港回归后能否继续保持繁荣稳定的忧虑。这说明，深圳在促进和保持香港长期繁荣稳定方面具有不可替代的作用。谈深圳，不能不谈深圳与香港的关系。另外，《粤港澳大湾区发展规划纲要》和《中共中央　国务院关于支持深圳建设中国特色社会主义先行示范区的意见》，都把香港和深圳确定为"区域发展的核心引擎"，要求深化深港合作。从这个意义上说，谈深圳的今天和明天，就必须阐述深圳与香港的相互合作和彼此依存关系。因此，我在书中专列一章，阐明"深港双城，相互促进，合作共赢，是时代的需要，也是深圳先行示范的必然之举"。

记者：据我们了解，您本是俄罗斯文学研究专家，但从20世纪80年代中期来到深圳大学任教后，一直关注深圳文化研究，先后出版了《深圳文化三十年》《深圳文化十论》等多部专著，发表了不少论文。您为什么要实行这种研究方向的转向，究竟是出于何种考虑？

吴俊忠：严格来讲，我这不是研究方向的转向，而是拓宽研究方向，俄罗斯文学研究我也一直没有放弃，只是增加了深圳文化研究的内容。因为我在深圳的教学科研和社会文化活动中，逐渐意识到，一个真正意义上的学者，不仅是某个领域的专家，而且还担负着为社会服务的使命。一定要对自己工作和生活的文化环境有一个理性的认识，对所在地区或城市的文化现象和发展趋向有发言权，并且经常地主动发声，能起到文化引领和思想启迪的作用，绝不能局限在自己的学科专业领域，"两耳不闻窗外事"。因此，我从1988年，即我到深圳工作后的第二年，就开始研究深圳文化，当年就在《深圳特区报》发表我研究深圳文化的第一篇文章《社会大文化与深圳特区文化》，至今已发表深圳文化研究论文数十篇，出版著作5部。我始终认为，只要认清了深圳文化的特质和精神价值，就能深刻理解我国的改革开放和社会主义现代化进程。

记者： 您认为，怎样才能算是真正读懂了深圳？

吴俊忠： 一座城市就像一个人一样，要读懂它，就要走近它，了解它。要真正读懂深圳，就必须通过阅读、观察、感受、研究等途径，努力做到五个了解：一是了解深圳在中国改革开放进程中的地位和作用；二是了解深圳为探索中国特色社会主义道路所做出的巨大贡献；三是了解深圳"创新驱动发展，文化驱动创新"的内在规律和示范引领效应；四是了解深圳在我国对外开放条件下怎样成为观察中国和展现中国的窗口；五是了解深圳怎样担当先行先试和先行示范的历史使命，"以一城服务全局"。当然，话又要说回来，读懂深圳是一个动态的过程，"五个了解"也不是一天就能做到的。但只要我们热爱深圳，感受深圳，愿意为深圳发展做贡献，我们就每天都在读懂和了解深圳的过程中。

（2020年）

公共领域的守望者
——访深圳大学文学院吴俊忠教授
《深大校友》记者

接到采访任务后，我们来到吴俊忠教授的办公室。尽管非常忙，他还是欣然地接受了采访。吴教授是个健谈的人，他的谦虚与平易近人，一下子缓和了我们紧张的心情。在采访的过程中，也不时有人进来，或向他请示工作，或向他请教学术问题。吴教授边娴熟地处理他的事情，边和我们论学术、品人生，娓娓道来，情真意切，让人容易接近，愿意接近。

一、关注社会现实，充满大众情怀

吴俊忠教授出生于1949年9月，自1987年起任教于深圳大学。他既是文学院硕士学位点导师组成员，又历任中共深圳大学党委宣传部副部长、中国文化与传播系党总支书记、文学院党委书记、《深圳大学学报》（人文社科版）常务副主编、深圳大学社会科学处处长等职，像吴教授这样"双肩挑"的学者，既要研究学术又要兼顾政务，他的忙可想而知。但吴教授工作并快乐着，他热爱自己的工作，无论是上课还是处理事务，他都能保持愉快的心情，是个充满活力的学者。但是，他并非传统意义上的学者。传统学者或不关注社会现状，"两耳不闻窗外事，一心只读圣贤书"，或"著书只为稻粱谋"。吴教授对生命有执着的追求，他把学问看作生命中不可缺少的部分。在他的眼中，无论是当老师还是做学者，都要把人生视野拓宽，追求人生的诗化和艺术化。他既注重自己的专业研究，又关注社会文化，具有知识分子难能可贵的悲天悯人的大众情怀。他在一本书的扉页上写道："读书明理，理应惠及社会大众；治学求道，道在塑造智慧人生。"

吴教授看淡名利与财富，关注社会和弱者，时时刻刻尽自己的努力为社会贡献自己的力量。"作为一名公共知识分子，要关注社会现实，发出知识分子特有的声音。"吴教授如是说。在他看来，社会上有很多所谓的学者，缺乏社会责任感和使命感，缺乏知识分子应有的文化自觉意识和文化批判意识。公共知识分子不能只唱赞歌，还要敢于面对现实，敢于揭露社会存在的问题,抨击时弊。此外,还要有新的思想、新的理念、新的意识,与时俱进。尤其是在深圳这个发展迅速的城市里,知识分子更要呼唤成材意识、大家意识、忧患意识。

无论是在他的著作中,还是在他的讲座中,吴教授对弱者始终表现出极大的关注。社会中的人并非都是强者,即使是高收入的白领女性,也会面临各种压力。人生难免会遇到挫折而变得脆弱,如果能得到别人的指点,就犹如在黑暗中得到一盏明灯。吴教授就是弱者心中的明灯。在为宝安福永镇打工者举办的讲座中,吴教授耐心地聆听了打工者各种辛酸的经历,解答了他们在工作、生活等方面遇到的各种问题,帮助他们克服心理问题,使他们从迷惘中走出来,勇敢地迎接挑战,迎接更美好的明天。当今社会,物欲泛滥,像吴教授那样免费给打工群体开讲座的公共知识分子,确实不多。

二、在文学中感受生活的诗意

吴教授是个爱书之人,他的办公室、家里都摆满了各种书籍和杂志,如《新华文摘》《中华读书报》等。多年来他一直坚持认真阅读,收益颇大。"人为什么需要文学?需要它来扫除我们心灵中的垃圾,需要它给我们带来希望,带来勇气,带来力量。"这是巴金对文学的见解。吴教授也认为,文学作品可以开启心灵的窗户,可以激发思想的灵光。因为对人生缺乏深刻的思想和彻悟,人在日常生活中有许多非理性的行为。生活有两种基本状态,一种是现实状态,一种是理想状态。文学作品可以帮我们从中找到平衡点。每个人都要牢记不让自己在现实滚打中迷失了自我,而应通过文学阅读增强自身的理想情操和浪漫情怀,这样的生活便会多些意义,便会更加富有诗意。

在当今市场经济大潮下,人们的生活方式发生了改变,生活质量得到提高,财富越积越多,房子越买越大,车子越换越新。但是,在如此富裕的物质条件下,为什么还会有那么多人觉得自己活得累呢?吴教授说这是因为现代人没有把追求和超脱分开,整天为了钱而拼命工作,没有时间享受生活,生活自然就缺乏色彩。拥有文学,拥有智慧,就拥有丰富的人生。人生活在社会中,就要拥有诗性智慧。诗性智慧是对生存和发展的一种艺术的认识、判断和策划,超越一般的认识水平,使人达到灵慧的境界。"经得起诱惑,喧嚣尘世自存一方净土;耐得住寂寞,散淡人生另有一种境界。"这是吴教授的人生格言,也是他多年从文学和人生中历练出来的感悟。他说,做学问和做人是统一的,做人如果斤斤计较,就很难有所作为,生活也会失去很多乐趣。

三、热爱教学,对学生充满爱心

有人说,教学的过程,是一个知识传递的过程,也是一个情感和符号沟通的过程,好的传播者需要有感染他人的魅力,好的老师需要有足以影响学生的能力。吴教授就是一位好的传播者和好的老师,他对每位学生都充满爱心,他不断向学生传递新的知识,通过这种教学活动沟通师生之间的联系。"爱生是教师之本",教师爱护学生就好像爱护自己的子女一样,是一种本能的反映。当过吴教授的学生都知道,他虽身兼多职,但从不摆架子,特别平易近人,学生每每有事临时去找,他总是放下正在做的工作,立刻着手去办。学生如果在学习、生活、感情、工作等方面遇到问题时,都会第一时间向吴教授咨询。在谈起这个话题时,吴教授想起他朋友的孩子,当初就读旅游文化专业,因为父母要离婚,思想上感到很苦闷,于是他到吴教授的办公室说了自己的感受。吴教授仔细聆听这位学生的情况,并给予自己的见解,学生豁然开朗,欣然而去。后来该学生的父亲,也就是吴教授的朋友对他说,他的孩子懂得了计划自己的将来,走出了人生的低谷。而笔者也有幸在大一入学时得到吴教授的教诲:"大学生要多参加社会实践,脚踏实地地学好各种知识,要有坚强的意志,在物质生活中不要和别人攀比。"在大学四年中,笔者深深体会到吴教授的肺腑之言,每当遇到挫折也能乐观面对人生。

四、后记

临告别前,吴俊忠教授送给我们一张生活照。照片上的他站在深圳大学"脚踏实地"前,充满诗性智慧的双眸流露出对生活的热爱与对深圳大学的祝福,同时也仿佛用他多年的感悟告诫年轻人:自立、自律、自强,脚踏实地!

(2007年)

附录 媒体专访

吴俊忠：以服务社会为使命的"平民学者"
《文化深圳》记者 林坤成

"我们，不是在叙述一个又一个遥远的故事／而是在充当精神之旅的导游／我们揭示意义、阐释意义、追寻意义／更在作无意义的深刻思考／我们启发、教育、引导莘莘学子／同时也观照、审视、反省自身／进行着一次又一次的灵魂的拷问……"今年，是深圳大学吴俊忠教授高校从教四十周年。日前，他在其纪念小册子《我这四十年》的扉页上写下了这段自白。诚如所言，四十年来，吴俊忠教授一方面脚踏着现实深沉的大地，一方面翱翔于远离尘世的高空，不断奔向终极意义的精神之域，上下求索，诲人不倦。而他自己则时常说，他只是一名明理求道的"平民学者"，只是一名尽心尽责的教师和不大不小的学者。

一、从文学专家到文化学者

1977年，吴俊忠本科毕业于南京大学俄罗斯语言文学专业，并留校在外国文学研究所从事教学科研工作。1983年，他赴北京大学进修。1984年起，他在北京师范大学攻读比较文学与世界文学专业硕士研究生。1987年，他南下深圳，成为深圳大学的一名教师，从此与这片改革热土结下了不解之缘。1997年，他被广东省人民政府授予"南粤教书育人优秀教师"荣誉称号，1999年晋升为教授。其间，他先后担任《深圳大学学报（人文社会科学版）》常务副主编、比较文学与比较文化研究所副所长、城市文化研究所所长等职，兼任深圳大学党委宣传部副部长、文学院党委书记、社会科学处处长等党政工作。四十年里，他在俄苏文学、文学鉴赏、深圳文化三个研究领域笔耕不辍，著述丰赡，出版各类著作14本，发表学术论文40多篇。

作为俄罗斯文学研究专家，吴俊忠教授在俄苏文学研究界实现了多个"首次"的学术创新：首次提出"屠格涅夫现象"和"肖洛霍夫现象"的学术概念，首次详细论述了俄罗斯文学研究的"蓝英年现象"，首次对中苏文艺政策进行了比较研究。此外，还出版专著《俄苏文学通观》，译著《莎士比亚传》（合译）与《活下去，并要记住》（合译）等。

"我意识到，在当下文化语境中，文学研究工作者应该既是一名有较好专业修养的文化学者，同时又是一个对社会文化现象有深度认识和发言权的社会活动家，能够担当起学者应尽的社会责任和历史使命。"基于此，吴俊忠教授从俄苏文学研究跨界到文学鉴赏研究和深圳文化研究。他较早倡导把文学鉴赏理论从文艺学中分离出来、建立和建设文学鉴赏学。其《文学鉴赏论》一书较为全面、系统地论述了文学鉴赏的特点、类型、过程和方法等，为文学鉴赏学铺设了基础工程，推动了文艺学学科建设的发展。

深圳不仅是经济发展的一方热土，也是文化发展的一方沃土。深圳文化的新观念、新形态、新趋势，已经成为当今中国文化研究的前沿课题。作为一位在深圳工作和学习的文化学者，必须关注和研究深圳文化，才能增强文化自觉意识，真正担当起社会责任和文化使命。"深圳文化对于我，不仅仅是一个研究对象，还是与我的工作和生活密不可分的精神空间。"吴俊忠教授说，在深圳30年的感受与研究，使他自觉或不自觉地形成了一种"深圳文化情结"，对深圳本土文化保持着长期、持续的学术关注和理性思考。早在1988年11月，他在《深圳特区报》发表第一篇研究深圳文化的文章——《社会大文化与深圳特区文化》，此后著述不断、新见时发。他首次提出了"经济特区文化创新功能"的理论观点，主持完成广东省哲学社会科学规划项目"深圳经济特区文化创新功能研究"，出版了《超越参照——深圳文化散论》《学海拾贝——文学与文化研究》《深圳文化三十年——民间视野中的深圳文化读本》《深圳文化十论》等著作，在《学术研究》《北京大学学报》等权威核心刊物发表学术论文数十篇，多篇论文入选《深圳文化蓝皮书》。其中，《深圳文化三十年——民间视野中的深圳文化读本》一书从"文化"及"民间"两方面入手，对深圳文化发展进程进行了系统的历史梳理和客观的学术评述，反映了深圳文化的发展进程和鲜明特色，是一册介绍深圳文化的通俗读本，也是一册研究深圳文化不可或缺的重要史料。他认为，深圳文化这三十年（1980—2010年）的发展经历了三个大跨越：一是从文化的"三无状态"到构建特区文化形象的跨越，二是从创造有深圳特色的社会文化到建设现代文化名城的跨越，三是从实施"科教兴市"战略到实施"文化立市"战略的跨越。进入21世纪以后，深圳文化建设已不再局限于从某个系统着力，而是上升到增强城市综合竞争力和文化软实力的高度。深圳及时提出了实施"文化立市"战略、建设高品位文化城市的文化发展理念，提出了建设"两城一都一基地"的文化战略。目前，深圳正在实施《深圳文化创新发展2020（实施方案）》，不断迈向现代化国际化创新型城市

和国际科技、产业创新中心相匹配的"文化强市"。深圳文化建设大步前进，不断跨越，呈现了一派日新又新的刚健气象。

深圳为改革而生、因创新而兴，改革创新是深圳与生俱来的城市基因。吴俊忠教授表示，深圳文化创新在当代中国文化转型中发挥了先锋和导向作用。深圳革新和创建了一个有利于文化创新和文化发展的新型文化体制，逐步形成了把传统文化、移民文化、本土文化以及党和政府倡导的主流文化融汇一体的新的观念文化体系，在客观上担当了新世纪我国新文化模式的试验角色。

二、以服务社会为使命

德国学者费希特在《论学者的使命》中提到，"学者的使命主要是为社会服务，因为他是学者，所以他比任何一个阶层都更能真正通过社会而存在，为社会而存在"，"学者现在应当把自己为社会而获得的知识，真正用于造福社会"，能够"用哲学眼光去研究过去时代的各种事件"，并"把自己的目光转到自己周围发生的事情上，同时观察自己的同时代人"。学者的使命是造福社会、服务社会，学者的使命决定了学者价值的存在方式。在某种意义上，学者的价值只有通过社会才能存在。对社会理解到何种程度，为社会做了什么，做到了何种境界，都是检验学者价值存在的重要标志。基于这种对学者的角色内涵和责任使命的深刻认同，吴俊忠教授在教书育人、著书立说之余，更新治学理念，调整研究计划，不断思考如何运用和发挥自己的专业特长及所学知识，更好地为社会服务，努力使自己成为一名真正的学者。

"读书明理，理应惠及社会大众；治学求道，道在塑造智慧人生。"吴俊忠教授拈出这两句治学格言，置诸座右，以此自勉自励。他认为，"明理"是读书做学问的目的所在，但这个"理"不应该成为学者自我陶醉、孤芳自赏的对象，而应为社会所用、惠及社会大众。当今的学者做学问搞研究应该贴近社会、贴近生活、"走在前面"，应有大众情怀和公共意识，应对社会保持审慎的思考，决不能关在书斋里做死学问。一个有社会责任感和历史使命感的人文社科学者，应把自己所掌握的人文社科知识和理论研究成果，积极主动地向社会大众传播，满足社会需求，促进社会文明，推动社会和谐。

近十年来，他在深圳市民文化大讲堂、社科普及周以及党政机关、企事业单位和街道社区，做各类社科普及主题讲座300多场，内容包括文学与人生、婚姻与爱情、社会和谐与人的自身和谐等多个方面，对象涉及公务员、领导干部、社区居民、在校大学生等多个层面,听众人数数以万计,传播适应大众需求的文化观念和文化知识,产生了广泛的社会影响,收获了良好的社会效果。此外,他还经常参与文化传播和决策咨询等文化咨政活动,建言献策,为深圳城市文化建设提供精神力量和智力支持。

"我在实践中意识到,一名学者要做好文化传播工作,必须超越学科和专业,不能局限在自己所属的某个学科和某个专业。"吴俊忠教授强调,社科普及工作必须紧密联系社会发展和文化建设的具体实际,努力做到有的放矢、与时俱进。深圳开展城市人文精神学习讨论时,他在《深圳特区报》发表文章《特区呼唤大写的人》,论述提升市民精神文化素质的重要性;深圳开展思想道德教育时,他在深圳电视台做嘉宾,阐明为什么"善意的谎言"不可取;面对离婚率上升、无爱婚姻大量存在的社会现实,他在深圳市民文化大讲堂做主题演讲《让婚姻充满爱》,阐述爱的责任和婚姻的义务;深圳开展和谐家庭构建群众讨论活动时,他深入社区,与小区居民一起讨论,并做《用和谐文化滋养和谐家庭》的主题发言……

"士不可以不弘毅,任重而道远。"(《论语·泰伯》)吴俊忠教授就是这样一位刚强弘毅的学者,"将学术生命掌握在自己手中"(费希特语),既能向在校学生传道授业解惑,成为学生的良师益友;又能走出"象牙塔",惠及社会,成为深受民众欢迎的社会科学普及专家。

三、让人生因智慧而精彩

孔子说"朝闻道,夕死可矣",把"道"视为至高无上的价值真理。吴俊忠教授则认为,他的"治学求道"之"道",是指做人的基本原则和安身立命的人生智慧。做学问既要研究客体——社会、自然和他人,也要研究主体——自我的生存方式和人生价值,努力做到活得清醒、活得自觉、活得有境界。

当今中国,社会变革,文化变迁,新事物新现象不断涌现,新思想新观念层出不穷。有些人奉行物质至上的价值观,片面追求物质享受,忽视精神提升和精神追求;也有些人虽然物质很丰富,但幸福感却不强。对此,吴俊忠教授深有感触。他认为,作为学者和知识分子,首先自己要有正确的人生价值观和科学的生活方式,然后要通过文化传播有效地影响他人。他给自己确定了一条人生格言——"经得起诱惑,喧嚣尘世自存一方净土;耐得住寂寞,散淡人生另有一种境界",告诫自己要在滚滚红尘中保持一颗平常心,坚守学者的做人原则,做自己该做的事情,不要迷失在外界的诱惑中。人生的真谛在于快乐，快乐源于人生的智慧，人生因智慧而精彩。所谓人生的智慧，主要在于能及时地感受幸福、体验快乐；既要活在当下，又要追求未来；既要立足大地，又要仰望天空。他以自己的生活观念和行为方式例证了"治学求道，道在塑造智慧人生"的治学理念。这在当下的社会中，犹如一道清风，对人们的人生观和价值观产生了潜移默化的文化影响。

吴俊忠教授坚持治学和做人的统一，把研究成果与学术生涯的点滴感受，与提高人生境界、塑造审美人生联系起来，保持哲学思辨的良好习惯，形成至情至性的浪漫情怀。"我认为，学问不是僵死乏味的，应该生动活泼，有血有肉。我在从事学术研究，参加社会文化活动，或旅游观光、人际交往时，凡有所体会和感悟，都立即以随笔杂谈的形式记录下来，择机发表。这既丰富了自己的人生体验，又激励影响了他人。"20多年来，吴俊忠教授撰写了近20万字的随笔杂谈，受到了读者欢迎和好评，被认为比学术文章更有趣。字里行间，我们可以看到他的多彩人生，看到他的理性思维和情感特征，看到他的理想情怀和人生境界，还可以看到他对社会现实问题的深入思考。近日，作为中共广东省委宣传部2016年度资助老专家出版的六本图书之一，吴俊忠教授的新著《生活的智慧——社会文化九讲》一书由广东人民出版社正式出版。该书倡导把社科知识转化为生活智慧，引导人们实现人生的诗化和艺术化。

岁月如歌，人生如画。深圳大学郁龙余教授曾在吴俊忠教授新近出版的"花萼书系"总序言中惺惺相惜地写道："海德格尔说：人要'诗意地栖息'。俊忠爱美爱生活，读书、演讲、教学、科研，自成一格，诗意盎然，可谓是诗意栖息的生动个案，充分体现出学者人生的文化况味。"诚哉斯言！吴俊忠教授就是这样一位丰富、快乐、有为的深圳学人。

（2017年）

闲不下来的深圳文化躬耕者
——访深圳大学城市文化研究所首任所长吴俊忠教授
《深圳大学报》记者　张睿　周昊

10月24日,吴俊忠带着他的新作《读懂深圳》,亮相于深圳大学城市文化研究所与"深圳之窗"、深圳公共管理教育培训学院联合主办的"庆祝深圳特区成立40周年新书品读会",向大家分享他对深圳的感悟与思考。

从20周年的《现代化进程中的深圳文化变迁》、30周年的《深圳文化三十年》,到今年的《读懂深圳》,每逢深圳经济特区十周年大庆,吴俊忠都以专著或论文作为献礼。回首来深至今的三十余年,吴俊忠与深圳、深圳大学携手前行,互相成就,走过了一处处值得纪念的风景。

特区来客,与一城结缘

吴俊忠与深圳结缘于1986年,当时还是北京师范大学比较文学与世界文学专业硕士研究生的他只身来到深圳求职。吴俊忠落脚的第一站是深圳人才交流中心。在这个刚落成两年的建筑里,外地求职人员来来往往。吴俊忠回忆起当时遇到的一位银行办公室主任,这位银行办公室主任主动上前跟他攀谈:"小伙子,去我们银行那儿工作吧?"吴俊忠感到疑惑,问:"我是学文学的,没接触过金融,去银行能干什么?"对方笑着说:"我们现在办公室就希望有文笔好能写文章的人,你去了保证不会错。"这一幕给吴俊忠留下深刻的印象,他说:"这说明80年代的深圳是不拘一格选人才。只要有能力、有才华,都可以为深圳所用。"

初到深大,吴俊忠看到当时崭新的汇元楼在周边的环境中尤为突出,建筑风格与内地高校相比也截然不同,感到眼前一亮。他说:"你们别看现在这栋楼(汇元楼)旧了,当时这些建筑都是非常漂亮的,对我吸引很大。"回忆起在深大人事处报到的场景,吴俊忠仍对当时的人事处副处长记忆犹新。时值正午,人事处副处长见他一人从外地来,人生地不熟,便主动请他

吃了一个盒饭。多年后回忆起这个场景,吴俊忠仍觉得十分感动。

吴俊忠还面见了当时的中文系系主任胡经之。了解到吴俊忠本科学习的是俄罗斯文学后,胡经之向吴俊忠推荐了深大比较文学研究所。此时研究所已开展英、德、法、日比较文学研究,正缺研究俄国文学的,胡经之便对吴俊忠说:"你是学俄语的,正好可以来补缺。"初到深圳的所见所闻都让吴俊忠直接感受到了这座城市的开放、友好与包容。

一个月后,一封胡经之亲笔书写的录用信送到吴俊忠的案头。1987年7月,吴俊忠于北京师范大学毕业后正式入职深大,这一年,深圳经济特区迎来了第七个年头,吴俊忠也迎来了人生新的阶段。

挥汗讲坛,和深圳一起"折腾"

1980年深圳经济特区建立后,出现了众多新的社会文化现象。众多深圳学者敏锐地察觉到了这些独特的区域文化现象,并对特区文化产生了浓厚的兴趣,吴俊忠也不例外。1988年,吴俊忠随胡经之教授参加了文化部在珠海举办的"全国特区文化研讨会",并在会上做了专题发言。而后,吴俊忠在《深圳特区报》上发表了自己的第一篇关于特区文化的文章《社会大文化与深圳特区文化》。看到自己的文章出现在《深圳特区报》上,并占据了不小的版面空间,吴俊忠受宠若惊,因为彼时他还仅仅是一个名不见经传的小人物。文章上报给予了吴俊忠极大的鼓励,他感受到了深圳对特区文化研究的重视,也看到了从事特区文化研究人才的稀缺,这更加坚定了他从事特区文化研究的决心。

同年,时任深圳大学国际文化系主任胡经之应深圳特区文化发展之需,在深圳大学创办了"特区文化研修班"。吴俊忠受胡经之委托,担任研修班的班主任。研修班先后办了两届,中共深圳市委宣传部、深圳市文化局等文化部门的公务员纷纷报名参加学习。当年特区文化研修班学习的内容凸显了高端性和应用性,研修班的学习内容广博,有西方文化概论、中国文化概论、当代文化焦点等,甚至还教过企业文化。吴俊忠依然清晰地记得研修班开课的盛况。"那时刘小枫、景海峰这些著名学者都上讲台的,下面学员都眼睛一亮啊!"吴俊忠说道。当年的研修班为深圳经济特区培养了众多高层次的文化建设人才。

20世纪80年代中后期,正是深圳大学大专教育办得如火如荼的时期,晚上有"夜大学",星期天有"星期天班",校园各处人头攒动。除了特区文化研修班的教学工作,吴俊忠日常的教学工作也很忙碌。他掰着手指头对记者说:"我跟你们数数我都讲过哪些课,有当代文学作品选、西方文学、城市文化、实用美学、公文写作、秘书学等。"最忙碌的时候,吴俊忠要上8门课,要准备8个讲稿,很多课程还是现学现卖的。"去上课的时候,走出门,一不小心就拿错讲稿了!"吴俊忠笑道。这些课程的开设为深圳培养了一批当时社会急需的应用型人才。"当时大专班的老师们都很辛苦,但都很有干劲。因为社会需要,我们愿意付出。"吴俊忠说道。

吴俊忠忙碌充实的教学工作是当时深圳大学高等教育改革的缩影,在工作实践中,吴俊忠对深圳城市文化也有了更切实的体会。吴俊忠谈到,在其他高校,各专业教师分工细致,以历史系为例,讲唐宋史的老师就不讲元明清;但在当时的深大,老师们中国外国、唐宋元明清通通都讲,横跨七八个领域,彻底抛弃了传统的观念,充分体现了改革创新。在这种氛围之下,吴俊忠看到了深圳的开放。深圳为吴俊忠的个人发展提供了机遇,也改变了他的个人风格。他从一个偏于保守、不善言谈的人,变为一个思想开放、乐于向外传播的人。"深圳就是个爱'折腾'的地方,是有创新精神动力潜在的地方。在这样一个开放现代的文化环境里头,你必须适应这样的社会。"吴俊忠说道。

步履不停,携深圳文化同行

"一谈深圳文化,我就有一股热情,一股激情。"吴俊忠坦言,研究深圳文化多年,他对深圳有了"一种特殊的情感、一个深圳文化情结"。

20世纪90年代,深圳文化的发展正如时任深圳市文化局局长王京生所言,"几乎在一夜之间就活跃在了广东乃至全国的前台"。特区文化概念的转折点也随之出现,经济特区不止深圳一家,厦门、汕头、海南等经济特区作为老城,文化特征与深圳不同,广义的"特区文化"已不能准确反映深圳文化的特征,独属"深圳"的深圳文化概念应运而生。吴俊忠紧跟概念演进的步伐开展理论研究,在《深圳商报》上发表文章《超越参照:关于深圳文化创新之我见》。"其实在某种意义上说,深圳文化创新具有不可比性,因此就不能延续那种参照性思维,"吴俊忠说,"要超越参照,要独立思维,要有自己的新的观念和方法。"

为深入研究深圳城市文化,吴俊忠在2006年带头成立了深圳大学城市文化研究所。他的深圳文化专著中的四本都出自这个时期,与若干学术会议一道,成为研究所一系列重要科研成果。但吴俊忠认为,城市文化研究所更重要的成果应是对深圳文化发展提出的诸多建议与意见。其中,研究所有关高品位城市文化建设、深圳文化发展理念等论作，已被《深圳文化蓝皮书》收录，成为深圳文化发展的指引。

"文化沙漠"的说法曾伴随深圳多年，但在吴俊忠看来，这一比喻并不恰当，他直言："他们说深圳是文化沙漠，是因为眼光停留在北京、上海这些老城市上，把一个年轻的小伙子跟一个七八十岁的老人来进行比较，产生错误的判断。"在他的新作《读懂深圳》中，标题醒目地写着："'文化沙漠'——一个不切实际的错误概念。"吴俊忠表示，从大鹏所城等历史文化，到经济特区以来的新思想新观念，这些深圳文化的精华不应被忽略。他在著作中坚决捍卫着深圳文化的底蕴与成就，这也是经济特区成立以来多代人的心血与成果。

在吴俊忠看来，深圳文化应包含四个概念——"青春、开放、现代、创新"，这些诞生于深圳的先锋思想观念，早已刻入这座城市的底色之中。在吴俊忠的文化和政策研究视野里，深圳文化处于中国文化第一方阵，深圳经济特区发展四十年积累的"深圳十大观念"也是改革开放的生动注脚；深圳的发展经验在将来是可复制、可推广的，真正做到"以一城服务全局，以一城影响全国"。

在谈及学者的社会责任时，吴俊忠说："我们学者都担当着一个为社会服务的使命，我们不能关在书斋里做僵死的学问。我们有一份责任，要为社会提供我们的新思想新观念，让这些思想观念成为社会发展的一种精神动力。"除了笔尖案头的研究工作，他还积极走向民众。他曾在深圳读书月、深圳市民文化大讲堂，以及企事业单位做各类专题讲座300多场，参加深圳社科普及周的咨询活动，接受电视台采访阐释深圳文化内涵，向新创办的深圳技术大学捐赠个人藏书……吴俊忠以自身的实际行动，书写着学者为社会服务的篇章。他深情地说："祝愿深圳大学进一步弘扬改革创新精神，为创建'高教特区'建设人民满意的高水平大学，谱写新篇章，更上一层楼。"

（2020年）

后 记

深圳大学建校40周年即将来临。我作为一名伴随深大发展进程的老教师，总想做点什么，以表达我对深大的热爱和感恩。想来想去，觉得可以出一本反映我在深大的学术经历的自选集，献给深圳大学建校40周年。同时，也对我自己数十年的学术生涯做一个小结。

学者出自选集，一般收集的都是能体现其研究方向和研究水准的学术论文，以达到以点见面、见微知著的效果。本人不是什么大学者，加上兴趣广泛，学问做得有点杂，同时还写了不少率性而为的读书笔记和随笔杂谈。因此，我的自选集在学者群体中比较另类，除了学术论文，还收了不少抒情杂议的文章。因此，起了一个有点另类的书名——《千古文章一世情》。也许正是这种比较独特的编辑和表达方式，方能显示我的学术志趣和学术风格。形式虽非中规中矩，内容倒也至情至理，相信广大读者自有公论。

漫漫人生，一书总结，难免词不达意，言不尽情。不由得想起我在另一本书的前言中所写的几句话："回顾我的一生，从一个农家子弟成长为大学教授，桃李满天下，著作十多本，讲座几百场，游历数十国，已经十分知足、无怨无悔了。"

感谢学术前辈胡经之先生倾心为本书作序，肯定本人的学术志趣和学术风格；感谢深圳大学学界同仁的热情鼓励和大力支持，让本书能够顺利出版；感谢中山大学出版社有关领导的精心策划和责编同志的认真编校，使本书得以精美问世。千言万语并作一句话：铭记恩情，余生不怠。

吴俊忠

2022年4月18日

写于深圳"偷闲居"